高等体育专业适用

大学语文

主编　万晓红　徐京放

人民体育出版社

图书在版编目（CIP）数据

大学语文 / 万晓红，徐京放主编. -- 北京：人民体育出版社，2005（2021.9重印）
ISBN 978-7-5009-2874-4

Ⅰ. ①大… Ⅱ. ①万… ②徐… Ⅲ. ①汉语－高等学校－教材 Ⅳ. ①H1

中国版本图书馆CIP数据核字(2005)第092605号

*
人 民 体 育 出 版 社 出 版 发 行
北京中献拓方科技发展有限公司印刷
新 华 书 店 经 销
*
850×1168　32开本　14.5印张　400千字
2005年10月第1版　2021年9月第9次印刷
印数：20,201—20,320册
*
ISBN 978-7-5009-2874-4
定价：42.00元

社址：北京市东城区体育馆路8号（天坛公园东门）
电话：67151482（发行部）　邮编：100061
传真：67151483　邮购：67118491
网址：www.sportspublish.cn
（购买本社图书，如遇有缺损页可与邮购部联系）

编写委员会

主　编：万晓红　徐京放

副主编：（以姓氏笔画为序）

丁中林　付晓静　田智会

肖　宁　张钢花

编　委：（以姓氏笔画为序）

丁中林　万晓红　王雪莲

付晓静　田智会　刘晓丽

刘　娟　肖　宁　张钢花

徐京放

主　审：熊明祥

前　言

《大学语文》是对大学生进行高级母语教育和人文素质教育的起点。作为高等体育院校的《大学语文》课程，重在对学生进行语言感染和语言熏陶，培养文学鉴赏能力，开拓人文视野，提高实用写作技能，并给予学生以思想的启迪和审美的陶冶、心灵的升华与写作的借鉴，培养新一代大学生至大至刚和健全向上的人格。

本教材特别针对高等体育院校学生的特点所编写。在内容体例上突破了传统《大学语文》教材的单一性，将作品阅读与应用写作融为一体，兼顾了文学鉴赏和实用写作双重能力的培养，在一定程度上弥补了传统《大学语文》教材的不足；在选择作品时兼顾了经典与现代、实用性与先进性的结合，同时注重突出体育特色，选入了部分体育文学精品，显现出高等体育院校《大学语文》的特色。本教材注重将知识传授与能力培养紧密结合，并致力于全方位提高学生的基本技能与人文素质，体现出鲜明的现代教育特色。

全书编写分工如下：

古代文学　　万晓红　徐京放

现当代文学　付晓静

外国文学　　肖　宁

写作知识　　田智会　万晓红　张钢花

附录部分　　万晓红　丁中林

本教材最后由著名语文教育专家熊明祥教授通读全稿，认真审定。在此谨致以最诚挚的谢意。

“观于海者难为水，游于圣人之门者难为言。”限于学识、水平，书中错舛之处在所难免，恳请使用这本教材的师生及专家学者不吝批评指正。

武汉体育学院《大学语文》编委会

二〇〇五年五月

目　录

上编　作品选

第一部分　诗　歌

第二部分　散　　文

第三部分　小　　说

第四部分　戏　剧

下　编　写作知识

上　编

作品选

第一部分 诗 歌

关 雎[1]

《诗 经》

【作家作品简介】

《诗经》本名《诗》，是我国最早的一部古代乐歌总集，所辑多是周初至春秋中叶的作品。春秋末期，经孔子整理删订，共收诗311篇，其中6篇为有题目而无文词的“笙诗”，实际收录诗歌305篇，举其成数，故又称《诗三百》。到汉代时，被列为儒家经典之一，才称作《诗经》，并沿袭至今。从编排体例上看，《诗经》分“风”、“雅”、“颂”三类：“风”是民谣、土乐，含周南、召南、邶、鄘、卫、王、郑、齐、魏、唐、秦、陈、桧、曹、豳十五国“风”，共160篇；“雅”用的是周朝王畿的乐调，根据音节律吕分为大雅、小雅，共105篇；“颂”多采用庙堂祭祀舞曲，含商颂、周颂、鲁颂，共40篇。这些乐歌题材十分广泛，从各个方面反映了当时的社会生活、社会各阶层的精神风貌及各地的风俗习尚，洋溢着浓厚的乡土风韵、人伦情感、人本意识，具有“美刺”的社会功能，奠定了我国诗歌现实主义的传统。从艺术特色上看，《诗经》以四言为主，多用复叠式章法和赋、比、兴的表现手法，语言质朴优美，音节和谐明快，形象鲜明，寓意深刻，富于艺术感染力，堪称中国诗歌史的辉煌开端。《关雎》选自《诗经·周南》。

关关[2]雎鸠[3]，在河[4]之洲[5]。窈窕[6]淑女[7]，君子[8]好逑[9]。参差[10]荇菜，左右流[11]之。窈窕淑女，寤寐[12]求之。求之不得，寤寐思服[13]。悠哉悠哉[14]，辗转反侧[15]。参差荇菜，左右采之。窈窕淑女，琴瑟友之[16]。参差荇菜，左右芼[17]之。窈窕淑女，钟鼓乐之[18]。

【注释】

(1) 选自阮刻《十三经注疏》本《诗经》。

(2) 关关：雌雄二鸟互相应和的叫声。

(3) 雎（jū）鸠：水鸟名，一般认为是鱼鹰，相传雌雄有固定的配偶，古人称为“贞鸟”。

(4) 河：黄河。

(5) 洲：水中陆地。

(6) 窈窕（yǎo tiǎo）：娴雅美好的样子。

(7) 淑女：好姑娘。

(8) 君子：古时对上层阶级男子的称呼，后来也称具有高尚品德的人为君子。这是对男子的通称。

(9) 好逑（qiú）：理想的配偶。逑：配偶。

(10) 参差（cēn cī）：长短不齐的样子。

(11) 流：求、取，这里是采摘的意思。

(12) 寤（wù）寐（mèi）：指日夜。 寤：指睡醒。 寐：指睡着。

(13) 思服：二字同义，思念。

(14) 悠哉悠哉：意思是“想念啊想念”。 悠：忧思的样子。

(15) 辗转反侧：翻来覆去、坐卧不宁的样子。

(16) 琴瑟（sè）友之：弹琴奏瑟，希望同她亲近。 琴瑟：古代的弦乐器。 友：亲近。

(17) 芼（mào）：拔取。

(18) 钟鼓乐之：撞钟击鼓奏乐，使她欢乐。

【赏析】

“关关雎鸠，在河之洲。窈窕淑女，君子好逑。”这是青年男女美好恋歌的动人乐章，这是《诗经》留给后世的第一句爱情宣言。只此一句，足已令《诗经》传颂百代，泽被千古。

这首诗写一个小伙子在河边遇到一个采摘荇菜的姑娘，姑娘的勤劳、美貌和娴静，引起了他强烈的爱慕之情，以至朝思暮想，不能忘怀，希望有朝一日能同她结为伴侣。抒发了一个青年男子真挚、热烈的恋情。这首诗有“三美”：情感美、意境美、节奏美。

情感美。暮春时节，正是采摘荇菜的旺季，一个小伙子在河岸上行走，而一个在岸边正忙着采摘荇菜的姑娘，令小伙子一见钟情。于是，小伙子停住了脚步。一会儿看姑娘“左右流之”，灵巧的双手左采右摘，小伙子艳羡不已。一会儿看姑娘“左右芼之”，将鲜嫩的荇菜连根拔起。于是，小伙子浮想联翩：姑娘是个好配偶，“辗转反侧”思恋她——弹琴奏瑟亲近她——撞钟击鼓迎娶她。这种对美好爱情生活的向往，对幸福家庭的渴望，是人类最美好的感情之一。

意境美。河岸上，太阳好；水鸟关关叫，姑娘摘菜忙。姑娘手巧，小伙多情，景物美，人情美，构成了意境美。

节奏美。全诗采用反复、双声、叠韵等手法，琅琅上口，和谐悦耳，具有节奏美。总之，这首诗语言朴实，感情纯真，体现了《诗经》现实主义的艺术特色。

【思考与练习】

1．《关雎》中哪些词句表现了那青年男子对勤劳、美丽、善良的姑娘的爱慕？你如何看待这种“一见钟情”式的爱情？

2．试结合全诗，分析这首诗所具有的情感美、意境美和节奏美。

3．背诵《关雎》。

【汇评】

《关雎》乐而不淫，哀而不伤。（［春秋］·孔子《论语·八佾》）

《汉广》和《关雎》，同为男性依恋女性的作品，但《关雎》企求成功，因之两性间得了无量的幸福……在文艺方面说，《关雎》叙述条理，文虽反复，而意致缠绵，显得活泼有生气而希望无穷。(谢晋青：《诗经之女性的研究》，上海商务印书馆，1930)

如果《论语》是充满青春热力的太阳，《诗经》便是温情娇柔的月亮。在《论语》，孔子好似站在讲台，侃侃而谈国家、历史、政治、家庭、朋友、道德、教育；在《诗经》，孔子仿佛躺在爱情天地柔言软语话儿女私情。《关雎》和《木瓜》两首情诗也许就是孔子往日岁月里的片断剪影，或者是他在心底深处构建的爱情桃花源。(陈琦萍：《由〈诗经〉探索孔子内心的爱情天地》，台湾《古今艺文》，第二十九卷二期)

行行重行行

无名氏

【作家作品简介】

此诗是《古诗十九首》之一。

南朝梁代昭明太子萧统所编《文选》内收录有无名氏古诗多首，题为《古诗》。这些古诗非一人一时之作，大都作于东汉后期，作者大多是处于社会中下层的文人士子。由于这些作品风格韵味略同，后人往往将它看作一个整体，名为“古诗十九首”。

这些作品都为抒情短篇，内容多写游子思妇、朋友间的离情别绪以及士子们的彷徨失意、牢骚苦闷，表现了浓厚的感伤情绪，从一个侧面反映了当时社会的动荡、黑暗。艺术形式上多用五言，语言含蓄蕴藉，善用比兴寄托，言近旨远，语短情长，耐人寻味。《古诗十九首》被认定是文人五言诗成熟的标志，在历代都受到高度评价，曾被刘勰评为“五言之冠冕”。

行行重行行(1)，与君生别离(2)。
相去万余里，　各在天一涯(3)。
道路阻且长(4)，会面安可知？
胡马依北风，　越鸟巢南枝(5)。
相去日已远(6)，衣带日已缓(7)。
浮云蔽白日(8)，游子不顾反(9)。
思君令人老，　岁月忽已晚。
弃捐勿复道，　努力加餐饭(10)。

【注释】

(1) 行行句：不停地愈走愈远。 行行：行而不止。

(2) 生别离：《楚辞·九歌·少司命》有“悲莫悲兮生别离”的诗句，此句暗示了“悲莫悲”的意思。

(3) 天一涯：天一方。

(4) 阻且长：艰险而又漫长。 阻：艰险。 且：又。

(5) 胡马两句：托物喻意，意思说胡马、越鸟尚且如此，难道游子就不思恋故土？ 胡马：胡地之马，北方所产。 依：依恋。 越鸟：南方之鸟。 越：南方为越之地，包括现在的两广、福建等地。 巢南枝：在向南的枝条上筑巢。 巢：筑巢。

(6) 远：指时间久远。

(7) 衣带句：人瘦了，衣带也一天比一天宽松。 缓：宽松。 相去两句是套用古乐府歌辞：“离家日以远，衣带日趋缓。”但古辞是离者口吻，此诗是居者口吻。

(8) 白日：喻指未归的丈夫。浮云蔽日是设想丈夫另有所欢。

(9) 反：同“返”，回来。

(10) 弃捐两句：别再提这件事了，还是努力加餐保养身体吧。这是思妇无可奈何，自我宽慰的想法。 弃捐：丢开。 复：再。 道：谈说。

【赏析】

这首诗通过抒写闺人怨别，表现了浓厚的感伤情绪，是东汉末年现实生活的一个侧面镜头。这首诗层次清晰，感情激越。先追叙初别，再说路远会难，然后倾诉久离相思之苦，最后以自我宽慰作结。回肠九转，缠绵悲慨，“读之自觉四顾踌躇，百端交集”（刘熙载《艺概·诗概》）。

“胡马依北风，越鸟巢南枝”两句承上启下，比兴寄托，有难尽之意。吴淇在《选诗定论》中说：“第七、八句，忽插一比兴语，有三义：一、以紧应上‘各在天一涯’，言北者自北，南者自南，永无相会之期；二、以依北者北，依南者南，凡物皆有所依，遥伏下‘思君’云云，以见心身唯君子是依；三、以依北者不思南，巢南者不愿北，凡物皆有故土之恋，见游子当一反顾，以起‘相去日已远’云云。”

此诗表现思妇的内心情感细腻入微而又含蓄蕴藉。如用“衣带日已缓”这一细节来揭示思妇久别相思煎熬之深重，用“浮云蔽白日”这一象征意象来暗示思妇对远行丈夫的悬念和担心，用“岁月忽已晚”这一对时光的敏感来显示思妇对人老珠黄、年华虚掷的惊惧，都收到了言近旨远的艺术效果。尤其是最后两句“弃捐勿复道，努力加餐饭”，既是思恋之极，也是愤懑之极。表面看是思妇在自我宽慰，实际是绝望的呐喊，是泣血的呼唤，将全诗的感情推向了高潮。

【思考与练习】

1．为什么说这首诗有浓厚的感伤情绪，读之有“四顾踌躇、百端交集”之感?

2．试分析说明“胡马依北风，越鸟巢南枝”两句承上启下的比兴寓意。

3．举例说明此诗表现内心情感细腻入微而又含蓄蕴藉的特点。

【汇评】

就胡马思北，越鸟思南衬一笔，所谓“物犹如此，人何以堪”也。（［清］·朱筠《古诗十九首说》）

人情于所爱，莫不欲终身相守，然谁不有别离？以我之怀思，猜彼之见异，亦其情也。（［清］·陈祚明《采菽堂古诗选》）

《十九首》中如“弃捐勿复道，努力加餐饭”，……皆透过人情物理，立言不朽，至今读之，犹有生气。每用于结句，盖全首精神专注末句。其语万古不可易，万古不可到，乃为至诗也。（［清］·沈用济、费锡璜《汉诗说》）

蒿里行

曹操

【作家作品简介】

曹操（155－220），字孟德，东汉沛国谯郡（今安徽亳县）人，三国时期杰出的政治家、军事家和文学家。年二十举为孝廉，历任洛阳北部尉、济南相、骑都尉，后参加镇压黄巾军起义，在董卓之乱引发的豪强割据势力的大混战中，逐步扩展了实力。建安元年（196），他奉迎汉献帝建都许昌，从此“挟天子以令诸侯”，赢得了政治优势。由于施行了“惟才是举”、抑制豪强、限制兼并、广兴屯田等一系列进步措施，他先后击败了吕布、袁术、袁绍等豪强集团，统一了北中国。官至大将军、丞阳，封魏王。曹丕称帝，追尊他为“武皇帝”，世称魏武帝。

曹操“登高必赋，及造新诗，被之管弦，皆成乐章”。同时，曹操又是改造文章的祖师，他继承汉乐府“缘事而发”的现实主义精神，用乐府旧题写诗，今存二十多首。他的诗作，反映当时动乱的社会现实，表达统一天下的远大抱负，抒发顽强进取的思想感情，语言质朴，气魄雄伟，古直苍劲，具有激昂慷慨的悲壮风格。有《曹操集》。

关东有义士(1)，兴兵讨群凶(2)。初期会盟津(3)，乃心在咸阳(4)。军合力不齐(5)，踌躇而雁行(6)。势利使人争，嗣还自相戕(7)。淮南弟称号(8)，刻玺于北方(9)。铠甲生虮虱(10)，万姓以死亡。白骨露于野，千里无鸡鸣。生民百遗一(11)，念之断人肠。

【注释】

(1) 关：指函谷关。旧址在今河南新安县东。　关东：指函谷关以东。　义士：指以袁绍为首的关东诸州郡的首领，他们曾于初平元年（190）组成联军讨伐董卓。

(2) 群凶：指以董卓为首的窃据、把持东汉军政大权的军阀。

(3) 期：希望，约定。　会：会盟，联盟。　盟津：即孟津，其地在今河南孟县南。周武王伐纣时，曾与各路诸侯会盟于孟律。诗中用此暗指本来期望群雄能够同心会合，对董卓形成包围之势。

(4) 咸阳：秦代都城，这里指代长安。190年董卓为避关东联军，挟持献帝从洛阳迁都长安。这句是说关东义士们本想攻入长安辅佐汉朝王室。

(5)“军合”句：指关东诸将兵力虽合但不齐心协力。

(6) 踌躇：徘徊不进的样子。　雁行（háng）：大雁飞行时行列整齐，这里比喻关东诸军相互观望，不肯独进。

(7) 嗣（sì）：接续，接着。　戕（qiāng）：杀。自相戕，关东诸军自相残杀。

(8) 淮南弟：指袁绍弟袁术，袁术与袁绍是同父异母的兄弟，他当时占据淮南一带，并于建安二年（197）在淮南寿春（今安徽寿县）称帝。

(9) 玺（xǐ）：皇帝的印章。献帝初平二年（191）袁绍谋废献帝（刘协），立刘虞，刻制印玺。时袁绍屯兵河内（今河南沁阳）。

(10) 铠甲：古代将士护身的战服。金属造的为铠，皮革造的为甲。　虮（jǐ）：虱卵。

(11) 生民：人民。　百遗一：百人剩下一人，言死人之多。

【赏析】

建安诗歌是特定时代的产物，其刚健的风骨与“梗慨而多气”，首先表现在作品具有丰富充实的思想内容，比较清晰地反射出建安时期“世积乱离、风衰俗怨”的动荡不安的时代面影。

在建安诗坛上开风气之先的曹操，被鲁迅誉为“改造文章的祖师”。这位卓越的军事家、政治家，在戎马生活中创作的优秀诗篇，一扫两汉作家雕绘铺陈的气息，直叙“汉末时事”，慷慨激昂，凄凉悲壮。这首《蒿里行》将东汉末年军阀董卓入京作乱、关东州郡起兵伐董、袁术称帝等史事直接摄入诗篇，堪称现实主义的佳作。这种以时事入诗、直接抨击同时代人物的文风，反映了诗歌创作的一种新精神。

这首诗在反映汉末动乱和人民苦难方面，有相当的深度。首先，诗人义愤填膺地痛斥了汉末军阀豪强各怀野心、自相残杀的可耻行径："军合力不齐"，"嗣还自相戕"。接着，诗人用素描的手法形象地描绘了董卓之乱后，东都洛阳"数百里无烟火"、西京长安"城中尽空"、"二三年间关中无复行人"的情景："白骨露于野，千里无鸡鸣"。"白骨露于野"，极言战乱祸患时间之长。饿殍遍野，"尸骸相撑拒"（蔡琰《悲愤诗》），因长时间无人掩埋，以至于白骨暴露在荒冢郊野。"千里无鸡鸣"，极言战乱祸患程度之惨烈。中原大地，凋残破败，人口锐减，荒村寂寥。千里大平原，竟听不到一声雄鸡的啼叫。第三，这首诗正如刘勰所指出的那样，"造怀指事"，写得古直苍劲。"造怀"就是直抒胸臆，表达真实的思想感情。"指事"即陈说事理，言之有物，而不作无病呻吟。面对凋残破败、扰攘不宁的现实，作为建安时期领袖群伦的人物曹操，没有被动乱窒息，而是在凄苦的音调里表达了对饱受战乱之苦的人民的深切同情："生民百遗一，念之断人肠"。在人生的哀伤中激荡着一股扬厉图治的精神，使这首诗具备了一种独特的美学深度。

【思考与练习】

1．这首诗在反映汉末动乱和人民苦难方面，有相当的深度。试结合全诗加以具体阐述。

2．将下列诗句译成现代汉语。

（1）军合力不齐，踌躇而雁行。

（2）势利使人争，嗣还自相戕。

（3）铠甲生虮虱，万姓以死亡。

（4）生民百遗一，念之断人肠。

3．"白骨露于野，千里无鸡鸣"为千古名句，试结合全诗加以赏析。

【汇评】

“军合”四句，足尽诸人心事。“白骨”四句悲哀。笔下整严，老气无敌。（［清］·陈祚明《采菽堂古诗选》）

《薤露》、《蒿里》本送葬哀挽之辞，用以伤乱后丧亡，固无不可。且上章执君杀主，意重在上之人，下章万姓死亡，意重在下之人，又恰与《薤露》送王公贵人，《蒿里》送士大夫庶人，两相配合，勿徒以创格目之也。（［清］·张玉谷《古诗赏析》卷八）

“铠甲”四句，极写乱伤之惨，而诗则真朴雄阔远大。（［清］·方东树《昭昧詹言》卷二）

春江花月夜[1]

张若虚

【作家作品简介】

张若虚（660－720），扬州（治所在今江苏省扬州市）人。曾官兖州兵曹。唐中宗神龙年间，以“文词俊秀”而“名扬于上京”，与贺知章、张旭、包融并称“吴中四士”。生平事迹不详。所作诗亦多散佚，《全唐诗》共录存《代答闺梦还》、《春江花月夜》两首。

这是一首七言古诗，用的是乐府旧题。本诗被闻一多先生誉为“诗中的诗，顶峰上的顶峰”(《宫体诗的自赎》)。清代王闿运也说张若虚以“孤篇横绝，竟为大家”(《王志》)。

诗人描写了春夜里江水、花林、明月的景色，代游子思妇抒发了他们的离情别绪。全诗反映了青春的美好，表现了初、盛唐社会中人们热爱生活的心理状态。本诗风格清新流畅，和谐自然，一洗齐梁宫体诗的浓艳浮薄之气。

春江潮水连海平，海上明月共潮生[2]。滟滟随波千万里[3]，何处春江无月明。江流宛转绕芳甸[4]，月照花林皆似霰[5]。空里流霜不觉飞[6]，汀上白沙看不见[7]。江天一色无纤尘[8]，皎皎空中孤月轮[9]。江畔何人初见月？江月何年初照人？人生代代无穷已[10]，江月年年只相似。不知江月照何人，但见长江送流水。白云一片去悠悠[11]，青枫浦上不胜愁[12]。谁家今夜扁舟子[13]？何处相思明月楼[14]？可怜楼上月徘徊[15]，应照离人妆镜台[16]。玉户帘中卷不去，捣衣砧上拂还来[17]。此时相望不相闻，愿逐月华流照君[18]。鸿雁长飞光不度[19]，鱼龙潜跃水成文[20]。昨夜闲潭梦落花[21]，可怜春半不还家。江水流春去欲尽[22]，江潭落月复西斜[23]。斜月沉沉藏海雾，碣石潇湘无限路[24]。不知乘月几人归[25]，落月摇情满江树[26]。

【注释】

(1)《春江花月夜》：乐府《清商曲辞·吴声歌曲》旧题，相传为南朝陈后主叔宝所制（见《旧唐书·间乐志》）。

(2) 春江两句：写一轮明月，随潮涌升的壮观景象。　连海平：江潮浩瀚无垠，仿佛和大海连成一片。　共潮生：明月随同海潮涌出。

(3) 滟滟句：写月光在万里江水上动荡闪烁。　滟滟（yàn）：波光闪烁的样子。

(4) 宛转：曲折。　芳甸（diàn）：花草从生的原野。

(5) 霰（xiàn）：细密的雪珠。这里形容月光下的花朵。

(6) 空里流霜：谓月光皎洁柔和如流霜暗中飞泻。古人以为霜和雪一样是从空中飘落的，故云。

(7) 汀上句意思说：月色如霜，笼照汀洲，连白沙都分辨不清了。　汀（tīng）：水中或水边的平地。

(8) 纤（xiān）尘：细小的尘埃。

(9) 皎皎：洁白光明。　孤月轮：一轮明月。

(10) 穷已：穷尽。

(11) 白云：此喻指游子。　去悠悠：形容白云缓缓飘逝。

(12) 青枫浦：今湖南省浏阳县有此地名，一名双枫浦。这里当是泛指分别的地点。　不胜（shēng）：经不起、受不了。

(13) 扁（篇）舟子：指飘零江湖的人。　扁舟：小船。

(14) 明月楼：明月照耀下的楼房，即思妇住处。这里指楼中的思妇。

(15) 徘徊：指月影移动。曹植《七哀》诗："明月照高楼，流光正徘徊。"

(16) 离人：指思妇。妆镜台：梳妆台。

(17) 玉户两句意思说：卷不去，拂还来，表面是指月光，实际是指无法排遣的离愁。　玉户：指思妇的居室。　捣衣砧（zhēn）：捣衣用的垫石。古代妇女缝制衣服前，先要将衣料捣过（捣法已无考）：捣制衣服常是为了寄给游子征人，所以又多与思念亲人之情相联系。

(18) 逐：随。 月华：月光。 君：指游子。

(19) 鸿雁句意思说：远飞的鸿雁也不能把这儿的月光带到远方游子那里。长飞：远飞。 光不度：即光不动，未见月光随鸿雁而飞去。

(20) 鱼龙句意思说：鱼在深水里跃动，也只是激起阵阵波纹。古人有鱼雁传书之说，这里的意思是说鱼儿也无法传递对游子的思念之情。文：通“纹”。

(21) 昨夜句意思说：昨夜梦见花落闲潭，暗示春将逝去。 闲潭：平和、幽静的水潭。

(22) 江水流春：春光随江水流逝。

(23) 复西斜：指月夜将尽。

(24) 碣（jié）石：山名，在今河北省昌黎县。一说已沉入乐亭县海中。潇湘：水名，在今湖南省。碣石、潇湘泛指天南地北。 无限路：极言离人相距之远。

(25) 乘月：乘着月色。

(26) 落月句意思是说：江边树林洒满了落月的余辉，轻轻摇曳，牵系着思妇的离情别绪。

【赏析】

幽静的月夜，皎皎的月光。楼上徘徊的思妇，飘泊天涯的游子。诗歌细致地描绘了江南春江月夜清幽宁静的自然美景，抒发了人间缠绵悱恻的离情别绪，表现出诗人对人情难圆的感叹和对宇宙永恒、人生短暂的思索。虽有几分伤感，但给人的感受是“哀而不伤”，是温馨中的伤感。因为尽管人生短暂，但仍有着对生命的留恋，对青春的珍惜；尽管夫妻别离哀愁，但仍有着对重逢的美好企盼。这样就将诗情、画意、哲理三者有机地融合在一起，给人以无限的回味。

情景交融。将离别相思的情怀放在春江花月夜的背景上展开，以月升开头，以月落结束，作为外在线索，主要是为了以景衬情，即把春江花月夜的背景作为抒写离情别绪的依托，融入诗人对美景常在而人生难再、明月长圆而人情难圆的感怀。所以，月光是全诗的灵魂。

画面清丽，色泽柔和。作者以月光统摄群象，描绘了在月光沐浴下的潮水、波光、花林、沙滩、夜空、白云、青枫、闺阁、镜台、海雾等所显示的清丽、空明、澄澈的景象。这样，春江花月夜的良辰美景与游子思妇的离别憾事就构成了一种空灵邈远、令人心醉神迷的意境。正是这美好的意境作为一种媒介和契机，才触发了诗人对宇宙永恒、人生短暂的思考。

“玉户帘中卷不去，捣衣砧上拂还来。”这是为历来传诵的名句。首先，这两句诗成功地运用了拟人的手法：月光“卷不去”、“拂还来”，似在与楼上的思妇捉迷藏，撩拨、挑逗思妇。实际上是睹月思人，彻夜难眠，表达了对远方游子的强烈思恋之情。

其次，运用了暗示的手法：月光“卷不去”“拂还来”，暗示相思之情缠绵悱恻、难以排遣。

【思考与练习】

1．春江花月夜本是良辰美景，离别相思本是人间憾事，诗人为什么要将离别相思之情放在春江花月夜的背景下展开描写？

2．本诗融诗情、画意、哲理为一体，作者尽情描绘了春江花月夜的奇丽景色，讴歌了人间纯洁真挚的感情，并把对游子思妇的同情心扩展开来，探索了宇宙的奥秘、人类的往古、人生的哲理。试分析诗中景、情、理的内在联系。

3．“玉户帘中卷不去，捣衣砧上拂还来。”这两句诗是为历代人们传诵的名句，试简析其所表达的思想内容及艺术特色。

【汇评】

张若虚《春江花月夜》流畅婉转，出刘希夷《白头翁》上……（［明］·胡应麟《诗薮》）

将“春江花月夜”五字，炼成一片奇光，分合不得，真化工手。（［明］·钟惺、谭元春《唐诗归》）

唐人有“春江花月夜”一题，同时张若虚、张子容皆赋之。若虚凡二百五十二字，子容仅三十言，长短各极其妙，增减一字

不得，读此可悟相体裁衣之法。（［清］·宋长白《柳亭诗话》）

前半见人有变易，月明常在，江月不必待人，惟江流与月同无尽也。后半写思妇怅望之情，曲折三致。题中五字安放自然，犹是王、杨、卢、骆之体。（［清］·沈德潜《唐诗别裁集》）

宣州谢朓楼饯别校书叔云[1]

李 白

【作家作品简介】

李白（701－762），字太白，号青莲居士。祖籍陇西成纪（今甘肃秦安县），出生于中亚碎叶城（今吉尔吉斯斯坦共和国首府伏龙芝市北楚河南岸伊斯阔家附近，唐时属安西都护府）。五岁移家绵州昌隆县（今四川江油）。天宝元年（742）因玄宗妹玉真公主荐应诏入长安，供奉翰林，受玄宗恩遇；因得罪宠臣、贵妃，被赐金遣返。安史乱中，入永王李璘幕。永王遇害，受牵连下狱，流夜郎（今贵州桐梓），途中遇赦。晚年漫游于金陵（今江苏南京）、宣城（今属安徽）一带，卒于安徽当涂。有诗1035首。

李白诗歌是“盛唐之音”的杰出代表。他的诗歌充分反映了时代精神，展现了诗人的思想品格，构成了一代诗歌的宏音巨响。其诗的主体风格是豪迈雄放、俊爽飘逸、清新自然，形成了鲜明的积极浪漫主义的创作特征。其七言歌行体现了前所未有的创造力和无比强大的表现力；其绝句清秀疏朗、自然流美，达到艺术的至境。李白的诗歌在文学史上树立了光辉的典范，具有深刻而深远的影响。

弃我去者，昨日之日不可留；
乱我心者，今日之日多烦忧。
长风万里送秋雁，对此可以酣高楼[2]。
蓬莱文章建安骨[3]，中间小谢又清发[4]。

俱怀逸兴壮思飞(5)，欲上青天览明月(6)。
抽刀断水水更流，　举杯销愁愁更愁。
人生在世不称意(7)，明朝散发弄扁舟(8)。

【注释】

(1) 唐玄宗天宝十二载（753），李白从汴州梁园（在今河南开封）到宣州（治所在今安徽宣城），本篇作于逗留宣州期间。　谢朓楼：一名北楼，又称谢公楼。南刘谢朓为宣城太守时所建。唐懿宗咸通年间，改名为叠嶂楼。　校书：秘书省校书郎的省称。　叔云：李白的族叔李云。题名一作《陪侍御叔云登楼歌》。

(2) 此：指上句所写的长风秋雁的景色。　酣（hān）：畅饮。

(3) 蓬莱句：赞美李云的文章风格刚健。汉代官家著述和藏书之所称为东观，学者又称之为“老氏藏书室，道家蓬莱山”。唐人则多以蓬山、蓬阁指秘书省，李云是秘书省的校书郎，所以这里用“蓬莱文章”借指李云的文章。　建安骨：建安风骨。指刚健遒劲的诗文风格。

(4) 中间句：意思说自己的诗歌也像谢朓（小谢）一样清新秀逸。　中间：指从建安到唐之间的南齐时代。　小谢：即谢朓。南朝齐梁间著名诗人。世称南朝宋谢灵运为大谢，而称谢朓为小谢。　清发：清新秀逸。

(5) 俱怀：两人都怀有。　逸兴：高远的兴致。　壮思：豪壮的情思。

(6) 览：同“揽”，摘取。

(7) 不称意：不如意。

(8) 散发：古人束发戴冠，而散发就是不束发、不戴冠，有狂放不羁和隐逸不仕的意思。　弄扁（piān）舟：驾小舟泛游于江湖之上。《史记·货殖列传》：“范蠡既雪会稽之耻，乃乘扁舟浮于江湖，变名易姓，适齐为鸱夷子皮。”　扁舟：小舟。

【赏析】

这首诗是李白于天宝十二年（753）游宣城时所作，抒写了诗人对理想的执著追求及其在现实的沉重压抑下心烦意乱、愁怀不解而想归隐江湖的意愿。虽然有洁身自好、躲避现实的消极因素，但主要表现了诗人怀才不遇、不屈服于现实和命运、又不知路在何方的内心痛苦。

这首七言歌行的艺术结构表现为奇突多变、大起大落，不可端倪，全诗在腾挪跌宕中留下想象空间与思索时间，让我们去寻找其思想发展、变化的轨迹，把握其情感的内涵与特质。正是这种大度落差、跌宕跳跃的结构，才足以充分宣露诗人独特的心灵世界。全诗分三层，“词断意不断”，显示出其内在的连续性。起首两个排偶长句一气鼓荡，喷射出胸中的抑郁之气。“长风万里送秋雁”至“欲上青天览明月”为第二层。其中三、四两句写即席所见的清秋景色及由此而激发的逸兴豪情。五、六、七、八等句以赞美建安诗人及谢朓的文章诗歌，描绘主客双方的才气兴致，情思激越。第三层为最后四句。诗人由“欲上青天览明月”的逸兴壮思折回现实人生的牢骚困顿，直抒胸中的苦闷与激愤，欲放舟江湖，远离现实来解除精神上的苦闷。

这首七言歌行的语言奔放自然，似脱口而出。开头两个长句多用虚字，且句读近似散文，但随着诗人感情的起伏、思绪的飞腾、心理的迅变，却仍给人以一气流走的感觉，酣畅淋漓。

【思考与练习】

1. 这首诗表达了李白什么样的思想感情？
2. 试分析这首诗在结构上大起大落、不可端倪的艺术特色。
3. 背诵这首诗。

【汇评】

厌世多艰，兴思远引，韵清气秀，蓬蓬起东海，蓬蓬起西海。异质快才，自足横绝一世。（［明］·周敬、周珽《唐诗选脉会通评林》）

此篇三韵两转，而起结别是一法。起势豪迈如风雨之骤至。（［清］·王尧衢《古唐诗合解》）

此中格调，太白从心中化出。（［清］·沈德潜《唐诗别裁集》）

遥情飚竖，逸兴云飞，杜甫所谓“飘然思不群”者，此矣。千载而下，犹见酒间岸异之状，真仙才也。（［清］·高宗弘历敕编《唐

宋诗醇》)

起二句，发兴无端。“长风”二句，落入，如此落法，非寻常所知。“抽刀”二句，仍应起意为章法。“人生”二句，言所以愁。（［清］·方东树《昭昧詹言》）

月　　夜

杜　甫

【作家作品简介】

杜甫（712－770），字子美，原籍襄阳（今湖北省襄阳县），曾祖时迁居河南巩县（今河南省巩县）。杜甫出生在一个“奉儒守官”的官僚家庭，深受儒家思想熏陶，也受佛、道思想影响。早年他南游吴越，北游齐赵，过着“裘马颇清狂”的漫游生活。玄宗天宝五年（746），西入长安，求官不遂，困居十年。四十四岁时，才勉强得到一个看管兵甲器杖的小官。不久，安史之乱爆发，杜甫举家避难鄜州羌村。后往灵武投奔肃宗，途中为叛军所俘。脱险后到灵武，被任为左拾遗。因上疏救房琯触怒肃宗，贬为华州司功参军。肃宗乾元二年（759），弃官西去，经秦州、同谷入蜀，定居成都草堂。严武再度镇蜀，杜甫一度任节度使署参谋，检校工部员外郎。严武死后，准备北归洛阳，携家往夔州。代宗大历三年（768）出峡，因兵乱漂泊两湖。最后避乱郴州，病死途中。

杜甫的诗歌，内容十分丰富，有的是抨击统治集团的荒淫无耻，巧取豪夺；有的是深刻反映人民苦难重重、啼饥号寒的悲惨生活；有的是指斥安史叛乱，维护国家统一；有的是感时忧国，慨叹今昔；有的是反对各民族间互相攻伐，主张和睦相处。此外，一些写景、咏物、题画诗，也都蕴蓄着诗人对国事的深沉忧思，个人身世飘零的无限感喟。这些都是杜甫诗歌中的精华，应该充分肯定。但必须指出，杜甫有的诗篇表现了浓厚的忠君思想，有些则是粉饰太平，这是杜甫诗中的糟粕。

今夜鄜州月，闺中只独看(1)。
遥怜小儿女，未解忆长安(2)。
香雾云鬟湿，清辉玉臂寒(3)。
何时倚虚幌，双照泪痕干(4)。

【注释】

(1) 鄜（fū）州：今陕西省富县。当时杜甫的眷属寄居在鄜州羌村。 闺中：闺中之人，指杜甫的妻子。 看：读平声（kān）。

(2) 未解忆长安：这句兼有双层意思，一是指小儿女无知，还不懂得怀念在长安的父亲；二是指小儿女不理解母亲看月思亲的内心活动。

(3) 香雾：因月夜久立，夜雾降落在带有香气的发鬟上，所以称“香雾”。云鬟（huán）：古代妇女梳的环形发式。 清辉：指月光。 玉臂：如玉一般洁白的手臂。这两句是杜甫设想妻子长久望月思念自己的情景。

(4) 虚幌：挂起的帷幔。 虚：空。这句是说，帷幔空悬，亲人远在长安。 双照：指月光照着自己和妻子。 “双”承“独”“照”承“月”：这两句是说，什么时候我和你倚着帷幔看月，那时你我都不用因分居异地看月相思而流泪不止了。

【赏析】

天宝十五年（756）六月，安禄山攻破潼关，玄宗入蜀，七月，肃宗李亨即位于灵武。杜甫把家眷寄居在鄜州，只身前去投奔肃宗，途中为叛军所俘，掳到长安。由于当时杜甫人卑名微，没有被拘禁，这首诗就是这年八月杜甫在长安所作。

首联写在秋天的月夜，深切思念家人，但不从正面着笔，而是从侧面写妻子在月下思念自己，泪流不止的情态。颔联以儿女年幼无知，“未解忆长安”来烘托妻子的“独看”，益见深情苦忆。颈联设想妻子月下久立的情景，雾湿云鬟，月寒玉臂。“湿”字，足见夜深；“寒”字，足见时间之久，不仅表现了妻子的思念之切，而且也从侧面表达了诗人对妻子的一往情深。尾联以希冀重逢作结，语丽情悲。全诗表情达意曲折有致，构思新颖，用词精工。

【思考与练习】

1．这首诗被誉为天下第一等情诗。试分析这首诗是怎样用侧面描写的艺术手法，来关合诗人与妻子的两地相思之情的。

2．颈联“香雾云鬟湿，清辉玉臂寒”的思想内涵是什么？

3．背诵这首诗。

【汇评】

怀远诗说我忆彼，意只一层；即说彼忆我，意亦只两层。唯说我遥揣彼忆我，意便三层。又遥揣彼不知忆我，则层折无限矣。此公陷贼中，本写长安之月，却偏陡写鄜州之月，本写自己独看，却偏写闺中独看，已得遥揣神情。三、四又脱开一笔，以儿女之不解忆，衬出空闺之独忆，故“云鬟湿”、“玉臂寒”而不知也。沉郁顿挫，写尽闺中深情苦境。（［清］·吴瞻泰《杜诗提要》卷七）

心已驰神到彼，诗从对面飞来，悲婉微至，精丽绝伦，又妙在无一字不从月色照出也。（［清］·浦起龙《读杜心解》卷三之一）

长恨歌[1]

白居易

【作品作家简介】

白居易（772－846），字乐天，晚号香山居士。原籍太原，后迁居下邽（今陕西渭南）。唐代杰出的诗人。唐德宗贞元十六年（800）进士，由校书郎累官至左拾遗。在此期间，他关心朝政，屡屡上书言事，并写了不少讽谕诗，要求革除弊政，因遭权贵忌恨被贬为江州司马。此后他被迫避祸保身，历任忠州、杭州、苏州刺史，以刑部尚书致仕。晚年官太子少傅，谥号“文”，世称白傅，白文公。

白居易主张“文章合为时而著，歌诗合为事而作”（《与元九书》）。他与元稹一起，倡导旨在揭露时弊的“新乐府运动”，写下《秦中吟》十首、《新乐府》五十首等，对当时社会的黑暗现实作了深刻的揭露和批判。在艺术上，白居易诗以语言浅近自然、平易晓畅著称，相传老妪能解，在当时就流布很广。有《白氏长庆集》，存诗近三千首，数量之多，为唐人之冠。

汉皇重色思倾国[2]，御宇多年求不得[3]。杨家有女初长成[4]，养在深闺人未识。天生丽质难自弃[5]，一朝选在君王侧。回眸一笑百媚生[6]，六宫粉黛无颜色[7]。春寒赐浴华清池[8]，温泉水滑洗凝脂[9]。侍儿扶起娇无力，始是新承恩泽时[10]。云鬓花颜金步摇[11]，芙蓉帐暖度春宵[12]。春宵苦短日高起，从此君王不早朝。承欢侍宴无闲暇，春从春游夜专夜[13]。后宫佳丽三千人[14]，三千宠爱在一身。金屋妆成娇侍夜[15]，玉楼宴罢醉和春。姊妹弟兄皆列土[16]，可怜光彩生门户[17]。遂令天下父母心，不重生男重生女[18]。骊宫高处入青云[19]，仙乐风飘处处闻。缓歌慢舞凝丝竹[20]，尽日君王看不足。渔阳鼙鼓动地来[21]，惊破霓裳羽衣曲[22]。九重城阙烟尘生[23]，千乘万骑西南行[24]。翠华摇摇行复止[25]，西出都门百余里[26]。六军不发无奈何[27]，宛转蛾眉马前死[28]。花钿委地无人收[29]，翠翘金雀玉搔头[30]。君王掩面救不得，回看血泪相和流。黄埃散漫风萧索[31]，云栈萦纡登剑阁[32]。峨嵋山下少人行[33]，旌旗无光日色薄。蜀江水碧蜀山青，圣主朝朝暮暮情[34]。行宫见月伤心色，夜雨闻铃肠断声[35]。天旋日转回龙驭[36]，到此踌躇不能去[37]。马嵬坡下泥土中，不见玉颜空死处[38]。君臣相顾尽沾衣[39]，东望都门信马归[40]。归来池苑皆依旧，太液芙蓉未央柳[41]。芙蓉如面柳如眉，对此如何不泪垂[42]。春风桃李花开日，秋雨梧桐叶落时。西宫南内多秋草[43]，落叶满阶红不扫。梨园弟子白发新[44]，椒房阿监青娥老[45]。夕殿萤飞思悄然[46]，孤灯挑尽未成眠[47]。迟迟钟鼓初长夜[48]，耿耿星河欲曙天[49]。鸳鸯瓦冷霜华重[50]，翡翠衾寒谁与共[51]。悠悠生死别经年，魂魄不曾来入梦[52]。临邛道士鸿都客[53]，能以精诚致魂魄[54]。为感君王辗转思[55]，遂教方士殷勤觅[56]。排空驭气奔如电[57]，升天入地求之遍。上穷碧落下黄泉[58]，两处茫茫皆不见。忽闻海上有仙山，山在虚无缥缈间。楼阁玲珑五云起[59]，其中绰约多仙子[60]。中有一人字太真[61]，雪肤花貌参差是[62]。金阙西厢叩玉扃[63]，转教小玉报双成[64]。闻道汉家天子使[65]，九华帐里梦魂惊[66]。揽衣推枕起徘徊[67]，珠箔银屏迤逦开[68]。云鬓半偏新睡觉[69]，花冠不整下堂来。风吹仙袂飘飘举[70]，犹似霓裳羽衣舞。玉容寂寞泪阑干[71]，梨花一枝春带雨。含情凝睇谢君王[72]，一别音容两渺茫。昭阳殿里恩爱绝[73]，蓬莱宫中日月长[74]。回头下望人寰处[75]，不见长安见尘雾。唯将旧物表深情，钿合金钗寄将去[76]。钗留一股合一扇[77]，钗擘黄金合分钿[78]。但教心似金佃坚，天上人间会相见。临别殷勤重寄词，词中有誓两心知(79)。七月七日长生殿(80)，夜半无人私语时。在天愿作比翼鸟，在地愿为连理枝(81)。天长地久有时尽，此恨绵绵无绝期(82)。

【注释】

(1) 本诗作于唐宪宗元和元年（806），当时白居易任盩厔（今陕西省周至县）县尉。唐陈鸿《长恨歌传》："元和元年冬十二月，太原白乐天自校书郎尉于盩厔，鸿与琅邪王质夫家于是邑。暇日相携游仙游寺，话及此事（按：指唐玄宗、杨贵妃的故事），相与感叹。质夫举酒于乐天前曰：'夫希代之事，非遇出世之才润色之，则与时消没，不闻于世。乐天深于诗，多于情者也；试为歌之，如何？'乐天因为《长恨歌》。"

(2) 汉皇：本指汉武帝刘彻，这里借指唐玄宗李隆基。 倾国：指美女。《汉书·外戚传》载李延年歌："北方有佳人，绝世而独立。一顾倾人城，再顾倾人国。宁不知倾城与倾国，佳人难再得！"

(3) 御宇：人君统治天下，即意为当皇帝。

(4) 杨家有女：指杨贵妃。杨氏乳名玉环，弘农华阴人，徙居蒲州永乐县独头村。父玄琰曾任蜀州司户，早死，养于叔父玄珪家。开元二十三年册封为寿王（玄宗之子李瑁）妃，二十八年十月，玄宗度具为女道士，道号太真。天宝四年，召还俗，立为贵妃。

(5) 丽质：美丽的姿质。 难自弃：意为难于被埋没在民间。 弃：舍弃。

(6) 回眸（móu）：回首顾盼。 眸：眼珠。 百媚：种种媚人的姿态。

(7) 六宫句意思说：与杨贵妃相比，宫内所有妃嫔都黯然失色。 六宫：皇后妃嫔的住处。 粉黛：本为女子的化妆品，这里代指美女。

(8) 华清池：即骊山（在今陕西省临潼县境）上华清宫的温泉。

(9) 凝脂：指白嫩柔滑的皮肤。《诗经·卫风·硕人》："肤如凝脂。"

(10) 承恩泽：指得到皇帝的宠爱。

(11) 云鬓花颜：如云的鬓发，如花的容貌。 金步摇：古代贵妇头饰，上有金花，下有垂珠，随人行走而摇动，故名"步摇"。

(12) 芙蓉帐：绣有并蒂莲花的华丽床帐。 春宵：春夜。

(13) 夜专夜：意思是每夜都得专宠。

(14) 佳丽：美人。 三千：泛言其多，玄宗时实际不止此数。

(15) 金屋：汉武帝刘彻幼时，曾说欲筑金屋，以娶其姑母长公主女阿娇

（见《汉武故事》）。此处借用。

(16) 姊妹句：杨玉环封为贵妃后，杨氏一家皆受恩宠。大姐封韩国夫人，三姐封虢国夫人，八姐封秦国夫人。族兄杨铦为鸿胪卿，杨锜为侍御史，杨钊赐名国忠，天宝十一年（752）为右丞相，领四十余使。 列土：分封土地，此指封官进爵。 列：通“裂”。

(17) 可怜：值得羡慕的意思。

(18) 不重句：这是极力渲染并含有讽刺的说法。《史记·外戚世家》：“生男无喜，生女无怒！独不见卫子夫霸天下？”又唐陈鸿《长恨歌传》：“当时谣咏有云：‘生女勿悲酸，生男勿喜欢！’又曰：‘男不封侯女作妃，看女却为门上楣’。其为人羡慕如此！”

(19) 骊宫：骊山上的宫殿，即华清宫。

(20) 缓歌：悠扬的歌声。 慢舞：即曼舞，轻盈美妙的舞姿。 凝丝竹：形容歌舞与管弦乐配合得紧密和谐。

(21) 渔阳鼙（pí）鼓：指天宝十四年十一月，平卢、范阳、河东三镇节度使安禄山起兵叛唐。 渔阳：郡名，郡治在今河北省蓟县城，唐时为范阳节度使所辖八郡之一。此指安禄山起兵之地。诗中不用“范阳”而用“渔阳”，是暗用东汉彭宠据渔阳起兵反汉的典故（事见《后汉书·彭宠传》）。 鼙鼓：骑兵用的小鼓。

(22) 《霓裳羽衣曲》：唐代大型舞曲名。本名《婆罗门》，是西域乐舞的一种，开元中河西节度使杨敬述引入，据说曾经玄宗加工润色。

(23) 九重城阙：指京城长安。语本《楚辞·九辩》：“君之门以九重。” 烟尘生：形容战云弥漫。

(24) 西南行：天宝十五年（756）六月，安禄山破潼关，唐玄宗和杨玉环等出延秋门向西南方逃往蜀中。

(25) 翠华：以翠羽为饰的旗，是皇帝所用仪仗。

(26) 百余里：指马嵬坡，在今陕西省兴平县西二十余里，也叫马嵬驿，今称马嵬镇。

(27) 六军：古代天子六军，此指皇帝的护卫军。 不发：不再前进，暗指哗变。

(28) 宛转句：指右龙武将军陈玄礼部下杀死杨国忠后，又迫使玄宗命杨贵妃自尽。 宛转：缠绵凄楚的样子。 蛾眉：美女的眉毛。《诗·卫风·硕人》：“螓首蛾眉。”常作美女的代称，此处指杨贵妃。

(29) 花钿（diàn，又读 tián）：一种嵌镶珠宝的花朵形状的首饰。 委地：

丢弃在地上。 委：弃。

(30) 翠翘：一种形如翠鸟尾羽的首饰。《山堂肆考》："翡翠鸟尾上长毛曰翘，美人首饰如之，因名翠翘。" 金雀：凤（古称朱雀）形的金钗。 玉搔头：玉簪。《西京杂记》："武帝过李夫人，就取玉簪搔头，自此后宫人搔头皆用玉。"

(31) 埃：尘。

(32) 云栈：高入云端的栈道。悬崖陡壁上凿石架木而成的通道称为栈道。 萦纡（yíng yū）：盘绕曲折。 剑阁：即剑门关，在今四川省剑阁县北。

(33) 峨嵋山：在今四川省峨嵋县境内，玄宗逃蜀，未经此处。这里用来泛指蜀中的高山。

(34) 圣主：指唐玄宗。

(35) 行宫两句意思说：在行宫中望月，月呈伤心之色；在夜雨中闻铃，铃作肠断之声。 行宫：皇帝出行时住的地方。 闻铃：唐郑处诲《明皇杂录·补遗》："明皇既幸蜀，西南行，初入斜谷，霖雨涉旬，于栈道雨中闻铃音，与山相应。上既悼念贵妃，采其声为《雨淋铃曲》以寄恨焉。"这里暗用其事。

(36) 天旋日转：喻指政局好转。 回龙驭：指玄宗返回长安。 龙驭：皇帝车驾。肃宗至德二年（757）十月，郭子仪等收复长安，同年十二月，玄宗还京。

(37) 此：指杨贵妃赐死处，即马嵬坡。 踌躇：徘徊不进的样子。

(38) 马嵬坡两句：肃宗至德二年（757）十二月，玄宗由蜀郡回长安，经马嵬坡贵妃葬地，派人以礼改葬，掘土，贵妃香囊犹在，不胜悲戚（见《新唐书·后妃传》)。空死处：空见死处。

(39) 沾衣：泪湿衣衫。

(40) 东望都门：向东望着长安。信马：听任马随意而行，形容心神不定。 信：任凭。

(41) 太液：汉代宫池名，在建章宫北，成帝与赵飞燕常玩乐于此。唐也有太液池，在长安城东北面的大明宫内。 未央：汉宫名，旧址在今陕西省西安市西北，汉朝开国时丞相萧何所营建。太液、未央在这里代指唐代的池苑宫殿。

(42) 芙蓉两句：写唐玄宗回宫后，看见池里的荷花像杨贵妃的脸，宫里柳条像她的眉毛，触景生情，不由得伤心落泪。 芙蓉：荷花。

（43）西宫：指太极宫；南内：指兴庆宫，都是玄宗返回长安后的住所。据《新唐书·宦者传》载：玄宗还京后，初居兴庆宫，因邻近大街，时常与外界接触，上元二年（761），肃宗李亨听宦官李辅国谗言，迁玄宗到太极宫甘露殿居住，加以变相的软禁。

（44）梨园弟子：此指唐玄宗过去所训练的一批艺人。宋程大昌《雍录》卷九："开元二年，置教坊于蓬莱宫，上（指玄宗）自教法曲，谓之'梨园弟子'。至天宝中，即东宫置宜春北苑，命宫女数百人为梨园弟子，即是。'梨园'者，按乐之地；而预教者，名为'弟子'耳。"

（45）椒房：古代后妃住的宫室，以椒（花椒）粉和泥涂壁，取其香暖，并象征子孙众多。

（46）悄然：忧伤愁闷的样子。

（47）孤灯句：古时用灯草点油灯，为了使灯燃得明亮，过一会儿就要把灯草往前挑一挑。但宫廷豪门夜间燃烛照明，并不点油灯。这里形容玄宗晚年孤寂境遇。　挑尽：说明夜已深。

（48）钟鼓：指宫中报时的钟鼓声。　初长夜：秋夜。

（49）耿耿：明亮。　星河：银河。　欲曙天：天快要亮的时候。

（50）鸳鸯瓦：一俯一仰扣合在一起的屋瓦，即阴阳瓦。　霜华：即霜花。

（51）翡翠衾（qīn）：绣着翡翠鸟图形的被子。　翡翠：鸟名，雌雄双栖，形影不离。

（52）魂魄：指杨贵妃的亡魂。

（53）临邛（qióng）：县名，唐属剑南道，今四川省邛崃县。　鸿都：东汉京都洛阳宫门名。这里借指唐都长安。

（54）致：招来。

（55）辗转思：反复思念。

（56）教：使，令。　方士：道士，有法术的人。

（57）排空驭气：腾云驾雾。

（58）穷：这里是找遍的意思。　碧落：道书称东方第一层天名碧落，这里指天上。　黄泉：指地下。

（59）五云：五色的彩云。

（60）绰约：风姿轻盈美好的样子。《庄子·逍遥游》："藐姑射之山，有神人居焉，肌肤若冰雪，绰约如处子。"

（61）太真：即杨贵妃。

（62）参差：仿佛。

(63) 金阙：指仙山上金碧辉煌的宫殿。 扃（jiōng 窘阴平）：门户。
(64) 小玉、双成，这里指杨贵妃在仙山上的侍女。 小玉：吴王夫差的女儿，相传死后成仙。 双成：董双成，相传是西王母的侍女。《汉武帝内传》："西王母命玉女董双成吹云和之笙。"
(65) 天子使：皇帝派来的使者。
(66) 九华帐：用九华图案绣成的彩帐。 九华：一种回环的图案名称。
(67) 揽衣：披衣。
(68) 珠箔：珠帘。 屏：屏风。 迤逦（yī lǐ）：接连不断。
(69) 睡觉：睡醒。
(70) 袂（mèi）：袖。
(71) 玉容寂寞：形容杨贵妃面容显得忧伤。 泪阑干：泪流纵横的样子。
(72) 凝睇（dì）：凝视。
(73) 昭阳殿：汉宫名。成帝皇后赵飞燕曾居此。这里借指杨贵妃生前所居。
(74) 蓬莱：传说中海上仙山之一。 蓬莱宫：这里指杨贵妃死后所住的仙宫。
(75) 人寰：人间。
(76) 钿合：用金丝和珠宝镶嵌的首饰盒。 合：通"盒"。
(77) 钗留句：钗有两股，捎去一股，留下一股；盒分两半，捎去一半，留下一半。 扇：半只。盒有底有盖，分之则成两扇。
(78) 钗擘（bò 播去）黄金：即"黄金钗擘"。 擘：分开。 合分钿：钿盒上的金花图案各得一半。
(79) 两心：指唐玄宗和杨贵妃。
(80) 长生殿：唐代华清宫中殿名。《唐会要》卷三十"华清宫"条："天宝元年十月，造长生殿，名为集灵台，以祀神。"一说，唐代后妃所居寝宫，通称为长生殿。
(81) 在天二句：是写唐玄宗和杨贵妃当年在长生殿的誓词，表示两情相好，永不分离。 比翼鸟：雌雄相比而飞的鸟。《尔雅·释地》："南方有比翼鸟焉，不比不飞，其名谓之鹣鹣。" 连理枝：不同根而枝干连生在一起的两棵树。
(82) 此恨绵绵无绝期：遗憾久长而没有断绝的时候。 恨：遗憾。

【赏析】

《长恨歌》的意思是：生离死别，永远遗憾，写诗抒怀。长，永远，永久。恨，遗憾。歌，歌行体，在汉魏六朝乐府诗的基础上演变而成的一种新诗体。

《长恨歌》通过李、杨悲欢离合的爱情故事，表达了人们对美好爱情生活的无限向往，对忠贞不渝的爱情的热烈颂扬。坚贞不渝的爱情是人类最美好的感情，而作为爱情悲剧的承受者，不论是布衣庶民，还是帝王后妃都会得到人们的同情。

杨玉环的可爱不仅在于她姿色绝伦，更在于她为爱情作出的巨大牺牲。李隆基失去帝位后，杨玉环仍然仙宫寄语，无怨无悔，一片痴情。虽说红颜命薄，但比起那些见异思迁的女子，杨玉环却赢得了人们的同情。她美丽、温柔、痴情，同时也聪明、勇敢、沉稳。她热爱生活，珍视爱情，为江山社稷马嵬自缢，献出了宝贵的生命。

李隆基虽然沉溺于后宫的温馨，欢娱误国，应予批判，但他对一位后妃的爱却如此忠贞，相对那些薄情郎而言，人们也给了他些许同情。

全诗共分四部分。第一部分从“汉皇重色思倾国”至“尽日君王看不足”：李、杨恩爱结伉俪，贵妃得宠华清池。第二部分从“渔阳鼙鼓动地来”至“夜雨闻铃肠断声”：江山美人难两全，贵妃殒命马嵬坡。第三部分从“天旋日转回龙驭”至“魂魄不曾来入梦”：玄宗重归长安后，无限哀思滚似绵。第四部分从“临邛道士鸿都客”至“此恨绵绵无绝期”：仙宫觅踪迹，生死结同心。从艺术特色上看，主要有以下几点：

（一）故事情节曲折生动、跌宕起伏，扣人心弦

诗人用如椽之笔叙述了下列引人入胜的情节：寻求美色——纵情恣乐——渔阳鼙鼓——马嵬兵谏——香消玉殒——无穷思念——蓬莱寻妃——仙宫寄语。

（二）在叙写李、杨悲欢离合的爱情故事时，诗人将现实主义和浪漫主义的手法融为一体

首先，诗人尊重历史事实，客观真实地叙写、批判了唐玄宗沉溺后宫、欢娱误国的行径；但为了突出“长恨”的主题，诗人又不拘泥于历史，而是根据理想化的原则，虚构了杨玉环“死而复生”、赠物寄词表深情的动人情节。读者深知其无，但又惟愿其有。从而，表达了人民美好的愿望：拆散的夫妻终于团聚，坚贞的爱情得到颂扬。使这个故事超越了历史事实本身、历史人物本身而具有普遍意义，产生了强烈的艺术魅力，受到人民的喜爱。

（三）情景交融，舒卷自如

1. 融情于景。如“黄埃散漫风萧索”以下四句诗，描写的是李隆基入川途中的景色，也融含着唐玄宗惨淡灰暗、寂寞凄伤的心情。

2. 触景生情。如“芙蓉如面柳如眉，对此如何不泪垂”。由景物联想到人，将唐玄宗的思恋之情刻画得细腻入微。

3. 借景传情。如“夕殿萤飞思悄然，孤灯挑尽未成眠”。借“萤飞”、“孤灯”之景，传递出玄宗失去贵妃后的凄凉之情。

【思考与练习】

1. 对《长恨歌》的主旨，历来有不同认识。有人以为是讽刺荒淫，有人以为是歌颂爱情，有人以为是双重主题。你的意见如何？理由是什么？

2. 试对杨玉环这一人物形象进行简要评析。

3. 在叙写李、杨悲欢离合的爱情故事时，诗人是怎样将现实主义与浪漫手法融为一体的？

4. 讨论题：唐玄宗当然也有人之常情，但他和杨玉环之间的感情，果真能真挚深刻到此诗所写的程度吗？如果说其中有虚构，那为什么历来的读者对此诗津津乐道、备加赞赏？试各抒己见，共同探讨。

【汇评】

作长篇法如构危宫大厦，全须接隼合缝，铢两皆称。乐天《琵琶行》、《长恨歌》几许胆力！觉龙气所聚，有疑行疑伏之妙，读者未易测其涯岸。（［明］·周敬、周珽《唐诗选脉会通评林》）

乐天诗如《长恨歌》、《琵琶行》，皆所谓老妪解颐者也。然无一字不深入人情，而且刺心透髓，即少陵、长吉歌行皆不能及。所以然者，少陵、长吉虽能为情语，然犹兼才与学为之。凡情语一夹才学，终隔一层，便不能刺透心髓。乐天之妙，妙在全不用才学，一味以本色真切出之，所以感人最深。由是观之，则老妪解颐，谈何容易！（［清］·黄周星《唐诗快》）

结处戛然而止，不纠缠方士复命，上皇震悼不豫等事，笔力高人数倍。（高步瀛《唐宋诗举要》卷二）

此诗为唐白乐天居易所撰，时在长庆中，故名长庆体。此诗皆为七言绝诗。平声与仄声间次而押，如初四句为押平声，次四句即押仄声，次四句又押平声，次四句又押仄声。盖每四句一转，每一转四句。凡押韵者三句也，例如第一、第二、第四句押韵，第三句必不押韵。如押平韵，除第一、第二、第四三句押韵外，第三句之收字为仄声。押仄韵，第三句之收字为平声。但古人亦有平转平，仄转仄者，此法必不可学。且工于长庆体之名人，每于第三、四句作对偶，故《长恨歌》中，如“春风桃花开日，秋雨梧桐叶落时”、“沉沉钟鼓初长夜，耿耿星河欲曙天”，往往而是。（刘铁冷《作诗百法》）

贾　　生[1]

李商隐

【作家作品简介】

李商隐（813－858），字义山，号玉溪生，怀州河内（今河南沁阳县）人。早年受知于令狐楚，文宗开成二年（837）由楚之子绹推荐，进士及第。后娶王茂元之女为妻，无意中卷进了牛李党争的漩涡。

李商隐的诗或反映现实社会的黑暗；或展示深沉的忧国情怀；或表现渴望一展平生之志的政治热情，抒发怀才不遇的愤懑与感慨；或歌咏真挚动人的爱情与友谊。其诗常带有浓厚的抑郁情调与感伤色彩。其古今体诗皆佳，尤擅近体，以七律最胜，五律、七绝亦自成一格。他还创制了一批别具情韵的“无题诗”。他的诗构思新颖缜密，想象丰富奇妙，词句精警优美，形象鲜明生动，意境深婉，情感动人，色彩浓丽，韵调谐和，具有强烈的艺术感染力。以清人冯浩《玉溪生诗集笺注》、《樊南文集详注》较为完备。

宣室求贤访逐臣，
贾生才调更无伦[2]。
可怜夜半虚前席，
不问苍生问鬼神[3]。

【注释】

(1) 贾生：即贾谊。

(2) 宣室：西汉未央宫前殿正室。　访：咨询、求教。　逐臣：被贬逐的臣子，指贾谊。贾谊在汉文帝时曾任太中大夫，遭人谗毁，被贬为长沙王太傅，数年后方被召回。《史记·屈原贾生列传》载："后岁余，贾生征见。孝文帝方受釐（xī）（本指祭过神的胙肉，此处借指刚举行过祭神典礼，接受神的福佑——编者），坐宣室。上因感鬼神事，而问鬼神之本。贾生因具道所以然之状。至夜半，义帝前席。既罢，曰：'吾久不见贾生，自以为过之，今不及也。'"此事为全诗所本。才调，才气、才干。无伦，无与伦比。

(3) 可怜：可惜、可叹。　虚：徒然，枉自。　前席：汉代人乃席地而坐，谈话投机时，便不自觉地向前挪动坐席，靠近对方。　苍生、黎民百姓：此处指有关国计民生的大事。

【赏析】

据《史记·屈原贾生列传》，汉文帝在宣室接见刚从长沙召回的贾谊，向他询问鬼神的本原。由于谈话投机，文帝不自觉地在坐席上移膝靠近贾谊。宣室夜召、虚心征询的情节，在一般封建文人眼里，正是深受君主恩遇的表现，但诗人却抓住"夜半前席"而"问鬼神"这一点，翻出深刻新颖的议论，揭露封建统治者表面上求贤、敬贤，实际上不能识贤、任贤，揭示出在深受恩遇的表象下隐藏着不遇的实质。"不问苍生问鬼神"，对封建统治者的这种指责，说明作者把对封建国家是否有利和进步的政治主张能否得到采纳作为政治遇合的标准，这是他的见识胸襟超卓之处。晚唐的许多皇帝，都服药求仙，荒于政事，不任贤才，不顾民生，诗人借端寄慨，托古讽时，其矛头所指，正是这一类"不问苍生问鬼神"的腐朽统治者。这首诗用唱叹有致的笔调发抒警策透辟的议论，用欲抑先扬的手法揭露封建统治者"求贤"的徒有虚名，用"可怜"、"虚"作反跌，用"问"、"不问"作对照，似不着力而讽刺的笔锋极为犀利。

【思考与练习】

1. 诗人独具只眼，抓住宣室夜谈这一君臣貌似相契的细节，辛辣地嘲讽了明君求贤的徒有虚名。试结合全诗，作简要分析。

2．背诵这首诗。

【汇评】

文人用故事有直用其事者，有反其意而用之者……李义山诗："可怜夜半虚前席，不问苍生问鬼神。"虽说贾谊，然反其意而用之者……直用其事，人皆能之；反其意而用之者，非识学素高，超越寻常拘挛之见，不规规然蹈袭前人陈迹者，何以臻此。（严有翼《艺苑雌黄》）

晚唐绝，"东风不与周郎便，铜雀春深锁二乔"，"可怜夜半虚前席，不问苍生问鬼神"，皆宋人议论之祖。间有极工者，亦气韵衰飒，天壤开、宝。然书情，则怆恻而易动人；用事，则巧切而工悦俗。世希大雅，或以为过盛唐，具眼观之，不待其辞毕矣。（［明］·胡应麟《诗薮·内编》卷六）

纯用议论矣，却以唱叹出之，不见议论之迹。（［清］·纪昀《玉溪生诗说》）

苏幕遮[1]

范仲淹

【作家作品简介】

范仲淹（989－1052），字希文，吴县（今江苏苏州市）人。北宋著名的政治家、军事家，同时也是文学家。

范仲淹父早死，母改嫁，贫苦无依，生活艰难，但学习很刻苦。他青年时期就慨然有志于天下，常用“士当先天下之忧而忧，后天下之乐而乐”的话自勉。历官陕西经略副使、参知政事、河东陕西宣抚使等。谥“文正公”。他做地方官时，不畏权势，积极有为，守西北边疆，认真修城练兵，实行屯田，使对宋朝虎视眈眈的西夏不敢妄动，说“小范老子胸中有数万甲兵”，当时民歌也把他描绘成“西贼闻之惊破胆”的英雄。在政治上，他积极主张革新，提出了“厚农桑，减徭役，明黜陟”等十条措施，这就是历史上有名的“庆历新政”。这些新政，针对时弊，贬斥冗官庸吏，限制贵族特权，受到腐朽势力的反对，很快失败了。

他的文章诗词都有名篇传世。其词写边塞风光、羁旅情怀，“苍凉悲壮，慷慨生哀”，和同时代词人风格不同，对后来的王安石、苏轼有一定影响。

有《范文正公文集》。存词五首。

碧云天，黄叶地，秋色连波，波上寒烟翠[2]。山映斜阳天接水[3]，芳草无情，更在斜阳外[4]。黯乡魂[5]，追旅思[6]，夜夜除非，好梦留人睡（7）。明月楼高休独倚，酒入愁肠，化作相思泪。

【注释】

(1) 苏幕遮：唐玄宗时教坊曲名，来自西域，后用为词调。
(2) 波上寒烟翠：烟笼波上，与碧波相映，溶为翠绿色。
(3)“山映”句：描写夕阳照山、远水接天的景象。
(4)“芳草”二句：无情的芳草远伸天涯，更在夕阳照不到的山那边。这里暗指故乡在芳草的尽头。斜阳尚可见，而故乡却望不见。
(5) 黯（àn）乡魂：心情因思念家乡而颓丧。江淹《别赋》：“黯然销魂者，唯别而矣。” 黯然：心神沮丧的样子。
(6) 追旅思（sì）：羁旅的愁思缠绕不休。 追，紧随，这里有缠住不放的意思。
(7)“夜夜”两句：意思是每天夜里，只有做返回故乡的好梦时，才得到暂时的慰藉。

【赏析】

此词黄升《唐宋诸贤绝妙词选》题作“别恨”。我们认为，“别恨”正是这首词的主旨。

词上片从写景入手，从天到地到山，在夕阳映照下，描绘出一片典型的高秋景色，色彩鲜明而境界苍茫开阔。起句“碧”、“黄”修饰“云”、“叶”，恰点时令，写尽秋色。从观察角度看，上则天，下则地。前者寥廓苍茫，后者衰飒零落。继而又以“山映斜阳天接水”为转折，折入“芳草无情”，转入思乡。在古人笔下，“芳草”二字是别情的触发物，代名词。“芳草无情”隔家乡，人有情而念家乡，景与情之间衔接得非常巧妙。

下片写思乡之情，围绕愁思的“追”，连写无法摆脱：终日凝愁，夜不能寐，“除非好梦留人睡”才能暂时缓和；登高亦愁；以酒浇愁更不能已。层层展开，深挚缠绵，酣畅淋漓。

对于此词，有人认为有寄托。张惠言《词选》说：“此去国之情。”这可以理解。作为政治改革家，长期戍边不归，政治抱负不得施展，思乡词中有去国之情属当然。至于有人提出以芳草喻小人的说注（《蓼园词选》），则未免牵强。

此词缠绵婉曲，“碧云天，黄叶地”为咏秋名句。

【思考与练习】

1. 体会这首词情景相生、衔接巧妙的艺术特色。
2. 背诵这首词。

【汇评】

《苏幕遮》大笔振迅。（［清］·谭献《谭评词辨》）

这首词所写柔情毕竟不同于一般的婉约词，它在低徊婉转之中别饶沉雄清刚之气。（唐圭璋、钟振振《唐宋词鉴赏辞典》）

八声甘州

柳　永

【作家作品简介】

柳永（987？－1053？），原名三变，字耆卿，崇安（今属福建）人。年轻时热衷功名，但屡试不第，失意无聊，于是出入歌楼妓馆，为乐工歌妓撰写歌辞，放浪于汴京、苏州、杭州等都市。宋仁宗景祐元年（1034）中进士，历任余杭县令、盐场大使，终于屯田员外郎，故世称柳屯田。

柳永是北宋第一个专力填词的作家，词多写都市繁华及依红偎翠的生活，尤善表达羁旅行役之苦，每将身世之感融入词中，有一定现实意义。精通音律，善以俗语入词，工于铺叙，通过制作大量的慢词，推动了词体的发展。作品影响广泛，甚至西夏士人亦称“凡有井水饮处，即能歌柳词”。有《乐章集》。

对潇潇暮雨洒江天，一番洗清秋(1)。渐霜风凄紧(2)，关河冷落(3)，残照当楼(4)。是处红衰翠减(5)，苒苒物华休(6)，惟有长江水，无语东流。　　不忍登高临远，望故乡渺邈(7)，归思难收(8)。叹年来踪迹，何事苦淹留(9)？想佳人妆楼长望(10)，误几回、天际识归舟(11)。争知我倚阑干处(12)，正恁凝愁(13)。

【注释】

(1) 对：面对。　潇潇：雨势急骤的景象。　一番洗清秋：经过一番骤雨的喷洗，这秋季的江天显得更加清肃了。

(2) 渐：逐渐。　霜风：深秋季节的风。　凄紧：风寒而急，一片凄清景象。这是词人的主观感受。

(3) 关河：泛指山河。 关：关山。 冷落：寒冷寂寞。

(4) 残照当楼：残阳照射着楼台。

(5) 是处：到处。 红衰翠减：花木凋零。李商隐《赠荷花》有句云："此荷此叶常相映，翠减红衰愁煞人。"

(6) 苒苒（rǎn）物华休：随着时光的流逝，美好的景物不见了。 苒苒：义同荏（rěn）苒，形容时光渐渐消逝。 物华：指妆点自然的花木。

(7) 渺邈（miǎo）：遥远。

(8) 归思（sì）：思归之情。难收：难于收拾。

(9) 淹留：久留。

(10) 佳人：指故乡的妻子。 长望：久望。一作"颙（yóng 拥阳平）望"。

(11) 误几回、天际识归舟：几回把远处驶来的船只误认作丈夫的归舟。谢朓《之宣城郡出新林浦向板桥》："天际识归舟，云中辨江树。"温庭筠《梦江南》"过尽千帆皆不是，斜晖脉脉水悠悠。肠断白蘋洲。"柳词化用其意，设想妻子于妆楼痴望远处驶来的船只，几次误认、几度失望的情景。

(12) 争知：怎知。

(13) 恁（rèn）：如此，这般。 凝愁：愁结不解，犹言深愁。

【赏析】

《八声甘州》一名《甘州》，原为唐玄宗时教坊大曲名，与《伊州》、《凉州》等曲皆来自西域龟兹（今新疆库车一带），后用为词调。此调上下阕共八韵，故名《八声甘州》。

这是一首望乡词。它反映了词人羁旅他乡、失意苦闷的心情。全篇贯串一个"望"字。

上阕写登楼远眺，望中所见。开头两句，以一"对"字领起，写词人正面对一幅深秋季节、傍晚时刻的秋江雨景。"潇潇"，形容雨势。深秋辽阔的江天，经过一番骤雨的喷洗，显得更加清肃了。"霜风"三句，用一"渐"字领起，写词人目之所见与心之所感：寒风渐冷渐急，山河冷落萧条，残阳无力地照射着楼台。下面"红衰翠减"两句，再就"冷落"作具体的描写，见出节候的迁移与景物的变换。以上诸句，无论景物、风声、气氛，都笼罩着一种“悲秋”的情调，触动着旅人的归思。结尾“长江”两句，以依旧东流的长江水暗喻时光的流逝，为下阕抒写羁旅情怀蓄势，过渡自然。

下阕，由景入情，写望中所思。词人登临，本在望乡，但故乡遥远，望而不见。映入眼帘的，只不过是更加引起离愁的凄凉景象。换头以“不忍”领起，写出了词人感情深处的矛盾，语意婉曲。“年华”二句，慨叹飘零他乡而事业无成的失意、苦闷，倾诉了思乡之情。“想佳人”两句，由自己的望乡，很自然地想到家人的望归。设想妻子在妆楼上痴望远处归帆，几次产生幻觉、几度失望的情景。这两句，词人不直接写自己思乡之急切，却从对方着笔，写所思之人也在思念自己，这样就更进一层了，由此便见出词人未归而心已归。结尾“争知我”两句，再从对方回到自己，申诉自己欲归不得，愁思不已之情。“倚阑凝愁”，呼应上阕起句，知“潇潇暮雨”以下，一切景物均是倚阑时所见；同时它也与下阕起句呼应，知“不忍登高临远”以下，一切归思，是凝愁中所想。此词结构紧凑，照应严密，写景写情，融而为一。特别是“想佳人妆楼长望，误几回、天际归舟”数句，设想细腻，是深一层的写法。写出了词人此时此景中的心情，表现出对对方的关切与体贴。

【思考与练习】

1．这首词是如何做到情景齐到、相兼相融的？
2．试析此词上片写景层层铺叙的特点。
3．词的下片转写佳人长望，这对抒发羁旅之情有何作用？
4．体会这首词纯用白描、自然本色的语言特色。
5．熟读这首词。

【汇评】

世言柳耆卿词俗，非也，如《八声甘州》云：“霜风凄紧，关河冷落，残照当楼。”此语于诗句不减唐人。（［宋］·赵德麟《侯鲭

录》引苏轼语)

诵耆卿"渐霜风凄紧，关河冷落，残照当楼"句，自觉神魂欲断，盖皆在神不在迹也。([清]·沈祥龙《论词随笔》)

柳词胜处，在气骨，不在字面。其写景处，远胜其抒情处。而章法大开大阖，为后起清真、梦窗诸家所取法，信为创调名家。如……《甘州》"对潇潇暮雨洒江天"诸阕，写羁旅行役中秋景，均穷极工巧。([近代]·蔡嵩云《柯亭词论》)

天仙子[1]

张 先

【作家作品简介】

张先（990－1078）字子野，乌程（今浙江吴兴市）人，41岁举进士及第，晏殊知永兴军时辟他为通判，72岁时为都官郎中，晚年优游乡里，往来于杭州与湖州之间。他为人“善戏谑，有风味”（苏轼《东坡题跋》），享高寿而又极风流，85岁还纳一小妾，苏轼曾以“诗人老去莺莺在，公子归来燕燕忙”相谑。他至老还如此沉溺声伎，填词又哪离得了风月艳情？不是描摹女郎的衣著，便是赞赏佳人的容貌，自然更少不了儿女闲愁，不过，他的过人之处是对景物的感受细腻入微，并能用同样精微入妙的语言传达出这种感受，如他特别善于表现不易表现的“影”，并被人称为“张三影”。

时为嘉禾小倅[2]，以病眠不赴府会。

水调数声持酒听[3]，午醉醒来愁未醒。送春春去几时回？临晚镜，伤流景[4]，往事后期空记省[5]。沙上并禽池上暝[6]，云破月来花弄影。重重帘幕密遮灯，风不定，人初静，明日落红应满径[7]。

【注释】

(1) 天仙子：唐教坊曲名，来自西域，本名《万斯年》，后用为词牌。因唐代皇甫松有“懊恼天仙应有以”句，故名。

(2) 嘉禾：宋代郡名（后升嘉兴府），即秀州，治所在今浙江嘉兴。倅(cuì)：副职。这里指判官，是知州掌管文书的佐吏。宋仁宗庆历元年(1041) 张先五十二岁，任嘉禾判官。

(3) 水调：曲调名，相传为隋炀帝杨广所制。唐、宋时这个曲调很流行。

(4) 流景：逝去的光阴。景：日光。

(5) 后期：日后的约会。记省(xǐng)：记得清楚。省：悟，明白。这句说，白白记得那些往事和后约，眼前只感到空虚迷惘。

(6) 并禽：成双的鸟，这里指鸳鸯。暝：指暮色笼罩。

(7) 落红：落花。

【赏析】

词前小序言因“病”“不赴府会”。其实词中并不见“病”，只是因“醉”，更确切地说是因“愁”——“午醉醒来愁未醒”。“愁”什么呢？年过五十，尚只为“嘉禾小倅”，老大无成而令诗人“愁”不可解。

此词是临老伤春之作，暗寓惜别之意。不过主要是面对暮春残景伤叹年华流逝，感慨年老位卑，功业无成，“愁”字贯穿全篇，小序和本词互为补充，看似不相关而实为一整体。

词中“云破月来花弄影”是传诵不衰的名句。云层散开，一轮明月破围而出，月光洒下，微风吹拂，颤巍巍的花影婆娑弄姿，这就勾画出了月下花影摇曳的神韵。其次，“破”、“弄”两字言在此而意在彼。须知：天上，云在飘流；地下，花影晃动，都暗示有风，而且为下文的“遮灯”、“满径”埋下了伏笔。王国维《人间词话》中说：“‘云破月来花弄影’，著一‘弄’字，而境界全出矣。”句中“弄”字确实下得好，使眼前景全活了。

【思考与练习】

1．这首词的主旨是什么？

2．“云破月来花弄影”是传诵不衰的名句，试简析其妙在何处。

3．背诵这首词。

【汇评】

词人在当时就有一个绰号，叫做张三影，意思是说他写过三句其中用了“影”字的名句。我们查他现存的诗词，用有“影”字的好句子，共有六句，其中一句是诗，五句是词。《华州西溪》：“浮萍破处见山影，小艇归时闻草声。”《天仙子》：“沙上并禽池上暝，云破月来花弄影。”《青门引》：“那堪更被明月，隔墙送过秋千影。”《归朝欢》：“娇柔懒起，帘押卷花影。”《剪牡丹》：“柳径无人，堕飞絮无影。”（一作“柔柳摇摇，坠轻絮无影。”）《木兰花》：“中庭月色正清明，无数杨花过无影。”前人所指三影，句子也不尽同，无须深究。应当指出的是：一般创作中讲究炼字，主要是在虚字方面下工夫，实字方面，可以伸缩变化的余地是不多的。从这些名句来看，主要的好处也都表现在虚字上面，或者说是用的虚字与“影”字配合极为恰当。（唐圭璋、钟振振《唐宋词鉴赏辞典》）

浣溪沙[1]

晏　殊

【作家作品简介】

晏殊（991－1055）字同叔，江西临川人。13岁以神童召试赐同进士出身，成年后更是仕途通达，位至宰辅。虽然他既饱于学问也不乏才情，可政治上既无大的风波也无大的建树，官场生涯实在是平静甚至平淡。史书说他未尝一日不宴饮，绮筵公子和绣幌佳人陪伴他一生。身为北宋所谓“太平盛世”的宰相，高官、显位、尊严、富贵、利禄……当时士子所梦寐以求的一切他无不享有，然而，他那一百三十多首《珠玉词》中没有一点儿向上的冲动，没有一丝火热的激情，没有任何美妙的憧憬，甚至没有半点儿功成名就的得意，他反而常借惜别、伤春等题材来表现自己对个人生死的无奈，对世事盛衰的感伤，对功名事业的幻灭。他感伤但不过分凄厉，幽怨又不至于痛苦，处处能显出他的明智与理性，能感到他的爽朗与旷达。

一曲新词酒一杯。去年天气旧亭台。夕阳西下几时回？

无可奈何花落去，似曾相识燕归来。小园香径独徘徊[2]。

【注释】

(1) 浣溪沙：唐教坊曲名，后用作词牌。“沙”或作“纱”，也作《浣纱溪》。

(2) 香径：散发着落花香味的小路。

【赏析】

这首词的哲理意义，首先在于它揭示了对光阴流逝的怅惘，对春天消失的惋惜之情；同时，更在于它揭示了这样一种自然法则：社会总要前进，旧的事物将无可挽回地衰落下去，新的事物将以它的生机与活力显示永远令人神往的春天。

上片亭台怀旧，描写暮春之景：曾经晤聚过的亭台，分手时夕阳西下的景象，一切都与去年无殊。然而，“几时回”三字，却道出了今昔的迥异：去年人在，听歌饮酒，何等欢愉；今日人杳，空留亭台，岂不令人神伤！故将“一曲新词酒一杯”前置，重在念昔。

下片香径漫思，抒发人生感慨：落花随风，去者无意，因而无可奈何；燕归画堂，不弃旧主，所以，似曾相识。词人孤身只影在香径徘徊、漫思：花之开落舒卷，犹人之盛衰聚散；春燕飞归画堂，抒发燕归人未归的感慨。继而升华成“人生易老”的哲理性思考。

“无可奈何花落去，似曾相识燕归来”是这首词传诵千古的名句。首先，在“花落去”“燕归来”之前加上带有感叹色彩的词组“无可奈何”与“似曾相识”，创造出了一种“情中有思”的意境，赋予了“落花”和“归燕”以象征意义，增加了其审美内涵和文化底蕴：用花开花落象征人生易老，自然规律无法抗拒；用燕去燕来象征新陈代谢，感伤年华流逝。这样，诗人将平常之景赋予了深刻的文化内涵，因而传诵千古。其次，这两句诗对仗整饬，寓工巧于自然。

【思考与练习】

1．试分析这首词在写景抒情中所蕴含的人生哲理。

2．赏析名句：“无可奈何花落去，似曾相识燕归来。”

3．背诵这首词。

【汇评】

首句但纪当日之事，入手处不侵占下文地位。次句即叙明本意，言风景不殊，亭台依旧，乃总括全篇。三句承去年天气而言，流光容易，又换今年，安得鲁阳挥戈，再反虞渊之日耶？下阕承前半首之意，言春不能留，花亦随之落去，花既无情，惜花者空付奈何一叹。“归燕”句承“旧亭台”之意，虽梁燕寻巢，似曾相识，若有情而实无情。花与鸟既无以慰情，徒增惆怅，伤离感旧之深，焉得逢人而语？惟有徘徊芳径，立尽斜阳耳。（俞陛云《宋词选释》）

此首谐不邻俗，婉不嫌弱。明为怀人，而通体不着一怀人之语，但以景衬情。上片三句，因今思昔。现时景象，记得与昔时无殊。天气也，亭台也，夕阳也，皆依稀去年光景。但去年人在，今年人杳，故骤触此景，即引起离索之感。“无可”两句，虚对工整，最为昔人所称。盖既伤花落，又喜燕归，燕归而人不归，终令人抑郁不欢。小园香径，惟有独自徘徊而已。余味殊隽永。（唐圭璋《唐宋词简释》）

踏 莎 行[1]

欧阳修

【作家作品简介】

欧阳修（1007－1072），字永叔，号醉翁，晚年又号六一居士。庐陵（今江西吉水）人。出身于一个小官吏家庭，4岁丧父，母用荻梗代笔在沙地上教其学书，少年的孤贫生活和母亲严格的教育为他后来的成长奠定了良好的基础。十几岁时一次偶然的机会，他在邻家的破筐里发现了《韩愈文集》，便如获至宝似地借回家研读揣摩。天圣八年（1030）举进士第一，次年到洛阳任西京留守推官，当时的留守是西昆诗派代表之一钱惟演。在那儿他结识了一批富于才华的文学青年，如梅尧臣、尹洙等，他们在一起以诗相唱和，并写古文来议论时事，开始了影响深远的北宋诗文革新。在施行庆历新政期间，他始终支持范仲淹改革弊政。新政失败后贬知滁州，三年后移知扬州、颍州。至和元年（1054）回京拜翰林学士，嘉祐二年（1057）知礼部贡举，他利用这一机会以新的文风作为考生文章的取舍标准，录取了像曾巩、苏轼、苏辙这些后来的文坛诗坛巨擘。他通过自己的理论和创作实践，团结了一大批诗人、散文家，成功地完成了北宋的诗文革新。他不仅是北宋前期的文坛盟主，也是北宋第一个在诗、文、词各方面都卓有成就的作家。

候馆梅残[2]，溪桥柳细，草薰风暖摇征辔[3]。
离愁渐远渐无穷，迢迢不断如春水[4]。
寸寸柔肠[5]，盈盈粉泪[6]，楼高莫近危栏倚[7]。

平芜尽处是春山(8)，行人更在春山外。

【注释】

(1) 此词黄升《唐宋诸贤绝妙词选》卷二题作“相别”。

(2) 候馆：能望远之楼。《周礼·地官·遗人》：“五十里有市，市有候馆。”郑玄注：“候馆，楼可以观望者也。”

(3)“草薰”句：杨慎《词品》卷一：“佛经云：‘奇草芳花，能逆风闻薰。’江淹《别赋》：‘闺中风暖，陌上草薰。’正用佛经语。《六一词》云：‘草薰风暖摇征辔（pèi）’，又用江淹语。今《草堂词》改薰作‘芳’，盖未见《文选》者也。”薰，香草，这里引申为香气。　征：远行。辔：驾驭马的嚼子和缰绳，即以代表马。

(4) 迢迢：形容遥远。这里有绵长的意思。

(5) 寸寸柔肠：意思是伤心之极，有如肝肠寸断。

(6) 盈盈：形容泪水充溢。　粉泪：指女子的眼泪。

(7) 危栏：高楼的栏干。　危：《说文》：“在高而惧也。”李商隐《北楼》：“此楼堪北望，轻命倚危栏。”

(8) 平芜：平旷的草地。

【赏析】

这是一首抒发离愁别绪情感的词。全词语语倩丽，意境优美，令人神随意迁，共愁共苦。上片写征人的离愁。在一个春风骀荡的日子里，征人与恋人离别。词人先绘春色：馆舍梅花残，溪桥柳如烟；春草散清气，和风煦又暖。接着写离愁：行人信马走，辔头轻摇銮。而愈行愈远，愈抑制不住强烈的离愁，“离愁渐远渐无穷”。这陡增的愁绪，又恰如眼前的春水：春水绵绵不断，愁绪不绝如缕。这样，就将抽象的愁绪变成了具体可感的形象。这就不但使人更其容易感受，而且这种感受还极为亲切。

下片写思妇的哀怨。先以柔肠寸断，粉泪盈盈总写：柔肠寸寸苦，千绕又百转；泪珠晶宝宝，流过粉妆面。可谓思恋至极。接着又写思妇登高望远的心态：“平芜尽处是春山，行人更在春山外。”平旷的草地处，尽头春山拦，心上的人呀行啊行；行行

绕绕不能见，已到远山那一边。其绝望痛苦之心境、之情态纤毫毕现。卓人月评“行人”句为：“不厌百回读”。(《词统》)

总之，全词上片以春水喻愁，下片以春山况远，都十分贴近人物的具体心境。

【思考与练习】

1. 在这首词中，词人是怎样借眼前之景，抒离别之情的？

2. 讨论题：你认为欧刚修的《踏莎行》哪一句写得最好？为什么？试谈谈你的体会。

3. 背诵这首词。

【汇评】

唐宋人诗词中，送别怀人者，或从居者着想，或从行者着想，能言情婉挚，便称佳构。此词则两面兼写。前半首言征人驻马回头，愈行愈远，如春水迢迢，却望长亭，已隔万重云树。后半首为送行者设想，倚阑凝睇，心倒肠回，望青山无际，遥想斜日鞭丝，当已出青山之外，如鸳鸯之烟岛分飞，互相回首也。以章法论，“候馆”、“溪桥”言行人所经历：“柔肠”、“粉泪”言思妇之伤怀，情同而境判，前后阕之章法井然。(俞陛云《宋词选释》)

此首，上片写行人忆家，下片写闺人忆外。起三句，写郊景如画，于梅残柳细、草薰风暖之时，信马徐行，一何自在。“离愁”两句，因而春水之不断，遂忆及离愁之无穷。下片，言闺人之怅望。“楼高”一句唤起，“平芜”两句拍合。平芜已远，春山则更远矣，而行人又在春山之外，则人去之远，不能目睹，惟存想象而已。写来极柔极厚。(唐圭璋《唐宋词简释》)

定风波[1]

苏轼

【作家作品简介】

苏轼（1037－1101），字子瞻，号东坡居士，眉州（今四川眉山）人。北宋著名文学家。与父苏洵、弟苏辙，合称“三苏”。

苏轼为宋仁宗嘉祐二年（1057）进士。神宗熙宁年间，因与王安石政见不合，自请外放，历任杭州通判，密州、徐州、湖州知州。元丰二年（1079），因被诬作诗“谤讪朝廷”，遭御史弹劾，被捕入狱，史称“乌台诗案”。后贬为黄州（今湖北黄冈）团练副使。哲宗时累迁中书舍人、翰林学士，出知杭州、颍州。绍圣初，又以“为文讥斥朝廷”的罪名远谪今广东惠州、海南儋州。卒谥“文忠”。苏轼一生宦海浮沉、历经坎坷，思想上常有出世与入世的矛盾，失意时每能达观自解，始终保持积极进取、欲有所为的精神。他是“一个巨儒政治家，一个皇帝的秘书，酒仙，厚道的法官，一位在政治上专唱反调的人，一个月夜徘徊者，一个诗人，一个小丑”。（林语堂《苏东坡传》）

苏轼在文艺创作的各方面都有突出的成就。散文自然畅达，随物赋形，如行云流水，为“唐宋八大家”之一；词开豪放一派，突破了唐五代以来的艳词藩篱，与辛弃疾并称“苏辛”；诗歌、绘画、书法亦有很高造诣。有《苏东坡集》、《东坡乐府》。

苏轼被贬黄州的第三年，元丰五年（1082）三月七日在沙湖道中遇雨，苏轼写下了这道超然淡泊、寄寓遥深的《定风波》。

三月七日沙湖道中遇雨[2]。雨具先去，同行皆狼狈，余独不觉。已而遂晴[3]，故作此。

莫听穿林打叶声，何妨吟啸且徐行[4]。竹杖芒鞋轻胜马[5]，谁怕？一蓑烟雨任平生。料峭春风吹酒醒[6]，微冷，山头斜照却相迎。回首向来萧瑟处[7]，归去，也无风雨也无晴。

【注释】

(1) 定风波：词牌名。此词作于宋神宗元丰五年（1082），即苏轼因“谤讪朝廷”罪被贬谪黄州的第三年。

(2)《东坡志林》说：“黄州东南三十里为沙湖，亦曰螺师店，予买田其间，因往相田。”此词当为相田道中遇雨而作。

(3) 已而：不久。

(4) 吟啸：吟咏，歌啸。 徐：慢慢地。

(5) 芒鞋：草鞋。苏轼被贬黄州后，曾在《答李之仪书》中云：“得罪以来，深自闭塞，扁舟草屦，放浪山水间，与樵渔杂处，往往为醉人所推骂，辄自喜渐不为人识。”

(6) 料峭：形容春天的微寒。

(7) 萧瑟处：风雨凄凉处。 萧瑟：一般用来描摩树木被风吹拂所发出的声音，亦用来形容寂寞凄凉的情景。

【赏析】

苏轼一生宦海浮沉，饱经忧患，奔走流离。但儒家的进取精神和老庄的旷达态度，使他能以豪放豁达的心态对待政治上所遭遇的挫折。《定风波》这首词即是这一心态的生动写照。

首先，这首词即景生情，言在此而意在彼，隐喻寄托。途中遇雨，实极平常，更属小事。但苏轼借小喻大，他所说的风雨，不是一般的自然界的风雨，而是仕宦途中的风风雨雨。诗歌表面上明写诗人道中遇雨时置风雨于不顾、吟啸徐行的潇洒风度，实质则暗示诗人在政坛风雨中遭贬后仍镇定自持、泰然处之的心态。也正是这种坦荡坚韧的生活态度，苏轼才能笑傲于沉浮颠沛之中，宠辱皆忘，超然物外了。这首词虽然不像他的《念奴娇·赤壁怀古》那样笔力纵横，气势雄浑，但是却清新明快，深寓哲理。

从韵律上看，《定风波》属平仄韵错叶的格式。即第一句与第四句叶韵，第二句与第三句叶韵，好像甲韵怀抱着乙韵似的。韵律跌宕起伏，声调和谐流转。

【思考与练习】

1．简析苏轼写这首词时的心态。

2．试具体分析这首词言在此而意在彼、隐喻寄托的艺术特色。

3．背诵这首词。

【汇评】

东坡先生以文章余事作诗，溢而作词曲，高处出神入天，平处临镜笑春，不顾侪辈。东坡先生非醉心于音律者，偶尔作歌，指出向上一路，新天下耳目，弄笔者始知自振。（［宋］·王灼《碧鸡漫志》卷二）

晁无咎云："居士词，人多谓不谐音律。然横放杰出，自是曲子内缚不住者。"（［宋］·胡仔《苕溪渔隐丛话》后集卷三十三引）

东坡词颇似老杜诗，以其无意不可入，无事不可言也。若其豪放之致，则时与太白为近。（［清］·刘熙载《艺概》卷四）

此足证是翁坦荡之怀，任天而动。琢句亦瘦逸，能道眼前景。以曲笔直写胸臆，倚声能事尽之矣。（［近代］·郑文焯《手批东坡乐府》）

鹧鸪天[1]

贺铸

【作家作品简介】

贺铸（1052－1125），字方回，卫州（今河南汲县）人。他为人豪侠仗义，对现实中的是非曲直敢于放胆直言，从不回避当世权要。虽然他娶宗室赵克彰之女，自己又是孝惠后的族孙，但他一生只做过右班殿直及泗州通判一类小官，在仕途上郁郁不得志。晚年退居苏、杭一带，自号庆湖遗老、北宗狂客。

史称贺铸“长七尺，面铁色，眉目耸拔”（《宋史·文苑传》），陆游在《老学庵笔记》中也说“方回状貌奇丑”，但他的铮铮铁骨却裹着一副温柔心肠，“奇丑”的状貌更不妨碍他写出艳丽照人的辞章。他的内心世界原本复杂丰富，为人也常叫人不可捉摸：驰马嗾狗时像头脑简单的赳赳武夫，在窗下写牛毛小楷时又像一介恬静书生；饮酒使气时大似剑客，轩裳角逐时又怯如处女（见程俱《贺方回诗序》）。二百多首《东山词》真实地反映了他性格的多面性：“盛丽如游金、张之堂；而妖冶如揽嫱、施之祛；幽洁如屈、宋；悲壮如苏、李。”（张耒《东山词序》）《东山词》中固然不乏风云豪气，但更多儿女柔情，词风仍以婉约为主。

重过阊门万事非[2]，同来何事不同归[3]？梧桐半死清霜后[4]，头白鸳鸯失伴飞。　　原上草，露初晞[5]，旧栖新垅两依依[6]。空床卧听南窗雨，谁复挑灯夜补衣？

【注释】

(1) 鹧鸪天：词调名。此词是宋徽宗建中靖国元年（1101）作者重过苏州时悼念亡妻所作。贺铸妻赵氏，为宋宗室济国公赵克彰之女。

(2) 阊门：即阊阖门，苏州城西门。

(3) 何事：为什么。

(4) 梧桐半死：据说用半死半生的梧桐树根制琴，其声最悲。见枚乘《七发》。作者用来比喻丧偶之痛。　清霜后：秋天，此指年老。

(5) 原上草二句：形容人生短促，如草上露水易干。语出乐府古辞《薤（xiè）露》："薤上露，何易晞？露晞明朝更复落，人死一去何时归？"　晞（xī）：干。

(6) 旧栖：旧居。指生者住所。　新垅：新坟。指死者葬所。

【赏析】

贺铸一生屈居下僚，经济上不很宽裕，而赵氏夫人勤俭持家，对丈夫十分体贴，夫妻感情甚笃。赵氏夫人去世后，贺铸用这首词寄托了自己深沉的哀思。

首二句用赋。词人北行后回到苏州，想起和自己相濡以沫的妻子已长眠于此，物是人非，不禁悲从中来，遂脱口而出道："重过阊门万事非"。接以"何事同来不同归"一问，问得十分奇怪——夫人何尝愿意先词人而去呢？实则文学是讲情不讲理的，极无理之辞正是极有情之语，作者撕肝裂肺的哀毁，已然全包含在这泣尽以血的一声呼喊中了。

三四两句转而用比。"梧桐半死清霜后，鸳鸯头白失伴飞"。用连理树的半死，双栖鸟的失伴来比喻自己的丧偶。而"清霜后"云云，则借岁之将暮以喻人之垂老，形象、艺术地刻画出作者的孤独和悲凉。过片六字，亦比亦兴。"原上草，露初晞"。用原草之露初晞指夫人的新殁，是为比。又，原草晞露亦是荒郊坟场应有之景，是为兴，有它导夫先路，下文"新垅"乃不突兀。由"新垅"而牵出"旧栖"，下文即很自然地转入自己在"旧栖"中的长夜不眠之思。"空床卧听南窗雨，谁复挑灯夜补衣？"糟糠之妻，情逾金石。词人当此雨叩窗棂，一灯如豆，空床辗转之际，最最不能忘怀的就是妻子“挑灯夜补衣”的纯朴形象。全词到此，戛然而止，就把这哀婉凄绝的一幕深深楔入了千万读者的心扉，铁石人也不容不潸然泪下了。

【思考与练习】

1. 这首词是如何关合生者与死者双方来抒发怀恋亡妻之情的？

2. 具体说明词中比、兴两种表现手法的结合运用。

3. 背诵这首词。

【汇评】

此词最有骨，最耐人寻味。

方回词，儿女、英雄兼而有之。

结二语清而有骨，亦有味。（［清］·陈廷焯《云韶集》卷三）

悲惋于直截处见之，当是悼亡作。（［清］·陈廷焯《词则·别调集》卷一）

此在悼亡词中情文相生，等于孙楚。“鸳鸯”句与潘安仁诗“如彼翰林鸟，双飞一朝只”正同。下阕从“新垅”、“旧栖”见意。“原上草”二句，悲“新垅”也。“空床”二句，悲“旧栖”也。（［近代］·俞陛云《宋词选释》）

武陵春(1)

李清照

【作家作品简介】

李清照（1084－约1155），号易安居士，济南（今属山东）人。南宋著名女词人。父亲李格非为著名学者和散文家。她18岁与赵明诚结婚，二人志同道合，共同收集金石书画，其所作《金石录后序》，记载了他们幸福的艺术生涯。靖康之变（1127年）后，避难南渡。不久，赵明诚病逝，她只身漂泊于江浙一带，过着凄凉、困顿的生活。70岁后，其行踪难考。李清照具有多方面的艺术才华。其词可分为前后两期。前期的作品，表现她美满幸福的生活与情趣以及离别情怀，热情明快，婉娈动人；后期的作品，抒写国破家亡的悲痛，感情深沉凄苦，具有一定的社会意义和爱国情感。她早年写过一篇《词论》，提出词"别是一家"的主张，是第一篇系统论述词体特点的重要文章。李清照的作品，有《漱玉集》，今人王学初编有《李清照集校注》。《全宋词》录其词近50首。

风住尘香花已尽(2)，日晚倦梳头。物是人非事事休(3)，欲语泪先流。　　闻说双溪春尚好(4)，也拟泛轻舟。只恐双溪舴艋舟(5)，载不动许多愁。

【注释】

(1) 这首词是作者于宋高宗绍兴四年（1134）避乱金华时所作。武陵春：词牌名。又名《武林春》、《花想容》。毛先舒云："采唐人诗'为是仙

才登望处，风光便似武陵春’。”（《填词名解》卷一）

(2) 尘香：尘土为落花所染，因而尚余花香。

(3) 物是人非：风物依旧，人事已大大不同于前。　事事休：一切事情都完了。

(4) 双溪：水名，东港、南港二水，至浙江金华合流称婺港，又名双溪。自唐以来多有吟咏。

(5) 舴艋（zé měng）舟：像蚱蜢一样的小船。

【赏析】

一般认为这首词是词人于宋高宗绍兴四年（1134）避难浙江金华所作。那时她已处于国破家亡、无依无靠、流离异乡的惨境，所以词情极其悲苦。此词的最大特点是乍开乍合、乍翻乍复。“风住”，却又“花已尽”；“物是”却已“人非”；“春尚好”教人欲“泛轻舟”，可结尾却用“舟小愁多”的反衬手法，使抽象之愁化为具体可见的形象，且词意又一转折，最终仍结在“愁”上。以清词丽句写悲愁，可谓“别有一番滋味在心头”。

上片主要通过描绘人物的举止情态来抒情。“日晚倦梳头”，表现她内心的抑郁苦闷，无情无绪，百无聊赖。“欲语泪先流”，话还没有说出口，眼泪已经簌簌落下，说明她满腹忧伤无法控制。为什么如此愁苦？一是由于“风住尘香花已尽”，为春天已去、百花凋零而忧伤，也包含着过去的一切美好事物和幸福都已经失去的喻意。二是由于“物是人非事事休”。物是，指一年一度的春光依旧，丈夫赵明诚的遗著《金石录》还在，夫妇两人悉心收集的金石文物尚存一二，旧时的生活用品也未散尽等。人非，指丈夫已经故去，自己流离失所，国事家事，都已和过去完全不能相比。睹物思人，感到万事皆休。

下片侧重描述人物的内心活动。毕竟是春光明媚、游人如织的季节，金华双溪又是著名的风景区，春花已尽，春光“尚好”。因此，“也拟泛轻舟”。然而，无限哀愁毕竟无法排遣，再也引不起游玩的兴趣。“只恐双溪舴艋舟，载不动许多愁”，实际并无游玩的心情，并非真的顾虑船小。说“愁”重得船也载不动，将抽象的“愁”具体化，构思新颖，生动美妙。后来，董解元《西厢记诸宫调》中有“休问离愁轻重，向个马儿上驼也驼不动”之句，王实甫《西厢记》中也说：“遍人间烦恼填胸臆，量这些大小车儿如何载得起。”都是由此发展变化而来。

【思考与练习】

1. 这首词主要通过描绘人物的举止情态和刻画心理状态来抒情。试结合课文加以具体说明。

2. “只恐双溪舴艋舟，载不动许多愁”，为何能千古传诵？谈谈自己的体会。

3. 背诵这首词。

【汇评】

流寓有故乡之思，其事非闺闱文笔自记者莫能知。（［清］·俞正燮《癸巳类稿·易安居士事辑》）

“但怜虽好依然小，看放双溪舴艋舟”。（夏承焘《瞿髯论词绝句·李清照》）又题解云：正符合清代刘熙载《艺概》中论词的两句话：“虽小却好，虽好却小。”

婉转、轻灵、细柔，自是女性美。（缪钺《灵谿词说·论李清照词》）

念　奴　娇

过洞庭[1]

张孝祥

【作家作品简介】

张孝祥（1132－1170），字安国，号于湖居士，历阳乌江（今安徽和县）人。南宋爱国词人。

高宗绍兴二十四年（1154）张孝祥中进士第一。因秦桧诬陷下狱，桧死后方获释。任秘书正字、校书郎。孝宗隆兴初任中书舍人，直学士院，兼都督府参赞军事。张浚北伐，领建康留守。主张恢复中原，反对隆兴和议，两度被弹劾落职。后知静江、潭州，为荆南湖北路安抚使。晚年退居芜湖，徜徉山水。

其词多以抗金恢复为主旨，气势豪迈，淋漓痛快，上继东坡，下开稼轩，在南宋初词坛影响较大。也有写景寄怀之作，往往清疏淡远。有《于湖词》。

洞庭青草[2]，近中秋、更无一点风色。玉鉴琼田三万顷[3]，著我扁舟一叶[4]。素月分辉，明河共影[5]，表里俱澄澈[6]。悠然心会，妙处难与君说。　　应念岭表经年[7]，孤光自照，肝胆皆冰雪[8]。短发萧骚襟袖冷[9]，稳泛沧浪空阔[10]。尽挹西江[11]，细斟北斗[12]，万象为宾客[13]。扣舷独啸，不知今夕何夕[14]。

【注释】

(1) 念奴娇：词调名。宋孝宗乾道元年（1165），张孝祥知静江府（治所在今广西桂林），兼广南西路经略安抚使，次年因谗落职，由桂林北归。

此词可能是路经湖南洞庭湖时所作。

(2) 洞庭青草：洞庭湖和青草湖，一北一南，两湖相连。

(3) 玉鉴：玉镜。　琼：美玉。

(4) 著：附着。　扁舟一叶：苏轼《前赤壁赋》中“驾一叶之扁舟”。

(5) 明河：银河。

(6) 表里：从外到内。表指外界，里指内心。

(7) 岭表：五岭之外，指今广东、广西一带。　经年：一年或一年多。作者在知静江府任上有一年多时间。

(8) 孤光：月光。

(9) 萧骚：萧疏，稀少。

(10) 沧浪：指湖水。

(11) 尽挹（yì）西江：《景德传灯录》卷八：居士庞蕴参问马祖：“不与万法为侣者是什么人?”马祖答：“待汝一口挹尽西江水，即向汝道。”庞蕴当即领悟玄机。此借禅宗话头表明心胸开阔。　挹：用勺子舀水。　西江：西去的大江，指长江。洞庭湖在岳阳东北，通长江。

(12) 细斟北斗：用北斗星当酒器来饮长江之水。《诗·小雅·大东》：“维北有斗，不可挹酒浆。”此反用诗意。　北斗：星座名，七星相连，状如长柄勺。

(13) 万象为宾客：意谓以天地万物为宾客，与之共饮。

(14) 不知句：这里赞叹此夜的良辰美景。《诗·唐风·绸缪》：“今夕何夕，见此良人。”

【赏析】

这首词的美在于它以心灵的超旷高洁来回应小人的丑恶卑污，以宇宙般的胸怀来应对人世事务，因而才显出潇洒出尘之姿。

上片写月夜泛舟洞庭，那空明澄澈的月色，使词人有一种如释重负的感觉：暂时离开了卑污的官场，时近中秋的洞庭湖月夜显得空明澄澈。“更无一点风色”，辽阔的湖面风平浪静，皓月当空，静影沉璧。“玉鉴琼田三万顷”，突出湖面的宏伟、壮阔；“著我扁舟一叶”，以小衬大，又表现出一种空阔的境界。“素月分辉”三句描写月光映照湖面的美妙景色：湖平如镜，月白如昼。这既是自然实景的刻画，又是心灵造境的写照。“悠然心会”

二句，由景入情，收束上片。词人沉醉在大自然的优美景色中，兴会洋溢，此中妙谛确是难以言传的。

下片“应念岭表经年”三句，承上启下，表现此次经过洞庭湖乃因谗落职，虽仕途偃蹇，但自己却问心无愧，处变不惊，襟怀洒落。“短发萧骚”二句，既写出了眼前景物的凄冷，又描绘出了船过洞庭的一帆风顺。“尽挹西江”三句，笔墨淋漓，词人奇特的构思把洞庭月夜的景物幻化了：宇宙万物顿时成了宾客，应邀前来细斟畅饮；满座的宾客用天上的北斗斟酒，喝饮着长江之水，这种豪迈的气概，表明作者早已把世间的富贵荣辱抛之九霄云外了，“讵知世间有紫微青琐哉”。词中的自我抒情形象占据了画面中心，充塞于天地之间，作者的人格魅力至此得到了充分张扬。

总之，这首词与其说是通过月夜泛舟洞庭，描绘了自然景象的浩渺开阔，不如说是表现了作者自我人格的超拔高洁。

【思考与练习】

1. 这首词在哪些方面表现了作者的人格魅力？
2. 简析这首词将自然实景与心灵造境相交融的艺术特色。
3. 背诵这首词。

【汇评】

张于湖有英姿奇气，著之湖湘间，未为不遇。洞庭所赋在集中最为杰特。方其吸江酌斗，宾客万象时，讵知世间有紫微青琐哉！（［宋］·魏了翁《鹤山大全集》）

写景不能绘情，必少佳致。此题咏洞庭，若只就洞庭落想，纵写得壮观，亦觉寡味。此词开首从洞庭说至玉界琼田三万顷，题已说完，即引入扁舟一叶。以下从舟中人心迹与湖光映带写，隐现离合，不可端倪，镜花水月，是二是一。自尔神采高骞，兴会洋溢。（［清］·黄苏《蓼园词选》）

飘飘有凌云之气，觉东坡《水调》犹有尘心。（［清］·王闿运《湘绮楼词选》）

水龙吟[1]

登建康赏心亭[2]

辛弃疾

【作家作品简介】

辛弃疾（1140－1207），字幼安，号稼轩，历城（今山东济南）人。南宋杰出的爱国词人。

辛弃疾22岁时在北方参加耿京领导的抗金义军，后渡江南归宋廷。一生主张抗战，坚持北伐，但始终不被信任，只做过签判、通判、转运副使、知府、安抚使等小官、闲官。曾先后进呈《美芹十论》、《九议》等奏章，陈述收复大计，均未被采纳。42岁后落职闲居江西农村长达二十余年，抑郁而死。

稼轩词现存六百多首，题材广泛，意境深远，手法多样，善于用典。辛弃疾把爱国抱负和满腔忧愤倾注到词作之中，形成雄奇豪壮、苍凉沉郁的风格，是南宋豪放词派的主要代表。有词集《稼轩长短句》。

楚天千里清秋[3]，水随天去秋无际。遥岑远目[4]，献愁供恨，玉簪螺髻[5]。落日楼头，断鸿声里[6]，江南游子[7]。把吴钩看了[8]，栏干拍遍[9]，无人会[10]，登临意。　　休说鲈鱼堪脍，尽西风、季鹰归未[11]？求田问舍，怕应羞见，刘郎才气[12]。可惜流年，忧愁风雨，树犹如此[13]！倩何人、唤取红巾翠袖，揾英雄泪[14]？

【注释】

(1) 水龙吟：词调名。此词作于宋孝宗淳熙元年（1174）秋天，作者时任建康留守叶衡幕府参议官。

(2) 建康：今江苏南京。 赏心亭：在建康下水门城楼上，下临秦淮河，可尽观览之胜。

(3) 楚天：江南一带古属楚地，故称。

(4) 遥岑（cén）远目：即“远目遥岑”的倒文。韩愈《城南联句》：“遥岑出寸碧，远目增双明。” 岑：小而高的山。目：望。

(5) 玉簪螺髻：比喻山。韩愈《送桂州严大夫》：“水作青罗带，山如碧玉簪。”皮日休《缥缈峰》：“似将青螺髻，撒在明月中。” 玉簪：女子插在头发上用以绾发的一种饰物。 螺髻：梳成螺形的发髻。

(6) 断鸿：离群的孤雁。

(7) 江南游子：作者远离家乡，流寓江南，故以此自称。

(8) 吴钩：吴地出产的兵器，似剑而刃弯。

(9) 栏干拍遍：因怀想世事而做出的动作。北宋刘概少时曾凭栏而立，怀想世事，以手拍栏干，并吟诗曰：“读书误我四十年，几回醉把栏干拍。”见王辟之《渑水燕谈录》卷四。

(10) 会：理解。

(11) 休说二句：意谓自己不愿学张翰弃官归隐。刘义庆《世说新语·识鉴》：“张季鹰辟齐王东曹掾，在洛见秋风起，因思吴中菰菜莼羹、鲈鱼脍，曰：‘人生贵得适意耳，何能羁宦数千里以要名爵？’遂命驾便归。” 鲙（kuài）：通“脍”，切得很细的肉。季鹰：张翰，字季鹰，晋吴郡人。

(12) 求田三句：意谓自己不愿学许汜只知添置田舍。《三国志·魏志·陈登传》记载：刘备与许汜共论天下人，许汜抱怨陈登豪气不除，竟然自卧于大床，令许汜卧于下床。刘备对他说：“君有国士之名，今天下大乱，帝王失所，望君忧国忘家，有救世之意。而君求田问舍，言无可采，是元龙（陈登）所讳也，何缘当与君语！” 求田问舍：添置家产。 刘郎：刘备。

(13) 可惜三句：意谓感叹虚度年华。《世说新语·言语》：“桓公（温）北征，经金城，见前为琅琊时种柳，皆已十围，慨然曰：‘木犹如此，人何以堪！’攀枝执条，泫然流泪。” 流年：指时光流逝。 犹：尚且。

(14) 倩(qiàn)：请。　红巾翠袖：女子妆束，借代歌女。　揾(wèn)：擦拭。

【赏析】

此词作于宋孝宗淳熙元年1174年秋天，作者时任建康留守叶衡幕府参议官。这首词主要抒发了词人请缨无路之叹和英雄失志之悲。

上片描绘沉郁悲凉之景，呈现出浓厚的主观感情色彩，抒发了英雄无用武之地的忧愤之情。“楚天千里”二句，极写秋色斑斓，天高气爽，为下文深广的感慨起了有力的映衬作用。接下“遥岑远目”三句运用拟人的手法——北方广大沦陷区的山河在向人们倾诉它在金贵族统治者铁蹄蹂躏下的“愁”和“恨”。词人借景抒情，浑然天成。“落日楼头”三句笔峰一转，词人直接抒发他不可遏止的愤懑之情：看落日西沉，听孤雁哀鸣，江南游子站在赏心亭上，遥望北方沦陷的大好河山空悲切。不是吗，词人“把吴钩看了，栏干拍遍，无人会，登临意”。看刀抚剑，已足够表现了他的杀敌立功之意，再加上拍遍栏干的愤激，“无人会，登临意”的诘问，他的那种“报国欲死无战场”的愤愤不平的神态，便跃然纸上了。

下片则转入借历史人物抒发他因岁月蹉跎而产生的抑郁情怀，因无路请缨而产生的失志之悲。首先，叠用三个典故，表达了“潜气内转”、丰富复杂的情感内涵：借张翰弃官归乡，表达了对故土家园的思恋；借许汜为刘备所羞，表达自己襟怀磊落、不谋私利的高尚品质；借桓温抚树的典故，表达了英雄迟暮、功业无成的慨叹。“倩何人”三句的意思是说：要请谁来叫歌女给我揩干这英雄失意的眼泪呢？深刻体现了作者对国家命运和中原失地的关怀，体现了作者反抗民族压迫的坚强意志和高尚情操。

【思考与练习】

1. 前人说这首词有“潜气内转”的特点，请据此分析词中复杂的情感内容。

2. 词中描写自然景物，是怎样呈现浓厚的主观色彩的？

3. 背诵这首词。

【汇评】

裂竹之声，何尝不潜气内转。（［清］·谭献《复堂词话》）

稼轩纵横豪宕，而笔笔能留、字字有脉络如此。（［近代］·陈洵《海绡说词》）

前四句写登临所见，起笔便有浩荡之气。"落日"句以下，由登楼说到旅怀，而仍不说尽，仅以吴钩独看，略露其不平之气。下阕写旅怀，即使归去奇狮卜筑，而生平未成一事，亦羞见刘郎。"流年"二句以单句旋折，弥见激昂。结句言英雄之泪，未要人怜，倘揾以红巾，或可破颜一笑，极言其潦倒，仍不减其壮怀也。（［近代］·俞陛云《宋词选释》）

双双燕[1]

咏燕

史达祖

【作家作品简介】

史达祖（生卒年不详），字邦卿，号梅溪，汴（今河南开封）人。南宋著名词人。曾在韩侂胄府中任“省吏”，颇得倚重。韩败，坐受黥刑。其词多抒写闲情逸致，用笔尖巧，追求细腻工致，以描摹物象生动逼真著称。亦有少量感慨国事的篇什。有《梅溪词》。

过春社了[2]，度帘幕中间[3]，去年尘冷。差池欲住[4]，试入旧巢相并[5]。还相雕梁藻井[6]，又软语商量不定。飘然快拂花梢[7]，翠尾分开红影。　芳径，芹泥雨润[8]。爱贴地争飞，竞夸轻俊[9]。红楼归晚，看足柳昏花暝[10]。应自栖香正稳[11]，便忘了、天涯芳信[12]。愁损翠黛双蛾[13]，日日画栏独凭[14]。

【注释】

(1) 双双燕：词牌名。

(2) 春社：古时在立春后第五个戊日祭祀土神，称春社。春社在春分前后，春暖花开，正当燕子由南方北归之时。

(3) 度：穿来穿去。

(4) 差（cī）池：《诗·邶风·燕燕》：“燕燕于飞，差池其羽。”本义是形容燕子在飞动时翅羽、尾羽参差不齐。这里含犹豫不决之意。

(5) 相并：相互依偎。

(6) 相（xiàng）：察看。 藻井：宫殿、厅堂的天花板上一块一块的装饰，多为方格形，有彩色图案。

(7) 拂：掠过，擦过。

(8) 芹泥：出自杜甫《徐步》诗——“芹泥随燕嘴。”燕子喜衔菜地湿泥筑巢。

(9) 俊：俏丽，漂亮。

(10) 柳昏花暝：夜幕中的绿柳红花，明暗依稀，姿容隐约。昏、暝皆暗然不明之义。

(11) 应：该当，正当。

(12) 天涯芳信：天涯游子托燕子带给闺中人的书信。

(13) 翠黛：青黑色的颜料，古代女子用以画眉。 蛾：即蛾眉。亦作“娥眉”。女子长而美的眉毛。

(14) 凭：倚。

【赏析】

这首咏物词通篇运用类比的手法，明写大自然中呢喃的燕侣，实则暗写了人世间恩爱的夫妻。

上片通过描绘燕侣的日常生活，寄托着人们对美好爱情生活的向往。早春二月，春风骀荡，“过春社了”，燕子归来，对帘幕中“尘冷”的旧巢“差池欲住”，但又不甘心住旧巢，于是飞来飞去地到处去寻找新的最佳的垒窝处。一会儿“飘然”快飞，几乎贴近“花梢”；一会儿从花中穿过，“翠尾分开红影”。这一边看了雕刻着锦绣花纹的梁柱，那一边又看了绘有彩色图案的天花板上的藻井，两处各有优劣，难分伯仲，于是“软语商量不定”。你看，这多么像人间的一对恩爱夫妻，为了开拓新生活，他们有商有量，风雨同舟，含辛茹苦，去追寻他们美好的未来。

下片在继续描写燕侣日常生活的同时，转而写闺中的思妇。这对燕侣“贴地争飞”衔“芹泥”，“竞夸轻俊”归红楼。在看足了“柳昏花暝”之后，“栖香正稳”，在香巢中睡得很甜，竟将替闺中思妇捎信的大事给忘了，苦了托信的思妇，以至“愁损翠黛双娥，日日画栏独凭”。诗人出人意料地将笔锋一转，把结尾收束在一位寂寞痛苦的思妇身上，将咏燕与怀人融为一体，将明写与暗写交织起来，寄托了作者对人情难圆的人生悲剧的无限感慨。

这首词用工笔细描的手法，将燕侣的生活情状描绘得惟妙惟肖，贴切传神。如写燕子穿帘幕，寻旧巢；相依偎，看藻井；贴地飞，衔芹泥等等，无不体察入微，形神毕肖，实乃咏燕之杰作。其次，诗人运用类比的手法，以燕喻人。如“软语商量不定”，“看足柳昏花暝”，“便忘了、天涯芳信”等，赋予燕子以人的感情和性灵，将咏燕与怀人巧妙地结合在一起。第三，这首词十分讲究炼字。《双双燕》乃梅溪自度曲，在韵律上不拘一格，宛转嘹亮，字如贯珠。

【思考与练习】

1. 这首词为咏燕之杰作。诗人运用工笔细描的手法，将燕侣的生活情状描绘得惟妙惟肖，贴切传神。试举例加以说明。

2. 试分析这首词是怎样借赏悦燕侣来抒写人情的。

3. 熟读这首词。

【汇评】

形容尽矣。

姜尧章最赏其“柳昏花暝”之句。（［宋］·黄昇《花庵词选》）

不写形而写神，不取事而取意，白描高手。（［明］·卓人月《词统》）

以为咏物至此，人巧极天工矣。

咏物虽小题，然极难作，贵有不粘不脱之妙。此体南宋诸老尤擅长。史梅溪《春燕》云……刻画精巧，运用生动，所谓空前绝后者矣。（［清］·吴衡照《莲子居词话》）

清新俊逸，兼有之矣。（［清］·许昂霄《词综偶评》）

“商量不定”，为燕语传神，尤妙。（［近代］·俞陛云《宋词选释》）

一 剪 梅

蒋 捷

【作家作品简介】

蒋捷，字胜欲，号竹山，阳美（今江苏宜兴）人。南宋度宗咸淳十年（1274）进士，宋亡隐居太湖中竹山，人称竹山先生。元大德年间，有人荐举他做官，他不肯去，抱节以终。有《竹山词》传世，与周密、王沂孙、张炎并称“宋末四大家”。蒋捷词多抒发故国之思、山河之恸，风格以悲慨清峻、萧寥疏爽为主，多承苏、辛一路而兼有众长。其词对后世影响颇深，清初阳美词派受其影响尤大。

这首词大致作在南宋亡后蒋捷飘零于姑苏一带太湖之滨的阶段。在一个风飘飘、雨潇潇的春日，词人泛舟江上，虽然春光妩媚旖旎，可眼下国已破、家难安，词人有的是无尽的“春愁”，因而借酒浇愁，抒发了一个忠贞之士的故国之思、亡国之痛。

一片春愁待酒浇，江上舟摇，楼上帘招。秋娘渡与泰娘桥[(1)]。风又飘飘，雨又潇潇。

何日归家洗客袍？银字笙调[(2)]，心字香烧[(3)]。流光容易把人抛，红了樱桃，绿了芭蕉。

【注释】

(1) 秋娘渡、泰娘桥：吴江一带地名。词人在此处以“秋娘渡”与“泰娘桥”指代苏州吴江一带景物之美——秀婉妩媚令人愉悦的美。

(2) 银字笙调：像银一样洁白的素手调笙。 笙：一种管乐器。

(3) 心字香烧：烧起心字形清香。

【赏析】

这是一首写在离乱颠簸的流亡途中的心歌。明艳的春光与凄楚的神魂在强烈地对照着，春深似海，愁深胜似海，在时光的流逝中，“春愁”却无法排遣。于是从看似清丽浏亮的声韵中我们听到了夹杂着风声雨声的心底的呜咽声。词的上片初一看无非写春愁难解，借酒浇愁而已。略加细察，可以看出此中有大起伏：原来这“愁”是“国破山河在”之愁，是一个忠贞之士的流亡生涯之愁。

下片“何日归家洗客袍”，即结束飘流的不安定生活，重新过着由佳人相伴，素手调笙，烧起心字形清香的宁静怡乐的生活——可能吗？“何日归家”正是无望之叹！“流光容易把人抛，红了樱桃，绿了芭蕉。”这是该词被人称道的名句。首先，这一“红”一“绿”，将春光渐渐消逝于初夏的来临中这个过程充分表现了出来，这是时序的暗示。其次，这一“红”一“绿”寄寓深刻：芭蕉叶绿，樱桃果红，大自然的一切可以衰而盛，盛而衰，可是绿肥红瘦对人来说却意味着青春不再，盛世难逢。再进一步推去，家国呢？一旦破败，还能重见么？于此，“春深似海，愁深胜似海”的主旨就不言而喻了。

【思考与练习】

1. 试简析这首词是怎样将“明艳的春光与凄楚的神魂”进行对比写照的？

2.“流光容易把人抛，红了樱桃，绿了芭蕉”这一被人称道的名句妙在何处，试作简要分析。

3. 背诵这首词。

【汇评】

蒋捷词为“长短句之长城”。（［清］·刘熙载《艺概》）

不写形而写神，不取事而取意，白描妙手。（［明］·卓人月《古今词统》）

其诗正大醇雅，多与理契，机括妙用，殆非言传。（［清］·吴之振《宋诗钞·石屏诗钞序》）

唯善写眼前景物，而音节琅然可听。一诗中必有一联致语，如雨中草色，葱翠欲滴。间出新脆之句，犹十月海棠，枯条特发数蕊，妖艳撩人。（［清］·贺裳《载酒园诗话》）

双调·夜行船[1]

秋　思

马致远

【作品作家简介】

马致远（约 1250－1321 至 1324 间），号东篱，大都（今北京）人。元代杂剧、散曲作家。曾任江浙行省务官，晚年退隐山林，以诗酒自娱。

马致远著有杂剧 15 种，以《汉宫秋》最为著名。他在散曲创作上成就很高，有“曲状元”的称号。作品内容主要有三类：叹世讽世、描画景色、歌咏恋情。他融诗词意境入散曲，清雅而不失真率。现存散曲 120 余首，今人辑为《东篱乐府》。

百岁光阴如梦碟[2]，重回首往事堪嗟。今日春来，明朝花谢。急罚盏夜阑灯灭。

【乔木杳】想秦宫汉阙，都做了衰草牛羊野。不恁渔樵无话说[3]。纵荒坟横断碑，不辨龙蛇[4]。

【庆宣和】投至狐踪与兔穴，多少豪杰。鼎足三分半腰折[5]，魏耶？晋耶？

【落梅风】天教富，莫太奢。无多时好天良夜。看钱奴硬将心似铁，空辜负锦堂风月。

【风入松】眼前红日又西斜，疾似下坡车。晓来清镜添白发，上床与鞋履相别。莫笑鸠巢计拙[6]，葫芦提一向装呆[7]。

【拨不断】名利竭，是非绝。红尘不向门前惹，绿树偏宜屋角遮，青山正补墙头缺，竹篱茅舍。

【离亭宴煞】蛩吟一觉方宁贴(8)，鸡鸣万事无休歇。争名利，何年是彻？密匝匝蚁排兵，乱纷纷蜂酿蜜，闹攘攘蝇争血。裴公绿野堂(9)，陶令白莲社(10)。爱秋来那些：和露摘黄花，带霜烹紫蟹，煮酒烧红叶。人生有限杯，几个登高节(11)？嘱咐俺顽童记者：便北海探吾来(12)，道东篱醉了也(13)。

【注释】

(1) 双调：这套散曲的共同宫调名。 夜行船：套曲中第一首的曲牌名。

(2) 梦蝶：《庄子·齐物论》有“昔者庄周梦为胡蝶，……俄然觉，则蘧蘧然周也”之说，这里取其短暂、虚幻之意。

(3) 不恁（rèn）：不如此。

(4) 龙蛇：有二义，一指字迹，一指碑文所述或贤或不肖的事迹。

(5) 鼎足三分：指三国时期魏、蜀、吴彼此抗衡，争夺天下。 半腰折：指三方英雄人物都没有得到最后的胜利。

(6) 鸠巢计拙：《禽经》张华注引《方言》——“（鸠）蜀谓之拙鸟，不善营巢。”后喻生性笨拙，不善营生，多为自谦、自嘲之词。

(7) 葫芦提：宋元俗语，糊里糊涂。

(8) 蛩（qióng）：蟋蟀。宁贴：安宁，安稳。

(9) 裴公：裴度，字中立，唐宪宗时任宰相，削除藩镇有政绩。晚年因宦官专权，辞官退居洛阳。 绿野堂：裴度别墅名。裴度退居洛阳后，在午桥种花木万株，建台馆，名曰绿野堂。与白居易、刘禹锡等作诗酒之会，不问政事。

(10) 陶令：陶渊明，字元亮，东晋大诗人，曾任彭泽令。 白莲社：东晋僧人慧远与刘遗民等于庐山东林寺结社修行，掘池植白莲，故称白莲社。陶渊明与慧远相契，时常参与社事，但因好酒疏懒，不肯入社。

(11) 登高节：重阳节（农历九月初九），古代有此日登高饮宴的习俗。

(12) 北海：东汉末年文学家孔融曾任北海相，世称孔北海，有惜才好客的名声。

(13) 东篱：作者自称。

【赏析】

这套曲子写出了作者对社会、人生的看法，在马致远一百多首散曲作品中是富有代表性的。马致远和元代许多读书人一样，一生中走过了追求功名和归隐山林的道路，这套曲子就是这种生活道路的反映。它大致有三层意思：

第一层：作者对黑暗腐朽的官场和名利场作了有力的揭露与鞭挞。作者把那些忙于争名夺利、到处钻营的官场人物比作“密匝匝蚁排兵，乱纷纷蜂酿蜜，闹攘攘蝇争血”；他讥笑那些“富家儿”爱财如命、毫无感情，并警告他们“天教你富，莫太奢”，流露了作者对这些苍蝇、蚂蚁一类人物的鄙视和厌恶。

第二层：基于以上的原因，作者认为要摆脱这种污浊社会的羁绊，保持自身的清白，便只有走归隐山林这条路。因而在这套曲子中，马致远对隐居的生活尽情地作了讴歌：【拨不断】整支曲子写隐居的清幽环境；【离亭宴煞】的后半支曲子写隐居者的高雅生活。这种隐居山林的主张虽然表示了对统治阶级的不满，但是毕竟是一种消极逃避的行为。

第三层：在作者的思想中，产生了年华易逝、人生如梦、及时行乐、悲观厌世的情绪。

这套曲子风格豪放，感情率真，直抒胸襟，语言洒脱，谐趣中有愤懑，幽默中有鞭挞，且泼辣奔放，被誉为写“秋思”的词中“万中无一”的上乘之作。

【思考与练习】

1．作品描写了哪两种相反的人生态度？

2．分析这首套曲的语言特色。

3．这首套曲表现出作者怎样的情趣与胸襟？

4．背诵本篇。

【汇评】

此词乃东篱马致远先生所作也。此方是乐府，不重韵，无衬字，韵险语俊。谚云百中无一，余曰万中无一。看他用“蝶”、“穴”、“杰”、“别”、“竭”、“绝”字，是入声作平声；“阙”、“说”“铁”、“雪”、“拙”、“缺”、“贴”、“歇”、“彻”、“血”、“节”字。是入声作上声；“灭”、“月”、“叶”是入声作去声；无一字不妥。后辈学去！（［元］·周德清《中原音韵》作词十法“定格”）

马致远“百岁光阴”，放逸宏丽，而不离本色，押韵尤妙。长句如：“红尘不向门前惹，绿树偏宜屋角遮，青山正补墙头缺。”又如“和露摘黄花，带霜烹紫蟹，煮酒烧红叶”，俱入妙境。小语如：“上床与鞋履相别”，大是名言。结尤疏俊可咏。元人称为第一，真不虚也。（［明］·王世贞《艺苑卮言》附录一）

若散套，虽诸人皆有之，惟马东篱“百岁光阴”，张小山“长天落彩霞”为一时绝唱，其余俱不及也。（［明］·沈德符《顾曲杂言》南北散套条）

《天净沙》小令，纯是天籁，仿佛唐人绝句。马东篱《秋思》一套，周德清评之，以为万中无一。明王元美等亦推为套数中第一，诚定论也。此二体虽与元杂剧无涉，可知元人之于曲，无实纵之，非后世所能望其项背也。（［近代］·王国维《宋元戏曲考》第十二章）

关、白、马、郑诸家，皆生于金末元初……且关白二人皆为金代遗民，入元不仕。马东篱之《秋思》散套，郑德辉之《王粲登楼》杂剧，襟期高远，寄托遥深，亦系深于故国之思者。（［近代］·吴梅《螟庐曲谭》卷四）

临江仙(1)

杨慎

【作家作品简介】

杨慎（1488－1559）字用修，号升庵，四川新都人，明朝著名诗人。正德六年（1511）进士第一，曾任翰林修撰，经筵讲官。嘉靖三年（1524），因“大礼仪”廷杖削籍，贬戍云南，三十五年后，卒于贬所。天启朝追谥“文宪”。升庵博闻广识，《明史》本传称其著述之富，明代第一。后人辑有《升庵集》。另有《丹铅录》、《升庵诗话》、《词林万选》等，于学术、诗文、词曲诸方面均有建树。词有《杨慎词曲集》（王文才辑校，四川人民出版社，1984）。其词藻丽其外，凄咽于内，对明代词风的转变有一定影响。

滚滚长江东逝水，浪花淘尽英雄(2)。
是非成败转头空。青山依旧在，几度夕阳红。
白发渔樵江渚上，惯看秋月春风(3)。
一壶浊酒喜相逢。古今多少事，都付谈笑中。

【注释】

(1) 临江仙（滚滚长江东逝水）：选自《廿一史弹词》第三段说秦汉开场词。《廿一史弹词》是杨慎晚年所著历史通俗说唱之作。

(2) 浪花淘尽英雄：历史长河的浪花荡涤去了英雄豪杰。苏轼《念奴娇》：“大江东去，浪淘尽，千古风流人物。”

(3) 渔樵：渔父和樵夫，古代多指高洁之隐士。 江渚（zhǔ）：江中的小块陆地。

【赏析】

这首词恰是一个雄浑而绚丽的动态意象，于形象鲜活、动感逼真的自然景物描绘之中，将深奥的人生哲理与禅学要义表露无遗，给人以巨大的时空观和深沉的历史感，达到了兴象宏阔、不落言筌的空灵境界。

上片托物言志、寓情于景。“滚滚长江”三句，仿佛一个特写镜头。诗人伫立江边，面对滚滚东去的长江之水慨叹古今，联想到历史上那些为如此多娇的江山“竞折腰”的无数志士仁人、英雄豪杰，都随着时间的流逝，被镶嵌到了历史的画廊之中，“是非成败转头空”，千秋功罪，留给后代子孙评说。“青山依旧在，几度夕阳红”两句，一方面，将永恒的“青山”、“夕阳”与历史上来去匆匆的英雄豪杰在时间上构成强烈的反差对比；另一方面，巍巍青山，淡淡夕阳，透过这“满目青山夕照明”的意象，我们可以感悟到诗人那份有物无竞、委运任化的淡澹悠然。

词的下片，诗人用诙谐调侃的语言，将功名富贵参破，说明古今盛衰无常，对千古以来人们钦慕的帝王的宏图大业，进行了彻底的否定。“白发渔樵”三句，在朴实的叙写中给人以深沉的历史感。那些在历史上曾烜赫一时的帝王，其生前之贵不能持久，死后之名不能永垂；而渔父罟网，樵夫伐薪，江渚上的秋月春风，一壶廉价的浊酒，这些普通人的日常生活，这些普通的自然景物却永葆青春。“古今多少事，都付谈笑中。秦宫汉阙，到头来无非变成牧场；中原逐鹿，转瞬也成了人们茶余饭后的谈资。总之，这首词不仅意象美、语言美，更给人以理性的思索和历史的感悟。

【思考与练习】

1．试分析这首词在雄浑而绚丽的动态意象中，所表现的巨大的时空观和深沉的历史感。

2. 背诵这首词。

【汇评】

时、空、人、事之间的感悟，并非人人都能把握。历史固是镜子，倘若没有一己丰富的甚至是痛苦的残酷的人生体验，那面镜子仍或虚设，最多也只是热闹好看而已。杨慎的人生感受太多太深。他以宦家子弟，高中魁首，着实春风得意过好一阵；可到头来，七十二岁的生命却有三十五年被耗在边境戍地。太复杂了倒会转成简单，看透了人生，一切都可抛撇。当然，这种“透”是经历过痛彻入骨，心力交瘁后的自救境界，“转头空”既是消沉的又是愤慨的，无非是愤慨已臻没火气而已。在时、空的悟解中，“青山依旧在”是不变，“几度夕阳红”是变，“古今多少事”没一件不在变与不变的相对运动中流逝，杨慎愈老愈深悟这一点。他靠着它，从“是非成败”的纠葛中解脱出来，活了过来。所以，淡语、轻松语、超脱语，不是人人说得来，说得好，说得深刻的。淡语深刻，绝非文字技巧能获致，但又非凭借举重若轻，漫不经意似的文字功力不可。此或即所谓“无技巧”境界。（严迪昌《金元明清词精选》）

雪花的快乐[①]

徐志摩

【作家作品简介】

徐志摩（1897－1931），现代诗人、散文家。浙江海宁人，出身于富商家庭，1918年赴美国学习银行学。1921年为追随大哲学家罗素，来到英国剑桥大学当特别生，康桥美丽的风光，激发了他诗的眼睛，开始创作新诗。1922年回国，1923年发起成立新月诗社。1926年在北京主编《晨报》副刊《诗镌》，与闻一多、朱湘等人开展新诗格律化运动，为新诗规范化作出独特贡献。1931年11月19日，由南京乘飞机到北平，遇雾在济南附近触山，机坠身亡。主要作品有诗集《志摩的诗》、《翡冷翠的一夜》、《猛虎集》、《云游》，散文集《落叶》、《巴黎的鳞爪》，日记《爱眉小札》、《志摩日记》，译著《曼殊斐尔小说集》等。

徐诗飞动飘逸，韵律谐和，比喻新奇，意境优美，想象丰富，常有神来之笔，为人惊叹。他的散文也自成一格，成就不亚于诗歌。

假如我是一朵雪花，
翩翩的在半空里潇洒，
　我一定认清我的方向——
　飞扬，飞扬，飞扬，——

① 此诗写于1924年12月30日，发表于1925年1月17日《现代评论》第一卷第6期。

这地面上有我的方向。

不去那冷寞的幽谷，
不去那凄清的山麓，
　也不上荒街去惆怅——
　飞扬，飞扬，飞扬，——
你看，我有我的方向！

在半空里娟娟的飞舞，
认明了那清幽的住处，
　等着她来花园里探望——
　飞扬，飞扬，飞扬，——
啊，她身上有朱砂梅的清香！

那时我凭借我的身轻，
盈盈的[1]，沾住了她的衣襟，
　贴近她柔波似的心胸——
　消溶，消溶，消溶，——
溶入了她柔波似的心胸！

【赏析】

《雪花的快乐》是徐志摩早期作品中的一首精品。“假如我是一朵雪花”，诗人在诗中将自己幻化成了一片圣洁的雪花，这是一种永远停留在诗人灵魂深处的美丽，诗人以一颗优雅的心，婉转清新地吟诵着对美的向往与期望，因为向往，所以选择方向。于是，诗人开始了“翩翩潇洒”的自由，开始了“娟娟飞舞”的快乐。就像一个拥抱母亲的孩子，唇边永远洋溢着微笑。雪花“飞扬，飞扬，飞扬”，多么坚定、欢快和轻松自由的执著。轻盈

① 也作凝凝的。

飘动的雪花轻轻地牵动着我们的心。使我们不禁在心中问：美丽的你有美丽的梦想，美丽的你将去何方？“不去那冷寂的幽谷”“不去那凄清的山麓”“地面上有我的方向”。也许它飘了许久，也许它累了许久，但它从我们眼前飘飞的刹那，是带着无限的欣喜和快乐的。因为它始终坚持自己的方向，因为它“认明了那清幽的住处”，嗅出了“她身上朱砂梅的清香”。它轻轻地“沾住了她的衣襟”，消融在她“柔波似的心胸”。望着那化为水滴的雪花，此刻的我们没有理由怀疑它的快乐。它寻找到了心中的美丽，这样的消融是幸福的，永不后悔。

《雪花的快乐》中，飘飞的不只是诗人幻化的雪花，更是诗人的灵魂，诗人让自己清雅的灵魂在追求中，在执著中飘落。在那翩舞的过程中，它以一种不经意的温柔撩拨我们心底最崇高、最圣洁的地方，它以一种沁人的芬芳缭绕着我们共同的梦想，那轻轻的碰触，激起了心中的一种本能——对美的追求。

当然，诗人也意识到现实的阻隔，他巧妙地使用“假如”引领全诗，在对自由和美的追求中，因为有了“假如”，所以笼罩上一层淡淡的忧伤的光环。但所有的忧伤都不能抵挡诗人的不懈追求，雪花的旋转、延宕和最终归宿完全契合诗人灵魂的自由、坚定和执著。再看本诗的形式也充满了美感。如雪花飘落的轻盈的韵律徐徐铺开，似大自然的音籁、灵魂的交响，轻轻激荡着我们的心。诗人通过“花”、“洒”、“向”、“扬”等韵脚的变换，使全诗的韵律不断变化，初始舒缓，继而跳跃，恰到好处地适应了诗歌的内在精神和诗人的内心节奏。

【思考与练习】

1．朗诵并背诵这首诗。

2．仔细体会《雪花的快乐》所体现出的诗人情感，并尝试对这首诗的艺术特点进行分析。

死 水

闻一多

【作家作品简介】

闻一多（1899－1946），原名闻家骅，字友三，后改名一多。1899年生于湖北省浠水。现代著名爱国诗人，学者。1912年考入北京清华学校，1922年7月赴美留学，接受西洋美术教育。他是20年代新月社团的主力诗人，致力于倡导新诗格律化，主张“理性节制情感”，为新诗的规范化做出杰出贡献。出版有诗集《红烛》和《死水》。1925年5月回国后，先后在北京、南京、武汉、青岛等地任教，在中国古典文学研究领域颇有建树。1937年全面抗战爆发，他毅然南迁，在清华大学、北京大学、南开大学联合组成的国立临时大学（后改为西南联合大学）任教。1944年加入中国民主同盟，抗战胜利后出任民盟中央执委。积极参与反对内战、争取民主自由的斗争。1946年7月11日，民盟负责人李公朴被国民党特务暗杀。7月15日闻一多在悼念李公朴大会上怒斥国民党特务，发表了著名的《最后一次的讲演》，当天即被特务暗杀，年仅48岁。

《死水》选自闻一多的诗集《死水》，作于1926年4月，是一首公认的爱国主义佳作。在艺术上则鲜明地展现出闻一多“格律化”的主张，是新诗中的艺术珍品，对纠正新诗早期的散文化倾向有积极意义。

这是一沟绝望的死水，
清风吹不起半点漪沦。

不如多扔些破铜烂铁，
爽性[①] 泼你的剩菜残羹。

也许铜的要绿成翡翠，
铁罐上绣出几瓣桃花；
再让油腻织一层罗绮，
霉菌给他蒸出些云霞。

让死水酵成一沟绿酒，
飘满了珍珠似的白沫；
小珠们笑声变成大珠，
又被偷酒的花蚊咬破。

那么一沟绝望的死水，
也就夸得上几分鲜明。
如果青蛙耐不住寂寞，
又算死水叫出了歌声。

这是一沟绝望的死水，
这里断不是美的所在，
不如让给丑恶来开垦，
看他造出个什么世界。

【赏析】

《死水》是闻一多的重要代表作之一。1925 年诗人回国后，目睹了国内军阀混战、民不聊生的惨状，内心无比沉痛。祖国已不是他在美国想象中的“如花的”，而是一沟绝望的“死水”。“死水”作为全诗的中心意象，代表着作者对当时半封建半殖民

---

① 索性。

地社会现实的集中感受。死水华美的外表，不过是污秽和垃圾的霉变。越是尽言其“美”，就越是对其无情的批判。作者用反讽的手法，淋漓尽致地描写了死水的“丑”，最后一句“不如让给丑恶来开垦，看他造出个什么世界”，把所有的愤恨全部渲泄出来，表现出作者对“死水”的无比鄙夷，感情的喷发也达到最高点。闻一多通过对“死水”多角度、多层面的谱写，揭露和讽刺了腐朽的旧社会，表达了诗人对丑恶现实的绝望、愤慨，体现了他浓烈而深沉的爱国主义感情。作为新诗格律的倡导者和开拓者，闻一多在《死水》充分展示了他对新诗格律的“最满意的试验”。在艺术风格上，本诗鲜明地体现出作者所倡导的“三美论”：音乐美（音节）、绘画美（词藻）、建筑美（节的匀称和句的均齐）。全诗结构匀称，5节20行，每一行都是9个字，每节都严守二四押韵，音节整齐又琅琅上口。“死水”本是丑恶的，但闻一多却运用了许多富有美感的词藻和丰富的色彩进行描摹，利用美丑的对比达到一种反衬的强烈效果，使“死水”的面目越显可憎可厌。

【思考与练习】

1. “死水”有何象征意义？这首诗表达了诗人的什么感情？
2. 作者为何用一些美丽的色彩与词藻来描写“死水”？
3. 请朗诵这首诗，体会闻一多的思想感情和“三美”。

雨　　巷

戴望舒

【作家作品简介】

戴望舒（1905－1950），原名戴丞，浙江杭州人，中国现代著名诗人。1923年，考入上海大学文学系。1925年，转入震旦大学法文班。1926年起开始诗歌创作活动。1929年4月，第一本诗集《我的记忆》出版，其中《雨巷》成为传诵一时的名作，他因此被称为“雨巷诗人”。后赴法国留学，1935年春回国。抗战爆发后，来到香港，主编多种文学杂志和副刊，1941年底被捕入狱。在狱中写下了《狱中题壁》、《我用残损的手掌》、《心愿》、《等待》等诗篇。新中国成立后，在新闻总署从事编译工作。1950年2月病逝于北京。

撑着油纸伞，独自
彷徨在悠长，悠长
又寂寥的雨巷，
我希望逢着
一个丁香一样地
结着愁怨的姑娘。

她是有
丁香一样的颜色，
丁香一样的芬芳，
丁香一样的忧愁，

在雨中哀怨，
哀怨又彷徨；

她彷徨在这寂寥的雨巷，
撑着油纸伞
像我一样，
像我一样地
默默彳亍[①] 着，
冷漠，凄清，又惆怅。

她静默地走近
走近，又投出
太息一般的眼光；
她飘过
像梦一般地，
像梦一般地凄婉迷茫。

像梦中飘过
一枝丁香地，
我身旁飘过这女郎；
她静默地远了，远了，
到了颓圮的篱墙，
走尽这雨巷。

在雨的哀曲里，
消了她的颜色，
散了她的芬芳，
消散了，甚至她的

① 彳（chì）亍（chù）：慢慢走，走走停停。

太息般的眼光，
丁香般的惆怅。

撑着油纸伞，独自
彷徨在悠长，悠长
又寂寥的雨巷，
我希望飘过
一个丁香一样地
结着愁怨的姑娘。

【赏析】

一场江南雨，一把油纸伞，一条由青石板铺成的寂寥小巷。怎么看都是幅色调阴沉、清冷的图画，却因为“一个丁香一样的，结着愁怨的姑娘”生出几分动人的美丽。

“我”、“雨巷”、“姑娘”并非生活中的具体写照，诗作也绝非停留于儿女情长。1927年大革命失败，所有有志有求的年轻人似乎在一瞬间失去了方向。阴暗的社会现实就如同这悠长狭窄的江南小巷，冷漠、凄清，没有阳光。然而“我”这个雨巷中的彷徨者，“在孤寂中仍怀着对美好理想和希望的憧憬与追求”，“丁香一样的姑娘”就是这理想和希望的化身。在现实的压力下，她虽然结有愁怨，却依旧有颜色与芬芳。梦想与现实如此地交织与斗争着，陷在彷徨迷惘心境里的诗人，多么希望出现这样的姑娘，但同时他又矛盾没有方向。不然这颜色与芬芳怎么会消散在“雨的哀曲里”，这姑娘又怎会到了“颓圮的篱墙”，“投出太息一般的眼光”?

《雨巷》将象征主义诗歌的抒情手法与古典诗词进行了有机融合。本诗的一个核心象征就是“丁香一样的姑娘”。用丁香结，即丁香的花蕾，来象征人们的愁心，是中国古代诗词中一个传统的表现手段。如南唐李煜有一首《浣溪沙》，其中就有一句“丁香空结雨中愁”。但诗人在吸取了前人养料的同时，更有自己的创造。他以一个如丁香一样结着愁怨的姑娘代替了丁香结本身，超越了传统的表现形式，是比生活更美的艺术想象的产物。

富于音乐性是《雨巷》的另一个突出的艺术特色。“悠长”、“雨巷”、“姑娘”、“芬芳”、“彷徨”，全诗巧妙的押韵表达着作者对于音乐美的追求，流畅的节奏与旋律、反复的手法“达到了听觉的和谐和加强诗情的效果”。因此，叶圣陶先生称赞这首诗为中国新诗的音节开了一个“新纪元”。

【思考与练习】

1．朗诵本诗，体会诗中所营造的意境。

2．“丁香一样的姑娘”有何象征含义？

乡愁四韵

余光中

【作家作品简介】

余光中（1928－　），台湾当代著名诗人、散文家。生于南京，曾就读于金陵大学、厦门大学，1951年毕业于台湾大学外文系。1958年获美国爱荷华大学艺术硕士学位。曾任台湾多所大学和香港中文大学教授。迄今出版诗集、散文集、评论集等二十多部。诗集有《白玉苦瓜》、《天狼星》等。余光中的诗早期受西方现代派影响，60年代开始向传统回归，致力于传统诗与现代诗的创造性融合。

给我一瓢长江水啊长江水
酒一样的长江水
醉酒的滋味
是乡愁的滋味
给我一瓢长江水啊长江水

给我一张海棠红啊海棠红
血一样的海棠红
沸血的烧痛
是乡愁的烧痛
给我一张海棠红啊海棠红

给我一片雪花白啊雪花白

信一样的雪花白
家信的等待
是乡愁的等待
给我一片雪花白啊雪花白

给我一朵腊梅香啊腊梅香
母亲一样的腊梅香
母亲的芬芳
是乡土的芬芳
给我一朵腊梅香啊腊梅香

【赏析】

余光中以写“乡愁”知名，短诗《乡愁》传诵极广。《乡愁四韵》是他另一篇以“乡愁”为主题的优秀作品，可以将其与《乡愁》放在一起进行比较欣赏。本诗提炼了四个与思乡有关的四个代表性意象：长江、海棠、雪花、腊梅，贴切地表达了对故乡的思恋。

作为诗歌选取的第一意象，“长江水”含义万千，她不仅是中华文明的源头之一，也是台湾游子心中的大陆母亲，相隔海峡，恋母情长。诗人迫切渴望得到这文明的、母亲的滋润与关怀，却因地理政治的原因无法实现。于是，长江水成了醉人的琼汁玉液。原以为酒买醉，醉可消愁，却消不散浓浓的乡思。炽热的情感迫使诗人再次发出“给我一瓢长江水啊长江水”的呼唤。这不是第一句的简单重复，而是感情升华后的呐喊。

“昨夜鱼疏风骤，浓睡不消残酒，试问卷帘人，却道海棠依旧。”海棠是中国家庭中的常见植物，而今，家乡的“海棠依旧”，游子却只能在异地焦灼地思念。如此热血沸腾的心愿，是“沸血的烧痛，是乡愁的烧痛”。

“雪花白”——家乡拳拳的关怀和思念，一张张信笺承载的是不尽的亲情，是似雪花般晶莹洁白、淳朴真实的游子之爱。雪花轻盈，不限制地任意飞扬，正是诗人对两岸关系发展的渴望：自由，通畅。

“腊梅香”香气扑鼻，正如“母亲的芬芳”。母亲的体香，温柔温暖，安全宁静，这母亲的、乡土的芬芳不正是人一生的追求吗？树高千丈，叶落归根，寻的就是记忆深处的一缕幽香。

纵观全诗，诗人用一条乡愁的主线，将“长江水”、“海棠红”、“雪花白”、“腊梅香”四个意象有机地结合在一起，充分吟唱出乡愁的深沉厚重，悠远绵长。本诗属于新格律诗，诗形整齐又富有变化；音韵和谐，一唱三叹，遥相呼应，巧妙运用句式的重叠反复强化“乡愁”的主题。

【思考与练习】

1．作者是如何抒发思乡之情的？

2．分析作品中出现的四种意象。

3．将本诗与《乡愁》进行比较欣赏。

4．背诵这首诗。

附录：《乡愁》

乡　　愁

小时候
乡愁是一枚小小的邮票
我在这头
母亲在那头

长大后
乡愁是一张窄窄的船票
我在这头
新娘在那头

后来呵

乡愁是一方矮矮的坟墓
我在外头
母亲在里头

而现在
乡愁是一湾浅浅的海峡
我在这头
大陆在那头

小　花

［俄］普希金

【作家作品简介】

亚历山大·谢尔盖耶维奇·普希金（1799－1837）是俄国19世纪伟大的诗人和作家，既是俄国浪漫主义文学的杰出代表，又是批判现实主义的奠基人，素有“俄国文学之始祖”、“俄罗斯诗歌的太阳”之称。他出身贵族家庭，从小受到良好的文学教养。1811年，进入彼皇村学校，受到法国资产阶级启蒙思想影响。青年时代，受十二月党人影响，反对专制农奴制度，热爱、追求自由，写了大量政治抒情诗，触怒沙皇，被流放到南俄。1837年沙皇及其党羽策划的决斗中，普希金受重伤而死。

普希金一生以高超而全面的艺术才能，在多种文学体裁上卓有建树，无论是诗歌、小说、戏剧、散文、童话、文论的写作都堪称典范。主要代表作有抒情诗《自由颂》、《致大海》，叙事长诗《茨冈》，诗体小说《叶甫盖尼·奥涅金》，长篇小说《上尉的女儿》等。普希金的优秀作品达到了内容与形式的高度统一，他的抒情诗内容丰富、感情深挚、形式灵活、结构精巧、韵律优美。他的散文及小说情节集中、结构严整、描写生动简练。普希金的创作对俄罗斯现实主义文学及世界文学的发展都有重要影响。

我在书里发现一朵小花，
它早已干枯了，也不再芬芳，
因此，我的心里就充满了

许许多多奇异的遐想：

是哪一个春天，在哪一处
它盛开的？开了多长时间？
谁摘下的？是外人还是熟人？
为什么放在这书页中间？

可是为了纪念温柔的相会？
还是留作永别的真情？
或者只是由于孤独的散步
在田野的幽寂里，在林荫？

是他还是她？还在世吧？
哪一个角落是他们的家？
啊，也许他们早已枯萎了，
一如这朵不知名的小花？

（选自查良铮译：《普希金抒情诗选集》，南京，江苏人民出版社，1982）

【赏析】

在普希金众多的作品中，成就最高的是他的诗歌艺术。他的诗歌大致分为四类：抒情诗、叙事长诗、童话诗和诗体小说。普希金以抒情诗闻名于世。在二十多年中创作了八百八十余首抒情诗。这些诗内容丰富、形式多样，包括颂歌、哀歌、祭歌、民歌、短歌、警句、祝辞、赠言、哲理诗、风景诗、寓言诗、即兴诗、书信诗、讽刺诗等。普希金的抒情诗一般篇幅不大，着重披露主观感受，凸现出一个抒情主人公形象。

根据题材，普希金的抒情诗大致分为政治抒情诗和生活抒情两类。《小花》属于生活抒情诗。诗人天性热情，观察敏锐，体验细腻，感情深沉，作品由一朵干枯的小花引发了一系列无法追忆的寻思与遐想，“许许多多奇异的遐想”最终归于这朵小花本身，作者揣想花的主人或许也早已枯萎一如这朵小花，这里隐含着对生命逝去的不尽感慨与无限怅惘，从而转入和引发更为玄妙与沉重的生命思考，绝妙而不着痕迹地造成文势上的跌宕起伏，与思绪相和谐。正如别林斯基说：“在普希金的任何情感中永远有一些特别高贵的、温和的、柔情的、馥郁的、优雅的东西。”整首诗精妙、雅致，是普希金的诗歌艺术所结出沁人心脾、永不凋谢的一朵小花。

【思考与练习】

1.《小花》一诗中，诗人围绕书中一朵干枯的小花展开了联想。说说诗人想到了什么？表达了诗人什么心情？

2．结合本诗，分析普希金抒情诗的特点。

3．课外阅读普希金的其他抒情诗代表作。

第二部分 散文

孔子语录十则

《论语》

【作家作品简介】

《论语》的“论”读“lún”，编纂、辑录的意思。《论语》是一部以记录春秋时代思想家、教育家孔丘言行为主的语录体散文著作。从记录的称呼和口气上看，是孔子弟子或再传弟子根据自己的记忆或传说写下来的。班固《汉书·艺文志》说：“《论语》者，孔子应答弟子、时人及弟子相与言而接闻于夫子之语也。当时弟子各有所记，夫子既卒，门人相与辑而论纂，故谓之《论语》。”《论语》约成书于战国初年，全书共20篇，约一万二千字。每篇包括若干章，总计512章。

《论语》是儒家经典之一，是古人修身治国的宝训，是孔子之前历代王朝治国方略的概括和总结。《论语》提出了以“仁”为中心的人格修炼原则和以“礼”为核心的社会管理原则，其内容涉及哲学、政治、教育、伦理、文化等各个方面。记载了孔子很多溢满灵光的想法和愿望，是孔子人生智慧的结晶。《论语》不仅语言朴实易懂，而且有些内容也极富趣味，阅读的过程中，会时时让你忍俊不禁。研读之余，掩卷沉思，你会发现自己得到了无穷的智慧和乐趣。

孔子（公元前551年～前479年），名丘，字仲尼，春秋时鲁国陬邑（今山东曲阜）人，我国古代伟大的思想家、教育家、儒家学派的创始人。他出生于没落的贵族世家，幼年丧父，一生并不得志。他做过几次小官，最后官至鲁国主管刑狱的大司寇。他周游列国，以推行自己的政治主张，但未被采纳。晚年他一面整理古典文献，一面讲学授徒，相传弟子有三千人之多，为传播、发展我国古代文化作出了巨大的贡献，被后人尊崇为“大成至圣先师”。

一

子曰(1)：“学(2)而时习之(3)，不亦说乎(4)！有朋自远方来(5)，不亦乐乎(6)！人不知而不愠(7)，不亦君子乎(8)！（《论语·学而》）

【注释】

(1) 子：中国古代对于有地位、有学问的男子的尊称，有时也泛称男子。《论语》书中“子曰”的子，都是指孔子而言。

(2) 学：孔子在这里所指的“学”，主要指学习西周的礼、乐、诗、书等传统文化典籍。

(3) 时习：在周秦时代，“时”字用作副词，意为“在一定的时候”或者“在适当的时候”。但朱熹在《论语集注》一书中把“时”解释为“时常”；“习”，指演习礼、乐，复习诗、书，也含有温习、实习、练习的意思。

(4) 亦：也。　说（yuè）：通“悦”，高兴、快乐。

(5) 有朋：一本作“友朋”。同师曰朋，同志为友。　朋：即指同学，泛指朋友。　自：从。　来：来到，有共同研究学问的意思。

(6) 乐：与“悦”有所区别。悦在内心，乐则见于外。

(7) 人不知：指自己有学问有道德别人不知道或不了解。　愠（yùn）：恼怒、怨恨。

(8) 君子：指学问高道德修养好的人。

【赏析】

本章提出以学习为乐事，做到人不知而不愠，反映出孔子学而不厌、诲人不倦、注重修养、严格要求自己的主张。

二

曾子[1]曰："吾日三省[2]吾身。为人谋而不忠[3]乎？与朋友交而不信[4]乎？传[5]不习乎？(《论语·学而》)

【注释】

(1) 曾子：曾子姓曾名参（音 shēn），孔子的得意门生，以孝子出名，据说《孝经》就是他撰写的。

(2) 三省：省（音 xǐng），检查，察看。　三：不表确数。　三省：即多次进行自我检查。

(3) 忠：尽已之谓忠。此处指对人应当尽心竭力。

(4) 信：信者，诚也。以诚实之谓信。要求人们按照礼的规定相互守信，以调整人们之间的关系。

(5) 传：传（chúan）授。此处指老师传授的知识。

【赏析】

儒家十分重视加强个人思想修养和道德修养，改正个人言行举止上的各种错误，以求塑造成理想人格。而本章所讲的自省，则是自我修养的基本方法。这种自省的道德修养方式强调进行修养的自觉性，在今天仍有值得借鉴的地方。

在本章中，曾子还提出了"忠"和"信"的范畴。忠的特点是一个"尽"字，办事尽力，死而后已。"信"的涵义有二，一是信任，二是信用。其内容是诚实不欺，用来处理上下级和朋友之间的关系，表示说真话，说话算数。这是一个人立身处世的基石。

三

子曰："君子食无求饱[1]，居无求安，敏於事而慎於言[2]，就[3]有道[4]而正[5]焉，可谓好学也已。"(《论语·学而》)

【注释】

(1) 无：同“毋”。

(2) 敏於事：在办事上敏捷。　慎於言：在说话上谨慎。

(3) 就：靠近、看齐。

(4) 有道：指有道德的人。

(5) 正：匡正、端正。

【赏析】

孔子认为，一个道德高尚的人，不应当过多地讲究自己饮食的精美与居住的豪华，而在工作方面应当勤劳敏捷，谨慎小心。经常内省，请有道德的人对自己的言行加以匡正。作为君子应克制追求物质享受的欲望，把注意力放在塑造自己的道德品质方面，在今天仍值得我们借鉴。

四

子曰：“默(1)而识(2)之，学而不厌，诲(3)人不倦，何有于我哉(4)？”（《论语·述而》）

【注释】

(1) 默：不出声，不说话。

(2) 识：音 zhì，记住的意思。

(3) 诲：教诲。

(4) 何有于我哉：即“于我有何哉”，意思是对我来说，做到了哪些呢？

【赏析】

在本章中，孔子提出了一个重要的治学方法和人格修炼原则：“学而不厌，诲人不倦。”孔子的这一思想，既是中国教育思想的精髓，也是孔子关于人格修炼的一个重要组成部分，它包括学习知识和教育学生两个方面的内容：学习要有踏踏实实的精神，默默地记住所学的知识；教育学生要循循善诱，诚恳耐心。孔子的这一治学方法和人格修炼原则，对我们今天仍具有指导意义。

五

子曰："君子不器(1)。"(《论语·为政》)

【注释】

(1) 君子不器：器，器具。君子不器，是说君子不应当像器具一样，只有某一方面的用途。

【赏析】

这则语录较突出地体现了孔子的人才观：君予应当博学多识，具有多方面的才能。"义以为质，礼以行之，孙以出之，信以诚之"。(《论语·卫灵公》)。对内能妥善处理各种政务，对外能够应对四方，不辱君命。这些能担负起治国安邦重任的"君子"，才是孔子心目中有理想人格的人，而绝非凡夫俗子。

六

子贡问君子。子曰："先行其言而后从之(1)。(《论语·为政》)

【注释】

(1) 先行其言而后从之；行，实行，兑现。"先行其言而后从之"的意思是，对于你要说的话，先实行了，再说出来，这样才称得上一个君子。

【赏析】

在这则语录中，孔子不仅揭示了一条为人处事的准则，更阐明了儒家一贯提倡的诚信观的深刻内涵：作为君子，不仅要言行一致，而应先做后说。只有先做后说，才可以取信于人。在市场经济向纵深发展，全社会呼唤"诚信"归来的今天，孔子的这则语录当能给我们以警策。

七

子曰："君子周[1]而不比[2]，小人[3]比而不周。"（《论语·为政》）

【注释】

(1) 周：合群，用道义来团结人。

(2) 比：音 bì，勾结，结党营私。

(3) 小人：没有道德修养的俗人。

【赏析】

孔子这段话的意思是：君子与人团结，而不是互相勾结，结党营私；小人是互相勾结，结党营私而不讲团结。

在这一则语录中孔子将君子与小人的区别阐释得泾渭分明：小人结党营私，不能与大多数人融洽相处；而君子胸怀宽广，与众人和谐相处，从不与人相勾结。在社会分工日益精细的今天，我们提倡"团队精神"，孔子的这段话不正是"团队精神"的绝好注脚吗？

八

子贡问曰："有一言而可以终身行之者乎？"子曰："其恕[1]乎！己所不欲，勿施于人。"（《论语·卫灵公》）

【注释】

(1) 其恕乎：恕（shù），用自己的心推想别人的心，从而不计较别人的过错。

【赏析】

"忠恕之道"是儒家伦理的基石，是儒家处理人己关系的一条准则：忠恕，可以消除别人对自己的怨恨，缓和人际关系，安定社会秩序。“忠恕之道”是孔子的一大发明，是孔子人生智慧的核心。两千多年来，对中国人人格心理的形成影响极大。

九

孔子曰：“益者三友，损者三友。友直，友谅(1)，友多闻，益矣。友便辟(2)，友善柔(3)，友便佞(4)，损矣。”（《论语·季氏》）

【注释】

(1) 谅：诚信。

(2) 便辟：惯于走邪道。

(3) 善柔：善于谄媚奉承。

(4) 便佞（pián nìng）：善于花言巧语。

【赏析】

道义相砥，过失相规，畏友也；缓急可供，死生可托，密友也；甘言如饴，游戏征逐，昵友也；利则相攘，患则相倾，贼友也。正确地择友、交友是孔子人格修炼的内容之一。要交正直高尚、博学多闻的朋友。财富不是朋友，而真正的朋友却是财富。

十

孔子曰：“君子有三戒：少之时，血气未定，戒之在色(1)；及其壮也，血气方刚，戒之在斗；及其老也，血气既衰，戒之在得。(2)”（《论语·季氏》）

【注释】

(1) 色：此处指贪恋女色。

(2) 得：指患得患失，贪得无厌。

【赏析】

这是孔子对人从少年到老年这一生中需要注意的问题所作出

的忠告，言近旨远，给人以心灵的震撼。人生不是一支短短的蜡烛，而是一支由我们暂时拿着的火炬，我们一定要把它燃得十分光明灿烂，然后交给下一代的人们。

【思考与练习】

1. 以本篇所节选的几则语录为例，试归纳一下孔子关于君子进行“人格修炼”的主要内容。

2. 熟读并背诵这十则语录中的名句。

3. 讨论题：孔子主张“君子不器”，是说真正的人才不应只具有某一方面的才能；但现代社会分工细密，我们又提倡“学有专长”，如何辩证地看待这一问题，试谈谈你的看法。

【汇评】

“半部论语，可治天下”，说的是北宋著名政治家赵普的故事。有一次，宋太宗和赵普闲聊，随便问道：“有人说你只读一部《论语》，这是真的吗？”赵普老老实实地回答说：“臣所知道的，确实不超出《论语》这部书。过去臣以半部《论语》辅助太祖平定天下，现在臣用半部《论语》辅助陛下，便天下太平。”赵普并没有食言，在他的辅佐下，大宋王朝一片升平。后来赵普因为年老体衰病逝，家人打开他的书箧，发现里面果真只有一部《论语》。

君子修身、齐家、治国、平天下，是儒家倡导的重要思想。而仅仅凭借半部《论语》就能兼济天下，足见《论语》的博大精深和它在实践中的超强实用性。（《论语·导读》，吉林文史出版社，2004）

我始终认为，算盘要靠《论语》来拨动；同时《论语》也要靠算盘才能从事真正的致富活动。因此，可以说，《论语》与算盘的关系是远在天边，近在咫尺……但要说到致富的根源是什么？那就是只有依据仁义道德和正确的道理去致富。（［日本］·涩泽荣一《论语与算盘》，北京：中国青年出版社，1996）

唐雎说信陵君(1)

《战国策》

【作家作品简介】

《战国策》是一部国别体史书，又名《国策》、《国事》和《长书》等，约成书于秦代，其文章大都出自战国中晚期各国史官之手，记载各国有关政治、外交、军事等方面的史实。经西汉著名学者刘向整理编订，定名为《战国策》。全书分十二国策，共三十三篇。

《战国策》主要记述战国时二百四五十年间谋臣策士的言论和活动。书中记事，始于周贞定王十四年（前455），止于秦始皇三十一年（前216），其中保存了许多珍贵的史料，对战国时期谋臣策士游说各国或互相辩难的言行记载尤为具体，是研究战国史的重要文献。

《战国策》是我国古代一部优秀的散文集。其文铺张扬厉，生动流畅，善用譬喻、寓言、史实、故事来阐明自己的主张或道理，洋溢着雄辩家的气势与智慧，具有浓厚的艺术魅力和文学趣味。《战国策》对我国两汉以来的史传文和政论文的发展都产生过积极影响。1973年底长沙马王堆汉墓出土大批帛书，其中一部分被定名为《战国纵横家书》，有些内容可资参证。

信陵君杀晋鄙，救邯郸(2)，破秦人，存赵国，赵王(3)自郊迎。唐且(4)谓信陵君曰："臣闻之曰：'事有不可知者，有不可不知者；有不可忘者，有不可不忘者。'"信陵君曰："何谓也？"对曰："人之憎我也，不可不知也；吾憎人也，不可得而知也。

人之有德于我也，不可忘也；吾有德于人也，不可不忘也。今君杀晋鄙，救邯郸，破秦大，存赵国，此大德也。今赵王自郊迎，卒(5)然见赵王，臣愿君之忘之也。”信陵君曰：“无忌谨受教。”

【本文典实】

魏安釐王二十年（前257），秦国围攻赵国首都邯郸，魏王派将军晋鄙领兵救赵，接着又受秦王的威胁而令晋鄙按兵不动。信陵君使魏王宠爱的如姬从宫中窃得调兵的虎符，杀晋鄙而夺取其兵权，救赵胜秦。信陵君自知此举激怒了魏王，所以留在赵国，赵孝成王与平原君（赵国之相，信陵君的姐夫）商量，打算将五个城邑封给信陵君。信陵君听说此事，自以为有功劳而面有骄色，于是唐雎就说了这番话，劝他不要自以为有德于人而居功自傲，而应该更为谦虚谨慎。

【注释】

(1) 本文选自《战国策·魏策四》，标题是根据《古文观止》加的，原文据江苏古籍出版社1985年版《战国策集注汇考》。信陵君（？～前243年）：名无忌，战国时魏安釐（xī）王的异母弟，受封为信陵君。 晋鄙：魏国将军。

(2) 邯郸：战国时赵国都城，在今河北邯郸市西南。

(3) 赵王：指赵孝成王，公元前265～前245年在位。

(4) 唐且（jū）：一作“唐雎”，当时为信陵君的门客。

(5) 卒（cù）：通“猝”。

【赏析】

这是一篇闪烁着智者光芒的哲理散文，它震古铄今，令人警醒；这是一篇充满策士机敏的说理散文，让信陵君心悦诚服，让读者回味隽永。它告诫我们，人生在胜利的时候，切忌居功自傲，要永远保持谦虚谨慎的品质。全文虽只有150字，但行文却开合自如，说理严谨有序。

“信陵君杀晋鄙，救邯郸，破秦人，存赵国”，功勋盖世，成了赵国上下瞩目的风云人物。此时，如果他居功自傲，目空一切，甚至挟功自重，很可能节外生枝，适得其反。但也正是在此时，要提醒信陵君谦虚谨慎，韬光养晦，忘掉自己“有德于人”，却也并非易事。懂道理是学问，讲道理是艺术。在这里，唐雎巧妙地运用了“诱导说理”法。首先，用两组对偶的人生哲理警句“事有不可知者，有不可不知者；有不可忘者，有不可不忘者”，给信陵君以当头棒喝，使信陵君的心灵在震撼之余，不得不进一步追问。眼看对话的条件成熟了，于是，唐雎和盘托出了自己的肺腑之言：别人憎恨你，“不可不知也”，应时刻反省、检点自己；自己憎恨别人，应尽量泰然、淡然；别人对自己有恩德，应终生不忘，永存感激之心；自己有恩德于别人，应视为过眼烟云，不再提起。这些话闪烁着智者的光芒，蕴含着深邃的人生哲理。战国时代是一个风云变幻、波谲云诡的时代，仕宦之途更是吉凶难测。唐雎这一番令人警策的肺腑之言，如醍醐灌顶，使信陵君如梦初醒，心悦诚服，“无忌谨受教”。一个“谨”字，将信陵君的诚服之状、感激之情表现得淋漓尽致。

【思考与练习】

1. 试结合社会生活或自己思想的实际，评析下面句子的内涵：“人之憎我也，不可不知也；吾憎人也，不可得而知也，人之有德于我，不可忘也；吾有德于人，不可不忘也”。

2. 结合全文，简析这篇课文是如何采用“诱导说理”法的。

【汇评】

少年眼见此等文，始能驾出如杠大笔。（［清］·金圣叹《天下才子必读书》卷四）

谓信陵君，只须说不可不忘，却先说不可忘。亦只须说不可忘，不可不忘，却又先说不可不知、不可得而知。文有宽而不懈者，其势急也。词有复而不板者，其气逸也。（［清］·吴调侯、吴楚材《古文观止》卷四）

孙　　武

司马迁

【作家作品简介】

《史记》的作者司马迁（公元前 145 – 前 90?），字子长，西汉夏阳（今陕西韩城县）人，西汉太史令司马谈之子。年少时随父移居茂陵（今陕西兴平县）就学，十岁能诵读古文。二十岁以后曾屡次出外游历，观察民情风俗，足迹遍及南北各地。三十岁为郎中，常随汉武帝到各地巡游。元封三年（前 108），继其父司马谈任太史令，有机会读到大量皇家藏书。他继承其父想编写一部史书的遗志，于太初元年（前 104）开始着手编写《史记》。天汉二年（前 99），由于替投降匈奴的李陵辩解，得罪下狱，被处宫刑。太始元年（前 96），被赦出狱，任中书令。当时的中书令大都由宦官充任，因此他感到这是一种耻辱。但为了完成《史记》的写作，他含垢忍辱，发愤著书，终于在征和初年（前 92）左右基本写成。不久即去世。

《史记》是我国第一部纪传体通史，它记叙了上自传说中的黄帝，下至汉武帝太初年间共三千多年的历史。全书一百三十篇，其中“本纪”十二篇，“表”十篇，“书”八篇，“世家”三十篇，“列传”七十篇。《史记》的注本通行的是“三家注”（刘宋时裴骃的《史记集解》，唐司马贞的《史记索引》，唐张守节的《史记正义》）本，今有中华书局的校点本。

本篇选自《史记·孙子吴起列传》。

《孙子吴起列传》包括孙武、孙膑、吴起三位杰出的军事家的传记。本文节选其中孙武这一部分。孙武是约与孔子同时的春秋末期著名的军事家，字长卿，齐国人，因故流亡江南。因伍子胥举荐，曾以《兵法》十三篇见吴王阖庐，被任命为大将。所著《孙子兵法》是中国现存最早的兵书，也是世界古代第一兵书。《孙子兵法》总结了春秋末期的军事学说和战争经验，所概括的军事理论及用兵原则具有朴素的唯物辩证思想。其中如知己知彼百战不殆、集中优势兵力、灵活机动作战等许多基本准则，历来受到世界各国军事家的重视。有曹操等十一家的注本，并有英、日、俄等多种文字译本。

孙子武者，齐人也。以兵法见于吴王阖庐(1)。阖庐曰："子之十三篇，吾尽观之矣，可以小试勒(2)兵乎？"对曰："可。"阖庐曰："可试以妇人乎？"曰："可。"于是许之，出宫中美女，得百八十人。孙子分为二队，以王之宠姬二人各为队长，皆令持戟。令之曰："汝知而心与左右手背乎(3)？"妇人曰："知之。"孙子曰："前，则视心；左，视左手；右，视右手；后，即视背。"妇人曰："诺。"约束既布(4)，乃设铁钺(5)，即三令五申之。于是鼓之右(6)，妇人大笑。孙子曰："约束不明，申令不熟，将之罪也。"复三令五申而鼓之左，妇人复大笑。孙子曰："约束不明，申令不熟，将之罪也；既已明而不如法者(7)，吏士之罪也(8)。"乃欲斩左右队长。吴王从台上观，见且斩爱姬(9)，大骇。趣使使下令曰(10)："寡人已知将军能用兵矣。寡人非此二姬，食不甘味，愿勿斩也。"孙子曰："臣既已受命为将，将在军，君命有所不受。"遂斩队长二人以徇(11)。用其次为队长，于是复鼓之。妇人左右前后跪起皆中规矩绳墨(12)，无敢出声。于是孙子使使报王曰："兵既整齐，王可试下观之，唯王所欲用之(13)，虽赴水火犹可也(14)。"吴王曰："将军罢休就舍(15)，寡人不愿下观。"孙子曰："王徒好其言(16)，不能用其实。"于是阖庐知孙子能用兵，卒以为将(17)。西破强楚，入郢；北威齐、晋，显名诸侯，孙子与有力焉(18)。

——《史记》第七册，中华书局，1959年9月版

【注释】

(1) 吴王阖庐：吴，周太王之子太伯之后，姬姓封国，传至寿梦，始称王。吴王阖庐即寿梦之孙，初名光。

(2) 勒：治兵，练兵。

(3) 汝知而心与左右手背乎：你们知道你们的心、背和左右手吗？ 汝：你们。 而：你们的。

(4) 约束：纪律。 既：已经。 布：宣布。

(5) 铁：通“斧”。 钺（yuè）：大斧。都是军中行刑之具。

(6) 鼓之右：击鼓传令使向右看。

(7) 如：依照。

(8) 吏士：任官职者，这里为什伍之长，指两个女队长。

(9) 且：将要。

(10) 趣：同“促”，急忙。 使使：派遣使者。

(11) 徇：巡行示众。

(12) 中：符合。 规矩绳墨：木工画方、圆，取直的工具。这里比喻军令要求。

(13) 唯王所欲用之：只要是您想用到他们的地方。 唯：只，但凡。

(14) 虽：即使。

(15) 将军罢休就舍：你算了，回屋吧。 罢、休：停止，这里是同意连用。

(16) 徒：只，仅仅。

(17) 卒：最终。

(18) 伐楚入郢在阖庐时，北威齐、晋在夫差时，《春秋》俱不见孙武为将。此处以“与有力焉”结尾，是说吴国国势之强，实在是受到孙武兵法的赐予。

【赏析】

孙武是一位杰出的军事家。在这篇人物传记中，司马迁通过记述孙武训练宫娥美女这个特殊的、超乎寻常的事件，表现了孙武超人的胆识和卓越的才能。试妇人，一丝不苟；斩爱姬，执法如山。其艺术特色，主要表现在以下两个方面：

一、在刻画人物时，采用设置悬念的手法，将人物推到矛盾冲突的尖端，让人物在激烈的矛盾冲突中展示其个性。孙子以兵法见吴王，是想要挂帅领兵，建功立业。岂料吴王却带着几分轻蔑戏弄的意味，让他去操练宫娥美女。女兵难练，更何况是宫女、吴王的宠姬。孙子居然知难而上，一本正经地宣布纪律，设置刑具。众美女恃宠撒娇，不听将令，孙子严惩了身为队长的两位吴王的爱姬。吴王引火烧身，恼羞成怒，孙子严肃执法，抗拒王命："将在军，君命有所不受。"谁知一波未平，一波又起。练兵结束，吴王因恼怒怨恨不愿下观，孙子又敢于指责吴王"徒好其言，不能用其实"。直到孙子"卒以为将"，才使读者悬着的心归于平复。

二、对比鲜明，人物语言个性化。吴王阖庐玩世不恭，轻视戏弄孙子；孙子一丝不苟，严肃练兵。孙子执法如山斩爱姬，吴王大骇不已来求情。众美女先是恃宠撒娇，视军令如儿戏，大笑不已，最终是"皆中规矩绳墨，无敢出声"。这样就把吴王、孙子、众美女的身份、性格、心理变化表现得淋漓尽致，栩栩如生。

【思考与练习】

1．试简述本文刻画人物性格的艺术手法。

2．根据提示，将《田忌赛马》一文译成现代汉语，并谈谈这则故事给了你在体育赛事中什么样的启迪。

忌（田忌）数（多次）与齐诸公子驰逐（赛马）重射（下很大的赌注）。孙子（孙膑）见其马足不甚相远，马有上、中、下辈（等级）。于是孙子谓田忌曰："君弟（只管）重射，臣能令君胜。"田忌信然之，与王及诸公子逐射千金。及临质（临场比赛），孙子曰："今以君之下驷（下等马）与彼上驷，取君上驷与彼中驷，取君中驷与彼下驷。"既驰三辈毕，而田忌一不胜而再（两次）胜，卒（最终）得王千金。

——《史记·孙子吴起列传》

3. 讨论题：有人认为，孙子在训练女兵时，斩吴王的两个爱姬，是挟嫌报复吴王对自己先前的轻视戏弄，才以假当真，并非真的执法如山，对此，你有何看法。

【汇评】

自刘向、扬雄博极群书，皆称迁有良史之材，服其善序事理，辨而不华，质而不俚，其文直，其事核，不虚美，不隐恶，故谓之实录。（［汉］·班固《汉书·司马迁传》）

《孙武子》，一句一理，如串八宝珍瑰，间错而不断，文字极难学，唯苏老泉数篇近之。（［宋］·李涂《文章精义》）

通篇以“兵法”二字作骨，首次武以兵法见吴王，卒斩二姬为名将。（［明］·凌稚隆《史记评林》）

廉　　耻

顾炎武

【作家作品简介】

顾炎武（1613－1682），明末清初杰出的思想家、学者和诗人。初名绛，字忠清，后改名炎武，字宁人，又曾名圭年，江苏昆山亭林镇人，学者称之为亭林先生。明末秀才，曾参加复社反宦官、权贵的斗争。清兵南下，嗣母五氏殉国后，参加昆山、嘉定一带人民抗清斗争。唐王立，除兵部主事。失败后曾游历山东、河北、山西诸省的关塞，考察山川形势，以为恢复故国的准备。曾坚决拒绝参加清朝的“博学鸿词”科的考试，坚决拒绝修《明史》的推荐，并对那些推荐者说：“刀绳俱在，毋速我死。”曾垦田于山东，畜牧于山西，后卜居于陕西的华阴，卒于曲沃。

著有《天下郡国利病书》、《音学五书》、《日知录》、《亭林诗文集》等。

《五代史·冯道传》论曰[(1)]：“礼义廉耻[(2)]，国之四维[(3)]；四维不张，国乃灭亡。善乎管生之能言也[(4)]。礼义治人之大法[(5)]，廉耻立人之大节[(6)]。盖不廉则无所不取，不耻则无所不为，人而如此，则祸败乱亡亦无所不至。况为大臣，而无所不取，无所不为，则天下其有不乱[(7)]，国家其有不亡者乎！”然而四者之中[(8)]，耻尤为要。故夫子之论士曰[(9)]：“行己有耻[(10)]”。孟子曰：“人不可以无耻，无耻之耻，无耻矣[(11)]！”又曰：“耻之于人大矣！为机变之巧者，无所用耻焉[(12)]！”所以然者，人之不廉，而至于悖礼犯义[(13)]，其原皆生于无耻也[(14)]。故士大夫之无耻，是谓国耻[15]。

吾观三代以下[16]，世衰道微，弃礼义，捐廉耻[17]，非一朝一夕之故。然而松柏后凋于岁寒[18]，鸡鸣不已于风雨[19]，彼昏之日，固未尝无独醒之人也[20]。顷读《颜氏家训》有云[21]："齐朝一士夫[22]，尝谓吾曰[23]：'我有一儿，年已十七，颇晓书疏[24]，教其鲜卑语[25]，及弹琵琶，稍欲通解，以此伏事公卿[26]，无不宠爱。'吾时俯而不答[27]。异哉此人之教子也！若由此业，自致卿相，亦不愿汝曹为之[28]！"嗟乎！之推不得已而仕于乱世[29]，犹为此言[30]，尚有《小宛》诗人之意[31]，彼阉然媚于世者[32]，能无愧哉[33]！

四部备要本《日知录集释》卷十三

【注释】

(1)《五代史·冯道传》：五代史，书名，二十四史之一，亦称《五代史记》，即《新五代史》，宋代欧阳修撰，共七十四卷，《冯道传》在该书第五十四卷杂卷第四十二中。　冯道（882－954）：瀛州景城（今河北省交河县东北）人，字可道，唐末为幽州掾，后唐长兴三年（932），以当时诸经舛谬为患，倡议校定《九经》，由田敏等人在国子监内进行，并组织刻工雕印，至后周完成，后世称之为"五代监本"，从此开官府大规模印书之端。后唐、后晋时，冯道历任宰相；契丹灭后晋，他又依附契丹任太傅；后汉时，任太师；后周时，又任太师、中书令；历事五姓十君，三入中书，在相位二十余年，视丧君亡国不以为意，自号长乐老，封瀛王，曾作《长乐老自叙》，陈述自己履历，以为荣耀。后世均鄙其薄德无行而每予非议。

(2) 礼义廉耻：由此往下共四句，认为礼义廉耻这四者，是精神统治的工具和维持国家政权的基本依据。语出《管子·牧民》。

(3) 四维：把网的四角系住，使纲举目张，象征能使事物固定下来的意识和力量。所以《管子·牧民》篇中说："四维张则国令行"，"四维不张，国乃灭亡"。维，结物的大绳，网罟之纲、用以系网者。

(4) 管生：管仲（？－前645），即管敬仲，春秋初期政治家，名夷吾，字仲，颍上（颍水之滨）人，由鲍叔牙推荐，被齐桓公任命为卿，尊称“仲父”，他在齐国进行改革，分国都为十五士乡和六工商乡，分鄙野为五属，设各级官吏管理；并以士乡的乡里组织为军事编制；更设有选拔人才制度，士经三次审选，可选为“上卿之赞”，以辅助上卿；主张按土地好坏分等征税，适当征发力役，禁止掠夺家畜；并用官府力量发展盐铁业，铸造和管理货币，调剂物价。从此，齐国国力大振。帮助齐桓公以“尊王攘夷”相号召，使之成为春秋时第一个霸主。相传，《管子》一书是他的著作，实系后人托名，共二十四卷，原八十六篇，今存七十六篇。

(5) 治人之大法：统治人民的主要方法。　治：管理、统治。

(6) 立人之大节：使人立足于社会的根本节操。　立：站立。

(7) 其有：岂有，哪有。

(8) 四者：指礼义廉耻。

(9) 夫子之论士：孔子在《论语》中关于“士”的论述。见《论语·子路》：“子贡问曰：‘何如斯可谓之士矣?’子曰：‘行己有耻。使于四方，不辱君命，可谓士矣!’”

(10) 行己有耻：指为士者立身行事能知耻而有所不为。

(11) 人不可以无耻，无耻之耻，无耻矣：人不能没有羞耻，不知羞耻的那种羞耻，真是不知羞耻呀！语出《孟子·尽心上》，意思是一个人能够以无耻为可耻，自然不会有耻辱之事到他身上来。

(12) 耻之于人大矣！为机变之巧者，无所用耻焉：羞耻对于人关系重大，干机谋巧诈事情的人是没有地方用得着羞耻的。语出《孟子·尽心上》。　机变：机械巧伪，善于变诈。《淮南子，原道训》：“故机械之心藏于胸中。”有高诱注云：“机械，巧诈也。”　无所用耻：意思是不把廉耻放在心上。

(13) 悖（bèi)：违背。

(14) 原：根源。

(15) 是谓国耻：这叫做国家的耻辱。　国耻：国家蒙受的耻辱。

(16) 三代：指夏、商、周。《荀子·王制》：“道不过三代，法不贰后王。”

(17) 捐：弃。

(18) 然而松柏后凋于岁寒：语出《论语·子罕》：“岁寒，然后知松柏之后凋也。”　岁寒：顾炎武用以借指衰乱之世。

(19) 鸡鸣不已于风雨：语出《诗经·郑风·风雨》：“风雨如晦，鸡鸣不已。”

已：止、停。 风雨：亦借指衰乱之世。

(20) 独醒之人：比喻不同流俗的人。《史记·屈原传》：“举世混浊，而我独清，众人皆醉，而我独醒。”

(21)《颜氏家训》：书名，北朝颜之推撰，始作于北齐，成书于隋。宋刊本七卷，明刊本二卷。计二十篇。内容多叙述立身治家之法，兼论文字音训、考辨典故及文学批评等。其中，对北朝士大夫之丧失民族气节与南朝贵族之骄奢淫逸，时加抨击。全书内容多有可取，文笔亦平易朴实。有清人赵曦明注、卢文弨补注本行世。

(22) 齐朝：指北齐（550－577）。

(23) 尝：曾经。

(24) 疏：记。

(25) 鲜卑语：北魏本鲜卑人，齐之先世虽为渤海人，但因久居北方，亦从鲜卑俗，用鲜卑语。 鲜卑：古族名，东胡族的一支；秦汉时，游牧于今西喇木伦河与洮儿河之间，附于匈奴。北匈奴西迁后，进入匈奴故地，并其余众，势力渐盛；桓帝时，首领檀石槐建庭立制，组成军事行政联合体；分东、中、西三部，各置大人率领；檀石槐死后，联合体瓦解，有步度根、柯比能等首领各拥所部，附属汉魏；两晋南北朝时，有慕容、乞伏、秃发、宇文、拓拔等部先后在今华北及西北地区建立政权；内迁的鲜卑人民多转向农业生产，渐与汉族及其他各族相融合。

(26) 伏：同“服”。

(27) 俯：低头，把头低下。

(28) 汝曹：汝辈，你们。多用于长辈称后辈。《后汉书·马援传》：“汝曹知我恶之甚矣。”

(29) 之推：颜之推（531－595），《颜氏家训》的作者，字介，北朝琅邪临沂（今山东省临沂县）人。其祖父名见远、父名协，世善周官、左氏之学。颜之推早传家业，博览群书，好饮酒，不修边幅。初仕梁为湘东无为军，后投北齐，领中书舍人，善于文字；齐亡入周，为御史上士；隋开皇中，太子召为文学，深见礼重。有文集三十卷，家训二十篇，并行于世。《北齐书》、《北史》皆有传。

(30) 犹：尚且，还。

(31)《小宛》：《诗经·小雅》篇名。宋朝朱熹集注的《诗集传》认为是大夫遭时之乱，兄弟相戒以免祸的诗。本文即用此意。

(32) 阉然媚于世者：八面玲珑、四方讨好而使别人受蒙蔽的人。语出《孟子·尽心下》："阉然媚于世也者，是乡原也。"阉然，昏暗闭塞的样子。

(33) 媿：同"愧"，惭愧。

【赏析】

本文节选自《日知录》卷十三《廉耻》中的一段。明清易代之际，士大夫多改仕清廷，甘为贰臣，士风败坏到了极点。作者十分愤慨，曾在《蓟门送子德归关中》一诗中尖锐讽刺了这一丑恶现实："蓟门朝士多狐鼠，旧日鬚眉化儿女。生女须教出塞妆，生男要学鲜卑语。"针对士风的败坏这一情况，本文借用历史故事，通过对于"长乐老"冯道为五姓十君之臣的无耻行为和"齐朝一士夫"教子效法胡人而使之得宠的献媚举动两事的叙述，进而表示了自己的否定和斥责之情。同时，还响亮地提出"行己有耻"的口号，论证了一切祸败乱亡，究其根源都是由于"不廉"和"不耻"造成的，而士大夫的无耻，正是"国耻"的表现，从而强调要做"独醒之人"、无愧于心的人。"知耻"已成为中华民族的一种优良道德传统，成为爱国主义的重要心理基础。在改革开放的今天，那些崇洋媚外、奴颜婢膝的人；那些狗苟蝇营，为一己之私利而不惜出卖国格、人格的人，是为我们所不齿的。显然，作者这种对"礼义廉耻"的要求、这种用以立论的思想武器，基本上仍属于旧的封建道德的范畴，无疑有其时代与民族的局限。

从结构上看，这篇课文分两大段。第一段采用引证法，以《五代史·冯道传》所引管仲名言为全文张本，开门见山地提出了中心论点：礼义乃治人之大法，廉耻乃立人之大节。第二段采用对比论证法，赞扬了颜之推"不得已而仕于乱世"尚能保持节操的义行，鞭挞了北齐士大夫们卖身求荣的无耻行径，对明清易代之际那些"阉然媚于世"的官僚们表示了极大的愤慨。

本文语言简洁明快，说理充分，善用典实，且贴切恰当，显得十分精辟、犀利。

【思考与练习】

1. 试简要分析这篇课文的论证方法。

2. 讨论题：礼义廉耻是中华民族的传统道德。在改革开放的今天，应该怎样弘扬这种传统道德，试谈谈你的看法。

【汇评】

《廉耻》引经据典，左右逢源，论辨很有力量，尖锐地讥刺了那些失节无行的无耻之徒。（林非：《中国散文大辞典》）

用时间与用金钱

刘 墉

【作家作品简介】

刘墉（1949－ ），祖籍北京，生于台北。画家、作家。一个很认真生活，总希望超越自己的人。曾任美国丹维尔美术馆驻馆艺术家、纽约圣若望大学驻校艺术家、圣文森学院副教授。出版中英文著作六十余种，在世界各地举行画展近三十次。创作的原则是“为自己说话，也为时代说话”。主要作品有《超越自己》、《点一盏心灯》、《萤窗小语》等。

在这个速度的时代，同一时间永远只能做一件事的人，将可能被淘汰！

你问我“用时间的方法”，我的答案是：用时间好比用金钱，如果你知道怎样用钱，也就应该知道怎样用时间。

金钱与时间，在“会用”与“不会用”者的手中，是可能产生天渊之别的。善于理财的人，能够用有限的金钱，买到他所需要的东西，甚至以钱滚钱，创造更多的财富。至于不懂理财的人，则可能毫无计划地使用，东买一点、西添一样，到头来买的东西不少，却可能该有的没有，既买的又无用处。

同样的，会用时间的人，懂得安排时间，按照事情的缓急来支取，到头来，不但完成了他要做的，而且能够留下多余的时间。至于不会用的人，则东摸摸、西磨磨，时间一分一秒地过去，浪费的比利用的多，犹豫的比决断的多，时间永远不够用，事情永远做不成。

这样说，或许你还不懂。那么，让我举个例子吧！

如果我今天给你几千块钱美金，要你自己出去生活，你要怎样使用这些钱？你不会先去买电脑游戏，也不至于先去看百老汇舞台秀，而是在解决了食衣住行的问题，并缴完学杂费之后，才开始考虑电视和其他娱乐支出，对不对？

于是，当你把自己的开销做成统计图时，会看到有大笔的开支，也有小笔的花费，有必要的支出在先，也有非必要的支出在后。

同样的道理，今天上帝给了你时间，你不能先拿去打电脑游戏和看电影，也不可以先去整理相簿、看小说和胡思乱想，而应该先安排出自己睡眠、上课、读书和通学的时间，因为没有充足的睡眠，你的身体状况不可能好；不花时间乘车，你到不了学校；至于上课、读书、则是你现阶段最重要的事。当然，除此之外，你必须吃饭、交际、消遣，并处理生活上的琐事。只是在整个时间的分配上，前面几项占的分量大，后面几项占的时间少。

我为什么会特别提出所占比例的问题呢？很简单，当你有一笔巨款，你可以考虑买贵的东西；相反地，你有的款子少时，自然是买小的东西。一个永远只买小东西，钱多的时候也不买房子、汽车的人，不能算是懂得用钱的人。同样的，如果你支配每一段时间，都用来做小事，也不能算是会用时间。必须既会利用长时间，完成较大的工作，又知道掌握零碎的时间，做小事情。譬如当有两个月的暑假时，你可以计划作一个参加西屋科学奖的大研究报告。当只有一个星期的假日时，你可以为校刊写篇专访。当你只有周末两天的时间，你就只能做做功课、出去看场电影或邀几个朋友聚会一下。如果你在暑假的“大时间”天天用来聊天、看电影，在周末却想写大的研究报告，就是大小时间不分了！

有一个人总是急急忙忙地做事，朋友问他为什么这么赶，何不轻轻松松慢慢来。他回答：“我做事快，正是为了争取多余的时间。你们看到的固然是我忙碌的一面，其实当我回到家，却有比你们更多的休闲时间，也利用它完成了许多本业之外的理想。”

这个人是以速度来争取时间，他把零零碎碎的“小时间”集中，成为大时间，也就能做较大的用处。比起那些做事总是拖拖拉拉，永远没有较大“空闲”的人，当然要算是知道利用时间的。

我们也时常看见主妇们一面聊天、看电视，一边织毛衣，由于这两种事都属于较轻松的，不必百分之百地集中精神于其中一项，所以她们在同一时间，做两件事。

不过我也知道，有一位著名的女作家，在她年轻时为了争取时间写作，甚至一边煮菜、一面写稿；国画大师黄君璧更总是一面跟来访的朋友聊天，一面作画。这就非要高人一等的功力不可，由于上帝给每个人的时间都一样，那有过人成就的，往往都懂得这种一时两用的方法。

所以，当你假日起床之后，坐在桌前发呆，说是要想想那一天的时间该怎么安排，就已经是在浪费时间。你何不一面洗脸、刷牙、吃早餐，一边想这些事呢？

我过去作画到深夜，总是先把调色盘和砚台洗净，才安心地去睡觉，但是后来改成了每天起床之后做这些事，因为前一夜已经疲惫，洗砚台时，脑海里一团迷糊，无法再想事情，不如省下时间，早早上床。第二日脑子清醒的时候，再一面洗一面想，许多写作和绘画的灵感，也就在这一刻产生。

或许你要说，做事应该专心，同一时间只能做一件。我想对于念书、算数这件需要高度精神集中的事，确实如此，但如果讲：等公共汽车时不能一边看报，就没有道理了！在何种情况下一时两用、一心两用，必需由你自己去决定。但我要强调，在这个讲求速度的时代，同一时间永远只能做一件事的人，将可能被淘汰。

综合我以上所说的，掌握时间的原则应该是：

一、决定事情缓急、轻重，以优先顺序来安排时间，免得该做的到头来没有做。

二、以大的时间做大的事情，以小时间做小事，绝不将大时间打碎，用来处理琐事。

三、以速度争取时间，将争取到的小时间，集中为较大的。

四、如果可能，在同一时间，做更多的事情，使时间多元化。

你细细想想，这用时间与用钱的道理岂非相去不远吗？

（选自《超越自己》）

【赏析】

21世纪，是讲求速度的时代，在激烈的竞争中，不会利用时间的人将会被淘汰。作者就是针对青年人如何利用时间的问题表达了自己的看法。本文体现出刘墉的谈话式写作风格，娓娓道来，讲述了一个父亲对子女怎样利用时间的建议与叮咛。当然，作品中经常出现的“你”并不局限于作者的儿子，而是包括每个阅读本文的年轻人。在刘墉的作品中没有作者和读者的明显划分，人人都是参与者，于是文章成为了长辈与子辈谈话的平台。读者在这种充满人生智慧的交流中，感触良多，受益匪浅。

本文语言质朴，明白晓畅，将用时间与用金钱的道理联系起来进行分析，通俗易懂，层层推进，极易为读者所接受。

【思考与练习】

1．作者是如何分析利用时间的道理的？

2．试分析本文的语言特色。

3．结合个人实际，谈谈本文对自己的启发。

倾斜的足球场

——5·19之夜

理　由

【作家作品简介】

理由，作家，1938年生。满族，原名礼由。辽宁辽中人。历任北京市体委教练员、北京市少年科技馆教员、北京市丰台区文化馆文学组长、《光明日报》记者等。1959年开始创作小说，著有短篇小说集《山丹花》等。1976年10月后，致力于报告文学创作，以《扬眉剑出鞘》、《中年颂》、《希望在人间》、《南方大厦》、《倾斜的足球场》等作品饮誉文坛。著有报告文学集《她有多少孩子》、《痴情》、《纯情》、《倾斜的足球场》、《香港心态录》等。

那是难忘的足球之夜，中国队在球迷们的心目中成为凌驾东亚足坛的英雄，香港队已有的战绩显得黯淡无光。舆论再一次高涨。从体委有关领导，到许多新闻报刊，直至群众寄来的雪片般的信件，都纷纷对中、港足球之战作出预测：踢平了不算赢，赢少了也不够劲，至少进两个球，力争进三个。犹如高指标才有高速度和高效率，这是压力，也是动力，事关振兴中华的辉煌大业，肩负着全国人民交给的光荣使命，问题在于一个“敢”字，要打出崭新的精神风貌。高估对方的实力无异于怯懦、悲观和动摇，不敢赢球就必定输球。而一般球迷们的说法更为简单明了：难道十亿人派出的一个球队还打不过小小的香港队！这股巨大的热情有着神奇的溶化力，一热俱热，一涨俱涨，使人沉浸在庄严而神圣的幻觉之中。曾雪麟担着天大的责任，仍不敢怠慢。白天抓紧训练，晚上看录像，开讨论会，设想各种困难：开场不顺利怎么办？对方先攻入一球怎么办？我队久攻不下怎么办……直到赛前的一天，他还在督促队员们练任意球和角球的防范，那是香港队的绝招儿，不可不防。但是，从五月起，他通令全队调整作战方案，改为2号区域打法，加强中场拼抢，把战线向前推进一步。这里，他犯了第一个错误，他的错误在于和上下左右的舆论保持同步。这场比赛开球后的十多分钟里，中国队员们愈战愈勇，紧紧压向对方的禁区，实际上踢成3号作战方案，看上去香港队只有招架之功，并无反手之力。整个比赛更像在水银灯照耀下的盛大演出，客队在这出剧目中仅仅充当一堆可怜的道具，衬托着主队勇猛的声威。当时几乎没人怀疑中国队在眨眼间就能破门。

当时只有一个声音最清醒，而且直言不讳地说出来，那就是香港队的教练郭家明。事前，他曾专程来北京观看中国队对澳门队的一战，看完含笑而去。新闻记者追问他有什么预见，他承认中国队的实力稍强，但预言香港队能够获胜。五月十六日下午，郭家明在北京首都机场率队走下舷梯，同行的香港足球总会秘书对前来迎接的主人落落大方地说："中国、香港两队一战，不论谁取得胜利，都应该庆贺。"而郭家明却在关心中央电视台明晚有没有英国埃弗顿队对曼彻斯特联队的实况转播，尽管中国队和香港队大战临头，他似乎对看电视节目更感兴趣。他的话是由衷的："在香港，这天晚上会有一半以上的家庭收看转播，而我在这里却看不到了。提高亚洲的足球水平，不可不从欧洲的强队那里吸收长处……"五月十七日，郭家明在龙潭湖畔的训练场地接受《体育报》记者采访。

"您认为香港队有可能获胜吗？"

他说："有。首先，中国队不会满足打平，观众也不希望中国队打平。这样，想赢就可能背包袱，造成思想紧张而失常。另外，我们的队员很熟悉中国队，这是有利的。相反，如果我们同中国青年队打一场，还可能会输，因为我们不了解他们。”

“如果香港队能赢，会……”

郭家明听了哈哈大笑：“你问我进多少球？一个就足够了……”

这天下午，他还对前来访问的中央电视台解说员孙正平说：“你们是以攻为主，我们是以守为主。中国队求胜心切，心理压力大，在家门口打球不好打呀！”

这些话都被他言中了。

郭家明在赛前向香港队员做了布置：“这场球我们是打防守战术，稳固后方，不让中国队得分——我不要求你们通过组织进攻而得分，但要求你们抓着两个战机，一是利用任意球得分，二是利用角球得分。”

中国队和香港队的策略形成有趣的颠倒。中国队踢平就可以出线，却显得比对方更焦灼；而香港队踢平即将被淘汰，却显得比对方更沉着。

上半时，中国队的频频进攻被对方瓦解。第十八分钟，香港队得球后一脚高吊，中国队后卫朱波在禁区外做争顶动作时犯规，被判罚任意球。在门前约二十五码的地方，由香港队的三十六岁的胡国雄主罚。中国队的六名队员退出九米一五之外，搭成密集的篱笆。这个球使香港队首开记录。

曾雪麟说：“赛前我们着重练习防香港队的任意球。这个球那么远，对中国队不构成直接威胁。胡国雄一拨，我们却没人上去拼抢，守门员也没有准备，起动得慢。这个球是不该进的，却进了。”

守门员陆建仁说：“赛前我们练了防任意球，可是没上心。人墙挡住球门的正面，没想到胡国雄向后一拨，我这里看不见。这时人墙应该散开，有人上去干扰就好了，可是谁也没动。我向左一移，香港队打右，这是个难扑的回身球，擦着横梁的下沿落进网子。”

张俊秀说：“这个球发绝了！我一看罚球的是胡国雄，心里就犯嘀咕，这个老队员的经验很丰富。他的脚踩在球上有三四秒钟，我们等他踢却没踢，好像在向前面的队员打招呼，把我们的注意力吸引到前方范围。他巧妙地利用时间差，等我们的人稍一松弛，用脚跟向后一磕，传给后面的队员张志德，那是事先布置好的，跟上来一脚打门。”

中国队先失一球，看台上一片哗然，几万名观众发出的叹息汇成巨大的轰鸣在球场上空回荡。然而，那只是短暂的哀伤，它稍纵即逝，当时人们毫不怀疑这只是中国队偶然的疏忽，而且香港队靠罚任意球得分未见得就那么光彩。即使场上出现预想不到的局面，球迷们也很快予以谅解。比赛是实力对实力的抗衡，中国队的气势正旺，上半场的时针刚刚走过三分之一，真正的好戏还在后头。观众在瞬间的消沉之后喊出更洪亮的声音去为中国队加油。人们的判断在十几分钟后得到证实。中国队逼向对方的禁区，杨朝晖得球后一脚劲射，香港队的守门员纵身扑救，这球的力量很大，触到守门员的手又弹出来；中国队的李辉如箭一般飞快地插上去，在乱阵中补上一脚，那球破门而入。中国队员们兴奋得跳跃着，拥抱着，张开双臂奔跑着。他们后来回忆说：“那股痛快劲就别提了，好像憋在心里的一口闷气总算发泄出来。”看台上沸腾了，观众全都站立起来，挥动着一面面国旗，欢呼声像风暴一样席卷全场。刚才浮在人们心头的阴翳顷刻间消散，变幻的胜利之光又一次在眼前闪烁，那情景令人陶醉。当时从运动员到观众都认定这个球是中国队初试锋芒，而香港队罚进的任意球不过是侥幸。随着场上扳成平局，人们的情绪周而复始地回到开球时的一刹那：中国队必胜，香港队必败，进军墨西哥的号角已经吹响，而横亘在眼前的危机湮没在如痴如狂的激动之中。这种鼎沸的势头一直持续到上半场结束。

裁判员鸣笛，双方运动员返回休息室，曾雪麟把中国队员召集在一起交待对策。这是足球教练员在开赛后唯一的一次指导的机会，一待运动员走出休息室，就水覆难再收。这是考验教练员的眼光、谋略、智慧和魄力的时刻。休息室里安详而静谧。在这不算长也不算短的十分钟里，喧哗的气氛、冲动的情绪、纷乱的印象都沉淀下来。此时排开一切非理性的因素，把冷静的思绪向后闪回，足以使人警觉和戒备。在以往中国队和香港队多次交战的记录中，虽是胜多负少，略高一筹，但中国队并不足有绝对的压倒优势。一方是年轻、锐勇、体力好、速度快；另一方是老练、狡黠、头脑灵、脚法细。双方互见高低，各有千秋，在微妙的均势下战术配合就成为决定胜负的杠杆。本届世界杯分组赛在香港踢成平局已经是一个危险的信号，这次上半场又踢成平局更是险恶的征兆，都说明战胜香港队不是一件轻松的事，原来的估价和战术都是不恰当的。舆论从来具有盲目性、传染性和摇摆性，并且从来不对后果承担责任。这时没有什么人来干扰教练员的部署，只有一个人拿主意，只有一个人说话算数，将在外君命有所不受，七嘴八舌的议论也可以不听。力排众议，果断地改变战术，现在还来得及。中国队的净剩球数仍高过香港队，只要稳住阵脚就能制胜。但是，曾雪麟又一次错过了时机。

曾雪麟对运动员提出要求："传球的速度要快，要加快进攻，注意打边儿；防守不要出现漏洞，避免不必要的犯规，再有任意球一定要注意……"这些话没有一句是错的，却又使人不得要领。中国队心急气躁，一发而不可收，曾雪麟无力地失去了对局面的控制。对于他个人来说，这一刻失去的比一生中失去的东西都更多也更宝贵，而且永远再难赎回。

请看中场休息时香港队教练员郭家明向他的队员们所做的关照："我们还是要打防守战术，但要比上半场打得更慢。要慢慢地打，要用慢来拖对方心急。看来，我们还会进球的，只要再进一球，我们就成功。"

香港队赢得制胜的一球，是在下半场开赛后的十多分钟。当时中国队的全部兵力压向前场，后防线的层次单薄，失去应有的纵深度。香港队拦截后迅速反击，在拼抢中又一次得到罚任意球的机会，这次离球门更远也更偏，并不值得担忧。香港队从右侧一脚斜吊，不料埋伏在禁区的香港队员刘荣业迅速接应，中国队的林乐丰和洪祥两个人同时上去堵截，在慌乱中铲球，那球弹到香港队员顾锦辉的脚下，一抬腿射进球门。这致命的一击使香港队以2:1领先。中国队重蹈旧辙，再次输在罚任意球上。正像郭家明事先导演的那样。香港队员欢腾雀跃，向着台上挥动着手臂，而懊恼的观众报以唱倒彩的嘘声。

这时离全场结束还有三十来分钟，最后的胜负尚未见分晓。中国队发起更猛烈的攻势，香港队退缩到后卫线上密集防守。场上出现比赛中少见的格局，穿白色运动服的十名中国队员一股脑儿地推向前去，整个球场仿佛在剧烈地倾斜，比赛几乎在狭窄的四分之一区域内进行，决战的重心落在香港队的门前，电视转播的镜头也很少移动。那是足球对抗中最扣人心弦又最扑朔迷离的时刻，中国队兵临城下，离球门往往只有几步之遥，破门的希望随时可能在一秒钟内出现。

不过，在内行人眼里看去，双方的情势已经发生了置换，一方是咄咄逼人，一方是步步为营；一方是乱了方寸，一方是阵脚稳固；中国队的进攻徒有声势而无实效，足球运动的限制和反限制的规律清晰地呈现在人们的眼前。这场游戏的发明者把大千世界中互相依存又互相排斥的万象摆布在有限的时间和空间，它给任何一方尽其所能的权力又不让任何一方轻易得逞，给人以希望也给人以幻灭。它挑逗着人们的激情，呼唤着人们原始的冲动和好胜心，又小心翼翼地规范着人们的秩序，犹如河堤约束着河水，樊篱阻挡着飓风，理智与理智的崩溃只有一垒之隔。因此它又是一种费厄泼赖考验着人们的智慧、耐心和体能，驱使人们去追求、去厮搏，去苦恼，去欢乐；并把本来不登大雅的阴谋诡计上升为合法的文明，罩上一圈灵性的光环，最后向优胜者献上荣耀的桂冠。难怪人们眼巴巴地瞪着那块绿茵场，它是百看不厌的生活折射。现在，这个小小的足球在绿茵场上跳来跳去，人们的心情也随着倏明倏暗，没人能使自己置之度外。

这时，就连坐在场边沉着观战的中国队教练员和领队也看出情形不妙了。

不知什么时候，天空飘下斜风细雨，那雨一阵紧似一阵。中国队员们在雨中奋战着，左右两翼边锋被对方所压制，好像被迫垂下的翅膀向中间靠拢，球迷们崇拜的明星古广明也无法施展他那落底传中的绝技。队员们竭尽全力地进攻，打法却越来越单调，一个接一个的45度角的长传都被对方挡了回来，制约防守的进攻和制约进攻的防守在相峙着，而时间对中国队是不利的。领队张俊秀用胳膊肘捅了一下身边的助理教练员戚务生，想说什么，戚务生却毫无反应。他看见这位助理教练员在浑身发抖。

大势已去，一切努力都于事无济了。但愿出现奇迹，现在轮到中国队在企求侥幸。如果能赢得这场比赛的话，那起伏跌宕的精彩演出将给人留下不可磨灭的印象，他也将成为力挽狂澜的神话式人物，受到嘉奖和颂扬，并在中国足球运动的史册上留下一笔。但是，事实上等待他的是众人的发指、沉痛的检讨和黯淡的引退。诚如人们指责的那样，他麻痹轻敌，指挥不当，战术荒谬，这些批评全都切中要害，因为在生活中不乏事后诸葛亮。不过，扪心自问，他在事先所作的选择是当时唯一的上策。就命运来说，他没有输给香港队却输给了自己和包围他的自己人。他的过失是由于他持有谦恭、谨慎、热情、温和以及我们所有人都一样称之的那种平凡的美德。

剩下的三十分钟一秒一秒地过去，中国队打得艰苦卓绝，气势一如既往。古广明有一脚硬射，杨朝晖有一记头槌，可惜都没命中。

当裁判员吹响比赛结束的哨音时，喊声和跑动都骤然停顿，全场死一般沉寂。场地中央，香港队员在互相祝贺；郭家明在接受记者们的采访，他在闪光灯的辉映下热泪满面。而几万人都呆滞在那里，悄没无声，巨大的环形看台显得空旷而幽暗。计时器指向二十二点二十五分……那是凝固的一瞬间，人们从鼎沸到冰冻，从希望到绝望，从欢乐的峰峦坠入悲痛的深渊，一切剧烈起伏的情绪都聚集在这万念皆灰的转捩点，甚至没有弄清究竟发生了什么事。一个青年观众回忆说："我简直不相信这就是事实。我希望这是解说员或记分员的错误。当我知道再也无法改变时，我心里在喊着：这是为什么，为什么呀！"

看台上有许多观众在哭泣，默默地伫立着，泪水一滴一滴地往下流淌。一个从外地赶来的观众，拖着被雨水打湿的行李，望着空洞的夜幕，好像一尊没有知觉的塑像。

几万名观众都没有退场。这是恐怖的沉寂，难堪的窒息。而危机早就潜伏着，当舆论制造的氛围具有狂热的、压倒的、排他的唯一观念的性质时，就可能发生逆转，犹如水能载舟亦能覆舟那样。

中国队迅速退场。他们羞惭地低着头，看台上扔下几个零星的软包装的汽水瓶。但更多的观众仍在沉默。他们的惊愕未消，困惑地看着运动员从看台中间走过。队员们拖着疲惫的双腿仿佛穿过一道阴沉沉的峡谷。

看台上渐渐骚乱起来。恍惚的梦象消失了，这场比赛使人们伤透了心，压抑在心头的积怨在寻求发泄。不论是对自己，对别人或对着什么东西。有人捶着自己的头，有人狠狠地拍打着大腿。

当香港队员退场时，从看台上丢下的汽水瓶子纷乱如雨，香港队员只好又退回来，后来在保卫人员的护送下才走出场外。

球迷们滞留在看台上有半个小时之久，这时才陆续有人离去。

对于走掉的人来说，那同样是一个难眠的夜晚。

某宾馆餐厅的师徒两位厨师说：他们那天好不容易买到了两张高价球票，花去了整整半个月的工资。还被扣除了因为看球赛而耽误了值夜班的奖金。散场后，他们虽然没有闹事，却也无法回家睡觉，懊恼地在大街上徘徊了一夜，直到第二天上班时，心情还是难以平静，切菜时一不小心，切掉了手指……

还有一些人当晚簇拥在球场的周围，堵塞住大门，或冲上街头去寻衅，一系列暴力事件使全国震动。

然而这一切的心态起因究竟是什么？

有人说："四年来的愿望都集中在这一天了，盼望中国队能出线，这下完了，又得等四年。"

有人说："当时我只感到耻辱、憋气，就像看到一个大汉在自己家门口被人打败了一样。"

有人说："我感到窝火，输球后脚都想踢人。"

一个值勤的警察说："如果我脱下警察服装，也会表现出这种情绪。"

一个孩子说："报纸上说得那么好，就没有说输的可能。"

有人痛惜："中国队完了，一代球星全完了！古广明、赵达裕也跟着倒霉。"

有人甚至回忆起四年前中国队未能出线的窝囊气，想到了老将容志行的命运，更加感慨万端。

在共青团组织的一系列座谈会上，团员、青年们对这一事件的思索仍在延伸。

"有人说这次闹事跟物价有关，我看是两码事。现在东西那么贵，我们青年人没有闹事的，说明什么？说明我们理解党的政策，支持国家改革。而这次足球赛，丝毫不牵扯我们的个人利益，这是国家的声誉。"

外国人分析足球骚乱的成因说：观众一开始，就将倾向一方的情绪抵押在毫不可靠的赌注上，而对球场上的失利只能是——束手无策。

这难道就是倾斜了八万人的球场之力吗？

赛前，一位高层负责人通过秘书向有关部门打电话，考虑到在这场比赛中观众的情绪可能失去控制，要有所准备；就连这个重要的叮嘱也被忽略了，消融在一派狂热的激动中。

在那风暴席卷的5·19之夜，中国队的休息室里却异常宁静。

中国队回到休息室以后，人们相对无言，从外面传来球迷们的叫骂声和击打铁栅门的轰响。队员们汗流浃背却无心去洗澡，口干舌燥却不去动摆在桌上的水果和饮料，低头沉入在沮丧的缄默中。屋里有人在呜咽、啜泣、恸哭。这怪谁呢？他们不明白，或许怪运气。在一场梦魇过后只能责怪自己踢得不顺。有人想起来了：今天不该换乘一辆簇新的日本大轿车；今天老天爷不该下雨；今天也不该换上白色的运动服，每次穿上这身衣服就像中了邪似地……

一位教练组的成员双手掩面，悲痛万分，他想这场球输得太窝囊！后悔当初没有把耳朵塞得严严的，谁的话都一概不听。就是教练员的主意出错了，也清楚是怎么一码事，而现在却无处诉说，输得不明不白……

主教练曾雪麟的脸色铁青，一支挨一支地吸烟，他知道等待他的是什么命运——不会有人来替他兜着了。事后，他接到许多来信和电话，有同情，有鼓励，也有嘲讽和咒骂。“你回家去抱孩子吧！”“你们全体教练员和运动员主动去要求坐牢，把被关押的人换出来！”还有的寄来刀片和绳子让他去意会……

他操劳了大半生，如今是该引咎辞职了。而这就是他应得的报偿么？

门外强烈的撞击声和屋里低沉的抽泣声还在响着。张俊秀吃力地迈着步子，抚着伤残的腰部，走向休息室的当中一跺脚，似有无限感慨。世态和舆论是那样容易叫人膨胀又那样容易把人抛弃。他伸手指向空气中一个看不见的固定点，悲怆地高喊着：“什么是足球？你们看见了吧——这，就是足球！”

1985 年 6 月 18 日于北京

（原载《人民文学》1985 年第 7 期

选入本教材时有删节）

【赏析】

足球，作为中国最普及的一项体育运动，具有强大的影响力。1985 年 5 月 19 日，在一场争夺世界杯亚洲出线权的重要赛事中，中国队由于巨大的心理压力，1:2 负于实力稍逊一筹的香港队，令国人冲出亚洲的梦想破灭。比赛结束后，情绪激动的球迷发生骚乱，这就是中国足球史上的5·19事件。理由选择了这一重要事件，他在对比赛的细致描写中，分析了引发此次事件的社会的、心理的、历史的、文化的等各方面的诱因。

作品名为“倾斜的足球场”，实际上也暗示了当时“倾斜”的舆论，足球比赛已不是一场单纯的体育赛事，更寄托着80年代的国人对中华民族振兴的期待。正如文中所言，比赛“事关振兴中华的辉煌大业”，队员“肩负着全国人民交给的光荣使命”，“要打出崭新的精神风貌”“难道十亿人派出的一个球队还打不过小小的香港队！”“这股巨大的热情有着神奇的溶化力，一热俱热，一涨俱涨，使人沉浸在庄严而神圣的幻觉之中。”在这种一边倒的舆论下，观战的人们盲目乐观，而教练和队员们因此背负上了沉重的思想压力，发挥失常也是可想而知。理由细致地刻画了围绕着这次比赛人们内心那种焦虑急躁的心态，揭示出造成比赛失利及其后骚乱事件的深层次原因，《倾斜的足球场》也因此成为中国体育报告文学史上的一部经典作品。

本文体现出理由报告文学创作的一个重要转向。以这部作品为标志，理由逐渐摈弃了原来所采用的小说式报告文学，提出了“从热情的赞颂到冷静的叙述”的创作观，关注社会事件和社会问题的揭示，描写中排斥主观成分和文学加工及直接介入，将“感情的渲染化为凝重的描述”。追求以“客观而简洁的行动叙述把密集的信息呈现在人们面前”的“无技巧的更高明的技巧”的境界。

理由善于渲染一种扣人心弦的气氛，特别是他对两队交锋的场面描绘格外出色，充分调动起了读者的阅读期待。作品对人物的刻画细腻，语言简洁生动，叙述客观冷静，具有强烈的感染力。

【思考与练习】

1. 为什么题为“倾斜的足球场”？有何含义？
2. 作品的场面描写有何特色？
3. 分析这篇作品的语言特色。

中国的“铁榔头”

《中国姑娘》节选

鲁　光

【作家作品简介】

鲁光，原名徐世诚，1937年10月生于浙江永康双门村。1960年毕业于华东师范大学中文系。笔名鲁光。曾任《中国体育报》报社社长兼总编、人民体育出版社社长、中国报告文学学会副会长。作品《中国姑娘》、《中国男子汉》获全国第二、第四届优秀报告文学奖，《世纪之战》获全国长篇散文奖。年近半百时移情绘画，师从当代花鸟大师崔子范，1994年入展“中国作家十人书画”，1996年由中国画研究院主办“鲁光画展”。已出版画作《96大写意》、《鲁光画牛集》、《97鲁光画集》，因此得文坛、画坛“两栖人”戏称。

世界上还有什么幸福能超过人民对自己的信任呢！

47次列车离开北京，冲进茫茫夜海，风驰电掣般向南，向南……

在卧铺车厢里，一位高挑个儿的姑娘，凭窗眺望，她颀长、结实、健美。微微卷曲的黑发拢在脑后，分扎成两绺，轻巧地垂挂着。深红色的运动衫领子，俏俏地露在深蓝色的外套上，仿佛是一枝“出墙”的红杏。虽然我们看见的是她的背影，但可以感觉到，这位姑娘身上洋溢着青春的活力和蓬勃的朝气。

车窗外，一片漆黑，夜色正浓。只有点点灯火，偶尔从她眼前向后飞逝而去。郎平啊，你是在欣赏祖国大地的夜景呢，还是在沉思默想？也许是那瞬息即逝的灯火，把你带回到昨晚为全国十名最佳运动员授奖而举行的健美晚会上去了吧？

对这位刚满 20 岁的北京姑娘来说，那确实是永生难忘的，当她接受鲜艳的花束和银色的奖杯时，座无虚席的首都体育馆里，爆发出海涛般的掌声。何止是到会的一万八千人在鼓掌呢，她仿佛还听到投她票的十几万球迷的掌声和没有投票机会的千千万万普通观众的掌声。她手捧鲜花和奖杯，激动得含泪欢笑了。

她欢笑，但并不沉醉，她深深地懂得，自己是代表女排集体来领奖的。排球运动是一个集体项目，赢得的每一个球都要经过几位同伴之手，都凝聚着战友的汗水和心血。个人球艺再高，如果没有同伴的合作，也将一事无成。她想起了朝夕相处的同伴们：风度翩翩的老大姐孙晋芳，沉着顽强的张蓉芳，敢打敢冲的陈招娣，文静果敢的周晓兰，憨厚纯真的陈亚琼，埋头苦干的曹慧英，和蔼可亲的杨希，沉静灵巧的张洁云，聪慧灵敏的周鹿敏，腼腆壮实的梁燕，活泼爱笑的朱玲，还有那严厉而又亲切的指导、领队……总之，她想起了队里的每一个人。

当她和妈妈随着潮水般的人流涌出体育馆时，她用一条驼色的拉毛围巾，几乎把整个脸都严严实实地遮掩起来，只露出那双明亮的眼睛。奖杯呢？它装在一只又长又大的橙黄色的提包里，她一点也不炫耀个人，把自己融进了普通观众的行列。

回家的路上，她的思绪像滔滔的江水在汹涌澎湃。

银杯啊，怎么这样沉？啊，那里面盛满了自己和战友的汗水。

银杯啊，怎么如此重？啊，那里面装着祖国和人民的殷切期望。

回到家里，已经夜深了。但郎平的爸爸、妈妈还围着银光闪闪的奖杯看呀看，总也看不够。郎平的爸爸，是个球迷。而她的妈妈，却一点也不懂体育。当初，女儿要去打球，妈妈投的是反对票。她看到女儿身体瘦弱，不放心让她去。而爸爸呢，却苦口婆心地说服她。女儿到了球队之后，只要在北京打的球赛，他总要去看。在外地打的比赛，如果他出差路过，那也非看不可。其实，开始时，他对排球的打法也不是很懂。只不过是为女儿打好而高兴，为女儿失误而焦急、惋惜。郎平开玩笑地对他说："爸爸，你看球，真比我在场上打球还紧张呢！"而妈妈的关心，是别具一格的。她生怕女儿吃不好，每次外出都给她带吃的，什么凤尾鱼呀，糖果呀，总是一装就是一满袋。1979 年夏天，郎平在四川打比赛，给她姐姐写信说身体不太舒服。妈妈知道了，悄悄给女儿寄去两斤巧克力。巧克力送到郎平手上时，已经化了。郎平手捧着滴着咖啡色糖水的包裹，心里比那炎夏的天气还热。妈妈呀，你可真是一片慈母心啊！近两年来，妈妈也开始看球了，她身体不是很好，多半是在电视里看女儿打球。

郎平回家时，妈妈问她："哎呀，你们怎么老摔跟斗啊？"

郎平告诉她："妈妈，那是打球需要，存心摔的。"

妈妈可不管存心还是不存心，心疼地说："往后不许那么使劲摔！"

郎平跟妈妈说不清，只得笑笑说："妈，我们以后摔轻一点……"

自从郎平到国家队打球以后，几乎没有机会跟妈妈、爸爸在一起过个团圆年，如今，离春节只有几天时间了，而且她又患着感冒，妈妈是多么希望女儿留在身边多住几天啊！但是女儿的心早已飞了。中国女排不在北京，前几天已经去湖南郴州冬训了。她决定明天就南行，去追赶自己的队伍。温暖的战斗的集体，像一块强大的磁石，深深地吸引着她。

南行的列车，呼啸着飞速向前。此刻，郎平已经困倦了。她屈着腿，躺卧在狭窄的铺位上，沉沉睡着了。乘她酣睡的时候，让我们掀开她打球的简历表看一看。

从孩提时代起，她练过绘画，迷过音乐，又幻想过当飞行员，还想过当工程师。13 岁那年，父亲带她去体育馆看了一场国际排球赛。她惊喜地发现，平日上体育课托不了几下就往地上掉落的排球，在运动员们的手上竟然那么听话，这简直是令人陶醉的艺术啊！于是心里萌生出一个新的理想：当运动员！

别看她现在身高一米八十四，可当时还只有一米六十几，长得又细又高，体重只有七十多斤，体质很孱弱。但她不管这些，自信自己能当一个好运动员。她跑到北京市第二业余体校报名。那儿的教练张媛庆觉得她太单薄了些，犹豫了片刻，竟然出人意料地同意收下了这个瘦弱的女孩。

她盼着有一天自己也能穿上印有“北京”字样的运动衣，代表首都人民参加比赛。于是，她夏练三伏，冬练三九，成千上万次地挥动长臂苦练枯燥乏味的基本功。有一次，她的脚脖扭伤了，怕回家后妈妈不让她来体校，就星期天也不回家。平时回家她也不忘带个球回去，对着墙壁托球，弄得墙上头印满了排球的痕迹。两年后，她跻身于北京女排的行列，而且成了主力队员，但是，她又多么盼望有一天胸前的运动衣缀上庄严的国徽，代表祖国人民去与世界强队争胜负啊！一年之后，她的愿望又实现了。袁伟民决定起用这位不满 18 岁的年轻姑娘参加第八届亚运会，而且让她顶替著名的主攻手杨希，打四号位。

在泰国曼谷，郎平像一颗奇异的新星，在排球坛上升腾而起。在与南朝鲜队的比赛中，她那力大势沉的凌厉劈杀，森严凶狠的拦网，为中国队的胜利立下了汗马功劳。她被称为“中国女排的新兵器”。可惜在迎战“东洋魔女”日本女排时，她的脚扭伤，影响技术发挥，扣杀常常不能奏效。而且在日本姑娘的严密防守面前，她的扣杀也暴露出过于单调平板的弱点。没有打完一局，袁伟民就把她换下来了。比赛结果，中国女排以〇比三败北。一位观众来信指责说：“不该在这种关键时刻，起用一个没有把握的新手，这是中国女排的教练用人不当。”这对一帆风顺的郎平来说，是一个莫大的刺激。她感到委屈。于是，她又把目光瞄向世界几个强队的主攻手，发奋追赶。不到一年工夫，她的发奋努力就结出了成功之果。1979 年末，在香港举行第二届亚洲女子排球锦标赛时，她为中国队荣获冠军立下了战功，被人们誉为中国的“铁榔头”。中央电视台播放比赛实况录像时，银屏里是一片“郎平！郎平！”的呼喊声；银屏外也是一片“郎平！郎平！”的欢呼声。她确实像一把当当响的铁榔头，发挥了振奋人心的威力。她的进攻力量，得到了世界排球界人士的高度评价。人们把她称为堪与美国身高一米九十六的海曼和古巴的玻玛列斯媲美的世界三大主攻手之一。

列车急速南行，南行。郎平恨不得列车飞驰得快些再快些。经过三十来个钟头漫长的旅途生活，她终于在郴州与自己的队伍相聚了。她是那么高兴，才离别几天，宛若几年。

郴州的春天，细雨绵绵，无休无止，仿佛是穹窿漏了似的。训练基地坐落在北湖公园里，公园不算大，但有山有水，有楼台亭榭，有喷水池，有金鱼，有群猴，姑娘们的宿舍后面还有一片桂花树林。但郎平是无暇欣赏这一切的。除了饭堂、宿舍之外，只有在那座竹席棚顶的简易训练房里才能看见她挥汗如雨的高大身影。

对郎平来说，这是一次极为平常的训练课。暮色已经降临，姑娘们都已完成了任务，拖着疲惫的身子向宿舍走去。但她还在里面练习发球。袁指导给她的任务是再发三组球，每组三个好球，如发两个一般球或两个失误球，就得再加一组。场里除了郎平“砰”“砰”的发球声，就只有袁伟民的裁判声：“一般！”“失误！”她发了好一阵，任务不但没有完成，相反又加了几组。郎平抚摸着酸疼的肩膀，有点发急了。她透过墨绿色的球网望了望教练，袁伟民不动声色地伫立着，双手紧抱在胸前。那神态是说：“完不了，别想下课！”没有一点商量的余地。

郎平自言自语地说：“我奉陪到底！”她发狠地拿起球，又“砰”“砰”地发了起来。

“停！”袁伟民神态严峻地走了过来，“不要发菜球！累了可以休息一会儿。”

什么叫菜球？郎平当然明白。顾名思义，菜球就是送给对方吃的小菜，即没有威胁力的“和平球”。比赛时，好不容易争回一个发球权，发菜球那是绝对不允许的。郎平暗暗责怪自己，怎么发出菜球来了呢？不行，绝对不行。她走动了几步，挥动了几下胳膊，又叉着腰沉思默想了片刻，重新开始发球。

“砰”“砰”的发球声，“好球——好球”的裁判声，一直响着响着，响到很晚很晚。当郎平拖着沉重的步子走出训练房时，一位记者半开玩笑地悄声问她：“指导会不会存心整你？”她用手抹了把脸上的汗水，微笑道：“那可说不准。”袁伟民知道了此事，风趣地说：“今天没有。不过，‘整’过她不少次就是了。”

新春佳节来临了，宿舍的走廊上挂起了四盏古色古香的大灯笼，住屋外面的墙头的窗户上悬挂着缀满“梅花”的树枝，女排的姑娘们也休息了一天，开联欢会，放鞭炮，吃花生，嗑瓜子……这些瓜子是哪里来的？是郎平用她所获得的、首都新闻单位举办的“十佳”运动员评奖的奖金买的。

年初二，她们应衡阳市人民的邀请，去打表演比赛。打完比赛已经是晚上十点多钟了，但领队和指导却不让姑娘们走，说是要补一补课。

“郎平，你怎么不动弹呢？”指导点着名呼叫她。

郎平站在场地外边，依然不动。她正不舒服呢。

教练走过来，又一次问她：“怎么啦？”

郎平说：“指导，我有点恶心，想吐。”

教练心里明白，但他还是说：“想吐就吐，吐完了再上场补课！”

教练的心肠就是狠，不近情理！不过，郎平却没有埋怨的意思，你不让她上，她自己还想上呢！她清晰地记得，去年春天，她们出访美国，从香港到斯普林斯，坐了二十多个钟头的飞机。这座高原城市海拔二千多米，疲倦加高原缺氧，使她们非常不舒服。晚上练习时，八个姑娘边练边吐。吐还要练。当时她们真恨教练太不体谅人。但第二天打比赛时，她们却感到精神很好，以三比一赢了美国女排。在整个访美比赛中，她们取得了六胜一负的战绩，其中在旧金山一场，有一局还使美国队吃了一个“鸭蛋”。只有这时，她们才真正明白，教练为什么不顾她们呕吐还要狠心坚持训练。练为战啊！这天晚上，郎平也是怀着这种心情，坚持把课补完的。

这就是袁伟民的“整”，所谓“整”，就是有意制造困难，用各种意想不到的手段，来磨练她。

说也奇怪，郎平却喜欢指导的这种“整”。虽然有时“整”哭了，觉得苦得受不了，但下来后又感激指导，希望指导以后再“整”自己。因为她明白自己在队里挑大梁的地位。世界上的几个强队，谁不研究她！他们把她的技术动作拍成电影，录了像，正在作为“强敌”，研究攻克的对策。要想使铆头继续敲响，就得不断锤炼。而教练的每一次“整”，不都是对自己的一次锤炼吗？

千锤百炼吧，中国的“铁铆头”！有朝一日，当祖国人民需要你“一锤定音”时，切盼你能够敲得重重的、响响的，敲出我们的国威来！

【赏析】

“学习女排，振兴中华”！鲁光的《中国姑娘》感动了整整一个时代，曾经引起洛阳纸贵的轰动效应。这篇报告文学通过比赛、训练和日常生活的记叙，着力表现老女排运动员顽强的拼搏精神，叙事之中结合抒情，真挚感人。如今，当国人们沉浸在新女排再次登临世界排球顶峰的喜悦之中时，自然不会忘记牵动了一个时代的老女排，还有记载了这一辉煌历史的鲁光和他的《中国姑娘》。

《挥动黄手绢唱的歌》、《灵丹妙药》、《道是无情最有情》、《香港的鲜花》、《大松博文》、《警惕翻船》、《中国的“铁铆头”》、《把掌声分给她一半》、《爱情啊，请你晚一点来》和《深深的海洋》，《中国姑娘》中的每一章节都真挚动人，新闻性与文学性的完美结合，使之当之无愧地成为报告文学中的典范之作。

而《中国的铁榔头》，更是其中的精品。其特点主要表现在四个方面。

1. 形式新颖，以倒叙的手法开头，从郎平乘坐47次列车离开北京去郴州集训入题，追述她的成长之路，引人入胜。

2. 结构清晰，过渡自然。思想是作品之神，结构是作品之骨。从列车上的回忆，到事业的发展以及对家人的亲切思念，虽然时空跨越都很大，但是一点也不散乱，层次清晰。段与段之间，场景与场景之间转换过渡自然。

3. 语言富有文采，激情与诗意交融，一气呵成，富有感染力。

4. 精彩的细节描写，生动传神，能更好地表现人物丰富的内心世界。

正如鲁光所说，报告文学，归根结底是写人的文学。艺术结构，必须适应人的喜怒哀乐之需要。为了追求报告文学的真实，他的做法可以用八个字来概述：跑够，读够，想透，动手。这些也确实给读者带来了真真切切的感动。

【思考与练习】

1. 课外阅读《中国姑娘》，探讨女排精神的现实意义。

2. 认真阅读课文，归纳本文刻画人物的表现手法及特点。

论 读 书

[英] 培 根

【作家作品简介】

弗兰西斯·培根（1561－1626），英国文艺复兴时期著名的哲学家、思想家和科学家，同时又是一位优秀的散文作家。被马克思称为“英国唯物主义和整个现代实验科学的真正始祖”。他出身于贵族家庭，毕业于剑桥大学。1618 年升为英格兰大法官，1621 年因受贿削官入狱，此后家居著述。

培根强调发展自然科学的重要性，重视知识对人生和社会发展的作用，提出了著名的“知识就是力量”的口号。他反对经院哲学和唯心主义，他在学术上最关注的，是如何让知识在实践中产生效果，把科学的理论与工业相结合，转化为改进人类物质生活的实用技术。

在他的多种著作中，最为广大读者所欢迎的就是《人生论》随笔。《人生论》共收散文 58 篇。这些文章，内容涉及哲学、宗教、政治制度、国家以及处世、修身、养性等诸多问题。它是世界散文和思想史上的一块绝世瑰宝，是作者哲学智慧和人生经验的结晶，凝聚了文艺复兴以后欧洲古典人文主义者的价值观念和政治理想。四百年来这本书经久不衰，几乎被译成世界上所有文字。

读书可以作为消遣，可以作为装饰，也可以增长才干。

孤独寂寞时，阅读可以消遣。高谈阔论时，知识可供装饰。处世行事时，知识意味着才干。懂得事务因果的人是幸运的。有实际经验的人虽能够处理个别性的事务，但若要综观整体，运筹全局，却唯有学识方能办到。

读书太慢的人驰惰，为装潢而读书是欺人，完全按照书本做事就是呆子。求知可以改进人性，而经验又可以改进知识本身。人的天性犹如野生的花草，求知学习好比修剪移栽。学问虽能指引方向，但往往流于浅泛，必须依靠经验才能扎下根基。

狡诈者轻鄙学问，愚鲁者羡慕学问，聪明者则运用学问。知识本身并没有告诉人怎样运用它，运用的智慧在于书本之外。这是技艺，不体验就学不到。

读书的目的是为了认识事物原理。为挑剔辩驳去读书是无聊的。但也不可过于迷信书本。求知的目的不是为了吹嘘炫耀，而应该是为了寻找真理，启迪智慧。

书籍好比食品。有些只须浅尝，有些可以吞咽，只有少数需要仔细咀嚼，慢慢品味。所以，有的书只要读其中一部分，有的书只须知其梗概，而对于少数好书，则应当通读，细读，反复读。

有的书可以请人代读，然后看他的笔记摘要就行了。但这只应限于不太重要的议论和质量粗劣的书。否则一本书将像已被蒸馏过的水，变得淡而无味了。读书使人充实，讨论使人机敏，写作则能使人精确。

因此，如果有人不读书又想冒充博学多知，他就必须很狡黠，才能掩人耳目。如果一个人懒于动笔，他的记忆力就必须强而可靠。如果一个人要孤独探索，他的头脑就必须格外锐利。

读史使人明智，读诗使人聪慧，学习数学使人精密，物理学使人深刻，伦理学使人高尚，逻辑修辞使人善辩。总之，“知识能塑造人的性格”。

不仅如此，精神上的各种缺陷，都可以通过求知来改善——正如身体上的缺陷，可能通过适当的运动来改善一样。例如打球有利于腰背，射箭可扩胸利肺，散步则有助于消化，骑术使人反应敏捷，等等。同样道理，一个思维不集中的人，他可以研习数学，因为数学稍不仔细就会出错。缺乏分析判断的人，他可以研习而上学，因为这门学问最讲究细琐的辩证。不善于推理的人，可以研习法律案例。如此等等。这种心灵上的缺陷，都可以通过学习而得到改善。

（本文选自何新译：《人生论》，长沙：湖南人民出版社，1987）

【赏析】

《论读书》是《人生论》随笔中具有代表性的篇章。文章大体从读书为学的目的和方法两个方面，论述作者治学经验。培根认为，读书的目的是“增长才干”、“启迪智慧”，帮助人们“寻找真理”。他强调读书的重要性，也重视学问与实践的关系等。关于读书的方法，培根指出，不同的书应采取不同的读法，读书应该和会谈、交流、写作、笔记结合起来。此外，文中还论及求知对塑造性格、弥补精神缺陷的作用。凡此种种，言简意赅，直到今天，仍然有积极的指导意义和重要的参考价值。

《论读书》在艺术上也颇具特色。首先，选词炼句精当深刻。培根的文笔以紧凑、老练、锐利著称。文章说理透彻，警句迭出，如“读史使人明智，读诗使人聪慧……”一段话，既简练又富有哲理性。其次，善于运用排比、比喻等修辞手法，如“狡诈者轻鄙学问，愚鲁者羡慕学问，聪明者则运用学问”，以排比句式落笔，将几类人物对待学问的态度罗列出来，让读者在比照中决定取舍。《论读书》还点缀着恰当而富有诗意的比喻，如“人的天性犹如野生的花草，求知学习好比修剪移栽”等等。

【思考与练习】

1．你如何理解文中“求知可以改进人性，而经验又可以改进知识本身”这句话的含义？

2．试分析“书籍好比食品。有些只须浅尝，有些可以吞咽。只有少数需要仔细咀嚼，慢慢品味”这段话中“尝”、“咽”、“咀嚼”、“品味”几个动词的实际含义与修辞效果。

3．结合自己的读书体会，写一篇《谈读书》的散文。

第三部分　小　说

《世说新语》二则

【作家作品简介】

刘义庆（403 - 444），彭城（今江苏徐州）人，刘宋武帝（刘裕）弟长沙景王道怜第二子，曾任南兖州（今江苏扬州）刺史等职，为临川烈武王道规嗣子，袭封临川王。性简素，爱好文学，门下招聚了袁淑、陆展、何长瑜、鲍照等不少文学之士。

著作有《世说新语》、《幽明录》，均为我国小说发轫期的重要作品。尤其是《世说新语》不仅是“志人”体小说的代表作，而且是魏晋风度（追求一种自由的非功利的唯美的生活状态）的主要载体。

《世说新语》是我国古代最有名的笔记小说，由刘义庆和他的门客杂采众书编纂润色而成，凡三卷。全书分德行、言语、政事、文学等三十六门。由于作者用清谈家的观点来品评人物、事件，宣扬魏晋名士风度，对后世产生过不少消极影响；但其中也有一些揭露黑暗现实、讽刺统治阶级奢淫残忍以及表彰善良的记述。全书语言精练，善于通过一言一行刻画人物肖像和精神面貌，简洁传神，意味隽永。在中国小说中自成一体，后世仿作甚多。梁刘孝标为此书作注，引书达四百余种，大多已失传，故极有资料价值。虽只言片语，也为士林所宝。

石崇与王恺争豪(1)

石崇与王恺争豪(2)，并穷绮丽以饰舆服(3)。武帝，恺之甥也，每[4]助恺。尝以一珊瑚树高二尺许赐恺，枝柯扶疏[5]，世罕其比。恺以示崇。崇视讫[6]，以铁如意[7]击之，应手而碎。恺既惋惜，又以为疾[8]己之宝，声色甚厉。崇曰："不足恨[9]，今还卿。"乃命左右悉取珊瑚树，有三尺四尺，条干绝世[10]，光彩溢目者六七枚，如恺许比甚众[11]。恺惘然自失[12]。

【注释】

(1) 这一则选自"汰侈门"。汰侈，指过分奢侈、骄纵。

(2) 石崇：字季伦，历任刺史、卫尉等重要官职，是当时富豪，后为赵王伦所杀。 王恺：字君夫。父名肃。姊嫁司马昭，生司马炎（即晋武帝）。官至龙骧将军、骁骑将军、散骑常侍。 争豪：比赛富有。

(3) 并穷绮丽以饰舆服：双方都尽力用最华丽的东西来装饰车辆、衣冠。 穷：极、尽。 舆服：车辆和衣冠。

(4) 每：每每，常常。

(5) 枝柯扶疏：枝叶茂盛分披的样子。 柯：树枝。 扶疏：繁茂分披的样子。

(6) 视讫：看过之后。 讫：终了，完毕。

(7) 如意：器物名，用玉、石、骨、竹、木或金属制成，供指划或玩赏用。

(8) 疾：通"嫉"，妒忌。

(9) 不足恨：不值得懊恨。

(10) 条干绝世：枝条美好，世间绝无仅有。

(11) 光彩：明亮而华丽。 溢目：耀眼，目不胜视。 如恺许比甚众：像王恺这样同等的珊瑚树很多。

(12) 惘然自失：心中怅然若有所失。

【赏析】

《石崇与王恺争豪》这则笔记小说通过石崇与王恺争豪斗富，揭露了东晋门阀豪富穷极奢侈的生活态度和依仗财势飞扬跋扈、骄横暴戾的品性。

细节描写和铺垫对比的手法是这则笔记小说在艺术上的主要特点。

首先，石崇以铁如意击碎珊瑚树这一典型细节，像石雕从石面上凸起一样，使人物精神全出：王恺惋惜痛悔，暴跳如雷；石崇坦然自若，有恃无恐。其次，运用铺垫、对比的手法，交待王恺的特殊身份，并让这种身份作为一条暗线贯穿小说的始终。王恺系皇亲国戚，自以为财富天下无双，因而飞扬跋扈；而当时真正的巨富石崇，则存心以富豪压跋扈。因而在较短的篇幅里也使情节跌宕起伏，扣人心弦。

温峤(1)娶妇

温公丧妇。从姑刘氏，家值乱离散，唯有一女，甚有姿慧，姑以属公觅婚。公密有自婚意，答云："佳婿难得，但如峤比云何？"姑云："丧败之馀，乞粗存活，便足慰吾馀年。何敢希汝比。"却后少日，公报姑云："已觅得婚处，门地粗可，婿身名宦，尽不减峤。"因下玉镜台一枚，姑大喜。既婚，交礼，女以手披纱扇，抚掌大笑曰："我固疑是老奴，果如所卜！"玉镜台是公为刘越石(2)长史，北征刘聪(3)所得。

【注释】

(1) 温峤（288－329年），字太真，东晋太原祁县人，初在并州，从姨父刘琨为谋主，抗刘聪、石勒。明帝即位，任中书令，后任江州刺史。

(2) 刘越石：即刘琨（271－318年），西晋中山魏昌人，初任大将军，都督并州诸军事。为晋室招抚流亡，与刘聪、石勒对抗。

(3) 刘聪（？～318年），十六国时期汉国国君。一名载，字玄明。匈奴族。公元310～318年在位。曾派刘曜等攻破洛阳、长安，俘晋帝二人。

【赏析】

《温峤娶妇》通过温峤为人"觅婚"而自聘、自娶的趣事，表现了他狡黠和憨厚的性格。并从一个侧面折射出当时战乱给人民带来的灾难。在艺术上，作者通过叙写人物的神情、口吻、举止以显示人物鲜明的性格特征。首先，采用戏剧中常用的暗示手法，即把许多直接明确的情景留在文外，让读者去体味曲折、离奇的故事情节，读后令人忍俊不禁，极具喜剧色彩。其次，人物语言个性化。从姑刘氏：语言质朴、诚恳。表现的是一位饱经战乱、懂得生活艰辛的宽厚长者形象。温峤：机敏中含智慧，幽默中有狡黠。虽然语多乖戾，但狡黠之中有真诚。刘氏女：语言直率，行动洒脱。泼辣之中有质朴，戏谑之中含真诚。第三，笔调含蓄委婉，没有过多的铺叙或描写，更绝少夸张之处，但寥寥数笔，却能表现出相当生动的人物形象。如写新妇的神态、口吻，其爽朗性格毕现，活脱欲出。

【思考与练习】

1.《石崇与王恺争豪》一文，虽篇幅短小，却是有情节，有动作，十分紧凑精彩。试简析其在艺术上的特色。

2.《世说新语》是一部笔记体小说，描写生动、简洁、犀利，意味隽永。试以《温峤娶妇》为例，分析作者是怎样通过叙写人物的神情、口吻、举止以显示人物鲜明的性格特征，并反映那一时期不同人物的气质和风韵的？

【汇评】

读其语言，晋人面目气韵，恍然生动，而简约玄澹，真致不穷。（［明］·胡应麟《少室山房笔丛》）

《世说新语》“记言则玄远冷峻，记行则高简瑰奇”（鲁迅《中国小说史略》）

《世说新语》是魏晋轶事小说的集大成之作，是这类小说的代表作品。主要是掇拾汉末至东晋的士族阶层人物的遗闻轶事，尤详于东晋。比较清楚地反映了士族阶级的精神面貌与生活方式，具有一定的暴露和认识意义。（游国恩等《中国文学史》）

刘东山夸技顺城门

凌濛初

（据上海古籍版影印广岛大学藏尚友堂本《拍案惊奇》）

【作家作品简介】

凌濛初（1580－1644），字玄房，号初成，亦名凌波，一字波平，别号即空观主人，乌程（今浙江湖州市）人。明末著名的小说家、戏曲家。凌濛初出身于仕宦家庭，十八岁补廪膳生，应举四中副榜，乃作《绝交举子书》，为归隐计，颇郁愤。天启间入都就选，至崇祯七年才以优贡授上海县丞，十五年擢徐州通判，十七年在房村抵抗李自成义军，拒降，呕血死。

凌濛初受明中叶以来进步文艺思潮的影响，在冯梦龙“三言”成就的感召下，对话本小说产生了浓厚兴趣，然“宋元旧种”，已被冯梦龙“搜括殆尽”，乃搜集古今奇闻异事，进行拟话本创作，成《拍案惊奇》四十卷，崇祯元年刊行。因书贾敦促，遂于崇祯五年再成《二刻拍案惊奇》四十卷。史称“二拍”。

“二拍”仿话本的结构模式与叙述方式，在美学风貌方面追求常中出奇，确实有令人“拍案惊奇”的艺术效果。作品关注市井生活，较多描写商人，也有不少婚恋性爱的篇章，表现了对传统婚恋观的背离，具有进步倾向。作品对吏治腐败、社会黑暗、世风败坏多有揭露，并注意表现和总结市井细民的生存状态和生存智慧，使“二拍”不仅成为拟话本小说的优秀代表，也成为研究明代社会文化生活及其异变的生动史料。

话说国朝嘉靖(1)年间，直隶(2)河间府交河县，一人姓刘名嵚，呼做刘东山，在北京巡捕衙门里当一个缉捕军校的头。此人有一身好本事，弓马熟娴，发矢再无空落，人号他“连珠箭”。随你异常狠盗，逢着他便如瓮中捉鳖，手到拿来，因此也积攒得有些家事(3)。年三十余，觉得心里不耐烦做此道路，告脱(4)了，在本县去别寻生理。

一日，冬底残年，赶着驴马十余头到京师转卖，约卖得一百多两银子。交易完了，至顺城门（即宣武门）雇骡归家。在骡马主人(5)店中遇见一个邻舍张二郎人京来，同在店买饭吃。二郎问道：“东山何往？”尔山把前事说了一遍，道：“而今在此雇骡，今日宿了，明日走路。”二郎道：“近日路上好难行！良乡、郑州(6)一带，盗贼出没，白日劫人。老兄带了许多银子，没个做伴，独来独往，只怕着了道儿(7)；须放仔细些！”东山听罢，不觉须眉开动，唇齿奋扬，把两只手捏了拳头，做一个开弓的手势，哈哈大笑道：“二十年间，张弓簇箭，不曾撞个对手。今番收场买卖，定不到得折本。”店中满座听见他高声大喊，尽回头来看，也有问他姓名的，道：“久仰，久仰！”二郎自觉有些失言，作别出店去了。

东山睡到五更，把头梳洗结束了，将银子紧缚裹肚内，扎在腰间。肩上挂一张弓，衣外挎一把刀，两膝下藏矢二十簇(8)，拣一个高大的健骡，腾地骑上，一鞭前走。走了三四十里，来到良乡，只见后头有一人奔马赶来，遇着东山的骡，便按辔小驻，东山举目觑他，却是一个二十岁左右的美少年，且是打扮得好！但见：黄衫毡笠，短剑长弓。箭房中新矢二十余枝，马额上红缨一大簇。裹腹闹装(9)灿烂，是个白面郎君；随人紧辔喷嘶，好匹高头骏骑！

东山正在顾盼之际，那少年遥叫道：“我们一起走路则个。”就向东山拱手道：“造次(10)行途，愿问高姓大名？”东山答道：“小可姓刘名嵚，别号东山，人只叫我是刘东山。”少年道：“久仰先辈大名，如雷贯耳；小人有幸相遇。今先辈欲何往？”东山道：“小可要回本籍交河县去。”少年道：“恰好，恰好。小人家住临淄[11]，也是旧族子弟，幼年颇会读书，只因性好弓马，把书本丢了。三年前带了些资本往京贸易，颇得些利息。今欲归家婚娶，正好与先辈做伴，同路行去，放胆壮些。直到河间府城，然后分路，有幸有幸。”东山一路看他腰间沉重，语言温谨，相貌俊逸，身材小巧，谅道不是歹人。且路上有伴，不至寂寞，心上也欢喜道，“当得相陪。”是夜，一同下了旅居，同一处饮食歇宿，如兄若弟，甚是相得。

明日并辔出涿州，少年在马上问道：“久闻先辈最善捕贼，一生捕得多少？也曾撞着好汉否？”东山正要夸逞自家手段，这一问揉着痒处，且是他年少可欺，便侈口[12]道：“小弟生平两只手一张弓，拿尽绿林中人，也不记其数，并无一个对手。这些鼠辈，何足道哉！而今中年心懒，故弃此道路，倘若前途撞着，便中拿个把儿，你看手段！”少年但微微冷笑，道：“原来如此，”就马上伸过手来，说道：“借肩上宝弓一看。”东山在骡上递将过来。少年左手拿住，右手轻轻一拽就满，连放连拽，就如一条软绢带。东山大惊失色，也借少年的弓来看看。那少年的弓，约有二十斤重。东山用尽平生之力，面红耳赤，不要说扯满，只求如初八夜头的月[13]再不能够。东山惶恐无地，吐舌道：“使得好硬弓也！”便向少年道：“老弟神力何至于此！非某所敢望也。”少年道：“小人之力，何足称神？先辈弓自太软耳。”东山赞叹再三，少年极意谦谨，晚上又同宿了。至明日，又同行。日时，过雄县，少年拍一拍马，那马腾云也似前面去了。

东山望去不见了少年。他是贼窠中弄老了的[14]，见此行止，如何不慌？私自道：“天教我这番倒了架[15]也！倘是个不良人，这样神力，如何敌得？势无生理。”心上正如十五个吊桶打水——七上八落的，没奈何，迍迍[16]行去。行得一二铺[17]，遥望见少年在百步外，正弓挟矢，扯个满月，向东山道：“久闻足下手中无敌，今日请先听箭风。”言未罢，飕的一声，东山左右耳根相闻，肃肃如小鸟前后飞过，只不伤着东山。又将一箭引扣，正对东山之面，大笑道：“东山晓事人，腰间骡马钱快送我吧，休得动手!”东山料是敌他不过，先自慌了手脚，只得跳下鞍来，解了腰间所系银袋，双手捧着，膝行至少年马前，叩头道：“银钱谨奉，好汉将[18]去，只求饶命!”少年马上伸手提了银包，大喝道：“要你性命做甚！快走！快走！你老子有事在此，不得同儿子前行了。”掇转[19]马头向北一道烟跑，但见一路黄尘滚滚，霎时不见了。

东山呆了半晌，捶胸跌足起来道：“银钱失去也罢，叫我怎么做人？一生好汉名头到今日弄坏，真是张天师吃鬼迷了[20]，可恨！可恨!”垂头丧气，有一步没一步的，空手归交河。

到了家里，与妻子说知其事，大家可恼一番。夫妻两个商量收拾些本钱，在村郊开个酒铺，卖酒营生，再不去张弓挟矢了。又怕有人知道坏了名头，也不敢向人说着这事，只索罢了。

过了三年，一日，正值寒冬天道，有词为证：

霜瓦鸳鸯，风帘翡翠[21]，今年早是寒少，矮钉明窗，侧开朱户，断莫乱教人到。金阴未解，云与雪商量不少。青帐垂毡要密，红幕放围宜小。(词寄《天香子》)

却说冬日间，东山夫妻正在店中卖酒，只见门前来了一伙骑马的客人，共是十一个。个个骑的是自鞴的高头骏马，鞍辔鲜明，身上俱紧束短衣，腰带弓矢刀剑，次第下了马。走入肆中来，解了鞍辔。刘东山接着，替他赶马归槽。后生自去铡草[22]煮豆，不在话下。

内中只有一个未冠[23]的人，年纪可[24]有十五六岁，身长八尺，独不下马。对众道：“弟十八自向对门住休[25]。”众人都答应一声，道：“咱们在此少住，便来伏侍。”只见其人自走对门去了，十人自来吃酒。主人安排些鸡、豚、牛、羊肉来做下酒。须臾之间，狼吞虎咽，算来吃够有六七十斤的肉，倾尽了六七坛的酒，又教主人将酒肴送过对门楼上，与那未冠的人吃。众人吃完了店中东西，还叫未畅，遂开皮囊，取出鹿蹄、野雉、烧兔等物，笑道：“这是我们的东道，可叫主人来同酌。”东山推逊一回，才来坐下。把眼去逐个瞧了一瞧，瞧到北面左手那一人，毡笠儿垂下，遮着脸不甚分明。猛见他抬起头来，东山仔细一看，吓得魂不附体，只得叫苦。你道那人是谁？正是在雄县劫了骡马金去的那一个同行少年。东山暗想道："这番却是死也！我些些生计，怎禁得他要起！况且前日一人尚不敌，今人多如此，想必个个一般英雄，如何是了？"心中忒忒的跳，真如小鹿儿撞，面向酒杯，不敢则一声。众人多起身与主人劝酒，北面左手坐的那一个少年，把头上毡笠一掀，呼主人道："东山别来无恙么？往昔承挈同行周旋，至今想念。"东山面如土色，不觉双膝跪下道："望好汉恕罪！"少年跳离席间，也跪下去扶起来，挽了他手道："快莫要作此状！快莫要作此状！羞死人！昔年俺们众兄弟在顺城门店中，闻卿自夸手段天下无敌。众人不平，却教小弟在途间作此一番轻薄事，与卿作耍取笑一回。然负卿之约，不到得河间。魂梦之间还记得与卿并辔任丘道上，感卿好情，今当还卿十倍。"言毕，即向囊中取出千金，放在案上，向东山道："聊当别来一敬，快请收进。"东山如醉如梦，呆了一晌，道又是取笑，一时不敢应承。那少年见他迟疑，拍手道："大丈夫岂有欺人的事！东山也是个好汉，直如此胆气虚怯！难道我们弟兄直到得(26)真个取你的银子不成？快收了去。"

刘东山见他说得慷慨，料是不假，方才如醉初醒，如梦方觉，不敢推辞。走进去与妻子说了，就叫她出来同收拾了进去。安顿已了，两人商议道："如此豪杰，如此恩德，不可轻慢！我们再须杀牲开酒，索性留他们过宿玩耍几日则个。"东山出来称谢，就把此意与少年说了。少年义与众人说了，大家道："既是这位弟兄故人，有何不可？只是还要去请问十八兄一声。"便一齐走过对门，与未冠的那一个说话。东山也随了去，看这些人见了那个未冠的，甚是恭谨，那未冠的待他众人甚是庄重，众人把主人要留他们过宿玩耍的话说了，那未冠的说道："好，好，不妨。只是酒醉饭饱，不要贪睡，负了主人殷勤之心。少有动静，俺腰间两刀有血吃了。"众人齐声道："弟兄们理会得。"东山一发莫测其意。众人重到肆中，开怀再饮。又携酒到对门楼上，众人不敢陪，只是十八兄自饮自酌。他一个吃的酒肉，比得店中五个人。十八兄笑着自探囊中取出一个纯银笊篱来，煽起炭火做煎饼自啖，连啖了百余个。收拾了，大踏步出门去，不知所向。直到天色将晚，方才回来，重到对门住下，竟不到刘东山家来。

众人自在东山家吃耍，走去对门相见，十八兄也不甚与他们言笑，人是倨傲。东山疑心不已，背地扯了那同行少年，问他道："你们这个十八兄，是何等人?"少年不答应，反与众人说了，各各大笑起来，不说来历，但高声吟诗曰："杨柳桃花相间出，不知若个[27]是春风?"吟毕，又大笑。住了二日，俱各作别了，结束上马，未冠的在前，其余众人在后，一拥而去。

东山到底不明白，却是骤得了千来两银子，手头从容，又怕生出别事来，搬在城内，另做营运[28]去了。后来见人说起此事，有识得的，道："详[29]他两句语意，是个'李'字，况且又称十八兄，想必未冠的那人姓李，是个为头的了，看他对众的说话，他恐防有人暗算，故在对门两处住了，好相照察。亦且不与十人作伴同食，有个尊卑的意思。夜间独出，想又去做甚么勾当来。却也没处查他的确。"

那刘东山一生英雄，遇此一番，过后再不敢说一句武艺上头的话，弃弓折箭，只是守着本分营生度日，后来善终。可见人生一世，再不可自恃高强。那自恃的只是不曾逢着狠主子[30]哩！有诗单说刘东山道：

生平得尽弓矢力，直到下场逢大敌。
人生休夸手段高，霸王也有悲歌日[31]。

又有诗说这少年道：

英雄从古轻一掷，盗亦有道真堪述。
笑取千金偿百金，途中竟是好相识。

【注释】

(1) 嘉靖：明世宗朱厚熜的年号（公元1522－1566）。
(2) 直隶：明代地名，指直接隶属于京师（北京）的一部分府县，大致相当于现河北省的北部和中部地区。
(3) 家事：家产。
(4) 告脱：告退、退职。
(5) 骡马主人：即骡马牛行主人，买卖骡马的中间经纪人。
(6) 郑州：由北京到交河县不经郑州，这里疑为“鄚州”之误，鄚州州治在今河北省任丘县北。
(7) 着了道儿：这里指遇上强盗。
(8) 两膝下藏矢二十簇：在两只裹腿里插着二十枚箭。
(9) 闹装：珠宝装镶的腰带。
(10) 造次：匆忙，这里是匆忙相遇的意思。
(11) 临淄：县名，属山东省，在济南东面。
(12) 侈口：夸大口，吹牛。
(13) 初八夜头的月：指半圆。
(14) 弄老了的：弄熟了的，富有经验的。
(15) 倒了架：坍了台。
(16) 迍迍（zhūn）：缓缓地，小心翼翼地。
(17) 铺：古时为传递公文，每十里设一个站头，叫做铺。
(18) 将：拿。
(19) 掇（duō）转：拨转。
(20) 张天师吃鬼迷了：汉代道教领袖张道陵后裔张宗演，在元顺帝至元年间被封为辅汉天师，后即笼统地称道教领袖为张天师。相传张天师能用符水禁咒捉鬼拿妖。这里说张天师吃鬼迷了，意思是很反常，很出乎意外。　吃：被的意思。
(21) 霜瓦鸳鸯，风帘翡翠：霜盖鸳鸯瓦，风吹翡翠帘。
(22) 锉（cuò）草：铡草。
(23) 未冠：未行冠礼，指未成年。古时男子二十而行冠礼。
(24) 可：大约。
(25) 休：语末助词，相当于现代汉语中的“吧”。
(26) 直到得：竟至于。
(27) 若个：哪个。

(28) 营运：生意。

(29) 详：仔细琢磨。

(30) 狠主子：高强的对手。

(31) 霸王也有悲歌日：西楚霸王项羽在垓下被刘邦大军围困，料到大势已去，对着他所宠爱的虞姬唱了一支悲壮的歌，歌曰："力拔山兮气盖世，时不利兮骓不逝。骓不逝兮可奈何，虞兮虞兮奈若何！"

【赏析】

《刘东山夸技顺城门》通过对刘东山性格的刻画和遭遇的描写，批评了骄傲自满，说明了为人处世要谦虚谨慎的道理；同时通过对那个武艺高强的"美少年"及其豪侠性格的描绘，在客观上歌颂了绿林豪杰的侠义精神。

在艺术上，这篇小说最大的特点是情节紧凑，悬念迭起，可读性强。首先，这个狂傲地号称打遍天下无敌手的刘东山，在回家途中巧遇一位身挂长弓短刀的"美少年"，两人越唠越投机，就一起结伴而行，并向"美少年"吹嘘："我一生只靠两只手、一张弓，捉拿绿林盗贼不计其数，从没遇上一个对手，倘若今儿碰上了，我就显显手段让你亲眼看！"无独有偶，这个"美少年"正是一位深藏不露的高手，刘东山那直硬的弓弦在"美少年"手里如同一条软绸带。刘东山大惊失色，为了顾全面子，也借"美少年"的弓一试。可他费尽全力仍拉不开。因此，当"美少年"向他发难时，刘东山只得乖乖地将钱物双手奉上。刘东山认识到强中自有强中手，从此再也不敢狂傲。

为了突出"人生不得狂傲"这一主题，作家采用暗示法，又写了一个武艺在"美少年"之上的"十八兄"。又是一个寒天冬日，刘东山的酒店里来了一伙骑马客人，个个挎弓带刀，十分英武，为首的名唤"十八兄"。"十八兄"到对门独自饮酒，其余人则在酒店中大碗喝酒大块吃肉。当刘东山突然瞧见其中一人正是三年前与他同行的"美少年"时，吓得面如土色，慌忙下跪求饶。"美少年"淡然一笑，扶起刘东山并说出当初戏弄他的原因，原来就是刘东山在顺城门店中自称天下无敌惹来的祸，并拿出千两白银还赠刘东山。至此，读者方才明白，“美少年”劫财是假，教训刘东山是真。几日后，这一伙骑马客人一拥而去，刘东山到底也没弄明白他们是些啥人。这一悬念的设置，不仅进一步强化了小说的主旨，而且也给读者留下了巨大的艺术想象空间，让读者根据自己的人生阅历去填补。

第二，作者善于通过人物语言、行动的细致描述和心理的直接刻画展示其性格特征，在人物语言、行动的个性化方面也取得了较高的成就。例如刘东山前倨后恭的性格特征，通过自身的语言、行动展示得栩栩如生。当邻舍张二郎劝刘东山出门在外“须放仔细些”时，刘东山听罢，“不觉须眉开动，唇齿奋扬”，接着，又哈哈大笑道：“二十年间，张弓簇箭，不曾撞个对手。”至此，一个目中无人，老子天下第一的狂傲形象跃然纸上。但是，当“美少年”向他发难时，“东山料是敌他不过，先自慌了手脚，只得跳下鞍来，解了腰间所系银袋，双手捧着，膝行至少年马前，叩头道：‘银钱谨奉，好汉将去，只求饶命！’”这里，一个卑躬屈膝、贪生怕死的怯懦形象呼之欲出。至于那位“年纪可有十五六岁”的“十八兄”，更是行踪诡秘，独自居住，独自外出。这位“十八兄”年纪轻轻，但这伙骑马的强人，无论大事小事，“还要去请问十八兄一声”，可见地位之尊，武艺之强。这样，与“年三十余”的刘东山形成了鲜明的对比，再一次深化了小说的主题。

【思考与练习】

1．读完这篇小说，你在思想上受到了什么样的启迪？

2．试结合课文，简析这篇小说在艺术上的特征。

3．讨论题：当今社会，人才竞争激烈。作为一个人才，既要谦虚谨慎，又要善于恰当地表现自己，须知“好酒也怕巷子深”。试结合课文中刘东山的故事，谈谈你的看法。

【汇评】

即空观主人：语有之：少所见，多所怪。今人但知耳目之外，牛鬼蛇神之为奇，而不知耳目之内，日用起居，其为谲诡幻怪，非可以常理测者固多也。（《拍案惊奇序》）

睡乡居士：失真之病，起于好奇。知奇之为奇，而不知无奇之所以为奇。舍目前可纪之事，而驰骛于不论不议之乡。（《二刻拍案惊奇序》）

“二拍”虽然不像“三言”一样具有里程碑似的作用，但是由于它是文人自己创作的第一部拟话本专集，所以备受后来文人的青睐。而且故事中必含道德说教的创作模式也为后人继承，影响十分巨大。在它之后，很多模仿之作纷纷出炉，达到二三十种之多。其中的很多篇章被改编为其他各类文学体裁，流传至今。它的部分篇章与“三言”一样是西方较早接触的中国小说，而且由于作者精心构思的各种巧合很受西方汉学家推崇，具有一定的国际声誉。（代汉林主编《中国文学名著100部导读》）

绣鸳鸯梦兆绛芸轩

曹雪芹

【作家作品简介】

曹雪芹，名霑，字雪芹，一字芹圃，号芹溪居士，又号梦阮。大约生于1715年（清圣祖康熙五十四年），卒于1764年（清高宗乾隆二十九年）。祖籍襄平（今辽宁省辽阳市），先世本汉人，很早成为正白旗内务府“包衣”，祖上三代世袭江宁织造。雍正五年（1727年），曹頫因事被株连，革职抄家入狱，自此曹家由盛变衰。次年举家北返，移居北京西郊，过着“茅椽蓬牖，瓦灶绳床”的困顿生活。曹雪芹能诗善画，为人狂放不羁，有阮籍之风。

《红楼梦》以贾、王、史、薛四大家族为背景，以贾宝玉、林黛玉的爱情悲剧为主要线索，着重描写了贾家荣、宁二府由盛到衰的过程，从多方面对封建社会和封建礼教进行了深刻的揭露和批判，客观上显示出中国封建社会行将走向灭亡的历史趋势，对贵族阶级中具有叛逆精神的青年争取男女平等、婚姻自由的思想行为进行了热情的歌颂。小说规模宏大，结构严谨，塑造了众多具有典型性格的艺术形象。《红楼梦》展开社会人生的悲剧世界，是中国说部星空中最为耀眼的星座。《红楼梦》是我国古典小说现实主义创作的高峰之作，在我国和世界文坛上享有盛誉。

却说王夫人等这里吃毕西瓜，又说了一回闲话，各自方散去。宝钗与黛玉等回至园中，宝钗因约黛玉往藕香榭去，黛玉回说立刻要洗澡，便各自散了。宝钗独自行来，顺路进了怡红院，意欲寻宝玉谈讲以解午倦。不想一入院来，鸦雀无闻，一并连两只仙鹤在芭蕉下都睡着了。宝钗便顺着游廊来至房中，只见外间床上横三竖四，都是丫头们睡觉。转过十锦槅子，来至宝玉的房内。宝玉在床上睡着了，袭人坐在身旁，手里做针线，旁边放着一柄白犀麈(1)。宝钗走近前来，悄悄的笑道："你也过于小心了，这个屋里那里还有苍蝇蚊子，还拿蝇帚子赶什么？"袭人不防，猛抬头见是宝钗，忙放下针线，起身悄悄笑道："姑娘来了，我倒也不防，唬了一跳。姑娘不知道，虽然没有苍蝇蚊子，谁知有一种小虫子，从这纱眼里钻进来，人也看不见，只睡着了，咬一口，就像蚂蚁夹的。"宝钗道："怨不得。这屋子后头又近水，又都是香花儿，这屋子里头又香。这种虫子都是花心里长的，闻香就扑。"说着，一面又瞧他手里的针线，原来是个白绫红里的兜肚，上面扎着鸳鸯戏莲的花样，红莲绿叶，五色鸳鸯。宝钗道："嗳哟，好鲜亮活计！这是谁的，也值得费这么大工夫？"袭人向床上努嘴儿。宝钗笑道："这么大了，还带这个？"袭人笑道："他原是不带，所以特特的做的好了，叫他看见由不得不带。如今天气热，睡觉都不留神，哄他带上了，便是夜里纵盖不严些儿，也就不怕了。你说这一个就用了工夫，还没看见他身上现带的那一个呢。"宝钗笑道："也亏你奈烦。"袭人道："今儿做的工夫大了，脖子低的怪酸的。"又笑道："好姑娘，你略坐一坐，我出去走走就来。"说着便走了。宝钗只顾看着活计，便不留心，一蹲身，刚刚的也坐在袭人方才坐的所在，因又见那活计实在可爱，不由的拿起针来，替他代刺。

不想林黛玉因遇见史湘云约他来与袭人道喜，二人来至院中，见静悄悄的，湘云便转身先到厢房里去找袭人。林黛玉却来至窗外，隔着纱窗往里一看，只见宝玉穿着银红纱衫子，随便睡着在床上，宝钗坐在身旁做针线，旁边放着蝇帚子。林黛玉见了这个景儿，连忙把身子一藏，手握着嘴不敢笑出来，招手儿叫湘云。湘云一见他这般景况，只当有什么新闻，忙也来一看，也要笑时，忽然想起宝钗素日待他厚道，便忙掩住口。知道林黛玉不让人，怕他言语之中取笑，便忙拉过他来道：“走罢。我想起袭人来，他说午间要到池子里去洗衣裳，想必去了，咱们那里找他去。”林黛玉心下明白，冷笑了两声，只得随他走了。

这里宝钗只刚做了两三个花瓣，忽见宝玉在梦中喊骂说：“和尚道士的话如何信得？什么是金玉姻缘，我偏说是木石姻缘！”薛宝钗听了这话，不觉怔了。忽见袭人走过来，笑道：“还没有醒呢。”宝钗摇头。袭人又笑道：“我才碰见林姑娘史大姑娘，他们可曾进来？”宝钗道：“没见他们进来。”因向袭人笑道：“他们没告诉你什么话？”袭人笑道；“左不过是他们那些玩话，有什么正经说的。”宝钗笑道：“他们说的可不是玩话，我正要告诉你呢，你又忙忙的出去了。”

一句话未完，只见凤姐儿打发人来叫袭人。宝钗笑道：“就是那话了。”袭人只得唤起两个丫鬟来，一同宝钗出怡红院，自往凤姐这里来。果然是告诉他这话(2)，又叫他与王夫人叩头，且不必去见贾母，倒把袭人不好意思的。见过王夫人急忙回来，宝玉已醒了，问起原故，袭人且含糊答应，至夜间人静，袭人方告诉。宝玉喜不自禁，又向他笑道：“我可看你回家去不去了！那一回往家里走了一趟，回来就说你哥哥要赎你，又说在这里没着落，终久算什么，说了那么些无情无义的生分话唬我。从今以后，我可看谁来敢叫你去。”袭人听了，便冷笑道：“你倒别这么说。从此以后我是太太的人了，我要走连你也不必告诉，只回了太太就走。”宝玉笑道：“就便算我不好，你回了太太竟去了，叫别人听见说我不好，你去了你也没意思。”袭人笑道：“有什么没意思，难道作了强盗贼，我也跟着罢。再不然，还有一个死呢。人活百岁，横竖要死，这一口气不在，听不见看不见就罢了。”宝玉听见这话，便忙捂他的嘴，说道：“罢，罢，罢，不用说这些话了。”袭人深知宝玉性情古怪，听见奉承吉利话又厌虚而不实，听了这些尽情实话又生悲感，便悔自己说冒撞了，连忙笑着用话截开，只拣那宝玉素喜谈者问之。先问他春风秋月，再谈及粉淡脂莹，然后谈到女儿如何好，又谈到女儿死，袭人忙掩住口。宝玉谈至浓快时，见他不说了，便笑道："人谁不死，只要死的好。那些个须眉浊物，只知道文死谏，武死战，这二死是大丈夫死名死节。竟何如不死的好！必定有昏君他方谏，他只顾邀名，猛拚一死，将来弃君于何地！必定有刀兵他方战，猛拚一死，他只顾图汗马之名，将来弃国于何地！所以这皆非正死。"袭人道："忠臣良将，出于不得已他才死。"宝玉道："那武将不过仗血气之勇，疏谋少略，他自己无能，送了性命，这难道也是不得已！那文官更不可比武官了，他念两句书汙在心里[(3)]，若朝廷少有疵瑕，他就胡谈乱劝，只顾他邀忠烈之名，浊气一涌，即时拚死，这难道也是不得已！还要知道，那朝廷是受命于天，他不圣不仁，那天地断不把这万几重任与他了。可知那些死的都是沽名，并不知大义。比如我此时若果有造化，该死于此时的，趁你们在，我就死了，再能够你们哭我的眼泪流成大河，把我的尸首漂起来，送到那鸦雀不到的幽僻之处，随风化了，自此再不要托生为人，就是我死的得时了。"袭人忽见说出这些疯话来，忙说困了，不理他。那宝玉方合眼睡着，至次日也就丢开了。

【注释】

(1) 白犀麈（zhǔ）：一种精致贵重的拂尘。

(2)"这话"句：指王夫人定袭人为宝玉侍妾。

(3) 汙（wū）：弄脏。

【赏析】

这一片段选自《红楼梦》第三十六回。这是《红楼梦》中并非最著名但却是最典型的片断之一。说它典型是因为在思想意义上，贾宝玉以他那宣言式的告白，将他的人生观直截了当地呈现出来，以"破""立"结合的方式，说明了他的人生价值，从而给他的形象添上了饱满的一笔，也构成作品深刻思想内涵的一个部分。它的典型还因为在艺术上，小说显示了曹雪芹处理冲突的独特方式。作者善于把握、设计空间环境，将许多组人物置于隔而不隔的同一空间，从空间的立体展开，使冲突在不同层面上得以微妙形成。只是在那样一个瞬间，什么都发生了，什么似乎又都没发生，而这，恰恰是对日常生活题材处理的最佳方式。具体说来，贾宝玉午睡时梦中的世界，薛宝钗在宝玉卧榻旁的一个世界，黛玉、湘云在窗外的世界，这三个世界相对独立又互为联系，于是，宝玉在梦中喊骂波及宝钗，宝钗在床边的刺绣波及窗外，这样一波一波荡漾开来，而掀起波澜的自身却浑然不觉，更增加了冲突的回味余地。更妙的是每一个空间自身也构成一种冲突；宝玉在梦中以木石前盟对抗金玉良缘，薛宝钗的举动跟其一贯恪守礼教之乖离，以及黛玉和史湘云的小小冲突，这一切，都使小说的容量变得厚实和深广。

【思考与练习】

1．“绣鸳鸯梦兆绛芸轩”这一片断在处理人物冲突时有何特色？贾宝玉的宣言显示了怎样的思想意义？

2．作家是怎样巧妙地设计空间环境，将许多人物置于隔而不隔的同一空间，使人物性格冲突得以在不同层面上微妙展开的？

【汇评】

王国雄：由叔本华之说，悲剧之中，又有三种之别：第一种之悲剧，由极恶之人，极其所有之能力，以交构之者。第二种，由于盲目的运命者。第三种之悲剧，由于剧中之人物之位置及关系而不得不然者；非必有蛇蝎之性质，与意外之变故也，但由普通之人物，普通之境遇，遇之不得不如是；彼等明知其害，交施之而交受之，各加以力而各不任其咎，此种悲剧，其感人贤于前二者远甚。何则？彼示人生最大之不幸，非例外之事，而人生之所固有故也。若前二种之悲剧，吾人对蛇蝎之人物，与盲目之命运，未尝不悚然战栗；然以其罕见之故，犹幸吾生之可以免，而不必求息肩之地也。但在第三种，则见此非常之势力，足以破坏人生之福祉者，无时而不可坠于吾前；且此等惨酷之行，不但时时可受诸已，而或可以加诸人；躬丁其酷，而无不平之可鸣；此可谓天下之至惨也。若《红楼梦》，则正第三种之悲剧也。(《〈红楼梦〉评论》)

鲁迅：至于说到《红楼梦》的价值，可是在中国底小说中实在是不可多得的。其要点在敢于如实描写，并无讳饰，和从前的小说叙好人完全是好，坏人完全是坏的，大不相同，所以其中叙的人物，都是真的人物。总之自有《红楼梦》出来以后，传统的思想和写法都打破了。——它那文章的旖旎和缠绵，倒是还在其次的事。(《中国小说的历史的变迁》)

贾宝玉是贾府的接班人，负有承继先业光宗耀祖的责任，但他却厌恶“仕途经济”，斥八股时文为“饵名钓禄之阶”，骂那些醉心功名的人是“禄蠹”、“国贼”，甚至把“文死谏，武死战”的士大夫传统气节批驳得体无完肤。(谭邦和：《明清小说史》)

附文

《红楼梦》人物赞(1)

小　引

赞，古代文体的一种，亦作“谮”，但不完全是称赞的意思。《文心雕龙》说：“赞者，明也，助也。”又说：“义兼美恶。”今取其义，而不效其体，以赞《红楼梦》诸人物。

贾宝玉

你诞生在清代王朝统治最盛的“康乾盛世”，同时又生长在中国封建社会形将衰落的末期。

你本是天生的富贵命，可是却充当了悲剧的主人公。

当你还没有出世，人间的荣华富贵就已一一预置在你的身边。膏粱锦绣，娇养着你的肌体；诗书翰墨，熏染着你的灵魂；更有那说不尽的金光玉色和粉淡脂红，填满了你的日子。

可是，丰裕的物质财富，填补不了你精神的空虚；僵硬的封建教育，斩杀了你的“自然之趣”；而只恨“天天圈在家里”的生活，又使你好像置身于一座黄金铸成的囚笼。

于是，从你那娇嫩的手上，也举起了反封建的旗帜。

你视功名如腐鼠，疾仕途若污泥。你指着“禄蠹”、“国贼”破口大骂，把八股时文嘲笑为“钓名饵禄之阶”。而望着满壁诗书的荣国府，你却说“无书”、“杜撰”，甚至把那些宣传封建教义的书付之一炬！(2)

人们说你“顽愚怕读文章”，可是捧着《西厢记》便“连饭也不想吃”；人们又说你“腹内原来草莽”，可是一夜之间偏能写成文采奕奕的《芙蓉诔》。

对士大夫、诸男人你尤其厌恶，一概痛斥为“须眉浊物”；

而对那些被封建社会所贱视的女子，你却奉若神明，认为是“山川日月之精秀”所钟。

你是封建家庭的“不肖”，你是名教礼法的叛徒。在十八世纪中国封建社会的长夜里，你显得是如此的不同流俗；因而也特别显得“似傻如狂”。

好一个贵族公子，在你的身上也激荡着时代的呼声！你不愧是一个向旧思想、旧传统挑战的“混世魔王”。

但是，你虽然背离了封建主义的精神道德，却又离不开朱门绣户的优裕供养。因此，在你身上不能不带着阶级的胎记，你的判逆性也只能达到一定的限度。

你不仅对“父亲叔伯之伦，因是圣人遗训，不敢违忤”；而且还认为那“朝廷受命于天”，若非“圣人”断不能当此“万机重任”。当你沉湎在珠围翠绕之中，便感到“再无别项可生贪求之心”，又觉得“只管安富尊荣才是”。

是的，你还称不上“新人”，而是一个浑身散发着贵族气味的公子。“温柔富贵”，将会把你的逆性软化、融解以致消失。

然而，你终于握住反封建的旗帜，并举到一个贵族公子所能举到的高度。因为现实生活给了你严酷的教育——封建势力损害了你深深爱着的林黛玉！

你和她从小生活在一起，因此“早存一段心事”。《西厢记》曾经把严闭在你们心里的礼教帏幕一下撕开；而她从不说“仕途经济”之类的“混帐话”，更使你的心和她的心靠得紧紧。

于是，共同的反封建主义思想，加深了你们的爱情；而爱情又加深你们和封建主义的矛盾。

矛盾，由于结婚的到来而找到一个爆发的火口。封建家长在“掉包儿”的奇谋下，企图把你牢牢系上一把“金锁”。于是，当揭去新人盖头的一刹那，你原以为是“人间第一件畅心满意的事”，立刻变成了天旋地转的大悲剧。

杀死林黛玉的社会，猛烈地震醒了你的灵魂！冲出这黄金牢笼的念头，在你的心里不停地打转。

你忽啼忽笑，如痴如呆；最后终于一跃而起，扭断了你和封建家庭之间所连结着的脐带，让那满腔的愤懑和悲伤，化作“仰面大笑”，扬长而去。

你“出”了这贵族之“家”，却又跨进佛家的门限。

你并没有真正找到解放的道路。企图用袈裟来包裹现实的创伤，这只不过是没落阶级空幻思想的表现。

是的，你虽然是贵族家庭的叛徒，但你并没有彻底叛离自己的阶级。你是一个封建阶级的“浪子”。

封建统治者虽然骂你“不肖”，可是下层人民却又看你是一个十足的“宝二爷”。你真成了一个“无立足境”(3)的人。一个游离在那一社会里的“浪子”。

然而，可贵的是：你是一个没有回头的“浪子”！

【注释】

(1) 节选自蒋和森著《红楼梦论稿》，人民文学出版社，1959年版。

(2) 贾宝玉烧书一节，见《脂砚斋重评石头记》（庚辰本）第三十六回，通行一百二十回本删去此节。

(3) 这是林黛玉为贾宝玉所续的偈语。

林 黛 玉

你是眼泪的化身，你是多愁的别名。

潇湘馆的竹影，用幽暗的绿色深染着你的眉尖；时代的大气，把浓重的忧郁渗入了你的灵魂。

幼丧父母、寄人篱下的命运，在你的内心结成解不开的隐痛。大观园里的繁华热闹，只是愈益衬托出你心里的孤寂；别人家中的笑语温情，却又加重了你心里的悲酸；而靠着别人的怜悯和施舍来过日子，更是严重地挫伤了你的自尊。

于是，你叹身世如风吹落花；题素怨问谁解秋心？

依人为活的处境，只是使你的眼泪添多，并没有使你的骨骼变弯。你依然“孤高自许”，爱说就说、爱恼就恼；从不知道

“装愚守拙、随分从时”。

你“心较比干多一窍”，却无一点处世的“聪明”；你身为小姐胜千金，偏多忘闺门的守戒。一切都随着你感情的流转任意而行。它是那样的任情任性，然而又是那样的率直率真。

在你欺我诈、机心四伏的荣国府里，你紧张地注视着周围，唯恐有人对你怀着歧视和轻蔑。于是，你多疑多感，工愁工病。在你的胸中哀痛繁殖着哀痛，以至挤满得更加显得气量狭小。

没落的时代、没落的阶级，又造成了你浓重的哀伤。“锦囊收艳骨”、“冷月葬诗魂”，从你那如花正开的年岁，竟是发出如此苍凉的人生咏叹！

然而，你并不向往空寂，而是一个对生活怀着强烈追求的人。

你把全部智慧都用于非“女儿本分”的吟诗；你更把整个生命投向违反礼教的爱情。

一个“混世魔王”闯进了你的生活。他欣赏你的“孤标傲世”，他了解你的“风露清愁”；而你“从不劝他去立身扬名”，更使他对你怀着“深敬”。于是，你成了真正挂在他身上的一块“通灵宝玉”。如果失去你，他就要神魂颠倒、人事不知。而你，也向这个封建家庭的“祸胎”，献上了一颗少女的心。

爱情，成了你生活中的太阳。它给你幽暗的内心带来了光和热。——可是，又有什么比爱情给你带来更多的不幸和痛苦！

当你突破种种有形无形的障碍，使爱情发展得愈是深沉坚定，同时也就愈是加重地感到那压在爱情上的封建势力。你虽然三番五次地取得了那个“逆子”的心，可是却一点也听不到封建家长的“意思”。

在爱情的道路上，你终于走完了你所能走到的最后一步，而停留在包办婚姻的门前。你终于接触到这一痛苦的事实：你虽然可以把生命交给爱情，却不能把婚姻交给自己。

爱情，连结着你的生与死。可是，你只能静待封建家长的决定。

你似乎没有看出：上面对你的“脾性儿”，早已不满，甚至对你的外表也露出嫌意，更何况又知道了你还害着不可告人的“心病”。

于是，瞒消息，设奇谋，封建势力在暗中对你发出狠毒的一击！

当你从傻大姐儿那里获知密谋的真相，一霎间，大地仿佛从你的脚下抽去。在沁芳桥畔，你“踩着棉花”一般地走着，“迷迷痴痴”地走着……

如一片落花，你飘落在生活的风暴里。

封建势力终于把你驱回到这个铁律的面前：不准有爱情！只准服从那一社会给妇女所规定的一切！

这是横在你脚下的唯一出路。但是，难道可以在这条出路的面前低下头来？

你立刻作出了回答：焚旧稿，断痴情；求速死，抗浊世。

你有太多的怨恨，可是不知朝哪里倾吐；你有太多的话语，可是不知向谁去诉说。当你逝去时，只是这样喊道：“宝玉，宝玉，你好！”

你，用充满眼泪的一生，唱出了封建时代妇女的悲歌。

但是，由于你是一个出身侯门的千金，在你的身上不可避免地带着阶级的烙印。贵族小姐的清高，金闺弱质的娇柔，还有那许多从香奁绣阁中培养起来的“闲情万种”，使你的爱情不能不显得那样的纤细、缠绵和经受不住生活的磨练，同时也更加难以避免悲剧的结局。

然而，在你的身上毕竟重压着太厚的历史层岩；你那迎着时代的“风刀霜剑”所发出来的歌吟，不能不使人感到同情和赞赏。

你唱出了自己的悲和恨，也唱出了中国妇女应当有一个充满阳光和诗情的未来。

断魂枪[①]

老舍

【作家作品简介】

老舍（1899–1966），原名舒庆春，字舍予，满族人。出生于北京一贫民家庭。曾任小学校长。1924年赴英国任伦敦大学东方学院汉语讲师，1930年回国，历任齐鲁大学、山东大学教授。抗战爆发后，任中华文艺界抗敌协会理事兼总务部主任，积极参与抗日文艺活动。1946年赴美讲学，1949年回国。新中国成立后曾任中国文联副主席、中国作协副主席等职，因话剧《龙须沟》被授予“人民艺术家”称号。1966年被迫害致死。

老舍是一位多产作家，一生创作七八百万字。在小说、话剧、散文领域均有优秀作品。作品多以北京市民生活为题材，反映社会变迁过程中市民阶层的命运和思想变化。对城市老派市民和底层市民的生活描摹格外出色。与现代文学其他作家相比，老舍始终用“文化”来分割人的世界，将市民生活放置于文化批判的视野中进行观照。京味儿是老舍作品中引人注目的特色，他创造性地运用北京市民浅白平易的白话，把“顶平凡的话调动的生动有力”，语言平易而不粗俗，精致而不雕琢，是当之无愧的“语言大师”。

老舍的主要代表作有长篇小说《骆驼祥子》、《四世同堂》，中短篇小说《月牙儿》、《断魂枪》，话剧《茶馆》、《龙须沟》等。

---

① 本文最初发表于1935年9月天津《大公报》副刊《文艺》第13期。

“生命是闹着玩，事事显出如此；从前我这么想过，现在我懂得了。”

沙子龙的镖局已改成客栈。

东方的大梦没法子不醒了。炮声压下去马来与印度野林中的虎啸。半醒的人们，揉着眼，祷告着祖先与神灵；不大会儿，失去了国土、自由与权利。门外立着不同面色的人，枪口还热着。他们的长矛毒弩，花蛇斑彩的厚盾，都有什么用呢；连祖先与祖先所信的神明全不灵了啊！龙旗的中国也不再神秘，有了火车呀，穿坟过墓的破坏着风水。枣红色多穗的镖旗，绿鲨皮鞘的钢刀，响着串铃的口马，江湖上的智慧与黑话，义气与声名，连沙子龙，他的武艺，事业，都梦似的变成昨夜的。今天是火车、快枪、通商与恐怖。听说，有人还要杀下皇帝的头呢！

这是走镖已没有饭吃，而国术还没被革命党与教育家提倡起来的时候。

谁不晓得沙子龙是利落，短瘦，硬棒，两眼明得象霜夜里的大星？可是，现在他身上放了肉。镖局改了客栈，他自己在后小院占着三间北房，大枪立在墙角，院子里有几只楼鸽。只是在夜间，他把小院的门关好，熟习熟习他的“五虎断魂枪”。这条枪与这套枪，二十年的工夫，在西北一带，给他创出来“神枪沙子龙”五个字，没遇见过敌手。现在，这条枪与这套枪不会再替他增光显胜了；只是摸摸这凉、滑、硬而发颤的杆子，使他心中少难过一些而已。只有在夜间独自拿起枪来，才能相信自己还是“神枪沙”。在白天，他不大谈武艺与往事；他的世界已被狂风吹了走。

在他手下创练起来的少年们还时常来找他。他们大多数是没落子弟，都有点武艺，可是没地方去用。有的在庙会上去卖艺：踢两趟腿，练套家伙，翻几个跟头，附带着卖点大力丸，混个三吊两吊的。有的实在闲不起了，去弄筐果子，或挑些毛豆角，赶早儿在街上论斤吆喝出去。那时候米贱肉贱，肯卖膀子力气本来可以混个肚子圆；他们可是不成：肚量既大，而且得吃口管事儿的，干饽饽、辣饼子咽不下去。况且他们还时常去走会：五虎棍，开路，太狮少狮……虽然算不了什么——比起走镖来——可是到底有个机会活动活动，露露脸。是的，走会捧场是买脸的事，他们打扮的得象个样儿，至少得有条青洋绉裤子，新漂白细市布的小褂，和一双鱼鳞洒鞋——顶好是青缎子抓地虎靴子。他们是神枪沙子龙的徒弟——虽然沙子龙并不承认——得到处露脸，走会得赔上俩钱，说不定还得打场架。没钱，上沙老师那里去求。沙老师不含糊，多少不拘，不让他们空着手儿走。可是，为打架或献技去讨教一个招数，或是请给说个对子——什么空手夺刀，或虎头钩进枪——沙老师有时说句笑话，马虎过去："教什么？拿开水浇吧！"有时直接把他们逐出去。他们不大明白沙老师是怎么了，心中也有点不乐意。

可是，他们到处为沙老师吹腾，一来是愿意使人知道他们的武艺有真传授，受过高人的指教；二来是为激动沙老师：万一有人不服气而找上老师来，老师难道还不露一两手真的么？所以，沙老师一拳就砸倒了个牛！沙老师一脚把人踢到房上去，并没使多大的劲！他们谁也没见过这种事，但是说着说着，他们相信这是真的了，有年月，有地方，千真万确，敢起誓！

王三胜——沙子龙的大伙计——在土地庙拉开了场子，摆好了家伙，抹了一鼻子茶叶末色的鼻烟，他抡了几下竹节钢鞭，把场子打大一些。放下鞭，没向四周作揖，叉着腰念了两句："脚踢天下好汉，拳打五路英雄！"向四周扫了一眼："乡亲们，王三胜不是卖艺的，玩艺儿会几套，西北路上走过镖，会过绿林中的朋友。现在闲着没事，拉个场子陪诸位玩玩。有爱练的尽管下来，王三胜以武会友，有赏脸的，我陪着。神枪沙子龙是我的师父；玩艺地道！诸位，有愿下来的没有？"他看着，准知道没人敢下来，他的话硬，可是那条钢鞭更硬，十八斤重。

王三胜，大个子，一脸横肉，努着对大黑眼珠，看着四周。大家不出声。他脱了小褂，紧了紧深月白色的腰里硬，把肚子杀进去，给手心一口吐沫，抄起大刀来：

“诸位，王三胜先练趟瞧瞧。不白练，练完了，带着的扔几个，没钱，给喊个好，助助威。这儿没生意口。好，上眼！”

大刀靠了身，眼珠努出多高，脸上绷紧，胸脯子鼓出，象两块老桦木根子。一跺脚，刀横起，大红缨子在肩前摆动。削砍劈拨，蹲越闪转，手起风生，忽忽直响。忽然刀在右手心上旋转，身弯下去，四围鸦雀无声，只有缨铃轻叫。刀顺过来，猛的一个踩泥，身子直挺，比众人高着一头，黑塔似的。收了势：“诸位！”一手持刀，一手叉腰，看着四周。稀稀的扔了几个铜钱，他点点头。“诸位！”他等着，等着，地上依旧是那几个亮而削薄的铜钱，外层的人偷偷散去，他咽了口气：“没人懂！”他低声的说，可是大家全听见了。

“有功夫！”西北角上一个黄胡子老头儿答了话。

“啊？”王三胜好似没听明白。

“我说：你——有——功——夫！”老头子的语气很不得人心。

放下大刀，王三胜随着大家的头往西北看。谁也没看起这个老人：小干巴个儿，披着件粗蓝布大衫，脸上窝窝瘪瘪，眼陷进去很深，嘴上几根细黄胡，肩上扛着条小黄草辫子，有筷子那么细，而绝对不象筷子那么直顺。王三胜可是看出这老家伙有功夫，脑门亮，眼睛亮——眼眶虽深，眼珠可黑得象两口小井，深深的闪着黑光。王三胜不怕：他看得出别人有功夫没有，可更相信自己的本事，他是沙子龙手下的大将。

“下来玩玩，大叔！”王三胜说得很得体。

点点头，老头儿往里走。这一走，四外全笑了。他的胳臂不大动；左脚往前迈，右脚随着拉上来，一步步的向前拉扯，身子整着，象是患过瘫痪病。蹭到场中，把大衫扔在地上，一点没理会四围怎样笑他。

“神枪沙子龙的徒弟，你说？好，让你使枪吧；我呢？”老头子非常的干脆，很象久想动手。

人们全回来了，邻场要狗熊的无论怎么敲锣也不中用了。

“三截棍进枪吧?”王三胜要看老头子一手，三截棍不是随便就拿得起来的家伙。

老头子又点点头，拾起家伙来。

王三胜努着眼，抖着枪，脸上十分难看。

老头子的黑眼珠更深更小了，象两个香火头，随着面前的枪尖儿转，王三胜忽然觉得不舒服，那俩黑眼珠似乎要把枪尖吸进去！四外已围得风雨不透，大家都觉出老头子确是有威。为躲那对眼睛，王三胜耍了个枪花。老头子的黄胡子一动：“请!”王三胜一扣枪，向前躬步，枪尖奔了老头子的喉头去，枪缨打了一个红旋。老人的身子忽然活展了，将身微偏，让过枪尖，前把一挂，后把撩王三胜的手。啪，啪，两响，王三胜的枪撒了手。场外叫了好。王三胜连脸带胸口全紫了，抄起枪来；一个花子，连枪带人滚了过来，枪尖奔了老人的中部。老头子的眼亮得发着黑光，腿轻轻一屈，下把掩裆，上把打着刚要抽回的枪杆；啪，枪又落在地上。

场外又是一片彩声。王三胜流了汗，不再去拾枪，努着眼，木在那里。老头子扔下家伙，拾起大衫，还是拉拉着腿，可是走得很快了。大衫搭在臂上，他过来拍了王三胜一下：

“还得练哪，伙计!”

“别走!”王三胜擦着汗：“你不离，姓王的服了！可有一样，你敢会会沙老师?”

“就是为会他才来的!”老头子的干巴脸上皱起点来，似乎是笑呢。“走，收了吧，晚饭我请!”

王三胜把兵器拢在一处，寄放在变戏法二麻子那里，陪着老头子往庙外走。后面跟着不少人，他把他们骂散。

“你老贵姓?”他问。

“姓孙哪，”老头子的话与人一样，都那么干巴。“爱练；久想会会沙子龙。”

沙子龙不把你打扁了！王三胜心里说。他脚底下加了劲，可是没把孙老头落下。他看出来，老头子的腿是老走着查拳门中的连跳步，交起手来，必定很快。但是，无论他怎么快，沙子龙是没对手的。准知道孙老头要吃亏，他心中痛快了些，放慢了些脚步。

“孙大叔贵处？”

“河间的，小地方。”孙老者也和气了些：“月棍年刀一辈子枪，不容易见功夫！说真的，你那两手就不坏！”

王三胜头上的汗又回来了，没言语。

到了客栈，他心中直跳，唯恐沙老师不在家，他急于报仇。他知道老师不爱管这种事，师弟们已碰过不少钉子，可是他相信这回必定行，他是大伙计，不比那些毛孩子，再说，人家在庙会上点名叫阵，沙老师还能丢这个脸么？

“三胜，”沙子龙正在床上看着本《封神榜》，“有事吗？”

三胜的脸又紫了，嘴唇动着，说不出话来。

沙子龙坐起来，“怎么了，三胜？”

“栽了跟头！”

只打了个不甚长的哈欠，沙老师没别的表示。

王三胜心中不平，但是不敢发作，他得激动老师：“姓孙的一个老头儿，门外等着老师呢，把我的枪，枪，打掉了两次！”他知道“枪”字在老师心中有多大分量。没等吩咐，他慌忙跑出去。

客人进来，沙子龙在外间屋等着呢。彼此拱手坐下，他叫三胜去泡茶。三胜希望两个老人立刻交了手，可是不能不沏茶去。孙老者没话讲，用深藏着的眼睛打量沙子龙。沙很客气：

“要是三胜得罪了你，不用理他，年纪还轻。”

孙老者有些失望，可是看出沙子龙的精明。他不知怎样好了，不能拿一个人的精明断定他的武艺。“我来领教领教枪法！”他不由的说出来。

沙子龙没接碴儿。王三胜提着茶壶走进来——急于看二人动手，他没管水开了没有，就沏在壶中。

“三胜，”沙子龙拿起个茶碗来，“去找小顺们去，天汇见，陪孙老者吃饭。”

“什么?”王三胜的眼珠几乎掉出来。看了看沙老师的脸，他敢怒而不敢言的说了声“是啦!”走出去，撅着大嘴。

“教徒弟不易!”孙老者说。

“我没收过徒弟。走吧，这个水不开！茶馆去喝，喝饿了就吃。”沙子龙从桌子上拿起缎子褡裢，一头装着鼻烟壶，一头装着点钱，挂在腰带上。

“不，我还不饿!”孙老者很坚决，两个“不”字把小辫从肩上抡到后边去。

“说会子话儿。”

“我来为领教领教枪法。”

“功夫早搁下了，”沙子龙指着身上，“已经放了肉!”

“这么办也行，”孙老者深深的看了沙老师一眼：“不比武，教给我那趟五虎断魂枪。”

“五虎断魂枪?”沙子龙笑了：“早忘净了！早忘净了！告诉你，在我这儿住几天，咱们逛逛各处，临走，多少送点盘缠。”

“我不逛，也用不着钱，我来学艺!”孙老者立起来，“我练趟给你看看，看够得上学艺不够!”一屈腰已到了院中，把楼鸽都吓飞起去。拉开架子，他打了趟查拳：腿快，手飘洒，一个飞脚起去，小辫儿飘在空中，象从天上落下来一个风筝；快之中，每个架子都摆得稳、准、利落；来回六趟，把院子满都打到，走得圆，接得紧，身子在一处，而精神贯串到四面八方。抱拳收势，身儿缩紧，好似满院乱飞的燕子忽然归了巢。

“好！好!”沙子龙在台阶上点着头喊。

“教给我那趟枪!”孙老者抱了抱拳。

沙子龙下了台阶，也抱着拳：“孙老者，说真的吧，那条枪和那套枪都跟我入棺材，一齐入棺材!”

“不传?”

“不传!”

孙老者的胡子嘴动了半天，没说出什么来。到屋里抄起蓝布大衫，拉拉着腿："打搅了，再会！"

"吃过饭走！"沙子龙说。

孙老者没言语。

沙子龙把客人送到小门，然后回到屋中，对着墙角立着的大枪点了点头。

他独自上了天汇，怕是王三胜们在那里等着。他们都没有去。

王三胜和小顺们都不敢再到土地庙去卖艺，大家谁也不再为沙子龙吹腾；反之，他们说沙子龙栽了跟头，不敢和老头儿动手；那个老头子一脚能踢死个牛。不要说王三胜输给他，沙子龙也不是"个儿"。不过呢，王三胜到底和老头子见了个高低，而沙子龙连句硬话也没敢说。"神枪沙子龙"慢慢似乎被人们忘了。

夜静人稀，沙子龙关好了小门，一气把六十四枪刺下来；而后，拄着枪，望着天上的群星，想起当年在野店荒林的威风。叹一口气，用手指慢慢摸着凉滑的枪身，又微微一笑，"不传！不传！"

【赏析】

在老舍的文学世界中，《断魂枪》无疑相当特殊。它与老舍的经历和爱好不无关系。老舍出身寒苦，22岁时，得了一场大病，差点丢了性命。之后，老舍就十分注意锻炼身体。打拳、练剑是他经常要做的运动。1933年，老舍还结交了一位著名拳师，跟着学了不少东西，并为此购置了一些兵器。可以说打拳的爱好，成就了这篇《断魂枪》。

在西方列强的枪炮惊破"东方大梦"的背景下，沙子龙的镖局也失去了用武之地，不得已改成了客栈。他把自己的绝门武术深深地隐藏起来，即便徒弟来求救，也依然不肯出手。然而夜静人稀之时，沙子龙却独自练习枪法，心里想着过去的风光，嘴里还念着"不传！不传！"这"不传"二字颇有深意。在社会变动的大环境下，沙子龙显然是个旧的人物，虽然表面上他顺应潮流转变职业，但在内心深处，他依然留恋着过去的时代，一直固守着自己以往的文化心理，企图以“不传”来对抗社会的变化，并以此来表达他的精神独立和自尊。断魂枪寄托着沙子龙的人生价值和生命意义，他宁愿舍弃名声，也要孤寂地守着断魂枪的秘密，这无疑是一种英雄末路的悲剧。

小说在塑造人物形象时，主要采取烘托和对照的方法。对沙子龙这个主人公，老舍着墨不多，主要通过对王三胜和孙老者的描绘来侧面烘托对比沙子龙的形象。比如沙子龙的徒弟王三胜，一开始对师傅出手寄予厚望，到后来极度失望，写出了沙子龙的固执。再如孙老者，他乐观，坚韧，为学习传统的武术绝技奔走于江湖，从而对比出沙子龙的保守和愚顽。老舍以“不写之写”，绘出了人物的内心世界，显示了高超的艺术功力。

作者还大量地使用了白描的笔法。如写镖局改为客栈之后，沙子龙居住环境的冷落：“他自己在后小院占着三间北房，大枪立在墙角，院子里有几只楼鸽。只是在夜间，他把小院的门关好，熟习熟习他的‘五虎断魂枪’。”对于人物的心理活动，老舍也主要通过人物的行为动作来加以展示，反映出他对传统小说技法的继承。本文体现出老舍语言的特色，质朴自然，不事雕琢，简练生动。

【思考与练习】

1．请分析概括一下沙子龙形象的性格特征？

2．分析一下王三胜与孙老者这两个人物形象在小说中的作用。

3．找出两组白描的语句并分析其特点。

4．小说开头的一句话有何含义？

受　戒

汪曾祺

【作家作品简介】

汪曾祺（1920－1997），江苏高邮人，肄业于西南联大中文系，曾是沈从文的“入室弟子”。解放前当过中学教员，历史博物馆职员，解放后长期担任编辑工作，曾参与创作样板戏《沙家浜》的剧本。1940年发表第一篇作品，1947年曾出版过短篇小说集《邂逅集》，文革后出版《汪曾祺小说选》、《晚饭花集》等。80年代后期将主要创作精力转向散文。汪曾祺的早期小说学习西方的意识流，80年代的小说逐渐回归传统，充满浓郁的乡土气息，宣扬一种健康的人性美，承接沈从文诗化小说的源流，以其独特的审美意味受到世人瞩目。他的代表作《受戒》、《大淖纪事》被视为“文化寻根文学”的一部分，成为文学史中一道独特的风景线。

明海出家已经四年了。

他是十三岁来的。

这个地方的地名有点怪，叫庵赵庄。赵，是因为庄上大都姓赵。叫做庄，可是人家住得很分散，这里两三家，那里两三家。一出门，远远可以看到，走起来得走一会，因为没有大路，都是弯弯曲曲的川埂。庵，是因为有一个庵。庵叫菩提庵，可是大家叫讹了，叫成荸荠庵。连庵里的和尚也这样叫。“宝刹何处？”——“荸荠庵”。庵本来是住尼姑的。“和尚庙”“尼姑庵”嘛。可是荸荠庵住的是和尚。也许因为荸荠庵不大，大者为庙，小者为庵。

明海在家叫小明子。他是从小就确定要出家的。他的家乡不叫“出家”，叫“当和尚”。他的家乡出和尚。就象有的地方出劁猪的，有的地方出织席子的，有的地方出箍桶的，有的地方出弹棉花的，有的地方出画匠，有的地方出婊子，他的家乡出和尚。人家弟兄多，就派一个出去当和尚。当和尚也要通过关系，也有帮。这地方的和尚有的走得很远。有到杭州灵隐寺的、上海静安寺的、镇江金山寺的、扬州天宁寺的。一般的就在本县的寺庙。明海家田少，老大、老二、老三，就足够种的了。他是老四。他七岁那年，他当和尚的舅舅回家，他爹、他娘就和舅舅商议，决定叫他当和尚。他当时在旁边，觉得这实在是在情在理，没有理由反对。当和尚有很多好处。一是可以吃现成饭。哪个庙里都是管饭的。二是可以攒钱。只要学会了放瑜伽焰口，拜梁皇忏，可以按例分到辛苦钱。积攒起来，将来还俗娶亲也可以；不想还俗，买几亩田也可以。当和尚也不容易，一要面如朗月，二要声如钟磬，三要聪明记性好。他舅舅给他相了相面，叫他前走几步，后走几步，又叫他喊了一声赶牛打场的号子:“格当嘚——”，说是“明子准能当个好和尚，我包了!”要当和尚，得下点本，——念几年书。哪有不认字的和尚呢！于是明子就开蒙入学，读了《三字经》、《百家姓》、《四言杂字》、《幼学琼林》、《上论·下论》、《上孟·下孟》，每天还写一张仿。村里都夸他字写得好，很黑。

舅舅按照约定的日期又回了家，带了一件他自己穿的和尚领的短衫，叫明子娘改小一点，给明子穿上。明子穿了这件和尚短衫，下身还是在家穿的紫花裤子，赤脚穿了一双新布鞋，跟他爹、他娘磕了一个头，就随舅舅走了。

他上学时起了个学名，叫明海。舅舅说，不用改了。于是“明海”就从学名变成了法名。

过了一个湖。好大一个湖！穿过一个县城。县城真热闹：官盐店，税务局，肉铺里挂着成边的猪，一个驴子在磨芝麻，满街都是小磨香油的香味，布店，卖茉莉粉、梳头油的什么斋，卖绒花的，卖丝线的，打把式卖膏药的，吹糖人的，耍蛇的，……他什么都想看看。舅舅一个劲地推他："快走！快走！"

到了一条河边，有一只船在等着他们。船上有一个五十来岁的瘦长瘦长的大伯，船头蹲着一个跟明子差不多大的女孩子，在剥一个莲蓬吃。明子和舅舅坐到舱里，船就开了。

明子听见有人跟他说话，是那个女孩子。

"是你要到荸荠庵当和尚吗？"

明子点点头。

"当和尚要烧戒疤呕！你不怕？"

明子不知道怎么回答，就含含糊糊地摇了摇头。

"你叫什么？"

"明海。"

"在家的时候？"

"叫明子。"

"明子！我叫小英子！我们是邻居。我家挨着荸荠庵。——给你！"

小英子把吃剩的半个莲蓬扔给明海，小明子就剥开莲蓬壳，一颗一颗吃起来。

大伯一桨一桨地划着，只听见船桨泼水的声音：

"哗——许！哗——许！"

……

荸荠庵的地势很好，在一片高地上。这一带就数这片地高，当初建庵的人很会选地方，门前是一条河。门外是一片很大的打谷场。三面都是高大的柳树。山门里是一个穿堂。迎门供着弥勒佛。不知是哪一位名士撰写了一副对联：

大肚能容容天下难容之事
开颜一笑笑世间可笑之人

弥勒佛背后，是韦驮。过穿堂，是一个不小的天井，种着两棵白果树。天井两边各有三间厢房。走过天井，便是大殿，供着三世佛。佛像连龛才四尺来高。大殿东边是方丈，西边是库房。大殿东侧，有一个小小的六角门，白门绿字，刻着一副对联：

一花一世界
三藐三菩提

进门有一个狭长的天井，几块假山石，几盆花，有三间小房。

小和尚的日子清闲得很。一早起来，开山门，扫地。庵里的地铺的都是箩底方砖，好扫得很，给弥勒佛、韦驮烧一炷香，正殿的三世佛面前也烧一炷香、磕三个头，念三声“南无阿弥陀佛”，敲三声磬。这庵里的和尚不兴做什么早课，晚课，明子这三声磬就全都代替了。然后，挑水，喂猪。然后，等当家和尚，即明子的舅舅起来，教他念经。

教念经也跟教书一样，师父面前一本经，徒弟面前一本经，师父唱一句，徒弟跟着唱一句。是唱哎。舅舅一边唱，一边还用手在桌上拍板。一板一眼，拍得很响，就跟教唱戏一样。是跟教唱戏一样，完全一样哎。连用的名词都一样。舅舅说，念经：一要板眼准，二要合工尺。说：当一个好和尚，得有条好嗓子。说：民国十年闹大水，运河倒了堤，最后在清水潭合龙，因为大水淹死的人很多，放了一台大焰口，十三大师——十三个正座和尚，各大庙的方丈都来了，下面的和尚上百。谁当这个首座？推来推去，还是石桥——善因寺的方丈！他往上一坐，就跟地藏王菩萨一样，这就不用说了；那一声“开香赞”，围看的上千人立时鸦雀无声。说：嗓子要练，夏练三伏，冬练三九，要练丹田气！说：要吃得苦中苦，方为人上人！说：和尚里也有状元、榜眼、探花！要用心，不要贪玩！舅舅这一番大法说得明海和尚实在是五体投地，于是就一板一眼地跟着舅舅唱起来：

“炉香乍爇——”
“炉香乍爇——”
“法界蒙熏——”
“法界蒙熏——”
“诸佛现金身……”
“诸佛现金身……”
……

等明海学完了早经，——他晚上临睡前还要学一段，叫做晚经——荸荠庵的师父们就都陆续起床了。

这庵里人口简单，一共六个人。连明海在内，五个和尚。

有一个老和尚，六十几了，是舅舅的师叔，法名普照，但是知道的人很少，因为很少人叫他法名，都称之为老和尚或老师父，明海叫他师爷爷。这是个很枯寂的人，一天关在房里，就是那“一花一世界”里。也看不见他念佛，只是那么一声不响地坐着。他是吃斋的，过年时除外。

下面就是师兄弟三个，仁字排行：仁山、仁海、仁渡。庵里庵外，有的称他们为大师父、二师父；有的称之为山师父、海师父。只有仁渡，没有叫他“渡师父”的，因为听起来不象话，大都直呼之为仁渡。他也只配如此，因为他还年轻，才二十多岁。

仁山，即明子的舅舅，是当家的。不叫“方丈”，也不叫“住持”，却叫“当家的”，是很有道理的，因为他确确实实干的是当家的职务。他屋里摆的是一张账桌，桌子上放的是账簿和算盘。账簿共有三本。一本是经账，一本是租账，一本是债账。和尚要做法事，做法事要收钱，——要不，当和尚干什么？常做的法事是放焰口。正规的焰口是十个人。一个正座，一个敲鼓的，两边一边四个。人少了，八个，一边三个，也凑合了。荸荠庵只有四个和尚，要放整焰口就得和别的庙里合伙。这样的时候也有过。通常只是放半台焰口。一个正座、一个敲鼓，另外一边一个。一来找别的庙里合伙费事；二来这一带放得起整焰口的人家也不多。有的时候，谁家死了人，就只请两个，甚至一个和尚咕噜咕噜念一通经，敲打几声法器就算完事。很多人家的经钱不是当时就给，往往要等秋后才还。这就得记账。另外，和尚放焰口的辛苦钱不是一样的。就象唱戏一样，有份子。正座第一份。因为他要领唱，而且还要独唱。当中有一大段“叹骷髅”，别的和尚都放下法器休息，只有首座一个人有板有眼地慢声吟唱。第二份是敲鼓的。你以为这容易呀？哼，单是一开头的“发擂”，手上没功夫就敲不出迟疾顿挫！其余的，就一样了。这也得记上：某月某日、谁家焰口半台，谁正座，谁敲鼓……省得到年底结账时赌咒骂娘。……这庵里有几十亩产，租给人种，到时候，要收租。庵里还放债。租、债一向倒很少亏欠，因为租佃借钱的人怕菩萨不高兴。这三本账就够仁山忙的了。另外香烛灯火、油盐“福食”这也得随时记记账呀。除了账簿之外，山师父的方丈的墙上还挂着一块水牌，上漆四个红字：“勤笔免思。”

仁山所说当一个好和尚的三个条件，他自己其实一条也不具备。他的相貌只要用两个字就说清楚了：黄、胖。声音也不像钟磬，倒象母猪。聪明么？难说，打牌老输。他在庵里从不穿袈裟，连海青直裰也免了。经常是披着件短僧衣，袒露着一个黄色的肚子。下面是光脚踏拉着一双僧鞋，——新鞋他也是踏拉着。他一天就是这样不衫不履地这里走走，那里走走，发出母猪一样的声音：“哞——哞——”。

二师父仁海。他是有老婆的。他老婆每年夏秋之间来住几个月，因为庵里凉快。庵里有六个人，其中之一，就是这位和尚的家眷。仁山、仁渡叫她嫂子，明海叫她师娘。这两口子都很爱干净，整天的洗涮。傍晚的时候，坐在天井里乘凉。白天，闷在屋里不出来。

三师父是个很聪明精干的人。有时一笔账大师兄扒了半天算盘也算不清，他眼珠子转两转，早算得一清二楚。他打牌赢的时候多，二三十张牌落地，上下家手里有些什么牌，他就差不多都知道了，他打牌时，总有人爱在他后面看歪头胡。谁家约他打牌，就说“想送两个钱给你。”他不但经忏俱通（小庙的和尚能够拜忏的不多），而且身怀绝技，会“飞铙”。七月间有些地方做盂兰会，在旷地上放大焰口，几十个和尚，穿绣花袈裟，飞铙。飞铙就是把十多斤重的大铙钹飞起来。到了一定的时候，全部法器皆停，只几十副大铙紧张急促地敲起来。忽然起手，大铙向半空中飞去，一面飞，一面旋转。然后，又落下来，接住。接住不是平平常常地接住，有各种架势，“犀牛望月”“苏秦背剑”……这哪是念经，这是耍杂技。也算是地藏王菩萨爱看这个，但真正因此快乐起来的是人，尤其是妇女和孩子。这是年轻漂亮的和尚出风头的机会。一场大焰口过后，也象一个好戏班子过后一样，会有一个两个大姑娘、小媳妇失踪，——跟和尚跑了。他还会放“花焰口”。有的人家，亲戚中多风流子弟，在不是很哀伤的佛事——如做冥寿时，就会提出放花焰口。所谓“花焰口”就是在正焰口之后，叫和尚唱小调，拉丝弦，吹管笛，敲鼓板，而且可以点唱。仁渡一个人可以唱一夜不重头。仁渡前几年一直在外面，近二年才常住在庵里。据说他有相好的，而且不止一个。他平常可是很规矩，看到姑娘媳妇总是老老实实的，连一句玩笑话都不说，一句小调山歌都不唱。有一回，在打谷场上乘凉的时候，一伙人把他围起来，非叫他唱两个不可。他却情不过，说：“好，唱一个。不唱家乡的。家乡的你们都熟。唱个安徽的。”

姐和小郎打大麦，
一转子讲得听不得。
听不得就听不得，
打完了大麦打小麦。

唱完了，大家还嫌不够，他就又唱了一个：

姐儿生得漂漂的，
两个奶子翘翘的。
有心上去摸一把，

心里有点跳跳的。

……

这个庵里无所谓清规，连这两个字也没人提起。

仁山吃水烟，连出门做法事也带着他的水烟袋。

他们经常打牌。这是个打牌的好地方。把大殿上吃饭的方桌往门口一搭，斜放着，就是牌桌。桌子一放好，仁山就从他的方丈里把筹码拿出来，哗啦一声倒在桌上。斗纸牌的时候多，搓麻将的时候少。牌客除了师兄弟三人，常来的是一个收鸭毛的，一个打兔子兼偷鸡的，都是正经人。收鸭毛的担一副竹筐，串乡串镇，拉长了沙哑的声音喊叫：

“鸭毛卖钱——！”

偷鸡的有一件家什——铜蜻蜓。看准了一只老母鸡，把铜蜻蜓一丢，鸡婆子上去就是一口，这一啄，铜蜻蜓的硬簧绷开，鸡嘴撑住了，叫不出来了。正在这鸡十分纳闷的时候，上去一把薅住。

明子曾经跟这位正经人要过铜蜻蜓看看。他拿到小英子家门前试了一试，果然！小英子的娘知道了，骂明子：

“要死了！儿子！你怎么到我家来玩铜蜻蜓了！”

小英子跑过来：

“给我！给我！”

她也试了试，真灵，一个黑母鸡一下子就把嘴撑住，傻了眼了！

下雨阴天，这二位就光临荸荠庵，消磨一天。

有时没有外客，就把老师叔也拉出来，打牌的结局，大都是当家和尚气得鼓鼓的：“×妈妈的！又输了！下回不来了！”

他们吃肉不瞒人。年下也杀猪。杀猪就在大殿上。一切都和在家人一样，开水、木桶、尖刀。捆猪的时候，猪也是没命地叫。跟在家人不同的，是多一道仪式，要给即将升天的猪念一道“往生咒”，并且总是老师叔念，神情很庄重：

“……一切胎生、卵生、息生，来从虚空来，还归虚空去。

往生再世，皆当欢喜。南无阿弥陀佛！”

三师父仁渡一刀子下去，鲜红的猪血就带着很多沫子喷出来。

……

明子老往小英子家里跑。

小英子的家象一个小岛，三面都是河，西面有一条小路通到荸荠庵。独门独户，岛上只有这一家。岛上有六棵大桑树，夏天都结大桑椹，三棵结白的，三棵结紫的，一个菜园子，瓜豆蔬菜，四时不缺。院墙下半截是砖砌的，上半截是泥夯的。大门是桐油油过的，贴着一副万年红的春联：

向阳门第春常在
积善人家庆有余

门里是一个很宽的院子，院子里一边是牛屋、碾棚，一边是猪圈、鸡窠，还有个关鸭子的栅栏。露天地放着一具石磨。正北面是住房，也是砖基土筑，上面盖的一半是瓦，一半是草。房子翻修了才三年，木料还露着白茬。正中是堂屋，家神菩萨的画像上贴的金还没有发黑。两边是卧房。隔扇窗上各嵌了一块一尺见方的玻璃，明亮亮的，——这在乡下是不多见的。房檐下一边种着一棵石榴树，一边种着一棵栀子花，都齐房檐高了。夏天花开了，一红一白，好看得很。栀子花香得冲鼻子。顶风的时候，在荸荠庵都闻得见。

这家人口不多。他家当然是姓赵。一共四口人：赵大伯、赵大娘，两个女儿，大英子、小英子。老两口没有儿子。因为这些年人不得病，牛不生灾，也没有大旱大水闹蝗虫，日子过得很兴旺。他们家自己的田，本来够吃的了，又租种了庵上的十亩田。自己的田里，一亩种了荸荠，——这一半是小英子的主意，她爱吃荸荠，一亩种了茨菇。家里喂了一大群鸡鸭，单是鸡蛋鸭毛就够一年的油盐了。赵大伯是个能干人。他是一个“全把式”，不但田里场上样样精通，还会罩鱼、洗磨、凿砻、修水库、修船、砌墙、烧砖、箍桶、劈篾、绞麻绳。他不咳嗽，不腰疼，结结实实，象一棵榆树。人很和气，一天不声不响。赵大伯是一棵摇钱树，赵大娘就是个聚宝盆。大娘精神得出奇。五十岁了，两个眼睛还是清亮亮的。不论什么时候，头都是梳得滑溜溜的，身上衣服都是格挣挣的。象老头子一样，她一天不闲着。煮猪食，喂猪，腌咸菜，——她腌的咸萝卜干非常好吃，舂粉子，磨小豆腐，编蓑衣，织箩筐。她还会剪花样子。这里嫁闺女，陪嫁妆，磁坛子、锡罐子，都要用梅红纸剪出吉祥花样，贴在上面，讨个吉利，也才好看："丹凤朝阳"呀、"白头到老"呀、"子孙万代"呀、"福寿绵长"呀。二三十里的人家都来请她："大娘，好日子是十六，你哪天去呀?"——"十五，我一大清早就来!"

"一定呀!"——"一定！一定!"

两个女儿：长得跟她娘象一个模子里托出来的。眼睛长得尤其象，白眼珠鸭蛋青，黑眼珠棋子黑，定神时如清水，闪动时象星星。浑身上下，头是头，脚是脚。头发滑溜溜的，衣服格挣挣的。——这里的风俗，十五六岁的姑娘就都梳上头了。这两个丫头，这一头的好头发！通红的发根，雪白的簪子！娘女三个去赶集，一集的人都朝她们望。

姐妹俩长得很象，性格不同。大姑娘很文静，话很少，象父亲。小英子比她娘还会说，一天咭咭呱呱地不停。大姐说：

"你一天到晚咭咭呱呱——"

"象个喜鹊!"

"你自己说的！——吵得人心乱!"

"心乱？"

"心乱!"

"你心乱怪我呀!"

二姑娘话里有话。大英子已经有了人家。小人她偷偷地看过，人很敦厚，也不难看，家道也殷实，她满意。已经下过小定，日子还没有定下来。她这二年，很少出房门，整天赶她的嫁妆。大裁大剪，她都会。挑花绣花，不如娘。她可又嫌娘出的样子太老了。她到城里看过新娘子，说人家现在绣的都是活花活草。这可把娘难住了。最后是喜鹊忽然一拍屁股："我给你保举一个人!"

这人是谁？是明子。明子念"上孟·下孟"的时候，不知怎么得了半套《芥子园》，他喜欢得很。到了荸荠庵，他还常翻出来看，有时还把旧账簿子翻过来，照着描。小英子说：

"他会画！画得跟活的一样!"

小英子把明海请到家里来，给他磨墨铺纸，小和尚画了几张，大英子喜欢得了不得：

"就是这样！就是这样！这就可以乱孱!"——所谓"乱孱"是绣花的一种针法：绣了第一层，第二层的针脚插进第一层的针缝，这样颜色就可由深到淡、不露痕迹，不象娘那一代绣的花是平针，深浅之间，界线分明，一道一道的。小英子就象个书僮，又象个参谋：

"画一朵石榴花!"

"画一朵栀子花!"

她把花掐来，明海就照着画。

到后来，凤仙花、石竹子、水蓼、淡竹叶、天竺果子、腊梅花，他都能画。

大娘看着也喜欢，搂住明海的和尚头：

"你真聪明！你给我当一个干儿子吧!"

小英子捺住他的肩膀，说：

"快叫！快叫!"

小明子跪在地下磕了一个头，从此就叫小英子的娘做干娘。

大英子绣的三双鞋，三十里方圆都传遍了。很多姑娘都走路坐船来看。看完了，就说："啧啧啧，真好看！这哪是绣的，这是一朵鲜花!"她们就拿了纸来央大娘求了小和尚来画。有求画帐檐的，有求画门帘飘带的，有求画鞋头花的。每回明子来画花，小英子就给他做点好吃的，煮两个鸡蛋，蒸一碗芋头，煎几个藕团子。

因为照顾姐姐赶嫁妆，田里的零碎生活小英子就全包了。她的帮手，是明子。

这地方的忙活是栽秧、车高田水、薅头遍草、再就是割稻子、打场了。这几茬重活，自己一家是忙不过来的。这地方兴换工。排好了日期，几家顾一家，轮流转。不收工钱，但是吃好的。一天吃六顿，两头见肉，顿顿有酒。干活时，敲着锣鼓，唱着歌，热闹得很。其余的时候，各顾各，不显得紧张。

薅三遍草的时候，秧已经很高了，低头看不见人。一听见非常脆高的嗓子在一片浓绿里唱：

栀子哎开花哎六瓣头哎……

姐家哎门前哎一道桥哎……

明海就知道小英子在哪里，三步两式就赶到，赶到就低头薅起草来。傍晚牵牛“打汪”，是明子的事。——水牛怕蚊子。这里的习惯，牛卸了轭，饮了水，就牵到一口和好泥水的“汪”里，由它自己打滚扑腾，弄得全身都是泥浆，这样蚊子就咬不透了。低田上水，只要一挂十四轧的水车，两个人车半天就够了。明子和小英子就伏在车杠上，不紧不慢地踩着车轴上的拐子，轻轻地唱着明海向三师父学来的各处山歌。打场的时候，明子能替赵大伯一会，让他回家吃饭。——赵家自己没有场，每年都在荸荠庵外面的场上打谷子。他一扬鞭子，喊起了打场号子：

“格当嘚——”

这打场号子有音无字，可是九转十三弯，比什么山歌号子都好听。赵大娘在家，听见明子的号子，就侧起耳朵：

“这孩子这条嗓子！”

连大英子也停下针线：

“真好听！”

小英子非常骄傲地说：

“一十三省数第一！”

晚上，他们一起看场。——荸荠庵收来的租稻也晒在场上。

他们并肩坐在一个石磙子上，听青蛙打鼓，听寒蛇唱歌，——这个地方以为蝼蛄叫是蚯蚓叫，而且叫蚯蚓为“寒蛇”，听纺纱婆子不停地纺纱，“唦——”，看萤火虫飞来飞去，看天上的流星。

“呀！我忘了在裤带上打一个结！”小英子说。

这里的人相信，在流星掉下来的时候在裤带上打一个结，心里想什么好事，就能如愿。

……

“捱”荸荠，这是小英子最爱干的生活。秋天过去了，地净场光，荸荠的叶子枯了，——荸荠的笔直的小葱一样的圆叶子里是一格一格的，用手一捋，哗哗地响，小英子最爱捋着玩，——荸荠藏在烂泥里。赤了脚，在凉浸浸滑溜溜的泥里踩着，——哎，一个硬疙瘩！伸手下去，一个红紫红紫的荸荠。她自己爱干这生活，还拉了明子一起去。她老是故意用自己的光脚去踩明子的脚。

她挎着一篮子荸荠回去了，在柔软的田埂上留了一串脚印。明海看着她的脚印，傻了。五个小小的趾头，脚掌平平的，脚跟细细的，脚弓部分缺了一块。明海身上有一种从来没有过的感觉，他觉得心里痒痒的。这一串美丽的脚印把小和尚的心搞乱了。

……

明子常搭赵家的船进城，给庵里买香烛，买油盐。闲时是赵大伯划船；忙时是小英子去，划船的是明子。

从庵赵庄到县城，当中要经过一片很大的芦花荡子。芦苇长得密密的，当中一条水路，四边不见人。划到这里，明子总是无端端地觉得心里很紧张，他就使劲地划桨。

小英子喊起来：

“明子！明子！你怎么啦？你发疯啦？为什么划得这么快？”

……

明海到善因寺去受戒。

“你真的要去烧戒疤呀？”

“真的。”

“好好的头皮上烧八个洞，那不疼死啦？”

“咬咬牙。舅舅说这是当和尚的一大关，总要过的。”

“不受戒不行吗？”

“不受戒的是野和尚。”

“受了戒有啥好处？”

“受了戒就可以到处去游，逢寺挂褡。”

“怎么叫‘挂褡’？”

“就是在庙里住。有斋就吃。”

“不把钱？”

“不把钱。有法事，还得先尽外来的师父。”

“怪不得都说‘远来的和尚会念经’。就凭头上这几个戒疤？”

“还要有一份戒牒。”

“闹半天，受戒就是领一张和尚的合格文凭呀！”

“就是！”

“我划船送你去。”

“好。”

小英子早早就把船划到荸荠庵门前。不知是什么道理，她兴奋得很。她充满了好奇心，想去看看善因寺这座大庙，看看受戒是个啥样子。

善因寺是全县第一大庙，在东门外，面临一条水很深的护城河，三面都是大树，寺在树林子里，远处只能隐隐约约看到一点金碧辉煌的屋顶，不知道有多大。树上到处挂着“谨防恶犬”的牌子。这寺里的狗出名的厉害。平常不大有人进去。放戒期间，任人游看，恶狗都锁起来了。

好大一座庙！庙门的门坎比小英子的膝都高。迎门矗着两块大牌，一边一块，一块写着斗大两个大字：“放戒”，一块是：“禁止喧哗”。这庙里果然是气象庄严，到了这里谁也不敢大声咳嗽。明海自去报名办事，小英子到处看看。好家伙，这哼哈二将、四大天王，有三丈多高，都是簇新的，才装修了不久。天井有二亩地大，铺着青石，种着苍松翠柏。“大雄宝殿”，这才真是个“大殿”！一进去，凉嗖嗖的。到处都是金光耀眼。释迦牟尼佛坐在一个莲花座上。单是莲座，就比小英子还高。抬起头来也看不全他的脸，只看到一个微微闭着的嘴唇和胖墩墩的下巴。两边的两根大红蜡烛，一搂多粗。佛像前的大供桌上供着鲜花、绒花、绢花，还有珊瑚树、玉如意、整棵的大象牙。香炉里烧着檀香。小英子出了庙，闻着自己的衣服都是香的。挂了好些幡。这些幡不知是什么缎子的，那么厚重，绣的花真细。这么大一口磬，里头能装五担水！这么大一个木鱼，有一头牛大，漆得通红的。她又去转了转罗汉堂，爬到千佛楼上看了看。真有一千个小佛！她还跟着一些人去看了看藏经楼。藏经楼没有什么看头，都是经书！妈吔！逛了这么一圈，腿都酸了。小英子想起还要给家里打油，替姐姐配丝线，给娘买鞋面布，给自己买两个坠围裙飘带的银蝴蝶，给爹买旱烟，就出庙了。

等把事情办齐，晌午了。她又到庙里看了看，和尚正在吃粥。好大一个“膳堂”，坐得下八百个和尚。吃粥也有这样多讲究；正面法座上摆着两个锡胆瓶，里面插着红绒花，后面盘膝坐着一个穿了大红满金绣袈裟的和尚，手里拿了戒尺。这戒尺是要打人的。哪个和尚吃粥吃出了声音，他下来就是一戒尺。不过他并不真的打人，只是做个样子。真稀奇，那么多的和尚吃粥，竟然不出一点声音！她看见明子也坐在里面，想跟他打个招呼又不好打。想了想，管他禁止不禁止喧哗，就大声喊了一句：“我走啦！”她看见明子目不斜视地微微点了点头，就不管很多人都朝自己看，大摇大摆地走了。

第四天一大清早小英子就去看明子。她知道明子受戒是第三天半夜，——烧戒疤是不许人看的。她知道要请老剃头师傅剃头，要剃得横摸顺摸都摸不出头发茬子，要不然一烧，就会“走”了戒，烧成了一片。她知道是用枣泥子先点在头皮上，然后用香头子点着。她知道烧了戒疤就喝一碗蘑菇汤，让它“发”，还不能躺下，要不停地走动，叫做“散戒”。这些都是明子告诉她的。明子是听舅舅说的。

她一看，和尚真在那里“散戒”，在城墙根底下的荒地里。一个一个，穿了新海青，光光的头皮上都有八个黑点子。——这黑疤掉了，才会露出白白的、圆圆的“戒疤”。和尚都笑嘻嘻的，好象很高兴。她一眼就看见了明子。隔着一条护城河，就喊他：

“明子！”

“小英子！”

“你受了戒啦？”

“受了。”

“疼吗？”

“疼。”

“现在还疼吗？”

“现在疼过去了。”

“你哪天回去？”

“后天。”

“上午？下午？”

“下午。”

“我来接你！”

“好！”

……

小英子把明海接上船。

小英子这天穿了一件细白夏布上衣，下边是黑洋纱的裤子，赤脚穿了一双龙须草的细草鞋，头上一边插着一朵栀子花，一边插着一朵石榴花。她看见明子穿了新海青，里面露出短褂子的白领子，就说：“把你外面的一件脱了，你不热呀！”

他们一人一把桨。小英子在中舱，明子板艄，在船尾。

她一路问了明子很多话，好象一年没有看见了。

她问，烧戒疤的时候，有人哭吗？喊吗？

明子说，没有人哭。有个山东和尚骂人：

“俺日你奶奶！俺不烧了！”

她问善因寺的方丈石桥是相貌和声音都很出众吗？

“是的。”

“说他的方丈比小姐的绣房还讲究?”

“讲究。什么东西都是绣花的。”

“他屋里很香?”

“很香。他烧的是伽楠香，贵得很。”

“听说他会做诗，会画画，会写字?”

“会。庙里走廊两头的砖额上，都刻着他写的大字。”

“他是有个小老婆吗?”

“有一个。”

“才十几岁?”

“听说。”

“好看吗?”

“都说好看。”

“你有看见?”

“我怎么会看见？我关在庙里。”

明子告诉她，善因寺一个老和尚告诉他，寺里有意选他当沙弥尾，不过还没有定，要等主事的和尚商议。

“什么叫‘沙弥尾’?”

“放一堂戒，要选出一个沙弥头，一个沙弥尾，沙弥头要老成，要会念很多经。沙弥尾要年轻，聪明，相貌好。”

“当了沙弥尾跟别的和尚有什么不同?”

“沙弥头，沙弥尾，将来都能当方丈。现在的方丈退居了，就当。石桥原来就是沙弥尾。”

“你当沙弥尾吗?”

“还不一定哪。”

“你当方丈，管善因寺？管这么大一个庙?!”

“还早呐!”

划了一气，小英子说：“你不要当方丈!”

“好，不当。”

“你也不要当沙弥尾!”

“好。不当。”

又划了一气，看见那一片芦花荡子了。

小英子忽然把桨放下，走到船尾，趴在明子的耳朵旁边，小声地说：

“我给你当老婆，你要不要?”

明子眼睛鼓得大大的。

“你说话呀!”

明子说：“嗯。”

“什么叫‘嗯’呀! 要不要，要不要?”

明子大声地说：“要!”

“你喊什么!”

明子小小声说：“要——!”

“快点划!”

英子跳到中舱，两只桨飞快地划起来，划进了芦花荡。

芦花才吐新穗。紫灰色的芦穗，发着银光，软软的，滑溜溜的，像一串丝线。有的地方结了蒲棒，通红的，象一枝一枝小蜡烛。青浮萍，紫浮萍。长脚蚊子，水蜘蛛。野菱角开着四瓣的小白花。惊起一只青桩（一种水鸟），擦着芦穗，扑鲁鲁飞远了。

……

一九八〇年八月十二日，写四十三年前的一个梦

【赏析】

《受戒》发表于《北京文学》1980 年第 10 期，获 1980 年度“《北京文学》奖”，是汪曾祺作品中最有影响的一篇。这篇小说主要写的是少年明海初到荸荠庵去当小和尚的一段生活经历。作者通过明海的所见所闻，以及他同小英子之间纯真爱情的描写，细腻地展现了高邮地区的风情、习俗和人性美，描绘了一个世外桃源般的、诗情画意的小天地。在这个天地里，人们都按自己的本性活着，即便是佛门的出家人，也都不受清规戒律的束缚。比如荸荠庵的大师父不叫方丈或住持，而叫“当家的”，颇有世俗情

趣。二师父仁海是有家眷的人。三师父仁渡充满活力，是打牌高手，“飞铙”行家，还会唱最俗的情歌。平常时候，各路生意人甚或偷鸡摸狗之徒常来打牌聊天，佛寺净土如同娱乐场。逢年过节他们也杀猪吃肉，“杀猪就在大殿上。一切都和在家一样。”由此可见，小说名为“受戒”，想要表现的却是“不受戒”的人生理想。正如作者所说：“我写的是美，是健康的人性。美、人性，是任何时候都需要的。”

《受戒》的横空出世，引起了80年代文坛普遍的惊奇与喟叹。散文化的写法，如水一般流动的情致，一种淡淡的哀婉弥漫开来，却又仅止于一声叹息。人们恍悟，“原来小说还可以这样写”。

小说中小英子的形象颇具象征意味，她自小在田园中成长，是自然之子，她的身上没有过多的礼教羁绊，可以无所顾忌地在寺庙中大喊大叫，这种蓬勃不羁的生命力，是作者心中自然人性的一个化身，更是作者内心的一个梦。

小说在结构布局上，有别于我国传统小说讲究情节曲折、有头有尾的特点，而更多地吸收了洒脱自如的散文笔法，看似散散漫漫，却营造出一个和谐统一的有机体。读汪曾祺的作品，要细细品味那种意境，淡雅、素朴，诗意化出的悠远，象中国的水墨画一般。小说中缓缓地流动着一种诗一般的格调和韵律，抒情意味浓郁，笔笔通向人物情感世界的深处。透过表面上看似平淡的描写，读者却体味到了一种素朴的绚丽和厚重的内涵。汪的语言文白夹杂，雅俗融会，是一种纯熟，寓绚烂于平极的语言，被誉为“不尚雕琢而于真挚中见性情，不劳文饰而于朴素中见光彩”，成为现代汉语语言的典范。

【思考与练习】

1．“受戒”在小说中有何象征含义？小英子的角色安排有何用意？

2．细细体会小说所营造的意境，谈谈你对这篇小说艺术特色的理解。

封　锁

张爱玲

【作家作品简介】

张爱玲（1920－1995），现代女作家，出身名门，但父母因思想观念不合而离异。张爱玲一直与父亲生活。童年时她备感世态人情的炎凉，对封建家庭的衰败有着深刻体会。少时受过良好的传统文化教育，8岁熟读《红楼梦》。后求学于上海教会中学和香港大学，接受了现代的历史观念和文化观念。1943年发表《沉香屑：第一炉香》，引起文坛关注，其后又接连发表《倾城之恋》、《金锁记》等一系列作品，被人视为奇迹，名噪一时，被称为“天才”女作家。1955年赴美定居，1995年于寂寞中孤独去世。出版有中短篇小说集《传奇》（1944年），散文集《流言》（1945年），长篇小说《十八春》（1952年）等。

张爱玲的小说是现代文学史上的一个异数，在当时的沧陷区上海，她远离社会主潮，致力于描写都市红尘中的男男女女，而在这通俗的外壳下，张爱玲对人性心理的深刻透视令人惊异。在她笔下，“生命是一袭华美的袍，爬满了虱子”，渗透着人世间的悲哀。张爱玲的小说充满缤纷的意象和朦胧的暗示，心理描写细腻，善用启示和联想。她将中国旧小说的情调和现代趣味成功地融合起来，形成了独特的艺术风格。

开电车的人开电车。在大太阳底下，电车轨道像两条光莹莹的，水里钻出来的曲蟮，抽长了，又缩短了；抽长了，又缩短了，就这么样往前移——柔滑的，老长老长的曲蟮，没有完，没有完……开电车的人眼睛盯住了这两条蠕蠕的车轨，然而他不发疯。

如果不碰到封锁，电车的进行是永远不会断的。封锁了。摇铃了。“叮玲玲玲玲玲”，每一个“玲”字是冷冷的一小点，一点一点连成了一条虚线，切断了时间与空间。

电车停了，马路上的人却开始奔跑，在街的左面的人们奔到街的右面，往右面的人们奔到左面。商店一律地沙啦啦拉上铁门。女太太们发狂一般扯动铁栅栏，叫道：“让我们进来一会儿！我这儿有孩子哪，有年纪大的人！”然而门还是关得紧腾腾的。铁门里的人和铁门外的人眼睁睁对看着，互相惧怕着。

电车里的人相当镇静。他们有座位可坐，虽然设备简陋一点，和多数乘客的家里的情形比较起来，还是略胜一筹。街上渐渐地也安静下来，并不是绝对的寂静，但是人声逐渐渺茫，像睡梦里所听到的芦花枕头里的窸窣。这庞大的城市在阳光里盹着了，重重地把头搁在人们的肩上，口涎顺着人们的衣服缓缓流下去，不能想象的巨大的重量压住了每一个人。

上海似乎从来没有这么静过——大白天里！一个乞丐趁着鸦雀无声的时候，提高了喉咙唱将起来：“阿有老爷太太先生小姐做做好事救救我可怜人哇？阿有老爷太太……”然而他不久就停了下来，被这不经见的沉寂吓噤住了。

还有一个较有勇气的山东乞丐，毅然打破了这静默。他的嗓子浑圆嘹亮：“可怜啊可怜！一个人啊没钱！”悠久的歌，从一个世纪唱到下一个世纪。音乐性的节奏传染上了开电车的。开电车的也是山东人。他长长地叹了一口气，抱着胳膊，向车门上一靠，跟着唱了起来：“可怜啊可怜！一个人啊没钱！”

电车里，一部分的乘客下去了。剩下的一群中，零零落落也有人说句把话。靠近门口的几个公事房里回来的人继续谈讲下去。一个人撒喇一声抖开了扇子，下了结论道：“总而言之，他别的毛病没有，就吃亏在不会做人。”另一个鼻子里哼了一声，冷笑道：“说他不会做人，他把上头敷衍得挺好的呢！”

一对长得颇像兄妹的中年夫妇把手吊在皮圈上，双双站在电车的正中，她突然叫道："当心别把裤子弄脏了！"他吃了一惊，抬起他的手，手里拎着一包熏鱼。他小心翼翼使那油汪汪的纸口袋与他的西装裤子维持二寸远的距离。他太太兀自絮叨道："现在干洗是什么价钱？做一条裤子是什么价钱？"

坐在角落里的吕宗桢，华茂银行的会计师，看见了那熏鱼，就联想到他夫人托他在银行附近一家面食摊子上买的菠菜包子。女人就是这样！弯弯扭扭最难找的小胡同里买来的包子必定是价廉物美的！她一点也不为他着想——一个齐齐整整穿着西装戴着玳瑁边眼镜提着公事皮包的人，抱着报纸里的热腾腾的包子满街跑，实在是不像话！然而无论如何，假使这封锁延长下去，耽误了他的晚饭，至少这包子可以派用场。他看了看手表，才四点半。该是心理作用罢？他已经觉得饿了。他轻轻揭开报纸的一角，向里面张了一张。一个个雪白的，喷出淡淡的麻油气味。一部分的报纸粘住了包子，他谨慎地把报纸撕了下来，包子上印了铅字，字都是反的，像镜子里映出来的，然而他有这耐心，低下头去逐个认了出来："讣告……申请……华股动态……隆重登场候教……"都是得用的字眼儿，不知道为什么转载到包子上，就带点开玩笑性质。也许因为"吃"是太严重的一件事了，相形之下，其他的一切都成了笑话。吕宗桢看着也觉得不顺眼，可是他并没有笑，他是一个老实人。他从包子上的文章看到报上的文章，把半页旧报纸读完了，若是翻过来看，包子就得跌出来，只得罢了。他在这里看报，全车的人都学了样，有报的看报，没有报的看发票，看章程，看名片。任何印刷物都没有的人，就看街上的市招。他们不能不填满这可怕的空虚——不然，他们的脑子也许会活动起来。思想是痛苦的一件事。

只有吕宗桢对面坐着的一个老头子，手心里骨碌碌骨碌碌搓着两只油光水滑的核桃，有板有眼的小动作代替了思想。他剃着光头，红黄皮色，满脸浮油，打着皱，整个的头像一个核桃。他的脑子就像核桃仁，甜的，滋润的，可是没有多大意思。

老头子右首坐着吴翠远，看上去像一个教会派的少奶奶，但是还没有结婚。她穿着一件白洋纱旗袍，滚一道窄窄的蓝边——深蓝与白，很有点讣闻的风味。她携着一把蓝白格子小遮阳伞。头发梳成千篇一律的式样，唯恐唤起公众的注意。

然而她实在没有过分触目的危险。她长得不难看，可是她那种美是一种模棱两可的，仿佛怕得罪了谁的美，脸上一切都是淡淡的，松弛的，没有轮廓。连她自己的母亲也形容不出她是长脸还是圆脸。

在家里她是一个好女儿，在学校里她是一个好学生。大学毕了业后，翠远就在母校服务，担任英文助教。她现在打算利用封锁的时间改改卷子。翻开了第一篇，是一个男生做的，大声疾呼抨击都市的罪恶，充满了正义感的愤怒，用不很合文法的，吃吃艾艾的句子，骂着“红嘴唇的卖淫妇……大世界……下等舞场与酒吧间”。翠远略略沉吟了一会，就找出红铅笔来批了一个“A”字。若在平时，批了也就批了，可是今天她有太多的考虑的时间，她不由地要质问自己，为什么她给了他这么好的分数？不问倒也罢了，一问，她竟涨红了脸。她突然明白了：

因为这学生是胆敢这么毫无顾忌地对她说这些话的唯一的一个男子。

他拿她当做一个见多识广的人看待；他拿她当做一个男人，一个心腹。他看得起她。翠远在学校里老是觉得谁都看不起她——从校长起，教授、学生、校役……学生们尤其愤慨得厉害：“申大越来越糟了！一天不如一天！用中国人教英文，照说，已经是不应当，何况是没有出过洋的中国人！”翠远在学校里受气，在家里也受气。吴家是一个新式的，带着宗教背景的模范家庭。家里竭力鼓励女儿用功读书，一步一步往上爬，爬到了顶儿尖儿上——一个二十来岁的女孩子在大学里教书！打破了女子职业的新纪录。然而家长渐渐对她失掉了兴趣，宁愿她当初在书本上马虎一点，匀出点时间来找一个有钱的女婿。

她是一个好女儿，好学生。她家里都是好人，天天洗澡，看报，听无线电向来不听申曲滑稽京戏什么的，而专听贝多芬瓦格涅的交响乐，听不懂也要听。世界上的好人比真人多……翠远不快乐。

生命像圣经，从希伯莱文译成希腊文，从希腊文译成拉丁文，从拉丁文译成英文，从英文译成国语。翠远读它的时候，国语又在她脑子里译成了上海话。那未免有点隔膜。

翠远搁下了那本卷子，双手捧着脸。太阳滚热地晒在她背脊上。

隔壁坐着个奶妈，怀里躺着小孩，孩子的脚底心紧紧抵在翠远的腿上。小小的老虎头红鞋包着柔软而坚硬的脚……

这至少是真的。

电车里，一位医科学生拿出一本图画簿，孜孜修改一张人体骨骼的简图。其他的乘客以为他在那里速写他对面盹着的那个人。大家闲着没事干，一个一个聚拢来，三三两两，撑着腰，背着手，围绕着他，看他写生。拎着熏鱼的丈夫向他妻子低声道："我就看不惯现在兴的这些立体派，印象派！"他妻子附耳道："你的裤子！"

那医科学生细细填写每一根骨头，神经，筋络的名字。有一个公事房里回来的人将折扇半掩着脸，悄悄向他的同事解释道："中国画的影响。现在的西洋画也时兴题字了，倒真是'东风西渐'！"

吕宗桢没凑热闹，孤零零地坐在原处。他决定他是饿了。

大家都走开了，他正好从容地吃他的菠菜包子，偏偏他一抬头，瞥见了三等车厢里有他一个亲戚，是他太太的姨表妹的儿子。他恨透了这董培芝。培芝是一个胸怀大志的清寒子弟，一心只想娶个略具资产的小姐。吕宗桢的大女儿今年方才十三岁，已经被培芝睃在眼里，心里打着如意算盘，脚步儿越发走得勤了。吕宗桢一眼望见了这年青人，暗暗叫声不好，只怕培芝看见了他，要利用这绝好的机会向他进攻。若是在封锁期间和这董培芝困在一间屋子里，这情形一定是不堪设想！

他匆匆收拾起公事皮包和包子，一阵风奔到对面一排座位上，坐了下来。现在他恰巧被隔壁的吴翠远挡住了，他表侄绝对不能够看见他。翠远回过头来，微微瞪了他一眼。糟了！这女人准是以为他无缘无故换了一个座位，不怀好意。他认得出那被调戏的女人的脸谱——脸板得纹丝不动，眼睛里没有笑意，嘴角也没有笑意，连鼻洼里都没有笑意，然而不知道什么地方有一点颤巍巍的微笑，随时可以散布开来。觉得自己太可爱了的人，是熬不住要笑的。该死，董培芝毕竟看见了他，向头等车厢走过来了，谦卑地，老远地就躬着腰，红喷喷的长长的面颊，含有僧尼气息的灰布长衫——一个吃苦耐劳、守身如玉的青年，最合理想的乘龙快婿。宗桢迅疾地决定将计就计，顺水推舟，伸出一只手臂来搁在翠远背后的窗台上，不声不响宣布了他的调情的计划。他知道他这么一来，并不能吓退了董培芝，因为培芝眼中的他素来是一个无恶不作的老年人。由培芝看来，过了三十岁的人都是老年人，老年人都是一肚子的坏。培芝今天亲眼看见他这样下流，少不得一五一十要去报告给他太太听——气气他太太也好！谁叫她给他弄上这么一个表侄！气，活该气！

他不怎么喜欢身边这女人。她的手臂，白倒是白的，像挤出来的牙膏。她的整个的人像挤出来的牙膏，没有款式。

他向她低声笑道："这封锁，几时完哪？真讨厌！"翠远吃了一惊，掉过头来，看见了他搁在她身后的那只胳膊，整个身子就僵了一僵，宗桢无论如何不能容许他自己抽回那只胳膊。他的表侄正在那里双眼灼灼望着他，脸上带着点会心的微笑。如果他夹忙里跟他表侄对一对眼光，也许那小子会怯怯地低下头去——处女风韵的窘态；也许那小子会向他挤一挤眼睛——谁知道？

他咬一咬牙，重新向翠远进攻。他道："您也觉着闷罢？我们说两句话，总没有什么要紧！我们——我们谈谈！"他不由自主的，声音里带着哀恳的调子。翠远重新吃了一惊，又掉回头来看了他一眼。他现在记得了，他瞧见她上车的——非常戏剧化的一刹那，但是那戏剧效果是碰巧得到的，并不能归功于她。他低声道："你知道么？我看见你上车，前头的玻璃上贴的广告，撕破了一块，从这破的地方我看见你的侧面，就只一点下巴。"是乃络维奶粉的广告，画着一个胖孩子，孩子的耳朵底下突然出现了这女人的下巴，仔细想起来是有点吓人的。"后来你低下头去从皮包里拿钱，我才看见你的眼睛，眉毛，头发。"拆开来一部分一部分地看，她未尝没有她的一种风韵。

翠远笑了。看不出这人倒也会花言巧语——以为他是个靠得住的生意人模样！她又看了他一眼。太阳光红红地晒穿他鼻尖下的软骨。他搁在报纸包上的那只手，从袖口里出来，黄色的，敏感的——一个真的人！不很诚实，也不很聪明，但是一个真的人！她突然觉得炽热，快乐。她背过脸去，细声道："这种话，少说些罢！"

宗桢道："嗯？"他早忘了他说了些什么。他眼睛盯着他表侄的背影——那知趣的青年觉得他在这儿是多余的，他不愿得罪了表叔，以后他们还要见面呢，大家都是快刀斩不断的好亲戚；他竟退回三等车厢去了。董培芝一走，宗桢立刻将他的手臂收回，谈吐也正经起来。他搭讪着望了一望她膝上摊着的练习簿，道："申光大学……您在申光读书！"

他以为她这么年青？她还是一个学生？她笑了，没做声。

宗桢道："我是华济毕业的。华济。"她颈子上有一粒小小的棕色的痣，像指甲刻的印子。宗桢下意识地用右手捻了一捻左手的指甲，咳嗽了一声，接下去问道："您读的是哪一科？"翠远注意到他的手臂不在那儿了，以为他态度的转变是由于她端凝的人格，潜移默化所致。这么一想，倒不能不答话了，便道："文科。您呢？"宗桢道："商科。"他忽然觉得他们的对话，道学气太浓了一点，便道："当初在学校里的时候，忙着运动，出了学校，又忙着混饭吃。书，简直没念多少！"翠远道："你公事忙么？"宗桢道："忙得没头没脑。早上乘电车上公事房去，下午又乘电车回来，也不知道为什么去，为什么来！我对于我的工作一点也不感到兴趣。说是为了挣钱罢，也不知道是为谁挣的！"翠远道：

“谁都有点家累。”

宗桢道：“你不知道——我家里——咳，别提了！”翠远暗道：“来了！他太太一点都不同情他！世上有了太太的男人，似乎都是急切需要别的女人的同情。”宗桢迟疑了一会，方才吞吞吐吐，万分为难地说道：“我太太——一点都不同情我。”

翠远皱着眉毛望着他，表示充分了解。宗桢道：“我简直不懂我为什么天天到了时候就回家去。回到哪儿去？实际上我是无家可归的。”他褪下眼镜来，迎着亮，用手绢子拭去上面的水渍，道：“咳！混着也就混下去了，不能想——就是不能想！”近视眼的人当众摘下眼镜子，翠远觉得有点秽亵，仿佛当众脱衣服似的，不成体统。宗桢继续说道：“你——你不知道她是怎么样的一个女人！”翠远道：“那么，你当初……”宗桢道：“当初我也反对来着。她是我母亲给订下的。我自然是愿意让我自己拣，可是……她从前非常的美……我那时又年青……年青的人，你知道……”翠远点点头。

宗桢道：“她后来变成了这么样的一个人——连我母亲都跟她闹翻了，倒过来怪我不该娶了她！她……她那脾气——她连小学都没有毕业。”翠远不禁微笑道：“你仿佛非常看重那一纸文凭！其实，女子教育也不过是那么一回事！”她不知道为什么她说出这句话来，伤了她自己的心。宗桢道：“当然哪，你可以在旁边说风凉话，因为你是受过上等教育的。你不知道她是怎么样的一个——”他顿住了口，上气不接下气，刚戴上了眼镜子，又褪下来擦镜片。翠远道：“你说得太过分了一点罢？”宗桢手里捏着眼镜，艰难地做了一个手势道：“你不知道她是——”翠远忙道：“我知道，我知道。”她知道他们夫妇不和，决不能单怪他太太，他自己也是一个思想简单的人。他需要一个原谅他，包涵他的女人。

街上一阵乱，轰隆轰隆来了两辆卡车，载满了兵。翠远与宗桢同时探头出去张望；出其不意地，两人的面庞异常接近。在极短的距离内，任何人的脸都和寻常不同，像银幕上特写镜头一般的紧张。宗桢和翠远突然觉得他们俩还是第一次见面。在宗桢的眼中，她的脸像一朵淡淡几笔的白描牡丹花，额角上两三根吹乱的短发便是风中的花蕊。

他看着她，她红了脸，她一脸红，让他看见了，他显然是很愉快。她的脸就越发红了。宗桢没有想到他能够使一个女人脸红，使她微笑，使她背过脸去，使她掉过头来。在这里，他是一个男子。平时，他是会计师，他是孩子的父亲，他是家长，他是车上的搭客，他是店里的主顾，他是市民。可是对于这个不知道他的底细的女人，他只是一个单纯的男子。

他们恋爱着了。他告诉她许多话，关于他们银行里，谁跟他最好，谁跟他面和心不和，家里怎样闹口舌，他的秘密的悲哀，他读书时代的志愿……无休无歇的话，可是她并不嫌烦。恋爱着的男子向来是喜欢说，恋爱着的女人向来是喜欢听。恋爱着的女人破例地不大爱说话，因为下意识地她知道：男人彻底地懂得了一个女人之后，是不会爱她的。

宗桢断定了翠远是一个可爱的女人——白，稀薄，温热，像冬天里你自己嘴里呵出来的一口气。你不要她，她就悄悄地飘散了。她是你自己的一部分，她什么都懂，什么都宽宥你。你说真话，她为你心酸；你说假话，她微笑着，仿佛说："瞧你这张嘴！"

宗桢沉默了一会，忽然说道："我打算重新结婚。"翠远连忙做出惊慌的神气，叫道："你要离婚？那……恐怕不行罢？"

宗桢道："我不能够离婚。我得顾全孩子们的幸福。我大女儿今年十三岁了，才考进了中学，成绩很不错。"翠远暗道："这跟当前的问题又有什么关系？"她冷冷地道："哦，你打算娶妾。"宗桢道："我预备将她当妻子看待。我——我会替她安排好的。我不会让她为难。"翠远道："可是，如果她是个好人家的女孩子，只怕她未见得肯罢？种种法律上的麻烦……"宗桢叹了口气道："是的。你这话对。我没有这权利。我根本不该起这种念头……我年纪也太大了。我已经三十五了。"翠远缓缓地道："其实，照现在的眼光看来，那倒也不算大。”宗桢默然。半晌方说道：“你……几岁？”翠远低下头去道：“二十五。”宗桢顿了一顿，又道：“你是自由的么？”翠远不答。宗桢道：“你不是自由的。即使你答应了，你的家里人也不会答应的，是不是？……是不是？”

翠远抿紧了嘴唇。她家里的人——那些一尘不染的好人——她恨他们！他们哄够了她。

他们要她找个有钱的女婿，宗桢没有钱而有太太——气气他们也好！气，活该气！车上的人又渐渐多了起来，外面许是有了“封锁行将开放”的谣言，乘客一个一个上来，坐下，宗桢与翠远给他们挤得紧紧的，坐近一点，再坐近一点。

宗桢与翠远奇怪他们刚才怎么这样的糊涂，就想不到自动地坐近一点，宗桢觉得她太快乐了，不能不抗议。他用苦楚的声音向她说：“不行！这不行！我不能让你牺牲了你的前程！你是上等人，你受过这样好的教育……我——我又没有多少钱，我不能坑了你的一生！”可不是，还是钱的问题。他的话有理。翠远想道：“完了。”以后她多半是会嫁人的，可是她的丈夫决不会像一个萍水相逢的人一般的可爱——封锁中的电车上的人……一切再也不会像这样自然。再也不会……呵，这个人，这么笨！这么笨！她只要他的生命中的一部分，谁也不希罕的一部分。他白糟蹋了他自己的幸福。那么愚蠢的浪费！她哭了，可是那不是斯斯文文的，淑女式的哭。她简直把她的眼泪唾到他脸上。他是个好人——世界上的好人又多了一个！

向他解释有什么用？如果一个女人必须倚仗着她的言语来打动一个男人，她也就太可怜了。

宗桢一急，竟说不出话来，连连用手去摇撼她手里的阳伞。她不理他。他又去摇撼她的手，道：“我说——我说——这儿有人哪！别！别这样！等会儿我们在电话上仔细谈。你告诉我你的电话。”翠远不答。他逼着问道：“你无论如何得给我一个电话号码。”翠远飞快地说了一遍道：“七五三六九。”

宗桢道："七五三六九？"她又不做声了。宗桢嘴里喃喃重复着："七五三六九，"伸手在上下的口袋里掏摸自来水笔，越忙越摸不着。翠远皮包里有红铅笔，但是她有意地不拿出来。

她的电话号码，他理该记得。记不得，他是不爱她，他们也就用不着往下谈了。封锁开放了。"叮玲玲玲玲玲"摇着铃，每一个"玲"字是冷冷的一点，一点一点连成一条虚线，切断时间与空间。

一阵欢呼的风刮过这大城市。电车当当当往前开了。宗桢突然站起身来，挤到人丛中，不见了。翠远偏过头去，只做不理会。他走了。对于她，他等于死了。电车加足了速力前进，黄昏的人行道上，卖臭豆腐干的歇下了担子，一个人捧着文王神卦的匣子，闭着眼霍霍地摇。一个大个子的金发女人，背上背着大草帽，露出大牙齿来向一个意大利水兵一笑，说了句玩笑话。翠远的眼睛看到了他们，他们就活了，只活那么一刹那。车往前当当地跑，他们一个个的死去了。

翠远烦恼地合上了眼。他如果打电话给她，她一定管不住她自己的声音，对他分外的热烈，因为他是一个死去了又活过来的人。

电车里点上了灯，她一睁眼望见他遥遥坐在他原先的位子上。她震了一震——原来他并没有下车去！她明白他的意思了：封锁期间的一切，等于没有发生。整个的上海打了个盹，做了个不近情理的梦。

开电车的放声唱道："可怜啊可怜！一个人啊没钱！可怜啊可……"一个缝穷婆子慌里慌张掠过车头，横穿过马路。开电车的大喝道："猪猡！"

吕宗桢到家正赶上吃晚饭。他一面吃一面阅读他女儿的成绩报告单，刚寄来的。他还记得电车上那一回事，可是翠远的脸已经有点模糊——那是天生使人忘记的脸。他不记得她说了些什么，可是他自己的话他记得很清楚——温柔地："你——几岁？"慷慨激昂地："我不能让你牺牲了你的前程！"

饭后，他接过热手巾，擦着脸，踱到卧室里来，扭开了电灯。一只乌壳虫从房这头爬到房那头，爬了一半，灯一开，它只得伏在地板的正中，一动也不动。在装死么？在思想着么？整天爬来爬去，很少有思想的时间罢？然而思想毕竟是痛苦的。宗桢捻灭了电灯，手按在机括上，手心汗潮了，浑身一滴滴沁出汗来，像小虫子痒痒地在爬。他又开了灯，乌壳虫不见了，爬回窠里去了。

（一九四三年八月）

【赏析】

张爱玲善于将人放在极端状态下来考验他们的人性，《封锁》也是如此。因为突如其来的封锁，一对陌生男女之间发生了一段缘分，但这种缘分的结局不是记忆，而是忘却。

如果换个环境，吴翠远很明显不是吕宗桢喜欢的类型，因为在吕看来，“她的整个的人像挤出来的牙膏，没有款式”。而吕宗桢也不是英俊小生，何况还有家室。无论如何这两人也不会走到一起。为了躲避处心积虑的姨侄，吕宗桢偶然间坐到了翠远的旁边，而翠远的内心深处，又恰巧渴望着一段激情，于是在经过一系列的试探后，在电车上发生了在我们看来不可思议的一幕：一对陌生的男女，两个放在人堆里都分不出特点的“好人”，竟像恋人一般说着甜言蜜语，憧憬着美好的未来。吕宗桢欲擒故纵地说出了“我不能坑你一生”的情话，而翠远居然假戏真做地哭起来，只是哭相不大好看，几乎“把眼泪唾到他脸上”。

然而封锁终究要解除，电车也还是要继续前行。就在这一刻，吕宗桢又闪入人群，坐回原来的位置。吴翠远“震了一震——原来他并没有下车去！她明白他的意思了：封锁期间的一切，等于没有发生。整个上海打了个盹，做了个不近情理的梦”。原来这一切都只是她自己的梦而已，多么冷酷的收场，多么自以为是的悲剧。

吴翠远虽然是一个知识女性，但在小说中依然处于被动地位。她面对“从天而降”的吕宗桢，被动地接受了他的殷勤，又被动地爱上了他，最后又被动地被吕宗桢所遗忘，从这一点来说，她是可悲的。

题为封锁，可以从多重含义中来理解。这里不仅有空间的封锁，时间的封锁，更重要的是还有人性的封锁。战时的临时封锁中，交通停滞了，人们的生活也被抛离了常态，人们在无所适从的时候，内心被压抑的本能反而活跃起来，得到了暂时的释放。于是陌生的男男女女可以毫无顾忌地调情，互诉衷肠，然而一旦封锁解除，一切都将立刻回归到正常轨道上。张的笔下，封锁是一个试金石，将人们心中神圣的缘分和爱情试出了水分，渗透着缕缕悲哀。

有学者说，张爱玲是个彻底的悲观主义者，在《封锁》中，我们确实可以深刻地体会到这一点。她先叫人们生出一点希望，觉得这人生似乎尚有些有趣的地方，可转眼间就将它象肥皂泡一样捅破，空留给人一个尴尬的念想。

张爱玲擅长运用各种比喻和意象。譬如这篇《封锁》，将电车轨喻作曲蟮，“抽长了，又缩短了；抽长了，又缩短了”，显示出生命的冗长乏味，它是“柔滑”的，单调的，毫无美感的“蠕蠕”的运动，并且还是“老长老长”没个尽头。这种生存状态几乎会让人发疯，然而所有的人都像开电车的一样不发疯。又说，“这庞大的城市在阳光里盹着了，重重地把头搁在人们的肩上，口涎顺着人们的衣服缓缓流下去，不能想象的巨大的重量压住了每一个人”。“生命象圣经”，因为翻译来翻译去的缘故，所以使人“隔膜”。那首尾呼应的乞丐的歌声，还有那电车的铃声，似乎都要从一个世纪唱到另一个世纪。这一切都喻示了一个属于张爱玲眼中的世界，苍凉无比。

【思考与练习】

1. 小说题为“封锁”，主要指代什么？

2. 试分析小说中意象和比喻的使用。

伊豆的舞女

[日本] 川端康成

【作家作品简介】

川端康成（1899－1972），日本著名作家。幼失双亲，不幸的身世使他养成一种孤僻的孤儿气质，对其创作影响很大。曾与横光利一等发起新感觉运动，接着强调日本文学传统，追求纤细、含蓄、伤感、清淡而纯真的风格。后期又把超世思想同西方颓废主义混合起来，着力表现人的意识中最阴暗的部分，反映与悲哀相连的爱与死的主题。川端康成的成就是多方面的，包括小说、散文、评论等。主要作品有《伊豆的舞女》、《温泉旅馆》、《母亲的初恋》、《名人》、《舞姬》、《古都》和《雪国》等。1968年，以《雪国》、《古都》、《千只鹤》三部代表作，获得诺贝尔文学奖。1972年，他在住宅中含煤气管自杀身亡。

川端康成在坚持民族传统的基础上，接受西方现代主义的艺术经验，形成了自己独特的艺术风格，这种风格就是以女性生活为主要内容，表现一种哀怨、凄婉、感伤和虚无的情绪，具有古典美和佛教境界相结合的审美意境，把日本古典美中的"幽情"发挥到了顶峰。

诺贝尔文学奖评选委员会主席安德斯·奥斯特林强调，"川端先生明显地受到欧洲近代现实主义的影响，但是，川端先生也明确地显示出这种倾向：他忠实地立足于日本的古典文学，维护并继承了纯粹的日本传统的文学模式。在川端先生的叙事技巧里，可以发现一种具有纤细韵味的诗意。""川端康成先生的获奖，有两点重要意义。其一，川端先生以卓越的艺术手法，表现了道德性与伦理性的文化意识；其二，在架设东方与西方的精神桥梁上做出了贡献。”

一

山路变得弯弯曲曲，快到天城岭了。这时，骤雨白亮亮地笼罩着茂密的杉林，从山麓向我迅猛地横扫过来。

那年我二十岁，头戴高等学校[①]的制帽，身穿藏青碎白花纹上衣和裙裤，肩挎一个学生书包。我独自到伊豆旅行，已是第四天了。在修善寺温泉歇了一宿，在汤岛温泉住了两夜，然后登着高齿木屐爬上了天城山。重叠的山峦，原始的森林，深邃的幽谷，一派秋色，实在让人目不暇接。可是，我的心房却在猛烈跳动。因为一个希望在催促我赶路。这时候，大粒的雨点开始敲打着我。我跑步登上曲折而陡峭的山坡，好不容易爬到了天城岭北口的一家茶馆，吁了一口气，呆若木鸡地站在茶馆门前。我完全如愿以偿。巡回艺人一行正在那里小憩。

舞女看见我呆立不动，马上让出自己的坐垫，把它翻过来，推到了一旁。

“噢……”我只应了一声，就在这坐垫上坐下。由于爬坡气喘和惊慌，连“谢谢”这句话也卡在嗓子眼里说不出来了。

我就近跟舞女相对而坐，慌张地从衣袖里掏出一支香烟。舞女把随行女子跟前的烟灰碟推到我面前。我依然没有言语。舞女看上去约莫十七岁光景。她梳理着一个我叫不上名字的大发髻，发型古雅而又奇特。这种发式，把她那严肃的鹅蛋形脸庞衬托得更加玲珑小巧，十分匀称，真是美极了。令人感到她活像小说里的姑娘画像，头发特别丰厚。舞女的同伴中，有个四十出头的妇女、两个年轻的姑娘；还有一个二十五六岁的汉子，他身穿印有长冈温泉旅馆号的和服外褂。

舞女这一行人至今我已见过两次。初次是在我到汤岛来的途

① 高等学校，即旧制大学预科

中，她们正去修善寺，是在汤川桥附近遇见的。当时有三个年轻的姑娘。那位舞女提着鼓。我不时地回头看看她们，一股旅行的情趣油然而生。然后是翌日晚上在汤岛，她们来到旅馆演出。我坐在楼梯中央，聚精会神地观赏着那位舞女在门厅里跳舞。

……她们白天在修善寺，今天晚上来到汤岛，明天可能越过天城岭南行去汤野温泉。在天城山二十多公里的山路上，一定可以追上她们的。我就是这样浮想联翩，急匆匆地赶来的。赶上避雨，我们在茶馆里相遇了。我心里七上八下。

不一会儿，茶馆老太婆把我领到另一个房间去。这房间大概平常不用，没有安装门窗。往下看去，优美的幽谷，深不见底。我的肌肤起了鸡皮疙瘩，牙齿咯咯作响，浑身颤抖了。我对端茶进来的老太婆说了声："真冷啊！"

"唉哟！少爷全身都淋湿了。请到这边取取暖，烤烤衣服吧。"

老太婆话音未落，便拉着我的手，把我领到她们的起居室去了。

这个房间里装有地炉，打开拉门，一股很强的热气便扑面而来。我站在门槛边踟蹰不前。只见一位老大爷盘腿坐在炉边。他浑身青肿，活像个溺死的人。他那两只连瞳孔都黄浊的、像是腐烂了的眼睛，倦怠地朝我这边瞧着。身边的旧信和纸袋堆积如山。说他是被埋在这些故纸堆里，也不过分。我呆呆地只顾望着这个山中怪物，怎么也想象不出他还是个活人。"让你瞧见这副有失体面的模样……不过，他是我的老伴，你别担心。

他相貌丑陋，已经动弹不了，请将就点吧。"老太婆这么招呼说。

据老太婆谈，老大爷患了中风症，半身不遂。他身边的纸山，是各县寄来的治疗中风症的药方，以及从各县邮购来的盛满治疗中风症药品的纸袋。听说，凡是治疗中风症的药方，不管是从翻山越岭前来的旅客的口中听到的，或是从新闻广告中读到的，他都一一打听，照方抓药。这些信和纸袋，他一张也不扔掉，都堆放在自己的身边。凝视着它们打发日子。天长日久，这些破旧的废纸就堆积如山了。

老太婆讲了这番话，我无言以对，在地炉边上一味把脑袋耷拉下来。

越过山岭的汽车，震动着房子。我落入沉思：秋天都这么冷，过不多久白雪将铺满山头，这位老大爷为什么不下山呢？我的衣衫升腾起一股水蒸气，炉火旺盛，烤得我头昏脑涨。老太婆在铺面上同巡回演出的女艺人攀谈起来。“哦，先前带来的姑娘都这么大了吗？长得蛮标致的。你也好起来了，这样娇美。姑娘家长得真快啊。”

不到一小时的工夫，传来了巡回演出艺人整装出发的声响。我再也坐不住了。不过，只是内心纷乱如麻，却没有勇气站起来。我心想：虽说他们长期旅行走惯了路，但毕竟还是女人，就是让她们先走一二公里，我跑步也能赶上。我身在炉旁，心却是焦灼万分。尽管如此，她们不在身旁，我反而获得了解放，开始胡思乱想。老太婆把她们送走后，我问她：

“今天晚上那些艺人住在什么地方呢？”

“那种人谁知道会住在哪儿呢，少爷。什么今天晚上，哪有固定住处的哟。哪儿有客人，就住在哪儿呗。”

老太婆的话，含有过于轻蔑的意思，甚至煽起了我的邪念：既然如此，今天晚上就让那位舞女到我房间里来吧。

雨点变小了，山岭明亮起来。老太婆一再挽留我说：“再呆十分钟，天空放晴，定会分外绚丽。”可是，说什么我再也坐不住了。

“老大爷，请多保重，天快变冷了。”我由衷地说了一句，站了起来。

老大爷呆滞无神。动了动枯黄的眼睛，微微点了点头。

“少爷！少爷！”老太婆边喊边追了过来，“你给这么多钱，我怎么好意思呢。真对不起啊。”

她抱住我的书包，不想交给我。我再三婉拒，她也不答应，说要把我直送到那边。她反复唠叨着同样的话，小跑着跟在我后头走了一町远。

“怠慢了，实在对不起啊！我会好生记住你的模样。下次路过，再谢谢你。下次你一定来呀。”

我只是留下一个五角钱的银币，她竟如此惊愕，感动得热泪都快要夺眶而出。而我只想尽快赶上舞女。老太婆步履蹒跚，反而难为我了。我们终于来到了山岭的隧道口。

“太谢谢了。老大爷一个人在家，请回吧。”我说过之后，老太婆好歹才放开了书包。

走进黑魆魆的隧道，冰凉的水滴滴答答地落下来。前面是通向南伊豆的出口，露出了小小的亮光。

二

山路从隧道出口开始，沿着崖边围上了一道刷成白色的栏杆，像一道闪电似地伸延过去。极目展望，山麓如同一副模型，从这里可以窥见艺人们的倩影。走了不到七百米，我追上了她们一行。但我不好突然放慢脚步，便佯装冷漠的样子，赶过了她们。独自走在前头二十米远的汉子，一看见我，就停住了步子。

“您走得真快……正好，天放晴了。”

我如释重负，开始同这汉子并肩行走。这汉子连珠炮似地向我问东问西。姑娘们看见我们两人谈开了，便从后面急步赶了上来。

这汉子背着一个大柳条包。那位四十岁的女人，抱着一条小狗。大姑娘挎着包袱。另一个姑娘拎着柳条包。各自都拿着大件行李。舞女则背着鼓和鼓架。四十岁的女人慢慢地也同我搭起话来。

“他是高中生呐。”大姑娘悄声对舞女说。

我一回头，舞女边笑边说：

“可能是吧。这点事我懂得。学生哥常来岛上的。”

这一行是大岛波浮港人。她们说，她们春天出岛，一直在外，天气转冷了，由于没做过冬准备，计划在下田呆十天左右，就从伊东温泉返回岛上。一听说是大岛，我的诗兴就更浓了。我又望了望舞女秀美的黑发，询问了大岛的种种情况。

“许多学生哥都来这儿游泳呢。”舞女对女伴说。

“是在夏天吧？”我回头问了一句。

舞女有点慌张地小声回答说：“冬天也……”

“冬天也？”……

舞女依然望着女伴，舒开了笑脸。

“冬天也能游泳吗？”我重问了一遍。

舞女脸颊绯红，非常认真地轻轻点了点头。

“真糊涂，这孩子。”四十岁的女人笑了。

到汤野，要沿着河津川的山涧下行十多公里。翻过山岭，连山峦和苍穹的色彩也是一派南国的风光。我和那汉子不住地倾心畅谈，亲密无间。过了荻乘、梨本等寒村小庄，山脚下汤野的草屋顶，便跳入了眼帘。我断然说出要同她们一起旅行到下田。汉子喜出望外。

来到汤野的小客店前，四十岁的女人脸上露出了惜别的神情。那汉子便替我说，“他说，他要跟我们搭伴呐。”

她漫不经心地答道：“敢情好。‘出门靠旅伴，处世靠人缘’嘛。连我们这号微不足道的人，也能给您消愁解闷呐。请进来歇歇吧。”

姑娘们都望了望我，显出若无其事的样子。她们一句话也没说，只是羞答答地望着我。

我和大家一起登上客店的二楼，把行李卸了下来。铺席、隔扇又旧又脏。舞女从楼下端茶上来。她刚在我的面前跪坐下来，脸就臊红了，手不停地颤抖，茶碗险些从茶碟上掉下来，于是她就势把它放在铺席上了。茶碗虽没落下，茶却洒了一地。看见她那副羞涩柔媚的表情，我都惊呆了。

“哟，讨厌。这孩子有恋情哩。瞧，瞧……”四十岁的女人吃惊地紧蹙起双眉，把手巾扔了过来。舞女捡起手巾，拘谨地揩了揩铺席。

我听了这番意外的话，猛然联想到自己。我被山上老太婆煽起的遐思，戛然中断了。

这时候，四十岁的女人仔细端详了我一番，抽冷子说：

“这位书生穿藏青碎白花纹布衣，真是潇洒英俊啊。”

她还反复地问身旁的女人：“这碎白花纹布衣，同民次的是一模一样的。瞧，对吧，花纹是不是一样呢？”

然后，她对我说：

“我在老家还有一个上学的孩子。现在想起来了，你这身衣服的花纹，同我孩子那身碎白花纹是一模一样的。最近藏青碎白花纹布好贵，真难为我们啊。”

“他上什么学校？”

“上普通小学五年级。”

“噢，上普通小学五年级，太……”

“是上甲府的学校。我长年住在大岛，老家是山梨县的甲府。”

小憩一小时之后，汉子带我到了另一家温泉旅馆。这以前，我只想着要同艺人们同住在一家小客店里。我们从大街往下走过百来米的碎石路和石台阶，踱过小河边公共浴场旁的一座桥。桥那边就是温泉旅馆的庭院。

我在旅馆的室内浴池洗澡，汉子跟着进来了。他说，他快二十四岁了，妻子两次怀孕，不是流产，就是早产，胎儿都死了。他穿着印有长冈温泉字号的和服短外褂，起先我以为他是长冈人。从长相和言谈来看，他是相当有知识的。我想，他要么是出于好奇，要么是迷上了卖艺的姑娘，才帮忙拿行李跟着来的。

洗完澡，我马上吃午饭。早晨八点离开汤岛，这会儿还不到下午三点。

汉子临回去时，从庭院里抬头望着我，同我寒暄了一番。

“请拿这个买点柿子尝尝吧！从二楼扔下去，有点失礼了。”我说罢，把一小包钱扔了下去。汉子谢绝了，想要走过去，但纸包却已落在庭院里，他又回头捡了起来。

“这样不行啊。”他说着把纸包抛了上来，落在茅屋顶上。我又一次扔下去。他就拿走了。

黄昏时分，下了一起暴雨。巍巍群山染上了一层白花花的颜色。远近层次已分不清了。前面的小河，眼看着变得浑浊，成为黄汤了。流水声更响了。这么大的雨，舞女们恐怕不会来演出了吧。我心里这么想，可还是坐立不安，一次又一次地到浴池去洗澡。房间里昏昏沉沉的。同邻室相隔的隔扇门上，开了一个四方形的洞，门框上吊着一盏电灯。两个房间共用一盏灯。

暴雨声中，远处隐约传来了咚咚的鼓声。我几乎要把挡雨板抓破似地打开了它，把身子探了出去。鼓声迫近了。风雨敲打着我的头。我闭目聆听，想弄清那鼓声是从什么地方传来、又是怎样传来的。良久，又传来了三弦琴声。还有女人的尖叫声、嬉闹的欢笑声。我明白了，艺人们被召到小客店对面的饭馆，在宴会上演出。可以辨出两三个女人的声音和三四个男人的声音。我期待着那边结束之后，她们会到这边来。但是，那边的筵席热闹非凡，看来要一直闹腾下去。女人刺耳的尖叫声象一道道闪电，不时地划破黑魆魆的夜空。我心情紧张，一直敞开门扉，惘然呆坐着。每次听见鼓声，心胸就豁然开朗。

“啊，舞女还在宴席上坐着敲鼓呐。”

鼓声停息，我又不能忍受了。我沉醉在雨声中。

不一会儿，连续传来了一阵紊乱的脚步声。他们是在你追我赶，还是在绕圈起舞呢？嗣后，又突然恢复了宁静。我的眼睛明亮了，仿佛想透过黑暗，看穿这寂静意味着什么。我心烦意乱，那舞女今晚会不会被人玷污呢？

我关上挡雨板，钻进被窝，可我的心依然阵阵作痛。我又去浴池洗了个澡，暴躁地来回划着温泉水。雨停了，月亮出来了。雨水冲洗过的秋夜，分外皎洁，银亮银亮的。我寻思：就是赤脚溜出浴池赶到那边去，也无济于事。这时，已是凌晨两点多钟了。

三

翌日上午九时许，汉子又到我的住处来访。我刚起床，邀他一同去洗澡。南伊豆是小阳春天气，一尘不染，晶莹透明，实在美极了。在浴池下方的上涨的小河，承受着暖融融的阳光。昨夜的烦躁，自己也觉得如梦似幻。我对汉子说：

“昨夜里闹腾得很晚吧？”

“怎么，都听见了？”

“当然听见罗。”

“都是本地人。本地人净瞎闹，实在没意思。”

他装出无所谓的样子。我沉默不响。

“那伙人已经到对面的温泉浴场去了……瞧，似乎发现我们了，还在笑呐。”

顺着他手指的方向，我看见河对面那公共浴场里，热气腾腾的，七八个光着的身子若隐若现。

一个裸体女子突然从昏暗的浴场里头跑了出来，站在更衣处伸展出去的地方，做出一副要向河岸下方跳去的姿势。她赤条条的一丝不挂，伸展双臂，喊叫着什么。她，就是那舞女。洁白的裸体，修长的双腿，站在那里宛如一株小梧桐。我看到这幅景象，仿佛有一股清泉荡涤着我的心。我深深地吁了一口气，噗嗤一声笑了。她还是个孩子呐。她发现我们，满心喜悦，就这么赤裸裸地跑到日光底下，踮起足尖，伸直了身躯。她还是个孩子呐。我更是快活、兴奋，又嘻嘻地笑了起来。脑子清晰得好象被冲刷过一样。脸上始终漾出微笑的影子。

舞女的黑发非常浓密，我一直以为她已有十七八岁了呢。再加上她装扮成一副妙龄女子的样子，我完全猜错了。

我和汉子回到了我的房间。不多久，姑娘到旅馆的庭院里观赏菊圃来了。舞女走到桥当中。四十岁的女人走出公共浴场；看见了她们两人。舞女紧缩肩膀，笑了笑，让人看起来像是在说：要挨骂的，该回去啦。然后，她疾步走回去了。四十岁的女人来

到桥边扬声喊道;

“您来玩啊!”

“您来玩啊!”大姑娘也同样说了一句。

姑娘们都回去了。那汉子到底还是静坐到傍晚。

晚间，我和一个纸张批发商下起围棋来，忽然听见旅馆的庭院里传来的鼓声。我刚要站起来，就听见有人喊道:

“巡回演出的艺人来了。”

“嗯，没意思，那玩意儿。来，来，该你下啦。我走这儿了。”纸商说着指了指棋盘。他沉醉在胜负之中了。我却心不在焉。艺人们好像要回去，那汉子从院子里扬声喊了一句:“晚安!”

我走到走廊上，招了招手。艺人们在庭院里耳语了几句，就绕到大门口去。三个姑娘从汉子身后挨个向走廊这边说了声:“晚安。”便垂下手施了个礼，看上去一副艺妓的风情。棋盘上刹时出现了我的败局。

“没法子，我认输了。”

“怎么会输呢。是我方败着嘛。走哪步都是细棋。”

纸商连瞧也不瞧艺人一眼，逐个地数起棋盘上的棋子来，他下得更加谨慎了。姑娘们把鼓和三弦琴拾掇好，放在屋角上，然后开始在象棋盘上玩五子棋。我本是赢家，这会儿却输了。纸商还一味央求说:“怎么样，再下一盘，再下一盘吧。”

我只是笑了笑。纸商死心了，站起身来。

姑娘们走到了棋盘边。

“今晚还到什么地方演出吗?”

“还要去的，不过……”汉子说着，望了望姑娘们。

“怎么样，今晚就算了，我们大家玩玩就算了。”

“太好了，太高兴了。”

“不会挨骂吧?”

“骂什么?反正没客，到处跑也没用嘛。”

于是，她们玩起五子棋来，一直闹到十二点多才走。

舞女回去后，我毫无睡意，脑子格外清醒，走到廊子上试着喊了喊：

“老板！老板！”

“哦……”一个年近六旬的老人从房间里跑出来，精神抖擞地应了一声。

“今晚来个通宵，下到天亮吧。”

我也变得非常好战了。

四

我们相约翌日早晨八点从汤野出发。我将高中制帽塞进了书包，戴上在公共浴场旁边店铺买来的便帽，向沿街的小客店走去。二楼的门窗全敞开着。我无意之间走了上去，只见艺人们还睡在铺席上。我惊慌失措，呆呆地站在廊道里。

舞女就躺在我脚跟前的那个卧铺上，她满脸绯红，猛地用双手捂住了脸。她和中间那位姑娘同睡一个卧铺。脸上还残留着昨夜的艳抹浓妆，嘴唇和眼角透出了些许微红。这副富有情趣的睡相，使我魂牵梦萦。她有点目眩似的，翻了翻身，依旧用手遮住了脸面，滑出被窝，坐到走廊上来。

“昨晚太谢谢了。”她说着，柔媚地施了个礼。我站立在那儿，惊慌得手足无措。

汉子和大姑娘同睡一个卧铺。我没看见这情景之前，一点儿也不知道他们俩是夫妻。

“对不起。本来打算今天离开，可是今晚有个宴会，我们决定推迟一天。如果您非今儿离开不可，那就在下田见吧。我们订了甲州屋客店，很容易找到的。”四十岁的女人从睡铺上支起了半截身子说。

我顿时觉得被人推开了似的。

“不能明天再走吗？我不知道阿妈推迟了一天。还是有个旅伴好啊。明儿一起走吧。”

汉子说过后，四十岁的女人补充了一句：

"就这么办吧。您特意同我们做伴，我却自行决定延期，实在对不起……不过，明天无论发生什么情况，我们也得起程。因为我们的宝宝在旅途中夭折了，后天是七七，老早就打算在下田做七七了。我们这么匆匆赶路，就是要赶在这之前到达下田。也许跟您谈这些有点失礼，看来我们特别有缘分。后天也请您参加拜祭吧。"

于是，我也决定推迟出发，到楼下去。我等候他们起床，一边在肮脏的账房里同客店的人闲聊起来。汉子邀我去散步。从马路稍往南走，有一座很漂亮的桥。我们靠在桥栏杆上，他又谈起自己的身世。他说，他本人曾一度参加东京新派剧[①] 剧团。据说，这剧种至今仍经常在大岛港演出。刀鞘像一条腿从他们的行李包袱里露出来[②]。有时，也在宴席上表演仿新派剧，让客人观赏。柳条包里装有戏装和锅碗瓢勺之类的生活用具。

"我耽误了自己，最后落魄潦倒。家兄则在甲府出色地继承了家业。家里用不着我罗。

"我一直以为你是长冈温泉的人呐。"

"是么？那大姑娘是我老婆，她比你小一岁，十九岁了。第二个孩子在旅途上早产，活了一周就断气了。我老婆的身子还没完全恢复过来呢。那位是我老婆的阿妈。舞女是我妹妹。"

"嗯，你说有个十四岁的妹妹？……"

"就是她呀。我总想不让妹妹干这行，可是还有许多具体问题。"

然后他告诉我，他本人叫荣吉，妻子叫千代子，妹妹叫薰子。另一个姑娘叫百合子，十七岁，惟独她是大岛人，雇佣来的。荣吉非常伤感，老是哭丧着脸，凝望着河滩。

我们一回来，看见舞女已洗去白粉，蹲在路旁抚摸着小狗的

① 新派剧是与歌舞伎相抗衡的现代戏。

② 刀鞘是新派剧表演武打时使用的道具。露出刀鞘，表明他们也演新派剧武打。

头。我想回到自己的房间去，便说：

“来玩吧。”

“嗯，不过，一个人……”

“跟你哥哥一起来嘛。”

“马上就来。”

不大一会儿，荣吉到我下榻的旅馆来了。

“大家呢?”

“她们怕阿妈唠叨，所以……”

然而，我们两人正摆五子棋，姑娘们就过了桥，嘎嘎地登上二楼来了。和往常一样，她们郑重地施了礼，接着依次跪坐在走廊上，踟蹰不前。第一个站起来的，是千代子。

“这是我的房间，请，请不要客气，进来吧。”

玩了约莫一个小时，艺人们到这旅馆的室内浴池洗澡去了。她们再三邀我同去，因为有三个年轻女子，所以我搪塞了一番，说我过一会儿再去。舞女马上一个人上楼来，转达千代子的话说：

“嫂嫂说请您去，好给您搓背。”

我没去浴池，同舞女下起五子棋来。出乎意料，她是个强手。循环赛时，荣吉和其他妇女轻易地输给我了。下五子棋，我实力雄厚，一般人不是我的对手。我跟她下棋，可以不必手下留情，尽情地下，心情是舒畅的。房间里只有我们两人。起初，她离棋盘很远，要伸长手才能下子。渐渐地她忘却了自己，一心扑在棋盘上。她那显得有些不自然的秀美的黑发，几乎触到我的胸脯。她的脸倏地绯红了。

“对不起，我要挨骂啦。”她说着扔下棋子，飞跑出去。阿妈站在公共浴场前。千代子和百合子也慌里慌张地从浴池里走上来，没上二楼就逃回去了。

这天，荣吉从一早直到傍晚，一直在我的房间里游乐。又纯朴又亲切的旅馆老板娘告诫我说：请这种人吃饭，白花钱!

入夜，我去小客店。舞女正在向她的阿妈学习三弦琴。她一眼瞧见我，就停下手了。阿妈说了她几句，她才又抱起三弦琴。歌声稍为昂扬，阿妈就说：

“不是叫你不要扯开嗓门唱吗！可你……”

从我这边，可以望见荣吉被唤到对面饭馆的三楼客厅里念什么台词。

“那是念什么？”

“那是……谣曲呀。”

“念谣曲，气氛不谐调嘛。”

“他是个多面手，谁知他会演唱什么呢。”

这时，一个四十开外的汉子打开隔扇，叫姑娘们去用餐。他是个鸟商，也租了小客店的一个房间。舞女带着筷子同百合子一起到贴邻的小房间吃火锅。她和百合子一起返回这边房间的途中，鸟商轻轻地拍了拍舞女的肩膀。阿妈板起可怕的面孔说：

“喂，别碰这孩子！人家还是个姑娘呢。”

舞女口口声声地喊着大叔大叔，请求鸟商给她朗读《水户黄门漫游记》。但是，鸟商读不多久，便站起来走了。舞女不好意思地直接对我说“接着给我朗读呀”，便一个劲儿请求阿妈，好像要阿妈求我读。我怀着期待的心情，把说书本子拿起来。舞女果然轻快地靠近我。我一开始朗读，她就立即把脸凑过来，几乎碰到我的肩膀，表情十分认真，眼睛里闪出了光彩，全神贯注地凝望着我的额头，一眨也不眨，好像这是她请人读书时的习惯动作。刚才她同鸟商也几乎是脸碰脸的。我一直在观察她。她那双娇媚地闪动着的、亮晶晶的又大又黑的眼珠，是她全身最美的地方。双眼皮的线条，也优美得无以复加。她笑起来像一朵鲜花。用笑起来像一朵鲜花这句话来形容她，是恰如其分的。

不多久，饭馆女佣接舞女来了。舞女穿上衣裳，对我说：

“我这就回来，请等着我，接着给我读。”

然后，走到走廊上，垂下双手施礼说：

“我走了。”

“你绝不能再唱啦！”阿妈叮嘱了一句。舞女提着鼓，微微地点点头。阿妈回头望着我说：

"她现在正在变嗓音呢……"

舞女在饭馆二楼正襟危坐，敲打着鼓。我可以望见她的背影，恍如就在跟她贴邻的宴席上。鼓声牵动了我的心，舒畅极了。

"鼓声一响，宴席的气氛就活跃起来。"阿妈也望了望那边。

千代子和百合子也到同一宴席上去了。

约莫过了一小时，四人一起回来了。

"只给这点儿……"舞女说着，把手里攥着的五角钱银币放在阿妈的手掌上。我又朗读了一会儿《水户黄门漫游记》。她们又谈起宝宝在旅途中夭折的事来。据说，千代子生的婴儿十分苍白，连哭叫的力气也没有。即使这样，他还活了一个星期。

对她们，我不好奇，也不轻视，完全忘掉她们是巡回演出艺人了。我这种不寻常的好意，似乎深深地渗进了她们的心。不觉间，我已决定到大岛她们的家去。

"要是老大爷住的那间就好罗。那间很宽敞，把老大爷撵走就很清静，住多久都行，还可以学习呢。"她们彼此商量了一阵子，然后对我说，"我们有两间小房，山上那间是闲着的。"

她们还说，正月里请我帮忙，因为大家已决定在波浮港演出。

后来我明白了，她们的巡回演出日子并不象我最初想象的那么艰辛，而是无忧无虑的，旅途上更是悠闲自在。他们是母女兄妹，一缕骨肉之情把他们连结在一起。只有雇来的百合子总是那么腼腆，在我面前常常少言寡语。

夜半更深，我才离开小客店。姑娘们出来相送。舞女替我摆好了木屐。她从门口探出头来，望了望一碧如洗的苍穹。

"啊，月亮……明儿就去下田啦，真快活啊！要给宝宝做七七，让阿妈给我买把梳子，还有好多事呐。您带我去看电影好不好？"

巡回演出艺人辗转伊豆、相模的温泉浴场，下田港就是她们的旅次。这个镇子，作为旅途中的故乡，它飘荡着一种令人爱恋的气氛。

五

艺人们各自带着越过天城山时携带的行李。小狗把前腿搭在阿妈交抱的双臂上，一副缱绻的神态。走出汤野，又进入了山区。海上的晨曦，温暖了山腹。我们纵情观赏旭日。在河津川前方，河津的海滨历历在目。

“那就是大岛呀。”

“看起来竟是那么大。您一定来啊。”舞女说。

秋空分外澄澈，海天相连之处，烟霞散彩，恍如一派春色。从这里到下田，得走二十多公里。有段路程，大海忽隐忽现。千代子悠然唱起歌来。

她们问我：途中有一条虽然险峻却近两公里路程的山间小径，是抄近路还是走平坦的大道？我当然选择了近路。

这条乡间小径，铺满了落叶，壁峭路滑，崎岖难行。我下气不接上气，反而豁出去了。我用手掌支撑着膝头，加快了步子。眼看一行人落在我的后头，只听见林间送来说话的声音。舞女独自撩起衣服下摆，急匆匆地跟上了我。她走在我身后，保持不到两米的距离。她不想缩短间隔，也不愿拉开距离。我回过头去同她攀谈。她吃惊似地嫣然一笑，停住脚步回答我。舞女说话时，我等着她赶上来，她却依然驻足不前。非等我起步，她才迈脚。小路曲曲弯弯，变得更加险峻，我越发加快步子。舞女还是在后头保持两米左右的距离，埋头攀登。重峦叠嶂，寥无声息。其余的人远远落在我们的后面，连说话的声音也听不见了。

“家在东京什么地方？”

“不，我在学校住。”

“东京我也熟识，赏花时节我还去跳过舞呢……是在儿时，现在什么也不记得了。”

后来，舞女又断断续续地问了一通：“令尊健在吧？”“您去过甲府吗?”她还谈起到了下田要去看电影，以及婴儿夭折一类的事。

爬到山巅，舞女把鼓放在枯草丛中的凳子上，用手巾擦了一把汗。她似乎要掸掉自己脚上的尘土，却冷不防地蹲在我跟前，替我抖了抖裙裤下摆。我连忙后退。舞女不由自主地跪在地上，索性弯着身子给我掸去身上的尘土，然后将撩起的衣服下摆放下，对站着直喘粗气的我说：

“请坐!”

一群小鸟从凳子旁飞起来。这时静得只能听见小鸟停落在枝头上时摇动枯叶的沙沙声。

“为什么要走得那么快呢?”

舞女觉得异常闷热。我用手指咚咚地敲了敲鼓，小鸟全飞了。

“啊，真想喝水。”

“我去找找看。”

转眼间，舞女从枯黄的杂树林间空手而归。

“你在大岛干什么?”

于是，舞女突然列举了三两个女孩子的名字，开始谈了起来。我摸不着头脑。她好像不是说大岛，而是说甲府的事。又好像是说她上普通小学二年级以前的小学同学的事。完全是东拉西扯，漫无边际。

约莫等了十分钟，三个年轻人爬到了山顶。阿妈还晚十分钟才到。

下山时，我和荣吉有意殿后，一边慢悠悠地聊天，一边踏上归程。刚走了两百多米，舞女从下面跑了上来。

“下面有泉水呢。请走快点，大家都等着你呢。”

一听说有泉水，我就跑步奔去。清澈的泉水，从林荫掩盖下的岩石缝隙里喷涌而出。姑娘们都站立在泉水的周围。

“来，您先喝吧。把手伸进去，会搅浑的。在女人后面喝，不干净。”阿妈说。

我用双手捧起清凉的水，喝了几口。姑娘们眷恋着这儿，不愿离开。她们拧干手巾，擦擦汗水。

下了山，走到下田的市街，看见好几处冒出了烧炭的青烟。我们坐在路旁的木料上歇脚。舞女蹲在路边，用粉红的梳子梳理着狮子狗的长毛。

“这样会把梳齿弄断的!”阿妈责备说。

“没关系。到下田买把新的。”

还在汤野的时候，我就想跟她要这把插在她额发上的梳子。所以她用这把梳子梳理狗毛，我很不舒服。

我和荣吉看见马路对面堆放着许多捆矮竹，就议论说：这些矮竹做手杖正合适，便抢先一步站起身来。舞女跑着赶上，拿来了一根比自己身材还长的粗竹子。

“你干么用?”荣吉这么一问，舞女有点着慌，把竹子摆在我前面。

“给您当手杖用。我捡了一根最粗的拿来了。”

“可不行啊。拿粗的人家会马上晓得是偷来的。要是被发现，多不好啊。送回去!”

舞女折回堆放矮竹捆的地方以后，又跑了过来。这回她给我拿了一根中指般粗的。她身子一晃，险些倒在田埂上，气喘吁吁地等待着其他妇女。

我和荣吉一直走在她们的前面，相距十多米远。

“把那颗牙齿拔掉，装上金牙又有什么关系呢?”舞女的声音忽然飞进了我的耳朵。我扭回头来，只见舞女和千代子并肩行走，阿妈和百合子相距不远，随后跟着。她们似乎没有察觉我回头，千代子说：

“那倒是，你就那样告诉他，怎么样?”

她们好像在议论我。可能是千代子说我的牙齿不整齐，舞女才说出装金牙的话吧。她们无非是议论我的长相，我不至于不愉快，由于已有一种亲切之情，我也就无心思去倾听。她们继续低声谈论了一阵子，我听见舞女说：

"是个好人。"

"是啊，是个好人的样子。"

"真是个好人啊，好人就是好嘛。"

这言谈纯真而坦率，很有余韵。这是天真地倾吐情感的声音。连我本人也朴实地感觉到自己是个好人。我心情舒畅，抬眼望了望明亮的群山。眼睑微微作痛。我已经二十岁了，再三严格自省，自己的性格被孤儿的气质扭曲了。我忍受不了那种令人窒息的忧郁，才到伊豆来旅行的。因此，有人根据社会上的一般看法，认为我是个好人，我真是感激不尽。山峦明亮起来，已经快到下田海滨了。我挥动着刚才那根竹子，斩断了不少秋草尖。

途中，每个村庄的入口处都竖立着一块牌子：

"乞丐、巡回演出艺人禁止进村！"

六

"甲州屋"小客店坐落在下田北入口处不远。我跟在艺人们之后，登上了像顶楼似的二楼。那里没有天花板，窗户临街。我坐在窗边上，脑袋几乎碰到了房顶。

"肩膀不痛吗？"

"手不痛吗？"

阿妈三番五次地叮问舞女。

舞女打出敲鼓时那种漂亮的手势。

"不痛。还能敲，还能敲嘛。"

"那就好。"

我试着把鼓提起来。

"唉呀，真重啊。"

"比您想象的重吧。比你的书包还重呐。"舞女笑了。

艺人们和住在同一客店的人们亲热地相互打招呼。全是些卖艺人和跑江湖的家伙。下田港就像是这种候鸟的窝。客店的小孩小跑着走进房间，舞女把铜币给了他。我刚要离开"甲州屋"，舞女就抢先走到门口，替我摆好木屐，然后自言自语似地柔声说道：

“请带我去看电影吧。”

我和荣吉找了一个貌似无赖的男子带了一程路，到了一家旅店，据说店主是前镇长。浴罢，我和荣吉一起吃了午饭，菜肴中有新上市的鱼。

“明儿要做法事，拿这个去买束花上供吧。”我说着，将一小包为数不多的钱让荣吉带回去。我自己则不得不乘明早的船回东京，因为我的旅费全花光了。我对艺人们说学校里有事，她们也不好强留我了。

午饭后不到三小时，又吃了晚饭。我一个人过了桥，向下田北走去，攀登下田的富士山，眺望海港的景致。归途经过“甲州屋”，看见艺人们在吃鸡火锅。

“您也来尝尝怎么样？女人先下筷虽不洁净，不过可以成为日后的笑料哩。”阿妈说罢，从行李里取出碗筷，让百合子洗净拿来。

明天是宝宝夭折四十九天，哪怕推迟一天走也好嘛。大家又这样劝我。可是我还是拿学校有事做借口，没有答应她们。阿妈来回唠叨说：

“那么，寒假大家到船上来迎您，请通知我们日期。我们等着呐。就别去住什么旅馆啦，我们到船上去接您呀。”

房间里只剩下千代子和百合子，我邀她们去看电影，千代子按住腹部让我看：

“我身体不好，走那么些路，我实在受不了。”

她脸色苍白，有点精疲力尽。百合子拘束地低下头来。舞女在楼下同客店里的小孩游玩，一看见我，她就央求阿妈让她去看电影。结果脸上掠过一抹失望的阴影，茫然若失地回到了我这边，替我摆好了木屐。

“算了，让他带她一个人去不好吗？”荣吉插进来说。阿妈好像不应允。为什么不能带她一个人去呢？我觉得不可思议。我刚要迈出大门，这时舞女抚摸着小狗的头。她显得很淡漠，我没敢搭话。她仿佛连抬头望我的勇气也没有了。

我一个人看电影去了。女解说员在煤油灯下读着说明书。我旋即走出来，返回旅馆。我把胳膊肘支在窗台上，久久地远眺着街市的夜景。这是黑暗的街市。我觉得远方不断隐约地传来鼓声。不知怎的，我的眼泪扑簌簌地滚落下来了。

七

动身那天早晨七点钟，我正在吃早饭，荣吉从马路上呼喊我。他穿了一件带家徽的黑外褂，这身礼服像是为我送行才穿的。姑娘们早已芳踪渺然。一种剐心的寂寞，从我心底里油然而生，荣吉走进我的房间，说：

“大家本来都想来送行的，可昨晚睡得太迟，今早起不来，让我赔礼道歉来了。她们说等着您冬天再来。一定来呀。”

早晨，街上秋风萧瑟。荣吉在半路上给我买了四包敷岛牌纸烟、柿子和“熏牌”清凉剂。

“我妹妹叫熏子。”他笑眯眯地对我说。“在船上吃桔子不好。柿子可以防止晕船，可以吃。”

“这个送给你吧。”

我脱下便帽，戴在荣吉的头上。然后从书包里取出学生制帽，把皱折展平。我们两人都笑了。

快到码头，舞女蹲在岸边的倩影赫然映入我的心中。我们走到她身边以前，她一动不动，只顾默默地把头耷拉下来。她依旧是昨晚那副化了妆的模样，这就更加牵动我的情思。眼角的胭脂给她的秀脸添了几分天真、严肃的神情，使她像在生气。荣吉说：

“其他人也来了吗？”

舞女摇了摇头。

“大家还睡着吗？”

舞女点了点头。

荣吉去买船票和舢板票的工夫，我找了许多话题同她攀谈，她却一味低头望着运河入海处，一声不响。每次我还没把话讲完，她就一个劲点头。

这时，一个建筑工人模样的汉子走了过来：

“老婆子，这个人合适哩。”

“同学，您是去东京的吧？我们信赖您，拜托您把这位老婆子带到东京，行不行啊？她是个可怜巴巴的老婆子。她儿子早先在莲台寺的银矿上干活，这次染上了流感，儿子、儿媳都死掉了。留下三个这么小不丁点的孙子。无可奈何，俺们商量，还是让她回老家。她老家在水户。老婆子什么也不清楚，到了灵岸岛，请您送她乘上开往上野站的电车就行了。给您添麻烦了。我们给您作揖，拜托啦。唉，您看到她这般处境，也会感到可怜的吧。”

老婆子呆愣愣地站在那里，背上背着一个吃奶的婴儿。左右手各拖着一个小女孩，小的约莫三岁，大的也不过五岁光景。那个污秽的包袱里带着大饭团和咸梅。五六个矿工在安慰着老婆子。我爽快地答应照拂她。

“拜托啦。”

“谢谢，俺们本应把她们送到水户的，可是办不到啊。”矿工都纷纷向我致谢。

舢板猛烈地摇晃着。舞女依然紧闭双唇，凝视着一个方向。我抓住绳梯，回过头去，舞女想说声再见，可话到嘴边又咽了回去，然后再次深深地点了点头。舢板折回去了。荣吉频频地摇动着我刚才送给他的那顶便帽。直到船儿远去，舞女才开始挥舞她手中白色的东西。

轮船出了下田海面，我全神贯注地凭栏眺望着海上的大岛，直到伊豆半岛的南端，那大岛才渐渐消失在船后。同舞女离别，仿佛是遥远的过去了。老婆子怎样了呢？我窥视船舱，人们围坐在她的身旁，竭力抚慰她。我放下心来，走进了贴邻的船舱。相模湾上，波浪汹涌起伏。一落座就不时左跌右倒。船员依次分发着金属小盆[①]。我用书包当枕头，躺了下来。脑子空空，全无时间概念了。泪水簌簌地滴落在书包上。脸颊凉飕飕的，只得将书包翻了过来。我身旁睡着一个少年。他是河津一家工厂老板的儿子，去东京准备入学考试。他看见我头戴一高制帽，对我抱有好感。我们交谈了几句之后，他说：

"你是不是遭到什么不幸啦?"

"不，我刚刚同她离别了。"

我非常坦率地说了。就是让人瞧见我在抽泣，我也毫不在意了。我若无所思，只满足于这份闲情逸致，静静地睡上一觉。

我不知道海面什么时候昏沉下来。网代和热海已经耀着灯光。我的肌肤感到一股凉意，肚子也有点饿了。少年给我打开竹叶包的食物。我忘了这是人家的东西，把紫菜饭团抓起来就吃。吃罢，钻进了少年学生的斗篷里，产生了一股美好而又空虚的情绪，无论别人多么亲切地对待我，我都非常自然地接受了。明早我将带着老婆子到上野站去买前往水户的车票，这也是完全应该做的事。我感到一切的一切都融为一体了。

船舱里的煤油灯熄灭了。船上的生鱼味和潮水味变得更加浓重。在黑暗中，少年的体温温暖着我。我任凭泪泉涌流。我的头脑恍如变成了一池清水，一滴滴溢了出来，后来什么都没有留下，顿时觉得舒畅了。

1926

（叶渭渠　译）

【赏析】

《伊豆的舞女》是川端康成的成名作，是作者根据高中时去伊豆旅行的亲身经历写作的，是一部纯美的青春抒情作。小说以第一人称手法，写一个年近二十的高中学生，由于难以忍受自己身上的孤儿气质以及这种气质所带来的令人窒息的忧郁情绪，就独

---

① 供晕船者呕吐用。

自一人到伊豆半岛去旅行。在旅途中，他与一队游走四方的民间舞蹈艺人邂逅同行，和睦相处，特别是同14岁的舞女熏子产生一种深深的眷恋之情。小说以学生离开艺人独自登船回京而结束。

在作者笔下，14岁的熏子，稚气多情，呈现出丰富的人情美、人性美，是自然美、人情美和心灵美的化身，也是川端作品中一位最纯真、最朴质、最优美的女性形象。她不仅有着像鲜花一样优美的形体，娇嫩多姿，还有一颗牵动人们情思、天真无邪而充满温馨的心灵。所有这些，使“我”的心灵得到无比的安慰，难以忘怀。可是，这种美好的感受，只是暂时的，甚至反而勾起“我”的孤独感，更增添了凄凉和哀愁。在离开艺人登船之后，“我”“脑子空空，全无时间概念了”。“泪水簌簌地滴落在书包上”，感受到的是“美好而又空虚的情绪”。这句充满哲理的话语，是小说的艺术灵魂，表现出一种日本式的“物哀”的自然感情，这也是作者全部创作中哲理主题的最早流露。

小说文笔自然恬淡，抒情如行云流水，一个个场景的描绘恰似一幅幅水墨画，富有诗情画意。温馨沁人的恋情、难以抑制的情欲、无法推开的哀愁，以及捉摸不定的虚无情绪，在时淡时浓、时隐时现的自然背景衬托之下，显得鬼斧神工，魅力无穷。

《伊豆的舞女》的成就主要表现在两方面：其一，川端在艺术上开始了一条新路。他的《伊豆的舞女》就是在吸收西方文学优点的基础上，力图保持日本文学的传统色彩做出的新尝试。其二，川端的创作无论从内容或从形式来说，都形成了自己的创作个性，即以抒情笔墨，刻画下层少女的性格和命运，并在抒情的画面中贯穿着对纯真爱情热烈的赞颂，对美与爱的理想表示朦胧的向往，以及对人生无常的叹息。其人物心理刻画尤为细腻和丰富，显出作家饱含热情的创作个性。

【思考与练习】

1．这篇小说表达了作者怎样的思想感情？

2．写一篇小评论，分析熏子这个人物形象。

最后的常春藤叶

［美］欧·亨利

【作家作品简介】

欧·亨利（1862－1910），原名威廉·西德尼·波特，美国著名短篇小说家（和契诃夫、莫泊桑并称短篇小说三大家），被誉为曼哈顿桂冠散文作家和美国现代短篇小说之父。他出生于美国北卡罗来纳州一个小镇。父亲是个医生。他幼时书念得不多，十五岁起在药房里当学徒，后来放过牛，做过会计员、土地局办事员和银行出纳员。19世纪90年代因涉嫌银行缺款案，被捕入狱。在监狱时，他便开始以“欧·亨利”的笔名写作短篇小说。出狱后，移居纽约，专事写作。

欧·亨利创作的短篇小说共有三百多篇，收入《白菜与国王》、《四百万》、《西部之心》、《市声》等集子，其中以描写纽约曼哈顿市民生活的作品最为著名。代表作有《麦琪的礼物》、《爱的牺牲》、《带家具出租的房间》、《警察与赞美诗》、《最后的常春藤叶》等。欧·亨利的短篇小说情节生动，构思巧妙，笔调幽默，幽默中含有辛酸的泪水。他的小说的结局出人意外又在情理之中，被人称作“欧·亨利笔法”。

在华盛顿广场西面的一个小区里，街道仿佛发了狂似地，分成了许多叫做“巷子”的小胡同。这些“巷子”形成许多奇特的角度和曲线。一条街本身往往交叉一两回。有一次，一个艺术家发现这条街有它可贵之处。如果一个商人去收颜料、纸张和画布的账款，在这条街上转弯抹角、大兜圈子的时候，突然碰上一文钱也没收到，空手而回的他自己，那才有意思呢！

因此，搞艺术的人不久都到这个古色天香的格林威治村[①]来了。他们逛来逛去，寻找朝北的窗户，18世纪的三角墙，荷兰式的阁楼，以及低廉的房租。接着，他们又从六马路买来了一些锡蜡杯子和一两只烘锅，组成了一个“艺术区”。

苏艾和琼珊在一座矮墩墩的三层砖屋的顶楼设立了她们的画室。“琼珊”是琼娜的昵称。两人一个是从缅因州来的；另一个的家乡是加利福尼亚州。她们是在八马路上一家“德尔蒙尼戈饭馆”里吃客饭时碰到的，彼此一谈，发现她们对于艺术、饮食、衣着的口味十分相投，结果便联合租下那间画室。

那是五月间的事。到了十一月，一个冷酷无情，肉眼看不见，医生管他叫“肺炎”的不速之客，在艺术区里潜蹑着，用他的冰冷的手指这儿碰碰那儿摸摸。在广场的东面，这个坏家伙明目张胆地走动着，每闯一次祸，受害的人总有几十个。但是，在这错综复杂，狭窄而苔藓遍地的“巷子”里，他的脚步却放慢了。

“肺炎先生”并不是你们所谓的扶弱济困的老绅士。一个弱小的女人，已经被加利福尼亚的西风吹得没有什么血色了，当然经不起那个有着红拳头，气吁吁的老家伙的尝试。但他竟然打击了琼珊；她躺在那张漆过的铁床上，一动也不动，望着荷兰式小窗外对面砖屋的墙壁。

一天早晨，那位忙碌的医生扬扬他那蓬松的灰眉毛，招呼苏艾到过道上去。

“依我看，她的病只有一成希望。”他说，一面把体温表里的水银甩下去。“那一成希望在于她自己要不要活下去。人们不想活，情愿照顾殡仪馆的生意，这种精神状态使医药一筹莫展。你的这位小姐满肚子以为自己不会好了。她有什么心事吗？”

---

① 格林威治村，美国纽约市西区的一个地名，住在这里的多半是作家、艺术家等。

“她——她希望有一天能去画那不勒斯海湾。”苏艾说。

“绘画？——别扯淡了！她心里有没有值得想两次的事情——比如说，男人？”

“男人？”苏艾像吹小口琴似地哼了一声说，“难道男人值得——别说啦，不，大夫：根本没有那种事。”

“那么，一定是身体虚弱的关系。”医生说，“我一定尽我所知，用科学所能达到的一切方法来治疗她。可是每逢我的病人开始盘算有多么辆马车送他出殡的时候，我就得把医药的治疗力量减去百分之五十。要是你能使她对冬季大衣的袖子式样发生兴趣，提出一个问题，我就可以保证，她恢复的机会准能从十分之一提高到五分之一”。

医生离去之后，苏艾到工作室里哭了一场，把一张日本纸餐巾擦得一团糟。然后，她拿起画板，吹着拉格泰姆音乐调子，昂首阔步地走进琼珊的房间。

琼珊躺在被窝里，脸朝着窗口，一点儿动静也没有。苏艾以为她睡着了，赶紧停止吹口哨。

她架起画板，开始替杂志画一幅短篇小说的钢笔画插图。青年画家不得不以杂志小说的插图来铺平通向艺术的道路，而这些小说则是青年作家为了铺平文学道路而创作的。

苏艾正为小说里的主角，一个爱达荷州的牧人，画上一条在马匹展览会里穿的漂亮的马裤和一片单眼镜，忽然听到一个微弱的声音重复了几遍。她赶紧走到床边。

琼珊的眼睛睁得大大的。她望着窗外，在计数——倒数上来。

“十二，”她说，过了一会儿，又说“十一”；接着是“十”“九”；再接着是几乎连在一起的“八”和“七”。

苏艾关切地向窗外望去。有什么可数的呢？外面见到的只是一个空荡荡、阴沉沉的院子，和二十英尺外的一幢砖屋的墙壁。一株极老极老的常春藤，纠结的根已经枯萎，攀在半墙上。秋季的寒风把藤上的叶子差不多全吹落了，只剩下几根几乎是光秃秃的藤枝依附在那堵松动残缺的砖墙上。

“怎么回事，亲爱的?”苏艾问道。

“六。”琼珊说，声音低得像是耳语，“它们现在掉得快些了。三天前差不多有一百片。数得我头昏眼花。现在可容易了。喏，又掉了一片。只剩下五片了。”

“五片什么，亲爱的?告诉你的苏艾。”

“叶子，常春藤上的叶子。等最后一片掉落下来，我也得去了。三天前我就知道了。难道大夫没有告诉你吗?”

“哟，我从没听到这样荒唐的话。”苏艾装出满不在乎的样子数落地说，“老藤叶同你的病有什么相干?你一向很喜欢那株常春藤，得啦，你这淘气的姑娘。别发傻啦。我倒忘了，大夫今天早晨告诉你，你很快康复的机会是——让我想想，他是怎么说的——他说你好的希望是十比一!哟，那几乎跟我们在纽约搭街车或者走过一幢新房子的工地一样，碰到意外的时候很少。现在喝一点儿汤吧。让苏艾继续画图，好卖给编辑先生，换了钱给她的病孩子买点儿红葡萄酒，也买些猪排填填她自己的馋嘴。”

“你不用再买什么酒啦。”琼珊说，仍然凝视着窗外，“又掉了一片。不，我不要喝汤。只剩四片了。我希望在天黑之前看到最后的藤叶飘下来。那时候我也该去了。”

“琼珊，亲爱的，”苏艾弯着身子对她说，“你能不能答应我，在我画完之前，别睁开眼睛，别瞧窗外?那些图画我明天得交。我需要光线，不然我早就把窗帘拉下来了。”

“你不能到另一间屋子里去画吗?”琼珊冷冷地问道。

“我要呆在这儿，跟你在一起。”苏艾说，“而且我不喜欢你老盯着那些莫名其妙的藤叶。”

“你一画完就告诉我。”琼珊闭上眼睛说，她脸色惨白，静静地躺着，活像一尊倒塌下来的塑像，“因为我要看那最后的藤叶掉下来。我等得不耐烦了。也想得不耐烦了。我想摆脱一切，像一片可怜的、厌倦的藤叶，悠悠地往下飘，往下飘。”

“你争取睡一会儿。”苏艾说，“我要去叫贝尔曼上来，替我做那个隐居的老矿工的模特儿。我去不了一分钟。在我回来之前，千万别动。”

老贝尔曼是住在楼下底层的一个画家。他年纪六十开外，有一把像米开朗琪罗的摩西雕像[①]上的胡子，从萨蒂尔[②]似的脑袋上顺着小鬼般的身体卷垂下来。贝尔曼在艺术界是个失意的人。他要了四十年的画笔，还是同艺术女神隔有相当距离，连她的长袍的边缘都没有摸到。他老是说就要画一幅杰作，可是始终没有动手。除了偶尔涂抹了一些商业画或广告画之外，几年没有画过什么。他替“艺术区”里那些雇不起职业模特儿的青年艺术家充当模特儿，挣几个小钱，他喝杜松子酒总是过量，老是唠唠叨叨地谈着他未来的杰作。此外，他还是个暴躁的小老头儿，极端瞧不起别人的温情，却认为自己是保护楼上两个青年艺术家的看家区狗。

苏艾在楼下那间灯光黯淡的小屋子里找到了酒气扑人的贝尔曼。角落里的画架上绷着一幅空白的画布，它在那儿静候杰作的落笔，已经有了二十五年。她把琼珊的想法告诉了他，又说她多么担心，唯恐那个虚弱得象枯叶一般的琼珊抓不住她同世界的微弱牵连，真会撒手去世。

老贝尔曼的充血的眼睛老是迎风流泪，他对这种白痴般的想法大不以为然，连讽带刺地咆哮了一阵子。

“什么话！”他嚷道，“难道世界上竟有这种傻子，因为可恶的藤叶落掉而想死？我活了一辈子也没有听到过这种怪事。不，我没有心思替你当那无聊的隐士模特儿。你怎么能让她脑袋里有这种傻念头呢？唉，可怜的小琼珊小姐。”

“她病得很厉害，很虚弱，”苏艾说，“高烧烧得她疑神疑鬼，

① 米开朗琪罗，(1475－1564)，意大利著名画家、雕塑家、诗人、建筑师。他在罗马教皇朱利二世的墓上雕刻了摩西像。

② 萨蒂尔，希腊神话中半人半兽的森林之神，长着马耳马尾或羊角羊尾。

满脑袋都是稀奇古怪的念头。好吗，贝尔曼先生，既然你不愿意替我当模特儿，我也不勉强了。我认得你这个可恶的老——老贫嘴。”

“你真女人气!”贝尔曼嚷道，“谁说我不愿意？走吧。我跟你一起去。我已经说了半天，愿意替你效劳。天哪！像琼珊小姐那样好的人实在不应该在这种地方害病。总有一天，我要画一幅杰作，那么我们都可以离开这里啦。天哪！是啊。”

他们上楼时，琼珊已经睡着了。苏艾把窗帘拉到窗槛上，做手势让贝尔曼到另一间屋子里去。他们在那儿担心地瞥着窗外的常春藤。接着，他们默默无言地对瞅了一会儿。寒雨夹着雪花下个不停。贝尔曼穿着一件蓝色的旧衬衫，坐在一口翻转过来的权充岩石的铁锅上，扮做隐居的矿工。

第二天早晨，苏艾睡了一个小时醒来的时候，看到琼珊睁着无神的眼睛，凝视着放下来的绿窗帘。

“把窗帘拉上去，我要看。”她用微弱的声音命令着。

苏艾困倦地照着做了。

可是，看哪！经过了漫漫长夜的风吹雨打，仍旧有一片常春藤的叶子贴在墙上。它是藤上最后的一片了。靠近叶柄的颜色还是深绿的，但那锯齿形的边缘已染上了枯败的黄色，它傲然挂在离地面二十来英尺的一根藤枝上面。

“那是最后的一片叶子。”琼珊说，“我以为昨夜它一定会掉落的。我听到刮风的声音。它今天会脱落的，同时我也要死了。”

“哎呀，哎呀!”苏艾把她困倦的脸凑到枕边说，“如果你不为自己着想，也得替我想想呀。我可怎么办呢?”

但是琼珊没有回答。一个准备走上神秘遥远的死亡道路的心灵，是全世界最寂寞、最悲哀的了。当她与尘世和友情之间的联系一片片地脱离时，那个玄想似乎更有力地掌握了她。

那一天总算熬了过去。黄昏时，她们看到墙上那片孤零零的藤叶仍旧依附在茎上。随夜晚同来的北风的怒号，雨点不住地打在窗上，从荷兰式的低屋檐上倾泻下来。

天色刚明的时候，狠心的琼珊又吩咐把窗帘拉上去。

那片常春藤叶仍在墙上。琼珊躺着对它看了很久。然后她喊喊苏艾，苏艾正在煤气炉上搅动给琼珊喝的鸡汤。

“我真是一个坏姑娘，苏艾，”琼珊说，“冥冥中有什么使那最后的一片叶子不掉下来，启示了我过去是多么邪恶。不想活下去是个罪恶。现在请你拿些汤来，再弄一点掺葡萄酒的牛奶，再——等一下；先拿一面小镜子给我，用枕头替我垫垫高，我想坐起来看你煮东西。”

一小时后，她说：

“苏艾，我希望有朝一日能去那不勒斯海湾写生。”

下午，医生来，他离去时，苏艾找了个借口，跑到过道上。

“好的希望有了五成。”医生抓住苏艾瘦小的、颤抖的手说，“只要好好护理，你会胜利。现在我得去楼下看看另一个病人。他姓贝尔曼——据我所知，也是搞艺术的。也是肺炎。他上了年纪，身体虚弱，病势来得很猛。他可没有希望了，不过今天还是要把他送进医院，让他舒服些。”

那天下午，苏艾跑到床边，琼珊靠在那儿，心满意足地在织一条毫无用处的深蓝色肩巾，苏艾连枕头把她一把抱住。

“我有些话要告诉你，小东西。”她说，“贝尔曼在医院里去世了。他害肺炎，只病了两天。头天早上，看门人在楼下的房间里发现他痛苦得要命。他的鞋子和衣服都湿透了，冰凉冰凉的。他们想不出，在那种凄风苦雨的夜里，他究竟是到什么地方去了。后来，他们找到了一盏还燃着的灯笼，一把从原来地方挪动过的梯子，还有几支散落的的画笔，一块调色板，上面和了绿色和黄色的颜料，末了——看看窗外，亲爱的，看看墙上最后的一片叶子。你不是觉得纳闷，它为什么在风中不飘不动吗？啊，亲爱的，那是贝尔曼的杰作——那晚最后的一片叶子掉落时，他画在墙上的。”

（王仲年　译）

【赏析】

《最后的常春藤叶》是美国短篇小说家欧·亨利最为成功的作品之一，小说讲述了一位郁郁不得志的老画家贝尔曼，终于在暴风雨之夜完成了一幅永恒的杰作——那片永不凋零的常春藤叶，用自己的生命换取了一个青年画家琼珊活下去的愿望的故事。小说中流泻出的人性美，崇高而感伤，深深地打动每个读者。

作为短篇小说大师的欧·亨利，最善于捕捉和把握生活中的典型场面，善于在典型的环境和场面中塑造人物的性格特征，这篇短篇小说的艺术处理上最大特点就是“小说的意外结局”。在这篇小说中，作者有意识地隐瞒了叶子的真相，故意缩小了自己的视野，将读者拉到了最高的期待位置，结局出乎意料，又在情理之中。使人不得不赞叹作者构思的巧妙。这就是人们常说的“欧·亨利笔法”。

欧·亨利的小说浸透着浓郁的美国风味，体现出幽默风格。在他的小说中，幽默的语言是贯穿始终的，比如一个贫民窟似的地区在作者笔下是一个躲债的好地方，而且具有异国情调；被视为瘟疫、冷酷无情的肺炎被说成是一个没有绅士风度欺负弱女子的老头儿；而那个医生也很可爱，他认为应该有一个男人让琼珊牵挂着，作为她活下去的信念等等。他用幽默风趣而又饱蘸深情的笔墨，对社会底层的小人物予以特别关注和讴歌，深刻地反映了小人物的心灵和命运，从而构成了他小说独特的人文关怀。

欧·亨利就像一片永不凋零的常春藤叶，以他的震撼人心灵的小说，在世界文学史上绽放着永恒的生命的绿色。

【思考与练习】

1．结合本篇小说，分析什么是“欧·亨利笔法”？认真体会其艺术特色。

2．最后一片长春藤叶象征着什么？

3．找出作者塑造贝尔曼先生形象的具体地方，谈谈欧·亨利是采用什么方法来塑造这个感人的形象的？

第四部分　戏　剧

北京人（选场）

曹　禺

【作家作品简介】

曹禺（1910－1996），原名万家宝，祖籍湖北潜江，生于天津。受家庭影响，从小对戏剧表现出浓厚兴趣。1922年入天津南开中学，曾参加剧团演出。1928年进南开大学，1930年转入清华大学西洋文学系，阅读了数百部中外戏剧名著。1933年处女作《雷雨》问世，获得热烈反响，并从此奠定了自己在中国话剧史上的地位。此后，发表过《日出》、《原野》、《北京人》、《家》等一系列风格不同的优秀剧作。1949年后曾写过历史剧《王昭君》、《胆剑篇》等。

曹禺的作品，标志着中国话剧走向成熟与繁荣。他塑造了一系列性格矛盾复杂、内心细腻丰富的人物形象，营造了多变的戏剧氛围，极大地丰富了现代戏剧的内涵，拓展了戏剧的发展领域。《北京人》是作者在1940年创作的，代表了他由雷雨式的“郁热”期进入了生命的“沉静”状态。

曾思懿　（提出正事）媳妇听说袁先生不几天就要走了，不知道愫妹妹的婚事爹觉得——

曾　皓　（摇头，轻蔑地）这个人，我看——（江泰早猜中他的心思，异常不满地由鼻孔“哼”了一声，皓回头望他一眼，气愤地立刻对那正要走开的愫方）好，愫方，你先别走。趁你在这儿，我们大家谈谈。

愫　　方　我要给姨父煎药去。

江　　泰　（善意地嘲讽）咳，我的愫小姐，这药您还没有煎够？（迭连快说）坐下，坐下，坐下，坐下。

〔愫又勉强坐下。

曾　　皓　愫方，你觉得怎么样？

愫　　方　（低头不语）

曾　　皓　愫，你自己觉得怎么样？不要想到我，你应该替你自己想，我这个当姨父的，恐怕也照料不了你几天了，不过照我看，袁先生这个人哪——

曾思懿　（连忙）是呀，愫妹妹，你要多想想，不要屡次辜负姨父的好意，以后真是耽误了自己——

曾　　皓　（也抢着说）思懿，你让她自己想想。这是她一辈子的事情，答应不答应都在她自己，（假笑）我们最好只做个参谋。愫方，你自己说，你以为如何？

江　　泰　（忍不住）这有什么问题？袁先生并不是个可怕的怪物！他是研究人类学的学者，第一人好，第二有学问，第三有进款，这，这自然是——

曾　　皓　（带着那种"少安毋躁"的神色）不，不，你让她自己考虑。（转对愫，焦急地）愫方，你要知道，我就有你这么一个姨侄女，我一直把你当我的亲女儿一样看，不肯嫁的女儿，我不是也一样养么？——

曾思懿　（抢说）就是啊！我的愫妹妹，嫁不了的女儿也不是——

曾文清　（再也忍不下去，只好拔起脚就向书斋走——）

曾思懿　（斜睨着文）咦，走什么？走什么？

〔文不顾，由书斋小门下。

曾　　皓　文清，怎么？

曾思懿　（冷笑）大概他也是想给爹煎药呢！（回头对愫又万分亲热地）愫妹妹，你放心，大家提这件事，也是为着你想。你就在曾家住一辈子，谁也不能说半句闲话。(阴毒地)嫁不出去的女儿不也是一样得养么？何况愫妹妹你父母不在，家里原底就没有一个亲人——

曾　　皓　(当然听出她话里的根苗，不等她说完——)好了，好了，大奶奶请你不要说这么一大堆好心话吧。(思的脸突然罩上一层霜，皓转对愫)那么愫方你自己有个决定不？

曾思懿　(着急对愫)你说呀！

曾文彩　(听了半天，一直都在点头，突然也和蔼地)说吧，愫妹妹，我看——

江　　泰　(猝然，对自己的妻)你少说话！

〔彩默然，愫默立起低头向通大客厅的门走。

曾　　皓　愫方，你说话呀，小姐。你也说说你的意思呀。

愫　　方　(摇头)我，我没有意思。

〔愫由通大客厅的门下。

【赏析】

1941年，曹禺发表的三幕剧《北京人》，是他戏剧创作历程中的重点转折点。继《雷雨》之后，《北京人》是曹禺对中国旧家庭的又一次抨击。然而与前者不同的是，《北京人》更富于文化意识和哲理意蕴，风格趋向于散文化、生活化。作者以曾家这个没落士大夫家庭为背景，写了曾家三代人的矛盾与冲突。曹禺深入到封建家庭这一躯体深处，着力反映出封建礼教文化对人的吞噬。

曾文清和愫方是作者倾心塑造的两个艺术形象，他们的内心悲剧冲突与不同命运构成了戏剧冲突的主线。曾文清外表清俊飘逸，能诗善画，善良温厚，他与愫方早就暗中相恋，但没落的北京士大夫文化已经掏空了他的心，他“懒于动作，懒于思想，懒于用心，懒于说话”，当然也懒得争取什么，包括爱情。在这个家庭里，曾文清已成为一个“生命的空壳”。最后竟染上了抽鸦片的不良嗜好，沦为一个“废物”。愫方身上寄托着曹禺心中的人性美与人情美的理想。她是旧时代的“淑女”形象，富有牺牲精神，为了别人情愿留在这个封建牢笼中忍受无尽的精神折磨与痛苦。但人总有“忍不下去”的时候，剧作的结尾，当文清在外面躲避了一阵子又失魂落魄地回来时，愫方终于彻底失望了，她最终勇敢地告别了这段梦，出去“经风雨、见世面”了。

课文节选自《北京人》第一幕，主要讲述了为愫方说亲的故事。这场说亲戏的主要策动者是曾文清的妻子曾思懿，她漂亮能干，却俗不可耐，一心算计着金钱，虚伪无情。她觉察到丈夫的隐情，于是设计将愫方介绍给家里的房客袁任敢——一个人类学研究学者。她的主张得到了曾家的姑爷江泰的支持，江泰一事无成，满腹牢骚，在曾家赖着吃闲饭。然而对于愫方的婚姻大事他还是充满了同情，因为看不惯曾皓的自私，要来打抱不平。他的妻子曾文彩，生活在丈夫的阴影之下，只知一味地附合。曾皓是行将就木的封建大家庭的家长，自私懦弱，只希望愫方侍候自己到死，丝毫不为愫方考虑。而文清在这里是一个尴尬的角色，为愫方说亲他心所不愿，却又不敢表露，只能尽力掩藏。

这一段通过为愫方说亲的故事，充分展现了每个人物的性格特点和潜在心理。虽然谈的是婚嫁的喜事，可是各揣心腹事。通过这样一个短短的场面，曾皓的自私、思懿的狠毒、愫方的忠厚软弱、江泰的心直口快，以及曾皓与思懿之间的勾心斗角、文清与愫方之间的同病相怜，无不跃然纸上。

在结构上，《北京人》较多体现出散文化的特点，语言富有抒情性。作者交替运用象征、对照等艺术手法来揭示矛盾冲突，烘托戏剧气氛，刻画人物性格。

【思考与练习】

1．为愫方说亲这场戏，体现出每个人物的什么性格特点和潜在心理？

2．课外全面阅读《北京人》以及曹禺的其他剧作。

哈姆莱特（节选）

［英］莎士比亚

【作家作品简介】

威廉·莎士比亚（1564－1616），欧洲文艺复兴时期英国最伟大的剧作家、诗人。他在欧洲文学史上占有特殊的地位。当时"大学才子派"的戏剧家本·琼孙曾说"他不属于一个时代，而属于所有的世纪"。

莎士比亚出生在英国爱汶河畔斯特拉福镇一个富裕市民家庭里。少年时代的莎士比亚曾在当地的法文学校学习过古典文学、修辞学、法语、拉丁文。21岁时，莎士比亚只身一人到伦敦，在剧院打过杂，做过临时演员。1590年莎士比亚开始创作剧本，很快他的创作天赋就表现了出来，所编写的剧本不断获得成功。

莎士比亚创作生涯长达23年，一生的创作大致可以分为三个阶段，共创作38部剧本、两首长诗和150首十四行诗。他一生的创作都在探索情感与理智、原欲与道德？个体与群体之间和谐发展的道路。莎士比亚的戏剧创作广泛地描绘了当时的社会生活，他的戏剧题材多来自古代文学作品、民间传说和历史著作，也有少部分来自当时生活。他以生动丰富的情节、鲜明的人物性格和个性化、多彩的语言，为世界文学宝库增添了不朽的巨著。代表莎士比亚文学最高成就的是他的历史剧、喜剧和悲剧，其中喜剧《威尼斯商人》《第十二夜》，悲剧《哈姆莱特》《奥赛罗》《李尔王》《麦克白》是莎士比亚的代表作。

第 三 幕

第一场 城堡中一室

国王、王后、波洛涅斯、奥菲利娅、罗森格兰兹及吉尔登斯吞等。

国　　王　你们不能用迂回婉转的方法，探出他为什么这样神魂颠倒，让紊乱而危险的疯狂困扰他的安静的生活吗？

罗森格兰兹　他承认他自己有些神经迷惘，可是绝口不肯说为了什么缘故。

吉尔登斯吞　他也不肯虚心接受我们的探问；当我们想要引导他吐露他自己的一些真相的时候，他总是用假作痴呆的神气故意回避。

王　　后　他对待你们还客气吗？

罗森格兰兹　很有礼貌。

吉尔登斯吞　可是不大自然。

罗森格兰兹　他很吝惜自己的话，可是我们问他话的时候，他回答起来却是毫无拘束。

王　　后　你们有没有劝诱他找些什么消遣？

罗森格兰兹　娘娘，我们来的时候，刚巧有一班戏子也要到这儿来，给我们赶过了；我们把这消息告诉了他，他听了好像很高兴。现在他们已经到了宫里，我想他已经吩咐他们今晚为他演出了。

波洛涅斯　一点不错；他还叫我来请两位陛下同去看看他们演得怎样哩。

国　　王　那好极了；我非常高兴听见他在这方面感到兴趣。请你们两位还要更进一步鼓起他的兴味，把他的心思移转到这种娱乐上面。

罗森格兰兹　是，陛下。（罗森格兰兹、吉尔登斯吞同下。）

国　　王　亲爱的乔特鲁德，你也暂时离开我们；因为我们已经暗中差人去唤哈姆莱特到这儿来，让他和奥菲利娅见见面，就像他们偶然相遇一般。她的父亲跟我两人将要权充一下密探，躲在可以看见他们，却不能被他们看见的地方，注意他们会面的情形，从他的行为上判断他的疯病究竟是不是因为恋爱上的苦闷。

王　　后　我愿意服从您的意旨。奥菲利娅，但愿你的美貌果然是哈姆莱特疯狂的原因；更愿你的美德能够帮助他恢复原状，使你们两人都能安享尊荣。

奥菲利娅　娘娘，但愿如此。（王后下。）

波洛涅斯　奥菲利娅，你在这儿走走。陛下，我们就去躲起来吧。（向奥菲利娅）你拿这本书去读，他看见你这样用功，就不会疑心你为什么一个人在这儿了。人们往往用至诚的外表和虔敬的行动，掩饰一颗魔鬼般的内心，这样的例子是太多了。

国　　王　（旁白）啊，这句话是太真实了！它在我的良心上抽了多么重的一鞭！涂脂抹粉的娼妇的脸，还不及掩藏在虚伪的言辞后面的我的行为更丑恶。难堪的重负啊！

波洛涅斯　我听见他来了；我们退下去吧，陛下。（国王及波洛涅斯下。）

（哈姆莱特上。）

哈姆莱特　生存还是毁灭，这是一个值得考虑的问题；默然忍受命运的暴虐的毒箭，或是挺身反抗人世的无涯的苦难，通过斗争把它们扫清，这两种行为，哪一种更高贵？死了；睡着了；什么都完了；要是在这一种睡眠之中，我们心头的创痛，以及其他无数血肉之躯所不能避免的打击，都可以从此消失，那正是我们求之不得的结局。死了；睡着了；睡着了也许还会做梦；嗯，阻碍就在这儿：因为当我们摆脱了这一具朽腐的皮囊以后，在那死的睡眠里，究竟将要做些什么梦，那不能不使我们踌躇顾虑。人们甘心久困于患难之中，也就是为了这个缘故；谁愿意忍受人世的鞭挞和讥嘲、压迫者的凌辱、傲慢者的冷眼、被轻蔑的爱情的惨痛、法律的迁延、官吏的横暴和费尽辛勤所换来的小人的鄙视，要是他只要用一柄小小的刀子，就可以清算他自己的一生？谁愿意负着这样的重担，在烦劳的生命的压迫下呻吟流汗，倘不是因为惧怕不可知的死后，惧怕那从来不曾有一个旅人回来过的神秘之国，是它迷惑了我们的意志，使我们宁愿忍受目前的磨折，不敢向我们所不知道的痛苦飞去？这样，重重的顾虑使我们全变成了懦夫，决心的赤热的光彩，被审慎的思维盖上了一层灰色，伟大的事业在这一种考虑之下，也会逆流而退，失去了行动的意义。且慢！美丽的奥菲利娅！——女神，在你的祈祷之中，不要忘记替我忏悔我的罪孽。

奥菲利娅　我的好殿下，您这许多天来贵体安好吗？

哈姆莱特　谢谢你，很好，很好，很好。

奥菲利娅　殿下，我有几件您送给我的纪念品，我早就想把它们还给您；请您现在收回去吧。

哈姆莱特　不，我不要；我从来没有给你什么东西。

奥菲利娅　殿下，我记得很清楚您把它们送给了我，那时候您还向我说了许多甜言蜜语，使这些东西格外显得贵重；现在它们的芳香已经消散，请您拿回去吧，因为在有骨气的人看来，送礼的人要是变了心，礼物虽贵，也会失去了价值。拿去吧，殿下。

哈姆莱特　哈哈！你贞洁吗？

奥菲利娅 殿下！

哈姆莱特 你美丽吗？

奥菲利娅 殿下是什么意思？

哈姆莱特 要是你既贞洁又美丽，那么你的贞洁应该断绝跟你的美丽来往。

奥菲利娅 殿下，难道美丽除了贞洁以外，还有什么更好的伴侣吗？

哈姆莱特 嗯，真的；因为美丽可以使贞洁变成淫荡，贞洁却未必能使美丽受它自己的感化；这句话从前像是怪诞之谈，可是现在时间已经把它证实了。我的确曾经爱过你。

奥菲利娅 真的，殿下，您曾经使我相信您爱我。

哈姆莱特 你当初就不应该相信我，因为美德不能熏陶我们罪恶的本性；我没有爱过你。

奥菲利娅 那么我真是受了骗了。

哈姆莱特 进尼姑庵去吧；为什么你要生一群罪人出来呢？我自己还不算是一个顶坏的人；可是我可以指出我的许多过失，一个人有了那些过失，他的母亲还是不要生下他来的好。我很骄傲，有仇必报，富于野心，我的罪恶是那么多，连我的思想也容纳不下，我的想象也不能给它们形象，甚至于我都没有充分的时间可以把它们实行出来。像我这样的家伙，匍匐于天地之间，有什么用处呢？我们都是些十足的坏人；一个也不要相信我们。进尼姑庵去吧。你的父亲呢？

奥菲利娅 在家里，殿下。

哈姆莱特 把他关起来，让他只好在家里发发傻劲。再会！

奥菲利娅 嗳哟，天哪！救救他！

哈姆莱特 要是你一定要嫁人，我就把这一个咒诅送给你做嫁奁：尽管你像冰一样坚贞，像雪一样纯洁，你还是逃不过谗人的诽谤。进尼姑庵去吧，去；再会！或者要是你必须嫁人的话，就嫁给一个傻瓜吧；因为聪明人都明白你们会叫他们变成怎样的怪物。进尼姑庵去吧，去；越快越好。再会！

奥菲利娅　天上的神明啊，让他清醒过来吧！

哈姆莱特　我也知道你们会怎样涂脂抹粉；上帝给了你们一张脸，你们又替自己另外造了一张。你们烟视媚行，淫声浪气，替上帝造下的生物乱取名字，卖弄你们不懂事的风骚。算了吧，我再也不敢领教了；它已经使我发了狂。我说，我们以后再不要结什么婚了；已经结过婚的，除了一个人以外，都可以让他们活下去；没有结婚的不准再结婚，进尼姑庵去吧，去。（下）

奥菲利娅　啊，一颗多么高贵的心是这样殒落了！朝臣的眼睛、学者的辩舌、军人的利剑、国家所瞩望的一朵娇花；时流的明镜、人伦的雅范、举世注目的中心，这样无可挽回地殒落了！我是一切妇女中间最伤心而不幸的，我曾经从他音乐一般的盟誓中吮吸芬芳的甘蜜，现在却眼看着他的高贵无上的理智，像一串美妙的银铃失去了谐和的音调，无比的青春美貌，在疯狂中凋谢！啊！我好苦，谁料过去的繁华，变作今朝的泥土！

（国王及波洛涅斯重上）

国　王　恋爱！他的精神错乱不像是为了恋爱；他说的话虽然有些颠倒，也不像是疯狂。他有些什么心事盘踞在他的灵魂里，我怕它也许会产生危险的结果。为了防止万一，我已经当机立断，决定了一个办法：他必须立刻到英国去，向他们追索延宕未纳的贡物；也许他到海外各国游历一趟以后，时时变换的环境，可以替他排解去这一桩使他神思恍惚的心事。你看怎么样？

波洛涅斯　那很好；可是我相信他的烦闷的根本原因，还是为了恋爱上的失意。啊，奥菲利娅！你不用告诉我们哈姆莱特殿下说些什么话；我们全都听见了。陛下，照您的意思办吧；可是您要是认为可以的话，不妨在戏剧终场以后，让他的母后独自一人跟他在一起，恳求他向她吐露他的心事；她必须很坦白地跟他谈谈，我就找一个所在听他们说些什么。要是她也探听不出他的秘密来，您就叫他到英国去，或者凭着您的高见，把他关禁在一个适当的地方。

国　　王　就这样吧；大人物的疯狂是不能听其自然的。（同下。）

（节选自朱生豪等译：《莎士比亚全集》，北京，人民文学出版社，1994）

【赏析】

《哈姆莱特》是莎士比亚的代表作，其表现的社会内容和哲学内涵都是最丰富的。这部悲剧主要讲述丹麦王子哈姆莱特为父报仇的故事。年轻、快乐的哈姆莱特由于父亲暴死、叔父篡夺王位、母亲匆匆改嫁新王而变得郁郁寡欢。当他从父王鬼魂的口中得知杀害老王的凶手正是叔父克劳狄斯后，他决心铲除奸王，担负起重整乾坤的重任。但宫廷里到处都是克劳狄斯的耳目，哈姆莱特不得不装疯，以寻找复仇的机会。经过几个回合的较量，最后，哈姆莱特在宫廷比剑时杀死了克劳狄斯，替父亲报了仇，不幸的是自己也中计身亡。

哈姆莱特是文艺复兴末期人文主义者的典型，他以人文主义理想为精神支柱，以人文主义原则为批判武器，抨击封建社会的罪恶，揭露资本主义的阴暗面。整个剧本通过哈姆莱特与以克劳狄斯为首的宫廷集团的斗争，反映了人文主义理想与英国现实之间的矛盾，反映了时代的先进力量与强大的恶势力之间的斗争，既深刻地揭示了社会矛盾，又歌颂了人文主义理想，鼓舞人们为正义进行不妥协的斗争。这便是作品的思想意义。

本篇选取的是悲剧的第三幕第一场，主要内容是，克劳狄斯不相信哈姆莱特已经精神失常，他利用哈姆莱特的情人奥菲利娅、朝臣波洛涅斯、罗森格兰兹、吉尔登斯吞等人去试探真伪。哈姆莱特与这些人巧妙周旋，不泄露心中的隐秘。

艺术上，《哈姆莱特》塑造了栩栩如生、各具特色的人物形象，如阴险狠毒、笑里藏刀的克劳狄斯，天真纯洁、善良柔弱的奥菲利娅，抱负远大、敏感多虑的哈姆莱特等。莎士比亚善于运用内心独白揭示人物的心理，展示人物丰富、复杂的性格特征。如哈姆莱特“生存还是毁灭”这段著名的独白，不仅极富揭露性和哲理性，而且也是理解人物性格及心理特征的一把钥匙。作品语言丰富、生动、个性化。莎士比亚善于运用丰富多彩、符合人物性格特征的形象化的语言来叙述剧情、刻画人物。如哈姆莱特“疯疯癫癫”的语言、波洛涅斯的诗体语言，无不反映出不同人物的不同性格。

【思考与练习】

1．理解与背诵哈姆莱特“生存还是毁灭”这段独白。

2．举例说明莎士比亚如何运用丰富、生动、个性化的语言塑造人物。

3．从节选中能看出哈姆莱特什么样的个性特征？

下　编

写作知识

第一章　行政公文

第一节　行政公文概述

一、行政公文的概念

公文，是公务文书的简称，有广义和狭义之分。广义公文是与私人文书相对而言，按其适用范围的不同，可分为通用公文和专用公文两大类。这里所学的行政公文，是指狭义公文，是国家行政机关在行政管理过程中形成的具有法定效力和规范体式的文书，是依法行政和进行公务活动的重要工具。按国务院2000年8月24日发布，2001年1月1日起施行的《国家行政机关公文处理办法》规定，现有行政公文共13类。即命令（令）、议案、决定、公告、通告、通知、通报、报告、请示、批复、意见、函、会议纪要。

公文的行文关系从不同角度有不同分法。按行文对象可分为上行文、平行文、下行文。上行文是下级机关向上级机关的行文，如报告、请示。平行文是同级和不相隶属机关之间的行文，如函。下行文是上级机关向下级机关的行文，如命令、决定、指示、公告、通告、通报、批复。

二、行政公文的特点

公文除了具有与一般应用文相同的特点外，还有自己独特的特点：

1. 高度的政治性和政策性。公文是传达贯彻党和国家方针、政策，进行行政管理的工具，必须体现国家的意志，符合国家的法律、法规和方针、政策及有关规定，具有高度的政治性和政策性。

2. 法定的权威性。公文代表发文机关的法定职权，以行文方式进行组织管理活动，是行政指挥权和行政领导权的体现，具有法定的权威性和很强的行政效力。受文单位及个人必须认真按照公文的要求处理工作，不允许推诿或拖延不办。

3. 很强的时效性。公文都是为解决公务活动中的实际问题而写作的，具有很强的时间性，要求写作成文快、印发制作快、处理办文快。

4. 制发的规范性。公文的制发具有严肃性和规范性，一是公文有法定的作者，不能随意写作；二是有统一规定的格式；三是有特定的内容，写作中要严格遵守。

三、行政公文格式

（一）《国家行政机关公文处理办法》第十条规定：公文一般由秘密等级和保密期限、紧急程度、发文机关标识、发文字号、签发人、标题、主送机关、正文、附件说明、成文日期、印章、附注、附件、主题词、抄送机关、印发机关和印发日期等部分组成。这些基本格式当有者必须具备，不当有者不得出现（如密级和紧急程度，就不是每份文件必需的）。而且每一格式项目在正式公文中出现的位置和形式，也都有严格的规定。

（二）公文格式详解

1. 版头。一般由发文机关名称加“文件”两字组成，也可以只有机关名称不加“文件”二字，版头用套红大字居中印在公文首页上部。发文机关名称必须使用全称或规范化简称，几个机关联合发文，要把参与发文的机关都排上，主办机关排列在前，其他机关依次在下方整齐对应排列。

2. 份号。份号是公文印制份数的顺序号，行政公文要求“绝密”“机密”公文应当标明份号，份号是用自动号码印刷机印刷的，每一份公文的份号都不一样，份号的位置在公文首页版心的左上角。

3. 秘密等级。秘密公文的秘密等级共有三级：“绝密”“机密”“秘密”。“绝密”级别最高，“机密”次之，“秘密”又次。

如无保密内容，不得标注此项。密级标注在公文首页版心右上角。有关保密的法规还要求公文在密级后面标明时限，超过时限将自动解除秘密。

4．紧急程度。对于事关重大、需要紧急传递和办理的公文，应标明紧急程度，以便跟一般公文区分开来。紧急程度分为“特急”“急件”两级，不是事关重大、需要紧急办理的公文，不得标注此项。紧急程度的标注一般也在首页右上角，跟秘密等级上下排列，居秘密等级下方。

5．发文字号。发文字号是公文的一个重要项目，位于版头的正下方，文头部分与正文部分的间隔横线的正上方。发文字号有固定的模式：由发文机关代字、年份（发文年度）、序号（发文顺序号）三部分组成。机关代字是发文机关名称的极度简缩，根据代字可以看出发文的是什么机关。如：“国发”是国务院的机关代字：“国办发”是国务院办公厅的机关代字；湖北省人民政府的机关代字是“鄂政字”。年份就是发文当年的年度，用阿拉伯数字写全，不得缩写，如不能把1999年减缩为“99”。年份加六角括号，例如：〔1999〕。不得用圆括号或别的括号。序号是机关发文的流水号，当年所发的第一份公文是1号，以后依次顺排即可。除命令（令）外，其他公文的序号前不加“第”字，数字前面也不加“0”。

6．签发人。《办法》规定：“上行文应当注明签发人，会签人姓名。”“签发人”一项的具体位置，标在“红头”下方右侧，也就是发文字号右边。

以上各项格式项目，均属于文头部分，位于首页的间隔横线之上。

7．公文标题。公文标题位于间隔横线下方，居中排列，字号大于正文。公文标题由发文机关名称、发文事由、文种名称组成。发文机关名称根据情况可以省略，每一篇公文的标题均应准确标明公文种类。公文标题中除法规、规章名称加书名号外，一般不用标点符号。

8．主送机关。主送机关就是受理公文的机关。主送机关名称应当用全称或者规范化简称或者同类型机关的统称，位于公文标题下方，正文上方，顶格排印。下行文的主送机关可以有若干个，排列时，同类型、相并列的机关之间用顿号间隔，不同类型、非并列关系的机关之间用逗号间隔，最后用冒号。向上级机关行文，特别是上行文中的请示，一般只能写一个主送机关。如需其他相关的上级机关阅知，可以抄送。大多数公文都有主送机关，但有些向全社会普发的下行文，如公告，没有明确的主送机关，可以没有这一项。

9．正文。正文是公文的主体，用来表述公文的内容，位于标题或主送机关下方。

10．附件。公文如有附件，应当在正文之后，机关署名或成文时间之前，注明附件顺序和名称。附件应当置于主件之后，与主件装订在一起。无附件的公文，省略此项。

11．发文机关署名。行政公文不要求一定署名，根据情况，可署可不署。如不署名，公章盖在成文日期上。署名和下面的成文日期之间，要有一定的间隔。

12．成文时间。成文时间一般以领导人签发的日期为准；如系联合行文，以最后签发机关的领导人签发日期为准。会议通过的重要公文，以会议通过日期为准。成文日期要写明年、月、日，不得简写，用汉字书写，位于正文或机关署名下方偏右。会议通过的重要公文，如决议、决定，以及条例、规定等法规性文体，成文日期不在文后，而是加括号标注于标题下方居中位置。

13．印章。除会议纪要和以电报形式发出的以外，公文均应加盖公章。联合上报的公文，由主办机关加盖公章。联合下发的公文，联合发文机关都要加盖公章。

14．印发传达范围。又称附注，加括号标注于成文日期下方左边。无需特别说明者，可以省略此项。

以上各项，均属公文的主体部分。

15．主题词。国务院办公厅规定：“公文应当标注主题词。

上行文按照上级机关的要求标注主题词。”1994年国务院办公厅秘书局印发了重新修订的《国务院公文主题词表》，并规定，“自1994年6月1日起，凡国务院、国务院办公厅印发的文件和各地区、各部门报送国务院、国务院办公厅的文件，均按该词表标引主题词。”公文主题词是为适应办公自动化的需要，在实践中总结出来的能表达公文基本内容的规范化的单词和词组。现在，所有的公文都要标注主题词，上报的公文要求更严格，要按上级机关的要求和公文主题词表标注。一篇公文的主题词要能反映公文的主要内容和文种，主题词的数量一般3~5个。

16．抄送机关。抄送机关指主送机关之外的其他需要阅知公文内容的上级、下级和不相隶属机关。抄送机关名称标注于主题词下方，印制版记（印发机关和时间、份数）上方。

17．印制版记。印制版记由公文印发机关名称、印发日期、印制份数组成，位于公文末页下端。印发机关，一般是发文机关的办公机构。印发日期，是实际印制的日期，与公文的成文日期意义不同。

除以上格式外，行政公文还规定了公文的用纸规格：一般采用长297毫米、宽210毫米的国际标准A4型。

四、行政公文阅读

公文的阅读，简称“阅文”，是公务活动中办理政务、处理事务的起始与前提。阅读公文要注意如下几点：

1．认真阅读，弄清文义。

2．弄清有关政策依据，领会文件精神实质和要求。

3．分清轻重缓急，控制办文范围。

五、行政公文办理

公文办理一般分为收文和发文两个程序。

收文办理的一般程序包括传递、签收、登记。分发、拟办、承办、催办、查办、立卷、归档、销毁等。发文办理的一般程序包括拟稿、审稿、签发、缮印、校对、用印、登记、分发、立卷、归档、销毁等。

第二节　几种常用行政公文的写法

一、通知

（一）通知的概念

通知是运用最为广泛的下行文。《国家行政机关公文处理办法》对通知所下的定义为：通知是“适用于批转下级机关的公文，转发上级机关和不相隶属机关的公文，传达要求下级机关办理和需要有关单位周知或者执行的事项，任免人员”的公文。

（二）通知的特点

1．应用广泛，使用频率高。在下行文中，通知的功能是最为丰富的。它可以用来布置工作、传达指示、晓谕事项、发布规章、批转和转发文件、任免干部等等，总之，下行文的主要功能，它几乎都具备。通知的发文机关，几乎不受级别的限制。大到国家级的党政机关，小到基层的企事业单位，都可以发布通知。通知的受文对象也比较广泛。在基层工作岗位上的干部和职工，接触最多的上级公文就是通知。而且通知虽然从整体上看是下行文，但部分通知（如晓谕事项的通知）也可以发往不相隶属机关。

2．一定的指导性。通知这一文体名称，从字面上看不显示指导的姿态，但事实上，多数通知都具有一定程度的指导性。用通知来发布规章、布置工作、传达指示、转发文件，都在实现着通知的指导功能，受文单位对通知的内容要认真学习，并在规定时间内完成通知布置的任务。

3．较强的时效性。通知是一种制发比较快捷、运用比较灵便的公文文种，它所办理的事项，都有比较明确的时间限制，受文机关要在规定的时间内办理完成，不得拖延。

（三）通知的分类

1．发布指示的通知。这类通知用来发布指示、布置工作。凡是需对某一事项进行处理、对某问题作出指示，又不适合用命令、决定、指示的形式行文的时候，均可用通知的形式进行办理。

2．颁发规章的通知。除重要的法律性文件用命令颁布之外，多数法规和规章性文件，如条例、规定、办法、细则、实施方案等，都适合用通知颁发。这类通知的正文通常十分简短，如国土资源部等五部门联合发布的《关于颁布〈矿产资源储量评审认定办法〉的通知》的正文：为维护矿产资源国家所有权益，加强矿产资源储量管理，确保矿产资源储量合理可靠，根据《矿产资源法》，制定了《矿产资源储量评审认定办法》，现予发布。全文由目的、根据、发布对象、发布决定组成。这类通知是复合体公文，被发布的规章全文附在通知之后，但不作为附件处理，而是正件的组成部分。

3．批转、转发文件的通知。将某一下级机关报来的文件（主要是建议性报告或工作报告）转发给有关下级机关，叫做“批转”。将上级机关发下来的文件，或不相隶属机关发来的文件（主要是指示、意见、通知等）转发给下级机关，叫做“转发”。

4．晓谕性通知。这类通知一般只有告知性，没有指导性。其用途较广泛，机构、人事调整，启用、作废公章，机构名称变更，机关隶属关系变更，迁移办公地址，安排假期等，都可使用这种通知。如《中华人民共和国国务院公报》2000年第6号就刊登有三则这类通知，一则是《国务院关于更改新华通讯社香港分社、澳门分社名称的通知》，另一则是《国务院办公厅关于成立国家信息化工作领导小组的通知》。稍前的2000年第1号，刊登的有《国务院办公厅关于12月20日放假的通知》。

5．任免通知。任免领导干部的职务，根据职务的重要程度的不同，可分别采用不同的文种，最高可用任免令，其次可以用决定，再次用通知，最低用公布任免名单的方式。由此可见，任免基层干部时，通常用通知。任免通知，只需写明什么会议决定，任命什么人担任什么职务，免去什么人的什么职务即可，不必说明原因。

6．会议通知。这是一种常见的通知，既可用于下行，也可用于平行。一般包括如下内容：召开会议的时间、地点以及会议的名称；会议的中心议题和主要程序；对与会人员身份的要求；对与会人员会前准备工作的要求；报到时间、地点及联络人；其他需要事先说明的事项。

（四）通知的格式与写作方法

1．通知的标题。通知的标题一般采用公文标题的常规写法，由发文机关＋主要内容＋文种组成。发布规章的通知，所发布的规章名称要出现在标题的主要内容部分，并使用书名号。批转和转发文件的公文，所转发的文件内容要出现在标题中，但不一定使用书名号。如《国务院办公厅转发教育部等部门关于进一步加快高等学校后勤社会化改革意见的通知》。

2．通知的主送机关。通知的发文对象比较广泛，因此，主送机关较多，要注意主送机关排列的规范性。

3．通知的正文。

（1）通知缘由。发布指示、安排工作的通知，这部分的写法跟决定、指示很接近，主要用来表述有关背景、根据、目的、意义等。晓谕性的通知，也可参照上述写法。如《国务院关于更改新华通讯社香港分社、澳门分社名称问题的通知》，采用了根据与目的相结合的开头方式；《国务院办公厅关于成立国家信息工作领导小组的通知》，采用的是以“为了”领起的“目的式”开头方式。批转、转发文件的通知，根据情况，可以在开头表述通知缘由，但多数以直接表达转发对象和转发决定为开头，无需说明缘由。发布规章的通知，多数情况下篇段合一，无明显的开头部分，一般也不交代缘由。

（2）通知事项。这是通知的主体部分，所发布的指示、安排的工作、提出的方法、措施和步骤等，都在这一部分中有条理地组织表达。内容复杂的需要分条列款。晓谕性通知，有时需要列出新成立的组织的成员名单，以及改变名称或隶属关系之后职权的变动等。

(3) 执行要求。发布指示、安排工作的通知，可以在结尾处提出贯彻执行的有关要求。如无必要，可以没有这一部分。

其他篇幅短小的通知，一般不需有专门的结尾部分。

（五）通知的写作要求

1. 通知的写作，要求事项具体，层次分明，内容要从实际出发，具有可行性。

2. 无论哪一类通知都要开门见山，简洁明快。

3. 要准确确定行文关系，注意同公布性事务体文书《启事》的区别，防止滥发通知。

【例文一】

关于加强学士学位论文写作规范及管理工作的通知

各院（系）：

学士学位论文作为教学计划的重要环节，对于培养学生综合运用知识能力、分析和解决实际问题能力，增强其实践及创新能力具有重要意义。为促进论文写作规范和格式统一，同时做好校级和省级优秀学士学位论文的评选工作，现将有关事项通知如下：

1. 论文结构要确保完整，应依次包括封面页、中英文摘要与关键词、目录、正文、致谢、参考文献等部分；

2. 论文要求统一采用 A4 页面纸打印。其中上边距 25mm、下边距 25mm、左边距 25mm、右边距 25mm。字间距为标准，行间距为 1. 5 倍行距。页码在页面底端居中放置；

4. 正文中要有文献综述，主要是介绍和评述前人在相关领域的研究成果，包括研究结果的矛盾、不同理论的争执、研究设计的漏洞、有待解决的问题等；

5. 各院系在论文评审工作结束之后（13 周左右），以不超过15%的比例提出校级优秀学士学位论文的推荐名单（登记表格见附件2，校园网通知通告栏目下载），同时向教务处教研科报送校级优秀学士学位论文纸质文档及全文电子文档。优秀学士学位论文纸质文档由教务处交档案室保存，其他毕业论文由各院系收齐整理并装订成册后交图书馆统一保存；

6．报送的校级优秀学士学位论文的电子文档格式为WORD 97或WORD 2000编辑保存的“doc”文件。电子文档内容包括纸质本论文的全部内容：封面页、中英文摘要与关键词、目录、正文、致谢、参考文献等部分。文件名格式为：学校代码＋专业代码＋学号＋页码．doc。如体育系体育教育专业学号为“11111111”的同学，假设其论文共36页，其文件名为“10522040201 1111111136”。

本科毕业论文是教学工作的重要环节，望各院系切实重视，认真贯彻执行通知精神。

教务处

二〇〇五年四月五日

【例文二】

关于召开全省民政工作会议的通知

各市人民政府、行政公署，省直各单位：

为了贯彻全国民政工作会议精神，省政府决定召开全省工作会议。会议的主要议题是：传达学习全国民政会议的主要文件和领导讲话，讨论研究贯彻的意见和措施，请你们提前做好准备。

参加会议人员：各市人民政府、行政公署分管民政工作的领导同志和各市、行署的民政局长，省直各单位的负责同志。

会议拟开五天，地点××宾馆，于八月十五日前来报到。

××省人民政府办公厅

××××年×月×日

【析评】

仔细分析这份会议通知，至少有三个毛病：一是内容不够明确。会议的名称、议题都清楚，但不够具体明白，不知道研究的具体问题，也不知道与会人员需做什么准备。二是参加会议人员不够具体明确。省直单位包括的范围很广，包括党、政、工、群、公、检、法等，哪些单位参加不够清楚。一般要写清楚有关单位，还要附上单位名单。还有，省直单位负责同志有几个，只来一个或都来，也没有写清楚。三是报到时间不明确。“八月十五日前来报到”，是指八月十五日之前还是八月十五这一天报到？可见，很简短的通知，也要按要求将有关问题写得具体、清楚。

二、报告

（一）报告的概念

报告是下级机关向上级机关汇报工作、反映情况、提出意见或建议、答复上级机关询问时使用的公文。

（二）报告的特点

1. 单向性。报告是下级机关向上级机关汇报工作、反映情况、提出建议时使用的单方向上行文，不需要上级机关给予批复。为此类似“以上报告当否，请批示”的说法是不妥当的。

2. 陈述性。报告在汇报工作、反映情况时，所表达的内容和使用的语言都是陈述性的。本单位遵照上级的指示，做了什么工作、怎样做的这些工作、取得了哪些成绩、还存在哪些不足，必须要一一向上级陈述。反映情况时，也要把时间、地点、人物、事件、原因、结果叙述清楚，向上级机关提供准确的现实性信息。即便是提出建议的报告，也要在汇报情况的基础上，才能深入一步提出建议来。

3. 事后性。在机关工作中，有“事前请示，事后报告”的说法。多数报告，都是在开展了一段时间的工作之后，或是在某种情况发生之后向上级作出的汇报。但建议报告没有明显的事后性特点，应该尽量超前一些，如果木已成舟，再提建议也是没有意义的了。

（三）报告的分类

1．工作报告。可分为综合性、专题性报告。主要用于下级机关向上级汇报某一阶段或某一专项工作情况。综合报告涉及面宽，要把主要工作范围之内的方方面面都涉及到，可以有主次的区分，但不能有大的遗漏。大到国务院提供给人民代表大会的政府工作报告，小到某单位向上级提供的年度、季度、月份工作报告，都属于这种类型。专题报告的涉及面窄，只针对某一方面的工作或者某一项具体工作进行汇报。

2．情况报告。主要用于向上级汇报工作中的重要情况。如果本单位出现了正常工作秩序之外的情况，譬如说发生了事故，出现了意想不到的问题等，对工作产生了一定程度的影响，应该及时向上级将有关情况原原本本地进行汇报。即使对工作没有太大影响，一些有倾向性的新动态、新风气，以及最近出现的新事物等等，必要时也要向上级报告。凡此种种，都属于“情况报告”。作为下级机关，有责任做到“下情上达”，保证上级机关耳聪目明，对下面的情况始终了如指掌，这就是情况报告的意义。如果隐情不报，则是一种失职的表现。

3．回复性报告。用于答复上级机关或领导交办或查询事项的书面报告。这种报告内容针对性最强，上级询问什么，就答复什么，不能答非所问。对待上级机关的询问，一定要慎重，如果不了解真情，要经过深入的调查研究后再作答复。

4．呈报性报告。也叫随文报告或递送报告。是向上级机关报送文件、物件及资料时，随文随物而写的报告。正文通常非常简略，只需写明“现将××××报上，请指正（请查收）”即可。真正有意义的内容都在所报送的文件里。

（四）报告的格式与写作方法

1．标题。由发文机关、事由和文种构成。如《××部关于××抗灾救灾工作情况的报告》。如果内容重要且需要迅速报告上级的，可在文种前加上“紧急”二字。

2. 报告的主送机关。主送机关尽量要少，一般只送一个上级机关即可。

3. 报告的正文

(1) 开头。不同类型的报告，其导语的写法也有较大不同。概括起来，报告的导语有以下几种类型：

背景式。交代报告产生的现实背景。例如：前不久，中央纪委召开了部分省市清理党员干部违纪建私房座谈会，总结交流了各地清房工作的情况和经验，并就清房中遇到的一些政策性问题，进行了讨论，根据各地的做法和座谈会中提出的问题，中央纪委常委研究提出以下建议……

根据式。就是交代报告产生的根据。例如：根据省委、省政府领导同志的指示，我厅于去冬派人到×市，与×市的同志一道，对城镇贫困户的情况作了一些调查。×市委、市政府对此十分重视，在调查研究的基础上，立即采取措施，着手解决这一问题。现将两地城镇贫困户的情况及采取的措施报告如下……

叙事式。在开头简略叙述一个事件的概况，一般用于反映情况的报告。例如：××年2月20日上午9时40分，我省××市百货大楼发生重大火灾事故，市消防队出动15辆消防车，经四个小时的扑救，大火才被扑灭。这次火灾除消防队员和群众奋力抢救出部分商品外，百货大楼三层楼房一幢及余下商品全部烧毁。时值开门营业不久，顾客不多，加之疏散及时，幸未造成人员伤亡。但此次火灾已造成直接经济损失792万余元。

目的式。将发文目的明确阐述出来作为导语。例如：为认真贯彻落实《国务院批转林业部关于进一步加强森林防火工作报告的通知》(国发〔19××〕42号)，切实做好我市防火工作，保护和发展森林资源，更好地为改革开放和经济建设服务，结合我市实际情况，就进一步加强森林防火工作提出几点意见……

报告开头的写法不止以上四种，运用时可以举一反三，融会贯通，灵活处理。

(2) 报告主体。报告的主体也有多种写法，下面择要介绍几种常见形态。

总结式写法。这种写法主要用于工作报告。主体部分的内容，以成绩、做法、经验、体会、打算、安排为主，在叙述基本情况的同时，有所分析、归纳，找出规律性认识，类似于工作总结。总结式写法最需要注意的是结构的设计安排。按照总结出来的几条规律性认识来组织材料、安排层次，是最常用的结构方式。

“情况——原因——教训——措施”四步写法。这种结构多用于情况报告。先将情况叙述清楚，然后分析情况产生的原因，接着总结经验教训，最后提出下一步的行动措施。例如《××省商业厅关于××市百货大楼重大火灾事故的报告》，采用的就是这样的写法。

指导式写法。这种结构多用于建议报告。希望上级部门采纳建议，批转给有关部门执行、实施，是建议报告的基本写作目的。为此，建议要针对某项工作提出系统完整的方法、措施和要求，对工作实行全面的指导。形式上采用分条列项的方法逐层表达。例如《××省计划生育委员会关于进一步加强厂矿企事业单位计划生育工作的报告》，针对计划生育问题向省人民政府提出了四条建议：一、加强组织领导；二、明确职责；三、提高干部素质：四、落实经费。

(3) 结尾。报告结尾十分灵活，可以正文结束即告结束，也可视情况写上结束语，如“特此报告”“以上报告请审阅”“以上报告如无不妥，请批转各有关单位执行”等。

（五）报告的写作要求

1．材料要真实，重点要突出。

2．报告中不得夹带请示事项。

3．语言文字要简洁、得体。

【例文一】

《××报》2004年度自检报告

湖北省新闻出版局：

根据《湖北省新闻出版局关于报纸期刊2004年度核验的通知》要求，现将本报2004年度自检情况报告如下。

一、遵守办报宗旨的情况

作为学校党委机关报，本报始终遵循“宣传党的基本理论、基本路线、基本方针和政策，配合学校党委和行政的中心工作，报道与学校发展密切相关的校内外大事，反映师生员工的工作、学习、生活、思想情况，活跃校园文化生活”的办报宗旨，未出现违反办报宗旨的现象。

二、政治导向和报纸格调

一年来，本报认真贯彻正面宣传为主的办报方针，坚持以科学的理论武装人、以正确的舆论引导人、以高尚的精神塑造人、以优秀的作品鼓舞人，注意为学校改革创造积极向上的舆论环境，从未刊发过任何有政治导向错误的稿件和内容低级庸俗的稿件。

三、遵守管理规定的情况

本报始终遵守国家新闻出版部署和湖北省新闻出版局关于高校校报的管理规定，不向社会发行，不刊登广告或变相刊登广告，不从事任何经营性活动，未发生任何违规行为。

××报

二〇〇五年三月十五日

【例文二：建议报告】

关于加强工商行政管理工作的报告

国务院：

为深化改革，促进社会主义市场经济持续、稳定、协调发展创造良好的条件，根据国务院赋予工商行政管理机关的职能，进一步拓宽监督管理的广度，增加监督管理的深度，强化监督管理的力度，为此，今年全国工商行政管理局长会议进行了专门研究，对下一步工作提出以下意见：

一、进一步依法加强对生产资料市场的监督管理，不断提高集贸市场的管理水平。（略）

二、加强对国有和集体企业的监督管理，积极支持企业集团的建立和发展。（略）

三、切实加强对个体、私营经济的监督管理，引导它们健康发展。（略）

四、严肃查处制造、经营伪劣商品和刊播虚假广告的行为，切实维护国家和人民群众的利益。（略）

五、依法保护注册商标专用权，加强商标领域中的国际合作。（略）

六、加强廉政建设，提高工商行政管理队伍的素质。（略）

以上报告如无不妥，请批转各地区、各部门执行。

国家工商行政管理局（盖章）

×年×月×日

三、请示

（一）请示的概念

请示是下级机关向上级机关请求指示和批准时使用的公文。请示作为报请性的上行文，应用范围十分广泛。大致可归纳为以下几个方面：下级机关遇到新情况、新问题，因无章可循而没有对策或没有把握，需要上级机关给以指示的时候，要用请示；下级机关在处理较为重要的事件和问题时，因涉及有关方针政策必须慎重对待，需要报请上级机关批准时，要用请示；下级机关在工作中遇到问题，虽然有解决的办法，但由于职权、条件的限制，没有权力或没有能力实施这些办法，需要上级帮助解决的时候，要用请示；下级机关对有关方针、政策和上级机关发布的规定、指示有疑问，需要上级机关给予解答时，要用请示；下级机关之间在较重要的问题上出现意见分歧，需要上级机关裁决时，需要请示。

（二）请示的分类

请示按行文目的和内容可分为以下两种：

1. 请求批准性请示

这类请示主要用于按规定本级机关无权决定，必须请示上级机关批准的事项，如机构设置、人员编制、人事任免、奖惩决定等等。

2. 请求指示性请示

主要用于对工作中遇到的某些政策界限把握不准或工作中遇到自己难以解决的新问题，需要上级机关给予明确的解释或给予指示。

（三）请示的格式与写作方法

1. 标题。请示的标题由发文机关、事由及文种构成，其中事由应扼要概括请示事项的内容，使其鲜明准确。也可以由事由和文种构成，如《关于成立离退休工作处的请示》。

2. 主送机关。请示的主送机关只能是本单位、本部门的直接上级机关。除领导直接交办的事项外，请示一般不对个人，只对组织。国务院办公厅规定：请示“一般只写一个主送机关，如需同时送其他机关，应当用抄送的形式”。

3. 正文。包括请示缘由、请示事项及请示要求三部分。

请示的缘由，是上级机关批复的主要依据。一般而言，这部分要写明所遇到的新情况、新问题，或自身没有能力解决的困难，要写得充分、恰当、具体。请示事项的部分，是请示最核心、最重要的部分。请求指示的请示，主体要写明想在哪些具体问题、哪些方面得到指示。请求批准的请示，要把要求批准的事项分条列款一一写明。如果在请求批准的同时还需要人、财、物等方面的支持和帮助，更需要把编制、数量、途径等表达清楚、准确，以便上级及时批准。如果请示内容十分复杂，可以在条款之上分列若干小标题，每一小标题下再分条列款。请示要求用语常见的有“当否，请批示”“妥否，请批复”“以上请示，请予审批”“以上请示如无不妥，请批转有关部门执行”等等。

（四）请示的写作要求

1．坚持“一文一事”的原则。

2．不多头请示。

3．逐级请示。

4．行文要规范。

（五）请示与报告的区别

请示与报告都是下级机关对上级机关的行文，但属于不同类的两个文种。其区别如下表所示：

	请　示	报　告
行文内容	向上级机关请求指示或批准	向上级机关汇报工作，反映情况，提出建议
行文时间	事前行文	事后或事情进行中行文
行文目的	要求上级批复	一般不要求批复
侧重范围	一文一事，具体集中	范围较广，可一事或多事一文
行文关系	属请求性上行文，不多头、越级请示	属呈报、陈述性上行文档资料

【例文一】

××市人民政府关于建立××市体育学校的请示

××省人民政府：

我市体育事业在省委、省政府的关怀下，有了一定发展，在开展群众性体育活动，提高运动技术水平方面取得了一些成绩。

但是，近年来我市运动技术水平与兄弟地、市相比有下降趋势。其原因之一是我市体育师资严重缺乏。全市有中小学5636所，有体育教师1600人，其中学过体育专业的只有286人，这种状况已影响到基础训练。此外，我市重点业余体校毕业生的出路问题不能解决，不仅造成了体育人才的大量外流，而且严重影响了这所体校的招生，使重点业余体校日渐失去生机与活力。这些问题的存在，对全面提高我市的教育质量，为国家培养和输送优秀人才，产生了十分不利的影响。

鉴于上述情况，我们认为，我市急需建立一所以培养体育师资和优秀运动员为目标的体育学校，因此，拟将市重点业余体校改办成中等专业性质的体育学校。

以上妥否，请批示。

××市人民政府

×年×月×日

【例文二】

关于举办团干部培训班的请示报告

县委：

目前我县团干部队伍的现状与形势和任务的要求极不适应。据查，全县专职团干部中36岁以上的40名，其中41岁以上的28名，大大超过了有关规定。从文化水平来看，大专文化的仅占6%。而且近年来，团干部更新较快，每年平均30%左右。在新老交替过程中青黄不接的现象也较为突出。

为了改变这种状况，我们曾办过几期团干部培训班，很受欢迎。现在根据我们的师资能力，拟于今年10月至明年4月再办一至二期团干部培训班。具体意见如下：

（一）培养目标：培养具有一定马列主义、毛泽东思想基础理论水平和党的政策思想水平，较全面地掌握青年工作理论和团的业务知识，热爱团的工作，思想正派的团委书记和专职团干部。

（二）培训时间：3个月左右。

（三）内容和安排：①马列主义、毛泽东思想基础理论，约占总课时的65%；②团的工作理论，约占总课时的30%；③其他方面知识，约占总课时的5%。考试及格者，发给毕业证书，承认学历。

（四）学员条件：拥护党的三中全会以来的路线、方针、政策；作风正派；热爱团的工作，有创新和献身精神；具有一年以上的团的基层工作经验，有初中或相当于初中的文化；年龄不超过25岁；身体强健。

（五）招收人数和报名办法：本次共招收40名，由各乡、直属单位、各系统的党委（组）和团委推荐，报县团委批准，填写一式两份的报名表。报名7月20日截止。

为了适应飞速发展的新形势之需要，加强团干部队伍的政治素质，完成培养有理想、有道德、有文化、守纪律的一代共产主义新人的使命，关键是建设一支符合四化要求的团干部队伍。办这个培训班就是为了这个目的。

以上意见，如无不妥，请转发有关单位。

××县团委

××年×月×日

【析评】

这篇请示存在以下几个方面的问题：

1．文种不规范。请示和报告是两种不同的文体，各自有自己的功能和写作要求。凡有请求事项，需要指示、批准的，均为请示，不得写成“报告”，也不得写为“请示报告”。这篇公文应该是“请示”，必须将标题中的“报告”二字删去。

2．违反有关法规。不经国家正规的学历教育，不能获得毕业证书。学校之外的任何单位，都无权发毕业证书。否则，即使有所谓的证书，也不会被承认学历。而仅经县级团委三个月的短期培训，就“发给毕业证书，承认学历”的说法，明显违法。

3．内容含混，分寸失当。文中“拟举办一至二期团干部培训班”的话，含混、不确定，显得想法很不成熟。应该在有了明确的计划和安排之后，再向上级请示，否则上级不好批复。另外，从本文的前几段的内容和口气看，办培训班的事还有待县委同意，可是后面居然说“报名7月20日截止”，要求“转发有关单位”，似乎不容置疑，显然分寸失当。只有办理上级批准了的或者上级交办的事项，才能写入上述内容。

4．结构紊乱。本文主体的最后一段是行文的目的，应该在开头出现。出现在主体的最后很不合理，造成了结构的紊乱。

5．语言不够准确。正文第二自然段有“我们曾办过几期团干部培训班，很受欢迎”的话，其中“很受欢迎”应该改为“效果很好，培养了多名称职的团干部”。第一条的“培养目标”跟培训对象相混淆，与后文搭配不当。第四条最后的“身体强健”，应为身体健康。最后“请转发有关单位”，“转发”应为“批转”。

6．层次标序有误。国务院办公厅《公文处理办法》规定：结构层次序数，第一层为“一、”，第二层为“（一）”，第三层为“1”，第四层为“（1）”。本文只有第一层，应标为“一”。

四、批复

（一）批复的含义

《国家行政公文处理办法》对批复的功能作了这样的界定：适用于答复下级机关的请示事项。批复跟指示有相似之处，都是指导性的下行文，所表达的内容都是受文的下级机关开展某项工作的依据。不过，它们又有着很大的不同。

（二）批复的特点

1．行文的被动性。批复是用来答复下级请求事项的，下级有请示，上级才会有批复。下级有多少份请示呈报上来，上级就有多少份批复回转下去。批复不是主动的行文，是公文中唯一的纯粹被动性文种。

2．针对性。批复的针对性极强，下级机关请示什么事项或问题，上级机关的批复就指向这一事项或问题，决不能答非所问，也无需旁牵他涉。

3．集中性和明确性。由于下级的请示是一事一报，请示内容十分集中，相应的批复也是一文一批，答复的内容也十分集中。因此批复的篇幅一般都不长。批复的态度和观点必须十分明确。对于请求指示的请示，批复要给以明确的指示；对于请求批准的请示，批复或者同意、批准，或者不同意、不批准。有时，由于情况的复杂性，原则同意，但对某些个别环节提出不同的意见和要求，这是允许的，不违背态度明确的原则。但如果观点不明，态度含混，令下级机关无所适从，就不合基本要求了。

4．政策性和依据性。对于撰写批复的上级机关而言，不管是发出指示还是批准事项，都必须有政策依据，不能随意为之。对于发出请示的下级机关而言，批复一旦到达，就是行动的依据，不得违背。在这些方面，批复和指示的特点是一致的。

（三）批复的写法

1．批复的标题。批复的标题一般采用公文常规模式写法，即发文机关＋主要内容＋文种。略有不同的是，批复往往在标题的主要内容一项中，明确表示对请示事件的意见和态度，而一般公文标题中的主要内容部分一般只点明文件指向的中心事件或问题，多数不明确表示态度和意见。如《国务院关于同意陕西省撤销榆林地区设立地级榆林市的批复》，其中“同意”两字就是用来表明态度和意见的。如果不批准请求事项，标题中可以不出现态度和意见，到正文中再表态。如果是答复请求指示的请示，也无须在标题中表态。

2．批复的主送机关。批复的主送机关，一般只有一个，那就是发出请示的下级机关。

3．批复的正文。批复的正文由三部分组成，分别是批复依据、批复事项、执行要求。

批复依据主要涉及两个方面：一是对方的请示，二是与请求事项有关的方针政策和上级规定。对方的请示是批复最主要的论据，要完整引用请示的标题并加括号注明其请示的发文字号，例如:“你省《关于变更西宁市行政区域范围的请示》（青政〔1999〕49号）收悉。”上级有关的文件和规定是答复请示的政策和理论依据。可表述为:“根据××关于××的规定，现作如下答复。”必要时，可标引文件名、文件编号和条款序号。如果下级请示的事项在上级文件和规定中找不到依据，这样的文字便不需出现了。

针对下级机关请示所发出的指示，作出的批准决定，以及补充的有关内容，都属于批复事项。如果内容复杂，可分条表述，但必须坚持一文一批的原则，不得将若干请示合在一起用列条的方式分别给以答复。

对下级执行批复的要求可写在结尾处，文字要简约。如《国务院关于同意陕西省撤销榆林地区设立地级榆林市的批复》的结尾：“榆林市的各级机构均应按照‘精简、效能’的原则设置，所需人员编制和经费由你省自行解决。”如果只是批准事项，无需提出要求，此段可免。

批复撰写要注意及时、明确、庄重周严、言简意赅。

（四）批复与指示的区别

批复事项多为政策性与政务性问题，与指令性下行文“指示”不同。批复是针对下级机关的专题请示及时作出明确答复，一般只发请示单位。指示是根据工作需要发出的指令性文件，一般发向全系统，发文范围比较广泛。

【例文一】

国务院关于同意陕西省撤销榆林地区设立地级榆林市的批复

国函〔1999〕141号

陕西省人民政府：

你省《关于撤销榆林地区行政公署实行市领导县体制的请示》（陕政字〔1998〕36号）及有关补充报告收悉。现批复如下：

一、同意撤销榆林地区和县级榆林市，设立地级榆林市。市人民政府驻新设立的榆林市。

二、榆林市设立榆阳区，以原县级榆林市的行政区域为榆阳区的行政区域。区人民政府驻北大街。

三、榆林市辖原榆林地区的神木县、府谷县、横山县、靖边县、定边县、吴堡县、米脂县、绥德县、清涧县、子洲县、佳县和新设立的榆阳区。

榆林市的各类机构均应按照“精简、效能”的原则设置，所需人员编制和经费由你省自行解决。

国务院

一九九九年十二月五日

【例文二】

××乡政府：

对你乡的多次请示，作如下答复：

1. 原则批准你乡建立联合贸易公司，负责本乡的内、外贸易工作。你乡应尽快使联合贸易公司开始营业。

2. 你乡提出试行“关于违反计划生育规定的处罚办法”最好不执行，因为这个办法违反上级有关文件精神。

3. 今年你乡要盖礼堂一座，并准备开辟为对外营业的影剧院，有利于活跃农民文化生活，增加宣传阵地。批准你们的请示。

4. 同意你乡“关于开展学习拥军模范赵香同志活动”的请示。赵香同志支持丈夫、儿子上前线。在丈夫牺牲后又鼓励女儿报考军队护校，她还给前线战士寄书、写信，鼓励他们保卫祖国，事迹是感人的，应大力宣传。

××县人民政府

××年×月×日

【析评】

这篇批复存在以下问题：

1．违反一文一批的原则。县政府在积存了某乡四件请示之后，才合在一起给了这样一个批复，这样做有多种弊端：延误时间，耽误下级工作；多种事项集于一篇公文之中，内容杂乱；一份公文涉及多方面工作，给下级落实带来困难。因为这些工作在下级机关是由不同单位和不同负责人分管的，由哪个负责人承担批复的落实工作，不好确定。正确的做法是，下级报来一份请示，就及时回复一份批复。对方的四份请示，应有四份相应的批复。

2．标题不合要求。本批复的标题只有文种名称，没有发文机关和主要内容，不够认真严肃，也影响工作效率。

3．态度含混，观点不明。如第一条中“原则上批准你乡建立联合贸易公司”的说法，是非完全性同意的措辞，但没有说明对请示中的哪些方面有保留，而且，后面的文字，似乎并没有什么不同意的地方。再如，第二条中“最好不执行，因为这个办法违反上级有关文件精神”这句话，有两处问题。“最好不执行”不是完全性否定，对方仍然是可以执行的。根据下文，这里应该采用完全否定的说法。“违反上级有关文件精神”，是哪个上级机关的什么文件？不说清楚，下级就搞不明白自己错在哪里，执行中就缺少自觉性。

五、函

（一）函的概念和种类

1．函的概念

函是“适用于不相隶属机关之间商洽工作，询问和答复问题，请求批准和答复审批事项”的公文。函为平行文。

2．函的种类

（1）按使用性质分：可分公函和便函。

①公函：公函用于商洽、询问、答复工作中比较重要的问题和请求主管部门批准某项事宜，属于正式公文。

②便函：便函用于询问、答复、联系一般性公务事宜，不属于正式公文，不编文号，不列标题，用机关信笺直接书写。

(2) 按行文方向分：可分为去函和复函。

(二) 文体结构

1．标题：正式公函的标题与其他公文文种标题格式相同，由制发机关、事由、文种三部分组成。如果是便函，也可不写标题。

2．发文字号：为完全式。如果是便函，也可以不写文号。

3．主送机关：为需要商洽工作、询问情况或答复问题的有关机关。

4．正文：正文由事由和具体事项组成。

5．落款：在正文之后的右下方写发文机关名称。

6．成文日期：写在落款之下。

(三) 写作要求

1．公函是平行文，无论是商洽函还是答复函，都要求措辞得体，既要有公文的庄重严肃，又要朴实、礼貌。

2．询问函，要求一函一事，便于对方尽速办理与答复。

3．答复函，因是针对询问函而回答的，因此，在开头第一行要写明来函的日期、标题、发文号，如“××××年×月×日关于××××问题（××发〔××××〕××号）的函收悉……”，而后再写答复的内容。

4．结尾用语。去函常用“可否，盼复”“请研究复函”等。答复函常用“此复”“特此函复”等。

(四) 函的样式如下：

1．公务类商洽函、答复函的样式

广东省交通厅

关于商请派车运送民工的函

粤交发〔2004〕15号

湖北省交通厅：

为了做好今年的春运工作，及时运送在我省务工的湖北籍民工回家过年，我们组织了民工运送专门车队。由于我们运力不足，车辆不够，估计不能满足民工的要求，特请贵省派出大型客车20辆，与我省联合组成运送民工的专门车队，确保在春节前，将在我省的湖北籍民工安全运送回乡与家人团聚。

妥否？请尽快函复，以便办理有关手续。

广东省交通厅

二〇〇四年十二月二日

湖北省交通厅

关于协助广东省

派车运送民工一事的复函

鄂交发〔2004〕26号

广东省交通厅：

你厅二〇〇四年十二月二日关于商请派车运送湖北籍民工一事的函（粤交发〔2004〕15号）收悉。经研究，现答复如下：

一、同意派出车况良好的大型客车20辆与贵省派出的车辆联合组成一支运送民工的专用车队，并选调40位驾驶技术精良、责任心强的司机随车驾驶，以确保春运的绝对安全。

二、请贵省协助我们尽快办理好有关春运车辆的线路手续，以保证在春运客流高峰到来之前投入运营。

特此函复

湖北省交通厅（公章）

二〇〇四年十二月十五日

2．调动工作的商洽函、答复函的样式

汉江体育学院
关于程颇同志调入蓉城体院工作的函

汉体人〔2005〕6号

蓉城体院人事处：

我院程颇同志2000年于北京体育大学艺术系体育舞蹈专业硕士研究生毕业，副教授职称，现根据工作需要，拟调入你院工作。

请研究复函

汉江体育学院人事处（公章）
二〇〇五年四月十八日

蓉城体育学院
关于程颇同志调动工作的复函

蓉体人〔2005〕12号

汉江体院人事处：

你院二〇〇五年四月十八日关于程颇同志调入蓉城体育学院工作的函（汉体人〔2005〕6号）收悉。经研究，答复如下：

一、同意程颇同志调入我院任专职的体育舞蹈教师。

二、有关调动手续务必在二〇〇五年六月底（即暑假放假前）办好，以便于该同志下学期按时来我校上班。

特此函复

蓉城体育学院人事处（公章）
二〇〇五年四月二十八日

3．便函的样式。目前，公民个人的合法权益受到侵犯后，往往用便函的形式向信访部门投诉，信访部门在收到公民个人的投诉后，往往用公函的形式予以答复。

湖北省信访办公室：

我是武汉市宏达铝合金制品有限公司的一名质检员。由于我在工作中认真负责，严把质量关，曾对公司个别领导人弄虚作假的行为提出了善意的批评，因此，公司个别领导人便怀恨在心，伺机报复。前不久，公司将我无故除名，使我重新下岗，全家生活陷入困境。我将上述情况告诉你们，希望你们接此信后，能按国家有关规定，替我伸张正义，主持公道。

敬请复函

武汉宏达公司职工：谢毓宗

二〇〇五年三月十六日

湖北省人民政府
信访办公室关于谢毓宗同志诉宏达公司
将其无故除名一事的复函

鄂政信办〔2005〕38号

谢毓宗同志：

收到你的来信后，我们会同省劳动监察部门进行了认真深入的调查，认为你所反映的问题基本属实。现经研究，答复如下：

一、武汉宏达铝合金制品有限公司个别领导人挟嫌报复是错误的，我们已向该同志严肃指出了问题的严重性，该同志表示愿意汲取教训，并向你赔礼道歉。

二、宏达公司无故将你除名是违反《中华人民共和国劳动法》的有关规定的。我们已责令公司收回成命，改正错误，恢复你的劳动权利。

三、你在收到本函后，可持本函去公司报到、上班。

特此函复

湖北省人民政府信访办公室（公章）

二○○五年四月八日

4．答复函

国务院办公厅关于公开发布
天气预报有关问题的复函

国办发（1993）18号

中国气象局：

你局《关于加强发布公众天气预报归口管理问题的报告》（国气发〔1993〕13号）收悉。经国务院同意，现将有关问题函复如下：

一、为保证向社会公开发布天气预报和灾害性天气警报的准确性，更好地为国民经济建设和保障人民生命财产安全服务，国家对公开发布天气预报和灾害性天气警报实行统一发布制度。由中国气象局管辖的各级气象台（站）负责发布，其他部门、单位及个人未经省级或省级以上气象部门同意，均不得向社会公开发布各类天气预报和灾害性天气警报。

二、其他部门所属的气象台（站）或机构，只负责向本部门发布专业天气预报。

三、通过广播、电视、报刊、电话等手段向社会公开发布的天气预报和灾害性天气警报，一定要利用气象部门提供的适时气象信息。

国务院办公厅

一九九三年七月一日

【病文分析】

公　　函

××大学校长办公室：

首先，我们以××省财经学校的名义，向贵校致以亲切的问候。我们以崇敬和迫切的心情，冒昧地请求贵校帮助解决我校当前面临的一个难题。

事情是这样的：最近，我们经与某某学院磋商，决定派×位老师到该院进修学习。只因该院恢复不久，在“文革”中大部分房屋遭到破坏，至今未能修盖完毕，以致本院职工的住房和学生的宿舍及教室破旧拥挤。我校几位进修教师的住宿问题，虽几经协商，仍得不到解决。然而举国上下，齐头并进，培养人才，时不我待，我校几位教师出省进修学习机会难得，时间紧迫，任务繁重，要使他们有效地学习，则住宿问题是亟待解决的。

为此，我们在进退维谷的情况下，情急生智，深晓贵校府高庭阔，物实人齐，且具有宽大为怀，救人之危的美德。于是，我们抱着一线希望，与贵校商洽，能否为我校进修教师的住宿问题提供方便条件。但不知贵校是否有其他困难，如有另外的要求和条件，我校则尽力相助。若贵校对于住宿一事能够解决，我校进修教师在住宿期间可为贵校教学事务做些义务工作，如辅导和批改作业等，这样可以从中相得益彰。我们以校方的名义向贵校表示深深的恩谢。

以上区区小事，不值得惊搅贵校，实为无奈，望谅解。并希望尽快得到贵校的答复。

此致

敬礼

××省财经学校（公章）

××年×月××日

【析评】

这篇公函存在以下几个方面的问题：

1．格式不正规。首先是标题不规范。作为正式的公文，应该采用公文标题的常规格式，只用“公函”二字作标题，显然不合要求。其次是结语不规范。此函用一般书信的祝颂语作结语，消解了公文的特色，有些不伦不类。

2．请求近乎无理。发函单位为解决自己进修教师的住宿问题，竟要求与此事无关的第三方帮助解决困难，这要求近乎无理。合作总是要在互利互惠的前提下才能得以实现的，请求帮助也要在合情合理的情况下才能提出，此函仅以帮助辅导、批改作业作为交换条件（他们的教师其实并没有为对方做辅导和批改作业的资格），其他真正能作为对等交换的条件完全没有，其结果可想而知。

3．语言不得体、不准确。此函的语言有较多问题。一是没有公文语言的严谨性与简洁性，有些话近乎口语，如“事情是这样的”“希望尽快得到贵校的答复”等。二是有些语言分寸失当，有献媚之嫌，如“深晓贵校府高庭阔，物实人齐，且具有宽大为怀，救人之危的美德”。三是用词不当，如“宽大为怀”，应是旧时惩处时的用语，“救人之危”的说法也有些过分。最不应该的是居然要和对方“相得益彰”。还有“我们以校方的名义”一句话，让人莫名其妙：难道这函不是以校方名义发出的吗？以上种种问题使得这篇公函几乎没有达到目的的可能，应从中汲取失败的教训。

六、会议纪要

（一）会议纪要的含义

《国家行政机关公文处理办法》规定，会议纪要：适用于记载、传达会议情况和议定事项。会议纪要容易和会议记录相混淆，其实，二者有着本质的不同，主要体现在以下三个方面：首先，从文体性质上看，会议纪要是正式的公文文种，而会议记录只是会议情况的记录，只是原始材料，不是正式公文。其次，从内容上看，会议记录无选择性、提要性，会议上的情况都要一一记录下来；而会议纪要有选择性、提要性，不一定要包容会议的所有内容。其三，从形成的过程和时间方面看，会议记录是随着会议的进行过程同步产生的，而会议纪要则要在会议后期、甚至会议结束后通过选择归纳、加工提炼之后才能形成。

（二）会议纪要的特点

1. 纪实性。会议纪要是根据会议的宗旨、议程、决议等整理而成的公文，它是对会议基本情况的纪实。会议纪要的撰写者，不能更动会议议定的事项，更不能随意改动会议上达成的共识和形成的决定。除此之外，撰写者也不能对会议内容进行评论。总之，会议纪要必须忠实反映会议的基本情况，传达会议议定的事项和形成的决议。会议纪要的纪实性特点，使得它具有凭证作用和资料文献价值。特别是一些重要的会议纪要，多年后还会作为人们确认那段历史的依据。

2. 概括性。会议纪要并不是把会议的所有内容都原原本本地记录下来，它要有所综合、有所概括、有所选择、有所强调。在一个会议上，与会代表的话题涉及面是宽泛的，观点也是多种多样的，水平也是有高有低的，这些内容全部进入会议纪要，不现实也不必要。会议纪要重点说明会议的主要参加者，基本议程，与会者有哪些主要观点，最后达成了什么共识，形成了什么决定或决议，就可以把会议的基本情况如实反映出来，不必像记流水账一样事无巨细一律照录。所以，会议纪要需要在会议后期甚至会议结束之后通过概括整理才能写出，而不像会议记录那样随会议的进行自然而然地产生。

3. 指导性。除凭证作用、资料作用之外，多数会议纪要具有指导工作的作用。它要传达会议情况、会议精神，要求与会单位和相关部门以此为依据展开工作，落实会议的议定事项。

（三）会议纪要的分类

会议的内容和目的不同，产生的会议纪要性质也有所不同。

1. 决策型纪要。以会议形成的决定、决议或者议定事项为主要内容的会议纪要，称为决策型纪要。这种会议纪要的特点是指导性强，会议上确定的工作重点，对工作的步骤、方法和措施的安排，都要求与会单位共同遵守或执行。这种会议纪要的内容有些类似于指示和安排工作的通知，只是发出的指导性意见不是由领导机关作出的，而是由会议讨论议定的。这样的会议纪要，除大家共同遵守的内容外，还常常会有一些工作分工，每个与会单位除完成共同任务之外，还要完成会议确定自己承担的那些工作。

2. 交流型会议纪要。以思想沟通或情况交流为主要内容的会议纪要，属于交流性会议纪要。它的主要特点是：以统一思想、达成原则共识或树立学习榜样为目的，而不布置具体工作，有明显的思想引导性，但没有明显的工作指导性。一些理论务虚会、经验交流会形成的会议纪要，大多属于这种类型。这样的会议纪要，往往多处采用“会议认为”的说法来表达会议在原则问题上达成的共识。或者将会议上介绍的先进经验以及与会单位的评价、态度作为主要内容。

3. 研讨型会议纪要。这种会议纪要的鲜明特点是并不以共识和议定事项为主要内容，而是以介绍各种不同的观点和争鸣情况为主。研讨会和学术讨论会的纪要多是这种类型。会议开完了，各家的观点也发表过了，但是并没有形成统一意见，当然更谈不上确定什么议定事项，在这种情况下仍然有必要发会议纪要，以便让更多的人了解会议的情况，了解不同的观点及其争鸣过程。这对启发和活跃思想，对百花齐放、百家争鸣的学术氛围的形成是有促进作用的。

（四）会议纪要的结构与写法

1. 标题。会议纪要的标题与一般公文略有不同，因为会议纪要是以会议的名义发出的，而不是以领导机关的名义发出的，所以会议纪要的标题多是以会议名称、文种两个要素构成。如《东北三省四市工商行政管理工作第五次协作会议纪要》《××物理学会X射线专业委员会第三届学术交流会会议纪要》。也有采用一般公文标题写法的，由主要内容（事由）加文种组成，如《关于解决粮食购销体制改革后遗留问题的会议纪要》。

2．成文日期。会议纪要的成文日期一般加括号标写于标题之下正中位置，以会议通过日期或领导人签发日期为准。也有出现在正文之后的。

3．正文。会议纪要的正文分为前言、主体、结尾三大部分。

前言的写法与一般公文区别较大，主要用来记述会议的基本情况。包括召开会议的时间、地点、会议名称、主持人、主要出席人、会议主要议程、讨论的主要问题等。

主体是会议纪要的核心部分，会议的主要精神、会议议定的事项、会议上达成的共识、会议对与会单位布置的工作和提出的要求、会议上各种主要观点及争鸣情况等等，都在这一部分予以表达。决议型、交流型、研讨型的会议纪要，各自在主体部分的写作上有较大的不同，前面在分类时已有介绍。由于这部分内容复杂，多数情况下都需要分条分项撰写。不分条的，也多用"会议认为""会议指出""会议提出"等惯用语作为各层意思的开头语，以体现内容的层次感。

结尾比较简短，通常用来强调意义、提出希望和号召等，结尾处还可以对会议的情况作一些补充说明，在不影响全文结构完整的前提下，也可以不写专门的结尾部分。

【例文一】

××学院伙食工作座谈会会议纪要

2005年4月21日，学校召开伙食工作座谈会，副院长黄××主持会议，全校各系各年级学生会生活委员及伙委会委员参加了座谈会。会议主要就食堂伙食工作存在问题听取学生代表的意见，与会学生代表纷纷发言，在肯定近两年来我校伙食管理工作取得的成绩同时，也针对食堂菜肴品种和口味单一、素菜和汤的品种较少、米饭质量不好、学生在外就餐存在安全隐患、食堂卫生工作有待提高、炊管人员的服务水平有待加强等方面提出了很多宝贵意见。

针对学生代表提出的意见和建议，后勤集团饮食服务中心负责人对部分意见进行现场解答，对存在的问题在会议上进行明确表态，逐一落实解决。会上，校学工部、后勤管理处、后勤集团负责人及教职工代表也分别作了发言。

最后，副院长黄××进行了总结，他首先肯定了到会的学生代表实事求是、积极诚恳的发言，对他们提出的宝贵意见和建议表示感谢，同时要求后勤集团对学生代表提出的意见逐条研究，积极整改，下次伙委会首先听取汇报落实情况；加强同学们对伙食工作的监督力度，建立伙食工作责任追究制度；食堂在菜肴安排制作上要考虑不同地区和地域同学的饮食要求；要做好清真菜饭的供应工作，满足少数民族学生的要求；加强宣传工作，号召同学们进餐后自觉收拾碗筷，营造一个文明进餐的良好氛围，通过努力，使我校的伙食工作再上一个新台阶。

【例文二】

××县人民政府第六次常务会议纪要

时间：××××年×月×日上午八点半至十二点

地点：县政府常务会议室

主持：县长×××

出席：副县长×××、××、××、×××，办公室主任×××

请假：×××（出差）

列席：×××、×××、×××

记录：×××

现将会议讨论及决定的主要事项纪要如下：

一、会议听取了副县长×××关于召开经济工作会议准备的情况汇报，讨论了扩大县属企业自主权的十条规定。会议同意县经济工作会准备情况汇报，并决定于×月×日召开全县经济工作会议。今年各项经济工作指标，要以市经委下达的为准，不再调整县原各公司的主要经济指标。在县经济工作会议上，由县经委与县原各公司签订经济责任书。

二、会议原则同意县民政局关于民政事业费管理使用办法的修订意见。

三、会议同意将县政府办公室提出的转变机关工作作风的规定意见（讨论方案）印发各部门，广泛征求意见，作进一步修改后，以县政府文件印发。

××县人民政府办公室

××××年×月×日印发

【思考与练习】

1. 简述情况报告与工作报告的区别。

2. 试比较请示与报告的异同。

3. 根据下面提供的材料，请以××市商业局的名义向××省商业厅起草一份报告。

（1）××年2月20日上午9点20分，××市××百货大楼发生重大火灾事故。

（2）事故后果：未造成人员伤亡，但烧毁三层楼房一幢及大部分商品，直接经济损失792万元。

（3）施救情况：事故发生后，市消防队出动15辆消防车，经4个小时扑救，火灾才被扑灭。

（4）事故原因：直接原因是电焊工××违章作业，在一楼铁窗架电焊火花溅到易燃货品上引起火灾，但也与××百货公司管理局及员工安全思想模糊，公司安全制度不落实，许多安全隐患长期得不到解决有关。

（5）善后处理：市商业局副局长带领有关人员赶到现场调查处理；市人民政府召开紧急防火电话会议；市委、市政府对有关人员视情节轻重，做了相应处理。

4．根据近期班会的情况，试拟一份会议纪要。

5．试指出下文的毛病，并加以修改。

关于联系教师进修的函

××大学教务处：

首先让我们以××市公关学校的名义，向贵处表示衷心的感谢，过去为我校办学给予了很大的帮助。目前我校又面临一个很难解决的问题。

原来事情是这样的：我校开办不久，师资力量很差，决定派××位年轻教师到贵校旁听进修一年。我校与有关部门多次商量。但××位教师进修住宿问题，至今也没有得到解决。提高教学质量的关键是师资。为提高我校教育质量，恳请贵处设法在贵校给解决住宿问题。但不知贵处是否有什么困难。如果需要我校给贵处办什么事情，请尽管提出，我校会竭力去办。再说一句，贵处如能解决我校进修教师住宿问题，我们以我校领导的名义向贵校领导深深地表示谢意。

致以崇高的敬礼

××市公关学校（印章）

××年×月×日

6．试析评下面通知的毛病，并改写之。

机关游泳池办证的通知

机关各直属单位：

机关游泳池定于6月1日正式开放，6月10日开始办理游泳证。请你们接此通知后，按下列规定，于元月30日前到机关俱乐部办理游泳手续。

一、办证对象：仅限你单位干部或职工身体健康者。

二、办证方法：由你单位统一登记名单、加盖印章到俱乐部办理，交一张免冠照片。

三、每个游泳证收费伍角。

四、凭证入池游泳，主动示证，遵守纪律，听从管理人员指挥。不得将此证转让他人使用，违者没收作废。

五、家属游泳一律凭家属证，临时购买零票，在规定的开放时间内入池。

×××俱乐部

××××年×月×日

第二章　事务文书

第一节　计　　划

一、计划概述

（一）概念

计划是根据党和国家的方针、政策及上级指示精神，结合本地的实际情况，某一单位、部门或个人，对预计在一定时期内所要做的工作或所要完成的生产、科研、学习或其他任务的打算和安排，加以书面化、条理化和具体化的一种文书。具体地说，计划是为将要进行的工作提出具体的要求，规定明确的目标，制定相应的措施，把这些内容写成书面材料，就叫做计划。

自我国确立了社会主义市场经济体制的总方针后，市场经济模式在政府宏观管理下健康发展。政府的宏观管理，发展规划，可以指导单位或个人结合市场供求趋向制定决策。对于单位和个人来说，要注意以上级领导的规划为指导，为参照，群策群力，找出迈向市场、占有市场的措施、方法和步骤。

（二）名称

计划是一个统称，常见的安排、打算、方案、设想、规划、要点等都属于计划这一类，只是由于内容及时间等方面的不同，往往选用不同的名称。

1．计划、规划：指时间较长，范围较广，内容较概括的计划。如《城市建设长远规划》《关于我省发展国民经济的“九五”规划》。

2．方案、意见：指目标明确，任务要求和措施办法具体的计划。如《关于我省计算机推广应用工作的若干意见》。

3．工作要点：是指在一个时期内工作的指导原则和总的要求，主要的工作任务及应把握的重点。如《广东省 1990 年个体私营经济管理工作要点》。

4．安排、打算：是指时间较短，内容比较具体的计划。如《关于今年第一季度几项主要工作的安排》、《今冬明春开展文体活动的打算》。

5．设想、初步设想：是指初步的，还未成熟的或比较粗略的计划。如《改造低产田，提高单位粮食产量的设想》。

（三）作用

制定计划，是日常工作中不可缺少的重要环节，也是一种科学的工作方法。“凡事预则立，不预则废”。要完成一项任务，搞好一项工作，事先需要有一个比较明确而周密的计划。计划对指导推动和保证各项工作任务的完成有着重要的作用，概括起来，主要有以下几点：

1．计划是做好工作的前提，完成任务的保证。为了做好某项工作，完成一项任务，必须有一个详尽周密的计划。有了这个前提，就能使人们认识到应该做什么、应该怎么做、什么时候做，做起来就能心中有数，并积极按照计划去做，可以保证完成任务和达到目标。

2．可以预先发现将要发生的困难和问题，提出措施，做好安排，取得应变主动权，减少被动性。

3．便于检查和推动工作。计划明确规定时间和质量标准，是否完成任务，就将用计划的规定来衡量和检查。因此，还有检查和监督作用。

（四）种类

计划的种类很多，从不同角度可以对其进行不同的分类。

1．按内容分：有工作计划、生产计划、经济计划、科研计划、学习计划等。

2．按范围分：有国家计划、地区计划、部门计划、单位计划、班组计划、个人计划等。

3．按时间分：长期计划、中期计划及短期计划（年度、季度、月份计划等）。

4．按性质分：综合性计划和单项性计划。

5．按形式分：条文式计划、表格式计划、条文与表格综合式。

6．按作用分：指令性计划和指导性计划。

（五）特点

具体说来，计划的特点主要有以下三点：

1．具有预见性

计划不是对已经形成的事实和状况的描述，而是在行动之前对行动的任务目标方法措施所作出的预见性确认。预见性是计划最明显的特点之一。

2．具有指导性

计划的依据、目标、措施不是凭空杜撰出来的，而是在检查前一阶段的工作，明确下一阶段的工作任务，分析下一阶段的工作任务，以及主观、客观条件之后制定而成的，所以它必须能指导工作实践，使计划落到实处，明确回答“谁做”“怎么做”“什么时候做完”。计划一旦制定，就应该成为指导性文件。

3．具有可行性

计划必须建立在客观实际的基础上，其措施与办法必须切实可行，其指标必须是经过努力可以达到的。如果不进行科学的分析，盲目提高指标数，就会挫伤执行者的积极性，就无法完成计划指标。如果指标数太保守，那就是不思进取，没有必要制定计划，因为制定计划的目的是为了更好地完成指标。所以，应注意克服这些偏向，把握好一个“度”。从这点说，可行性是计划具有执行意义的具体体现。

二、计划的体例结构

普通计划的写法灵活，可表述，也可列为表格，不固定格式。而文件计划用于上报或下发，按行文关系和一定的格式来写。我们主要了解文件计划的体例结构，它一般由以下几部分构成：

（一）标题

标题是计划的名称，应写出单位名称、适用期限、计划内容、计划种类。它的拟制方法一般有以下几种：

1. 单位名称 + 时间期限 + 内容范围种类。

2. 时间期限 + 内容范围种类。

3. 单位名称 + 内容范围种类。

文件计划的标题和公文标题基本相同，若所拟计划不成熟或未被正式批准通过，要在标题下面用括号注明“草案”“初稿”或“讨论稿”等字样。如果是个人制定的计划，名字则应在结尾的右下方、日期之前，而不能写在标题中。

（二）正文

计划的正文一般包括前言、主体和结尾三个部分。

1. 前言

计划的前言主要交代制定计划的指导思想、目的及依据或对基本情况作概述。段末通常用“为此，特制定如下计划”这一类语言来统领具体计划事项。

2. 主体

(1) 内容主体是计划的主要部分。它包括目标（做什么）、措施（怎么做）和步骤（分几步做完）等内容。目标通常称“任务”或“要求”，它既是计划产生的起点，又是计划实施的归宿，因此目标一定要有针对性。措施是实施计划的具体途径，包括采取什么手段，动用哪些力量，提供什么条件，克服哪些困难，如何组织分工等，在写作上要力求具体而不繁琐。步骤是实现计划目标的程序安排和时间要求，在写作上应注意结合实际，做到切实可行。

(2) 常见结构形式

段落式　依靠文字叙述，将计划中的各项内容说清楚，形式与一般文章相同。它适用于原则要求多而具体指标少的计划。

条文式　把计划中的各项列成条文来写，它适用于比较具体的、近期的计划。

表格式　把计划项目分成几个栏目，画成表格填写。适用于所订计划涉及部门较多、数据指标比较复杂、各阶段时间界限比较明确的计划。

综合式　既有文字叙述，又有条文，甚至还有表格的计划。它适用于内容比较复杂或数字较多的计划。

3．结尾

计划的结尾总结全文，表明完成计划的决心。下发的计划可以对执行者提出希望，发出号召，或针对计划的前景作展望，或指明注意事项及检查修订的方法。有些主体部分已表达完整的计划，也可以不写结尾。

（三）落款

计划的落款包括制定者署名、制定日期。如果在标题处已写清制定单位的名称，则此部分无须再写。如需上报或下达的计划，还要加盖公章，写明抄送单位。

三、计划的写作要领

1．要注意政策性。不管制定什么样的计划，都要以党和国家在一定时期内制定的方针、政策、法律、法令、法规为依据，不能与之相违背。

2．要讲究科学性。制定计划是为了某项工作能按预定的计划保质保量地完成，这就要求计划必须具有科学性。制定计划要根据本单位、制定计划者的实际情况及自身的发展规律来制定切实可行的计划，不能根据主观愿望闭门造车。所以，确定任务目标，既要勇于创新挖掘潜力，又要切合实际，估计是经过努力可以达到的。

3．要有一定的灵活性。计划是在事前定的，由于各种主客观原因，难免对未来预测有不周到的地方；针对未来情况所采取的措施，也不可能做到完全准确。因此，订计划时要留有余地，在执行计划的过程中，也要随客观情况的变化进行必要的修正。

4．内容要明白、具体。应有可操作性和留有余地。计划的内容切忌繁琐，因为繁琐使人难以把握其要点，要写得明晰、具体，使人一看就了如指掌，才有利于实施和检查。在要求和具体指标上应留有余地，以利更好地执行。

5．语言要简明，层次要清楚，书写要合乎规范。

【例文】

××学院2004年语言文字工作计划

一、指导思想

2004年是全面实施我省语言文字工作“十五”规划、确保如期实现新世纪初语言文字工作目标的关键一年，根据《湖北省语委办2004年工作要点》和《湖北省普通高等学校语言文字评估指标体系》，结合我校实际情况，特制定《××学院2004年语言文字工作计划》。

二、工作目标

1．全校上下积极准备迎接省语委的语言文字工作评估，力争达到《湖北省普通高等学校语言文字评估》标准。

2．继续积极推广普通话。师生在教学中使用普通话率达到100%。师生员工在教学、工作、会议、宣传和其他集体活动中使用普通话率达到100%。

3．继续搞好汉字规范化。校内标牌、指示牌、标语（牌）、印章，各级橱窗宣传栏、张贴物、布告、课堂板书，以及各种活动的会标等用字规范率达到100%。校内公文，学校出版的书、报、刊，音像、电子出版物，学校自制的奖状、证书、招生广告（简章）、处级以上干部名片，以及各种宣传资料等用字规范率达到100%。

4．争取申请建立××学院普通话测试站，面向学生进行测试。

三、具体措施

1．深入开展“第七届全国推广普通话宣传周”工作，会同有关单位多形式、多渠道地开展《国家通用语言文字法》的宣传教育，进一步拓宽宣传领域，加大宣传力度，创设良好的文字规范化舆论氛围和社会环境。

2. 开展普通话水平培训、测试与辅导工作。今年继续选派3～4名青年教师参加湖北省普通话测试员的学习，选派1～2名青年教师参加国家级普通话测试员的学习，争取年内建立××学院普通话测试站，面向学生进行测试。

3. 狠抓制度建设，健全校语言文字工作网络。“党办校办”、教务处、团委分设语委会兼职秘书，负责协调、监督学校行文、科研、管理、教学、广播、出版、海报、网站、校内重大活动和学生社团活动等规范用语用字情况。各院、系、部、处要有专人负责语言文字规范化工作（一般由办公室主任或工会小组长兼任）；各教学班应设立语言文字规范化监督员（班级学习委员或团组织宣传委员），在校语委的统一部署下，开展部门（班级）语言文字规范化宣传、整治与监督工作。

4. 在校园网主页上设置语言文字专栏，积极宣传《国家通用语言文字法》和省语委、省教委其他有关文件，及时报道学校有关工作动态、先进事例。校园内设置语言文字固定宣传栏、标志牌，定期做好布置、维护工作。在校报上不定期设立“语言文字专栏”。

5. 继续贯彻“凡1954年1月1日以后出生的教师在教学活动中必须讲普通话”的规定。将普通话作为教学用语、“板书”必须规范用字的要求纳入学生评教、教学考核重要内容。各部门语言文字整治工作应与部门年度考核挂钩。

6. 依托社科学院中文教研室，继续在《应用写作》等课程教学中，开展大学生语言文字规范化教育。组织汉语专业教师逐步开展学生普通话测试，测试成绩与学生平时考核挂钩（除少数民族学生外）。年内完成校播音员的省级普通话测试，做到持证上岗。

7. 鼓励教师、学生和广大干部，尤其是汉语专业教师和文学类学生社团开展语言文字科学研究。

8．配合第七届全国语言文字“宣传周”，语委办与校党委宣传部、团委等联合起来开展形式多样的推广普通话活动，加大语言文字规范化工作的宣传力度。年内举办若干语言文字规范化师生知识竞赛、专题讲座、师生普通话演讲比赛等，增强广大师生员工的语言文字规范化意识，充分展现与弘扬中华语言美、文字美。

为保证做好本《计划》的落实，校内各部门应采取有效措施，创造性地开展工作。近期应结合学习、分解《评估指标》，找出自身不足，制定部门语言文字规范化工作计划，落实部门整改措施，并上报校语委。学校将于年内组织专家组检查本《计划》及各部门整改措施的具体落实情况，并开展“××学院语言文字工作先进单位、个人”评比表彰活动。对开展该项工作明显不力的单位（分管领导）将要求限期整改。

××学院

2004年2月8日

第二节　总　　结

一、总结概述

（一）含义

总结是把过去一定时期的某项工作、某项任务等完成情况，包括取得的成绩、得到的经验、存在的问题进行全面系统的回顾，分析情况，作出评价，总结经验教训，从中探求规律性的认识，用以指导今后实践的一种应用文体。它是人们认识客观事物，做好工作的一个重要环节。

计划是在工作或实践活动之前制定的，总结则是在工作或实践活动进行了一定阶段或计划完成之后进行的；计划的内容是为完成一定任务所作的具体步骤方法措施的安排，重在说明叙述，总结是对一定阶段工作活动或计划执行情况的总回顾、总分析和总评价，重在引出有规律性的东西。它们的联系是：计划是总结的依据，总结是对计划的检验。两者相辅相成，互相制约而又互相促进。

（二）分类

按内容分：有工作总结、业务总结、学习总结、生产总结。

按范围分：有单位总结、部门总结、个人总结。

按时间分：有年度总结、季度总结、月份总结、阶段总结。

按性质分：有综合性总结、专题总结。

1. 综合性总结

要求比较全面地对一个地区、一个部门或一个单位在某一时期的所有情况进行全面反映和评析的总结。内容比较全面，涉及面也比较多。

2. 专题性总结

是就某一项工作的情况或总结对象在某个时期的或某个方面的情况进行专门反映和评析的总结。它内容集中单纯，可以写得具体深刻，针对性也比较强，因而更能发挥指导作用，它的内容要求着重写某项工作的主要成绩，介绍做法和经验；有的还简要提出今后工作改革的思路。如《质量铸就了红桃 K 的辉煌》。

不论是哪种总结，都需要有点有面，点面结合，使总结内容具体扎实，富有新意。

（三）特点

1. 自身的实践性。总结既然是对本单位或作者个人自身实践活动的反映，那么依附并忠实于自身的实践活动，就成为总结的一个基本特点。所谓自身的实践性，就是总结的观点只能是从自身实践活动中抽象出来的认识；总结的材料，只能是实践活动中的真实的、具体的材料。

2. 认识的概括性。总结写作既要实事求是，又要对纷繁复杂的材料进行分析综合，从中找出带有规律性的东西，从而实现由感性认识到理性认识的飞跃。因此，总结具有认识的概括性。

3. 表述的证明性。总结的基本表达方式是论证，它要用自身实践活动中的真实的典型的材料来证明所提出的各个判断的正确性。整个写作过程中，显示出严密的论证轨迹，证明性强。

二、总结的结构

总结一般由标题、正文和落款三个部分组成。

（一）标题

总结的标题包括单位名称、期限、内容、文种等方面，常见的有以下几种构成方式：

标准式标题：单位名称时限事由文种、单位名称时限文种、事由文种。

正副式标题：正标题概括总结的内容，副标题则标明单位名称、内容范围和总结种类。

主题式标题。

（二）正文

总结的正文一般包括前言、主体、结尾三部分。

1．前言

主要是概述情况或工作。有的说明工作的时间地点背景，以及完成的过程效果；有的概述整个工作的情况与体会；有的则侧重说明动因及其必要性。这一部分要提纲挈领，总括全文。

2．主体

这是总结的核心部分，内容包括成绩和做法、经验和教训等。常见的结构形态包括：

条目式　每一条说清一个问题，把做法成绩问题经验糅合起来写，有事例，有分析，有结论，边叙边议，叙议结合。这种方式可以突出重点。

横向式　根据工作中摸索到的经验，从横向方面，按逻辑关系，分成若干个小标题写，每个小标题说明一个观点，反映一条基本经验。小标题之间是并列关系，这种方式可使脉络清楚。

纵向式　即按时间顺序写，它是根据工作发展的不同阶段来叙述情况和体会，这种写法较为常见，便于看出整个工作发展进程和各个阶段的特点。

漫谈式 即采用漫谈形式，把自己的实践和体会，综合成几个方面，从不同角度去突出中心，又称“体会式”。

3．结尾

这部分可总结经验和教训，提出改进工作的办法或下一步努力的方向，也可以在最后展望前景，表明决心。结尾是主体自然发展的部分，也是整个总结的有机组成部分，既不可草率了事，也不能画蛇添足。

4．落款

写法同计划相同，即包括撰写总结的单位名称和日期两项内容。

三、总结的写作要求和审定

（一）总结的写作要求

注意积累，占有材料。总结是较长时间内工作的回顾，所以在整个工作过程中，应时时处处当有心人，为写总结材料积累材料。某个典型某些细节有关的时间、地点、人物、事件原因、结果等，无不在搜集之列，这样待到写作时材料才能信手拈来，运用自如。也可以开座谈会、个别调查等方法搜集材料。

探索规律，提炼观点。总结，不只是事实的回顾，要总结出带有规律性的东西。总结的过程，就是提高的过程，要对实践进行本质的概括，反映事物的本质，能够经得起实践检验，具有普遍适用性，以便指导今后的工作，对其他单位也具有借鉴作用。

注意表达，力求生动。总结的用词造句要明确，也要讲究生动性。总结的生动，要靠材料本身来吸引人，还要靠比喻、排比等各类修辞手法，还可适当引用群众语言，增强其贴近性。

（二）总结的审定

大多数总结是单位工作回顾，行文的是个体的人，代表的是某个组织，所以在形成初稿之后，还要经过上上下下的过程，反反复复地推敲，才能定稿。审阅时主要经过如下几个环节：

1. 看是否符合党和国家的大政方针。党和国家的大政方针是行动的准则。如某一时期主要是贯彻深入改革开放的方针，那么，各方面都要体现出深入改革开放的精神；某一时期的中心工作是要拉动经济，那么各方面的工作要与此有关。不能偏离党和国家的大政方针，更不能背道而驰，否则立意就可能不正确。

2. 看材料的运用是否得当。首先要看材料是否真实。不能因为宣传成绩就置事实于不顾，按需要去夸大统计数字，也不能因为宣传困境去虚报数字，应该实事求是。其次是要看详略的处理是否符合写作者的需要。最后要看材料的运用是否有针对性，是否充分，如果有的观点需要典型事例、具体数字来证实，就要加以补充，这样总结才有说服力。

3. 看文章的结构是否合理。文章的结构是为安排材料体现主题服务的，堆砌了材料结构就臃肿，主题就无法体现。文章层次与层次之间条理应该清楚，这样无论是领导看、群众看，还是同行看都清楚明白，有条有理。

4. 看文字表达与书写。文字表达要合乎语法，合乎逻辑，合乎规范，要能正确反映全文的中心，要既简明扼要，又通俗易懂。书写格式规范体现了严肃性和权威性。总结的正确书写，包括文字和标点符号和正确运用，是作者工作态度认真的表现，代表单位的形象。

【例文一】

实行“三化”提高工作质量

办公室工作的被动性、从属性、事务性和服务性特点，常常导致办公室在忙、乱、杂中运转。如何从被动中求得主动，提高办事效率、办公质量？现将我们岳阳石化总厂储运公司的一些做法介绍出来，以期抛砖引玉。

我们采取“抓住重点，带动一般”的办法，在重点项目上建立健全工作程序、标准和制度，实现工作程序化、标准化和制度化，从被动中求主动。具体来说就是：抓住文件、会议、小车管理和接待协调三大项目，带动其他日常工作，对各项工作都要求绘出程序图，制定出制度和标准，在规定目标的同时，也规定达到目标的方法。

首先，我们根据三个重点项目各自的特点，绘制了《经理办公程序》、《行政会议组织程序》、《公文审稿工作程序》、《客人接待工作程序》、《小车安排工作程序》等二十四个工作程序图，制定和完善了《草拟公文工作标准》、《秘书日常工作标准》、《文稿修改工作标准》、《复印文件工作标准》等十二个工作标准和《关于复印文件暂行规定》、《关于保密工作的暂行规定》、《关于印信使用的暂行规定》等八项工作制度，使各项工作有程序、标准和制度可依。

其次，在严格执行上下工夫。例如，我们要求在办文中严把“四关”，即一把拟办单位关，要求拟办单位草拟文件时不草率；二把文字关，即看是否要行文和以什么形式行文，是否符合党和国家的政策法规，文字表达是否准确、简练、通顺，涉及几个部门时是否协商一致，和本单位前后文件是否有矛盾，体例格式是否规范；三把打字、校对、印刷、装订、分发关；四把文件发出后的催办关。通过严把“四关”，使文件的草拟、审核、审批、打印、校对、印刷、装订、分发与催办形成一条龙，从而保证了文件整体质量的提高。再如，在提高会议质量时，我们根据所规定的工作程序、标准和制度，主要抓了会前的准备工作、会中的记录和提醒、会后的记录整理和有关事项的催办和反馈四个环节。会前填写会议议题单，会后下发会议决定通知单或会议纪要，严格控制会议，认真整顿会风，提高了会议质量。经过几年的实践，我们体会到，实行工作程序化、标准化和制度化，可以使复杂的工作条理化、规范化和责任化，使每个人都明确自己的责任和权限，达到了用时少、效率高的目的。

（原载《秘书之友》）

【例文二】

团总支学期工作总结

本学期团总支在学院团委、系党总支的指导下，在团总支各干部的努力下，结合我系开展团员思想政治教育工作的需要，开展了一系列工作，充分发挥了桥梁和纽带的作用。

现就一学期的工作总结如下：

一、巩固团的组织工作，加强团的自身建设

1．学期初如期、按质完成团籍注册及团费收缴工作，及时接收了02级新生和00级本科插班生的团组织关系，完善整理了现有的团员档案。

2．加强对各支部的指导

设立各自的团费收缴、好人好事、会议、活动等记录本，努力使各支部的工作制度化、规范化、系统化，通过团总支干部对各支部的挂钩负责，每月检查各支部记录情况，列席支部团员大会，参加支部团员活动，建立信息汇报制度，及时发现并处理各类问题。

3．加强团干部队伍的建设

组织总支干部参加系干部培训班，从理论和实践两方面加强干部素质，使其工作能力、工作方法、工作积极性均得到了提高和增强。在实际工作中，总支干部不断积累工作经验，及时总结工作方法，相互交流工作心得，在密切协作下日渐成熟。两名新生干事虚心学习，认真负责，工作能力及主观能动性的发挥也有较大提高。各支部团干能积极配合总支的工作，以干部身份约束自己，在支部中发挥带头作用，及时总结不足之处，予以改进。

二、结合十六大，大力开展系列学习活动，加强团的思想政治教育工作

1．在教学楼的宣传栏张贴十六大专栏。内容版面每周更新，由各支部经过学习、编辑、制作，向全系同学宣传十六大的新动态、新文件、新政策。

2. 选购了一批具思想性和教育性，结合时事的优秀书刊和音像制品，为广大团员提供一个补充理论知识、增加感性认识的加油站。

3. 组织各支部开展“学习十六大，实践‘三个代表’”主题生活会。各支部积极参与，认真策划，在座谈会、参观实践活动、征文比赛、演讲比赛、知识竞赛等形式多样的活动中开展学习。

4. 举办了全系性的系列活动，为十六大的胜利召开营造了昂扬向上、团结奋进、开拓创新的氛围。

5. 结合十六大学习活动，举办“我承诺：以实际行动发扬我院传统精神——艰苦创业，自强不息，开拓创新，诚实守信”签名活动。全系同学热烈支持，踊跃签名，活动后横幅悬挂展示于校园内。

三、深入细致做好推优工作

培养青年积极分子和推荐优秀团员一直是团总支的重要工作。在一个多月的推优过程中，团总支干部在负责党员的帮助下深入各自挂钩的支部，参与各工作程序，及时发现了一些漏洞并给予指导改进。通过此次推优，团总支将28名优秀团员推荐至系学生党支部，顺利完成了工作。另外，团总支组织各支部推选了积极分子参加了院党校培训，均顺利结业。

不足之处及展望：

1. 对各支部特别是新生年级的指导不够深入，未能充分调动同学们学习理论的积极性。下学期将加强与助理班主任、班团干部的联系，使工作落到实处。

2. 部分团干和团员的团员意识、干部意识较淡薄，未能在关键时刻充分体现先进性。我们将继续加强思想政治教育，不断提高团员青年的素质。同时争取发展新团员，不断壮大团员队伍。

3. 团总支干部的工作潜力未完全发挥，处理突发事件的应变能力有待加强。

总的来说，我系团总支能积极配合学院团委开展各项工作，在工作中不断总结、提高，为我系的团工作的建设做出了应有的贡献，取得了较好的成绩和效果，为我系创建良好的系风、学风添砖加瓦。

第三节　述职报告

一、述职报告的含义

述职报告是领导干部依据自己的职务要求，就一定时期内的任期目标，向选举或任命机构、上级领导机关、主管部门以及本单位的干部群众，汇报自己履行岗位责任情况的书面报告，是干部管理考核专用的一种文体。述职报告虽以“报告”为名，跟作为党政主要公文的“报告”却不是同类文体，内容、功能和作者身份都有很大不同。述职报告的内容包括任职期间所取得的工作成绩、不足和失误之处以及存在的主要问题，跟总结倒有不少相似之处。述职报告可分为年度述职报告、阶段述职报告、任期述职报告等类型。

二、述职报告的作用

随着我国干部人事制度改革的进一步深化和公务员制度的实行，作为民主考核干部程序中的一个重要环节，领导干部的述职越来越显出其重要的意义。述职报告作为述职的文本，其作用主要体现在以下几个方面：

（一）撰写述职报告是完善干部管理制度的一项重要措施。岗位职责明确的前提下，要求担任一定职务的领导干部定期撰写述职报告，便于干部管理部门对领导干部的理论水平、道德品质、文化修养、业务能力进行全面细致的考察，以便根据干部自身的发展趋势，有计划有目的地进行选拔、培养、使用干部，减少或避免使用干部中的主观性和盲目性。

（二）述职报告是广大群众评议干部的依据。领导干部在某个岗位上工作一段时间之后，通过述职报告的形式向广大群众汇报履行岗位职责的情况，让群众进行审查和评议，这是领导干部接受群众监督、倾听群众意见的有效方式，有助于密切干部群众的关系，克服官僚主义作风。

（三）撰写述职报告有利于干部的自我提高。领导干部在某个岗位上工作一段时间之后，需要通过述职的方式对自己前一段的工作实践进行回顾，总结以前的工作经验，汲取以前的失败教训，强化自己的职责观念。这对于更好地探索本职工作的规律，促进领导干部自我认识、自我学习、自我提高有着重要的作用。

三、述职报告的内容

述职报告的内容，不同行业、不同层次的领导各不相同。但不论哪一行业，哪一个级别和层次的领导的述职报告，都应该具有以下几个方面的内容：

（一）岗位职责

述职报告首先要简明扼要地介绍自己的基本情况，如所任职务，任职时间。然后要详细介绍自己的岗位职责范围，即自己分管的工作、任职期间的主要工作目标。之所以要详细介绍，是因为岗位职责是群众评议和干部考核部门衡量述职者是否称职的标准。同一层次甚至同一职位的领导者因为分工的不同其职责范围各不相同，但岗位职责是任何一个职位都具有的。

（二）指导思想

这是每一位领导干部工作的不可缺少的前提条件。领导干部的工作有其目的性和原则性，那就是站在党的立场上，依据党和国家的政策法规去观察事物、分析问题、处理问题，开展工作。没有正确的指导思想，没有对党和国家的方针政策的深入领会，就不可能辨明工作中的是非曲直，看清事物的本质，找出存在的问题，采取正确的方法，从而很好地完成自己的本职工作。

（三）主要工作

这是述职报告最主要的内容。要向组织向群众如实地汇报自己所做的主要工作，工作过程中所取得的成绩以及由此带来的经济和社会效益，工作中出现的失误以及由此造成的损失，都要一一汇报。具体说来，主要包括下面这些方面：自己主持开展了哪几项工作，结果如何；协助别人开展了哪几项工作，结果如何，自己所起的作用如何；在任职期间，党和国家有哪些方针政策出台，自己是如何贯彻执行的，效果如何；在任职期间，上级有哪些重要的指示，自己是如何落实的，效果如何；在工作实践中遇到了哪些新的情况和新的问题，自己是如何处理的。以上各点，都包括成功和失误两个方面，不能只说成绩，报喜不报忧。

（四）经验和教训

对自身的工作实践，还要能够概括出一些规律性的认识，其中包括成功的经验有哪些，今后应该如何发扬；失败的教训有哪些，今后应该如何防止。这部分内容要有分析研究、集中概括，要提高到理论的高度来认识。对于教训，则应着重分析造成失误的主客观原因，明确自己应负什么样的责任。

四、述职报告的写法

（一）标题

述职报告的标题有多种写法。可大致概括为单标题和双标题两种模式。

1. 单标题。由职务、时间、文种构成标题，如《××省教委办公室主任1999年度述职报告》。由职务和文种构成标题，如《××公司总经理述职报告》。由时间和文种构成标题，如《1999－2000学年述职报告》。

只用文种名称作标题，如《我的述职报告》或《述职报告》。

2. 双标题。将内容的侧重点或主旨概括为一句话做标题，以年度和文种构成副标题，这就形成了双标题。如《全心全意为老干部服务——1999年度述职报告》《努力抓好“菜篮子”和

"米袋子"——我的述职报告》。

(二) 前言

述职报告的前言部分一般包括三个方面的内容，一是岗位职责，二是指导思想，三是概括评价。岗位职责包括自己从何时起担任何职，主要负责什么工作；指导思想是说明自己在什么样的思想原则、方针政策指引下进行工作的；概括评价是对自己工作的基本评价。三个方面的内容都要简略地写，一般一个自然段即可。需要说明的是，上述三个方面的内容在写作中可以灵活处理，除岗位职责必不可少外，其他两个方面的内容可以安排在后面的主体部分或者结尾部分中。

(三) 主体

主体是述职报告的核心部分，主要工作和经验教训都在这一部分中进行表达。大致有三种写法：一是工作项目归类法。即把自己所做的工作按性质加以分类，如生产方面、销售方面、后勤方面等等，一类作为一个层次依次进行阐述。自己主持做的工作和协助别人做的工作也要分开写。另外，对自己做出突出成绩的工作、有创造性开拓性进展的工作要重点写，即在反映一般成绩时突出重点。一般性的工作，日常事务性工作要简单一点。二是时间发展顺序式。即把任期内的时间按先后顺序分成几个阶段来写。这种形式在任期述职报告中经常采用，因为任期时间较长涉及面广，所做的工作和存在的问题较多，为了便于归纳总结，以展现工作的全貌，所以将一个时期的主要工作按时间分段，这样也便于在各个阶段中详细叙述所取得的成绩和经验。三是内容分类集中式。这种形式是最常用的，一般分为主要工作、成绩效益、经验教训、存在问题和对策等几部分。

(四) 结尾和落款

必要时，可以安排一个专门的结尾部分。可以对自己做一个基本的评价，也可以简要说明自己的一些体会或今后打算。这些内容如果前面已经说过，也可以不写结尾部分。最后一般要用模式化的结束语收束全文，常用的是"特此报告""专此述职"。结尾之后，要签署姓名和日期。

五、述职报告的注意事项

（一）实事求是

述职报告要务实，要既讲成绩又讲失误，既讲优点又讲不足，不能揽功诿过。对具有较大影响，能显示自己工作能力和水平的工作实绩，要写得深入透彻；对一般性工作、常规性工作可尽量少写或一笔带过。述职报告还要处理好主管与协管工作之间的关系，要注意把个人成绩和集体成绩分清，处理好个人与集体、个人与上级及同级之间的关系。述职报告重点应阐述主管工作的情况，公正、准确，既不拔高，也不贬低，更不能有失公允，力求反映工作的真实面貌。对于协管的工作，要讲清楚参与程度、发挥的作用、投入的精力时间、解决的困难等。

（二）突出特点

不同的岗位、不同的层次、不同的行业的领导有不同的工作内容和方法，即使同一职务的领导也会因分工的不同有不同的工作重点，至于工作方法，就更是各具特色了。鉴于这种情况，述职者要突出自己工作的特点，显示自己的工作个性，尽量避免那种千部一腔、千人一面、没有特点没有个性的写法。

（三）抓住重点

不论是按工作内容分类，还是按时间顺序叙述，述职报告都不要事无巨细、面面俱到，否则，很容易写成一篇平淡冗长的流水账。要有意识地抓住核心问题，突出重要成绩，总结主要教训。凡重点部分，要写得详细、具体、充分、全面。次要部分，则可约略提及，一笔带过。

（四）虚实结合

“虚”指理论观点，“实”指具体工作情况。述职报告应该以叙事为主，论理为辅，用叙议结合的方式来表达。既不能像大事记或记流水账那样就事论事，堆砌材料，也不能像理论文章一样，通篇理论阐述，缺乏事实根据。最好的方法是叙议结合，在事实的基础上加以概括总结，使理论与事实二者有机地结合起来。

（五）语言简练

述职报告的语言要精练，要尽量写短一些、精粹一些。述职报告的撰写需要一定的综合概括和文字表达能力，切忌数字化和概论化，也不必过于追求文字的华美。要尽量少用形容词和诸如“大体上”“差不多”之类模棱两可的话。对情况的交代、过程的叙述以说明问题为宜，切忌冗长空泛，拖泥带水。

【例文】

各位领导、各位同志：

我是××年12月调到工业局任局长职务的。一年来，在县委、县政府的正确领导下，在全局系统干部职工的共同努力下，我局进一步深化和加快了工业生产和经营的改革，取得了一定的成绩。

一、主要目标的完成情况

1. 工业生产提前三个月完成全年计划，销售提前两个月完成全年计划，预计今年可实现产值××亿元，实现利税×亿元。

2. 技术输入有了明显进展，局属主要企业技术改造工作稳步发展。

3. 经济效益明显提高。去年全县工业系统亏损××万元，今年预计可实现利润××万元，一举扭亏为盈，增长幅度较大。

4. 职工素质、业务水平有了提高。今年为局属企业创办了计算机、质量检测培训班共五项，并选派部分干部、职工到高等院校和上级主管部门接受业务培训，收到良好效果。

二、一年来的工作回顾

今年我县工业生产是在十分困难的情况下取得较快发展的。一年来，市场行情瞬息万变，原材料价格上涨，资金紧缺电力紧缺等，都给工业生产带来严重的干扰。在这种艰难的情况下，全局干部职工同心同德，求新创新，取得了一定的成绩。具体地说，一年来有以下新的变化：

1．观念不断更新

随着政治体制改革不断深入和市场经济的全面发展，工业生产面临着新的形势和挑战。针对这种情况，我们组织干部职工认真研究新形势，积极治理生产环境，自觉整顿生产秩序，转变经济思想，强化服务意识，保证了工业生产的顺利进行。

2．承包不断完善

今年，全局对所属企业全部实行了承包经营，对企业的经理厂长全部实行了聘任制，并签订了承包责任书。各企业也根据本单位的实际情况分别实行了各种形式的责任制，取得了良好的效果。

3．合作不断扩大

工贸结合是促进工业生产的根本途径。今年，全局各企业积极主动实行工贸结合，加快了生产销售的步伐。在开展工商联营的同时，我们转变经营作风，密切工贸关系，积极为销售部门排忧解难，受到销售部门好评，从而保证了产品销售的稳步发展。

三、我本人所做的几项工作

1．抓学习贯彻党和政府的方针政策

这是保证生产顺利开展的根本一环，凡是党和政府的政策、方针、法令，我都结合局工作实际学习好、领会好、运用好，并把精神落实到工作中去。

2．抓目标管理

一年来我用改革总揽全局，紧紧抓住改革这个机遇，积极在全局上下推行目标管理，同时主动与有关部门协商，制定改革方案，主持制定全局目标管理实施办法，不断督促检查，确保各项目标的落实。

3．抓综合协调

对于局里的重大事件，在各副局长分工负责的前提下，我主动出谋划策，帮助综合协调，特别是有关全局的业务规划、技术改造，涉及上下关系、业务工作、思想工作中的难题，我都尽量参与与各副局长一起深入实际，帮助解决。

四、存在问题和改进措施

由于年龄关系，由于本人工作能力和业务水平较低，虽然平时尽心尽力，但有些工作仍然是没有想到或虽然想到了没有做到。今后要注意改进以下几方面工作：

1．进一步加强经营管理工作。由于受到环境的干扰，自己在认识上不够高，在经营活动中，虽然我也要求和强调加强管理，但实际上要求过宽。今后要切实把经营管理当作大事抓，做到严格管理。

2．进一步搞好调查研究。虽然工作中我也强调现场办公、调查研究，但一年来还是浮在上面多，开会研究多，下企业基层少，调查研究少。今后要制定深入调查研究的具体计划，并付诸行动。

3．进一步加强局内建设。由于一年来忽视了局风建设问题，所以导致机关干部和企业职工思想混乱，不上班和上班干私活，职工之间、干部之间发生矛盾的事时常出现，影响了全局工作的顺利进行。今后要从局机关抓起，树立团结、求实、进取、创新的新局风。

以上述职报告，请领导和同志们评议，欢迎对我的工作多提宝贵意见，借此机会，向工作中支持、帮助过我的各级领导和同志们表示诚挚的谢意。

××县工业局局长×××

×年×月×日

第四节　调查报告

一、调查报告概述

（一）调查报告的概念

调查报告是根据调查研究的成果写出的反映客观事实的书面报告。调查报告是调查与分析、实践与理论、客观与主观相结合的产物，是从调查目的通向社会效益、经济效益的桥梁和工具，它在社会生活、经济活动和人类的其他实践活动中具有十分重要的作用。调查报告亦称为考察报告、调研报告及××调查等。其三要素是：

1．深入细致地调查。

2．认真分析研究。

3．准确周密的文字表述。

（二）调查报告的特点

1．调查的针对性。进行调查研究撰写调查报告是为了解决问题，或通过调查，弄清事件的真伪，或探明典型的虚实，或了解问题的来龙去脉，或总结工作的经验教训，或区分事物的本质与现象等。就调查研究来说，调查报告具有很强的针对性。

2．事实的真实性。调查报告的特殊作用在于用确凿的无可辩驳的事实说服读者。调查报告的最大禁忌是说大话，说空话。作为调查研究成果的调查报告，必须尊重客观事实，用事实说话，讲究真实性。

3．报告的科学性。调查报告要在调查研究的基础上，抓住事物的本质，反映事物的发展规律，不能被一些表面现象所迷惑，不能被一些枝节问题所干扰。在大量事实材料的基础上所形成的观点，必须是正确的、科学的、符合客观规律的，而不是主观臆断的、错误的。

（三）调查报告的种类

1．反映社会情况的调查报告。这是针对一些社会情况所写的调查报告。它的主要功能是为有关部门和人员提供决策或研究处理问题的可靠依据。其显著特点和可贵价值在于资料性，但又不同于一般的资料总汇或资料综述，是经过特殊加工的资料。

2．总结典型经验的调查报告。这是为介绍先进经验，推动上面的工作所写的调查报告。它的内容特别重视社会性、典型性。它与经验性总结在内容和写作形式上完全是相通的，只是在写作目的、时机、依据角度有所区别。

3．揭露问题的调查报告。这是针对某一问题展开调查，以揭示这一问题的种种现象和深层原因为主要目的的调查报告。它的主要功能是揭露和批判，探究问题产生的原因，分析问题的症结所在，提供解决问题的思路和方法。

4．介绍新生事物的调查报告。这是针对社会现实中某种新近产生或新近有了长足发展的事物而写的调查报告。它要全面报道某一新生事物的背景情况和特点，分析它的性质和意义，指出它的发展规律和前景。

（四）调查报告与总结的区别

调查报告与总结虽有很多相似之处，但就其各自的情况，依然有许多不同的地方。具体归纳如下表所示：

文　体	总　　结	调查报告
写作对象和范围	本地区本单位或个人的实践活动	可写本地区本单位的实践活动，也可写外地外单位的实践活动
写作目的	回顾过去，总结经验教训	从全面出发，总结点上经验，推动面上工作
写作角度	采用第一人称，自我分析，自我评价	以第三者立场，作客观分析和评价
写作手法	对事物的情况过程用概括方法，有比较多的分析，力图引出规律	对事实作较多的客观的陈述，通过事实本身反映问题的实质（科研调查报告除外）

二、调查的方法与态度

没有调查就没有发言权，做好调查研究工作，是谋事之道、成事之基，也是写好调查报告的前提。调查报告是在对客观事物进行深入细致的调查之后经过归纳整理写出来的，它要求调查者有较厚实的理论修养、政策水平和多方面的知识，更需要调查者有正确的观察分析、研究解决问题的立场、观点、方法。其次要做好调查研究工作，只有这样才可能写出有质量的调查报告。因此在写调查报告之前，必须先做好调查研究工作，这里牵涉到调查的方法与调查的态度。

（一）调查的方法

调查前思想应明确本次调查的目的是什么，所写文章是发表在报章杂志上还是供领导决策参考，要达到什么要求；然后确定选题，与选题有关的资料，如有关的党的政策、被调查地区、调查对象的大致情况等均需心中有数；最后拟定调查提纲，调查提纲包含调查项目、对象、内容、方式、调查步骤、要求、经费安排等等，这是调查工作的行动纲领。

调查一般分三步走：全面调查、纵深调查、补充调查。

调查时方法多样。调查的目的是为了获得真实准确的第一手材料，可以采用开调查会、现场采访、个别交谈、蹲点搜集、拟问卷表等方法。什么方法效果好，就用什么方法，还可以多种方法并举，获取材料。

调查后分析整理。首先对材料进行分类、核实、补遗、综合等工作。然后对材料进行分析思考，去粗取精，去伪存真，由此及彼，由表及里。透过现象，把握本质，揭示出规律性的东西，为解决问题、指导实践、形成决策提供依据。

（二）调查的态度

首先要有正确的立场、观点，否则就无法明辨是非、明确目的，也就写不出合乎客观实际的调查报告。其次，调查的态度要端正。第三，调查目的要明确，为什么调查，调查什么，调查后要解决什么问题等等，都要有所思，有所备。

三、调查问卷的拟制

在众多调查方法中，调查问卷被广泛地运用于调查实践中，它比其他方式更标准化、系统化、指标化。因此，调查问卷的拟制常常是调查报告写作的重要手段，调查者应当会拟制一份主题明确、内容切题、语句简明、答案完备、排序合理的调查问卷。

四、调查报告的写作格式

（一）标题

调查报告的标题一般分为两类：单标题和双标题。

1．单标题。单标题的写法不一，主要有：

公文式标题。即标题的写法同法定公文相似，由调查单位、调查事由和文种组成，或只由调查事由和文种组成。

文章式标题。即类似于论述文章的标题，不用调查、调查报告等各种名称。

提问式标题。总结经验或揭露问题、矛盾时，可采用这类标题。其特点是具有吸引力和启发性。

2．双标题。即一个正题一个副题。它通常用正题概括事由或揭示主题，用副标题作补充，指出调查对象和范围，副标题后而通常要加“调查”或“调查报告”文种名称。

（二）正文

1．导语。导语又称引言、前言。它是整个调查报告的说明。一般用来介绍调查的目的、说明调查的情况、提示文章的主要内容等。有的可简要介绍被调查对象的情况和调查得出的结论，也可概括全文的主要内容等。前言部分主要起“揭示”全文的作用，要简明扼要。常见的表达形式主要有如下几种：

说明式。简要说明调查的缘由、目的以及调查的对象、范围、地点、时间、项目和调查的方式。

概括式。概括调查的主要内容并阐述文章的基本观点。

提问式。以设问或反问的方式将调查的内容提出来，然后再展开下文。

2. 主体。主体是调查报告写作的关键所在。它对调查得来的事实和有关材料进行叙述，并通过分析综合，进行议论，对调查研究的结果和结论进行说明。主体的结构安排有多种不同的框架。

根据逻辑关系安排材料的框架有：纵式结构、横式结构、纵横式结构。

纵式结构。即按照事物发展的过程，或按调查的前后顺序，从头到尾逐项写作，表述阐明观点。这种结构的优点是线索清楚、脉络分明，对事物的来龙去脉有较清晰的印象。它一般适用于基本情况的调查报告或新生事物的调查报告。

横式结构。即按事物的逻辑关系把主体的内容分成几部分，逐个进行阐述。为了眉目清楚，常列出纲目，用序码来表明，也可用小标题标明。其优点是条理清楚、层次感强、观点鲜明。它适用于内容较复杂，涉及面较广的调查报告。典型经验调查报告常用这种形式。

纵横式结构。即把纵式和横式结合起来，既按事物的发展过程，又从事物的不同侧面或角度来写，纵横交错。有时以纵为主，纵中有横；有时以横为主，横中有纵。一般来说，叙述事物发展过程时用纵式结构；写体会，总结经验教训，或进行对比时，用横式结构。这种结构形式适用于调查范围比较广泛，内容比较复杂的调查报告。在写作时，往往要用小标题的形式来标明层次。

按照内容表达的层次组成的框架有：情况——成果——问题——建议式、成果——具体做法——经验式、问题——原因——意见或建议式。

3. 结尾。调查报告的结尾有以下几种：可以是对正文的概括，指出事物的发展规律，帮助人们提高认识；也可以针对问题提出建议和解决问题的方法；或是对所调查现状作归纳性说明，并对其发展远景进行展望；或以请示或商榷的语气结尾，要写得简洁有力，要点突出。

4. 落款。调查报告的落款要写明调查者——单位名称和个人姓名，以及完稿时间。如果标题下面已注明调查者，则落款时可省略。

五、调查报告的写作要求

（一）以实地调查为基础，充分掌握各种材料

调查报告不能像通讯那样以生动的描绘引人入胜，也不能像议论文那样运用逻辑推理和旁征博引。它依靠的是事实材料，不凭主观想象，不凭一时的热情，不凭死的书本，而凭客观存在的事实，详细地占有材料，在马克思列宁主义一般原理的指导下，从这些材料中引出正确的结论。这是写调查报告的要诀。

（二）以调查对象的实践为基础，提炼有现实意义的主题

除了作为公务文书的附件和事故原因调查等以外，调查报告不是例行公事，写作的时候有一定的自由性。为充分发挥调查报告的现实指导作用，在占有材料的同时，还要善于提炼有现实意义的主题，并防止出现两种偏颇。

一是主题先行，先入为主。这种文章容易用一般议论去代替对具体情况的具体分析，空洞无物，脱离实际，对实际工作没有针对性。

堆砌材料，罗列现象。与上述情况相反，作者掌握了一定的材料，但不善于加工提炼，眉毛胡子一把抓。不善于对原始材料进行加工，并从中找出规律性东西。

（三）以提高表达效果为原则，善于运用有效表达方式

调查报告在叙述、议论的基础上，较多使用统计数字、比较分析、典型事例、群众语言等进行有效表达。

数字能简洁、准确地反映事物的实质。在涉及经济工作的调查报告的写作中，尤其要注意使用数字。使用数字要防止多而乱，使人眼花缭乱，晕头转向。

比较是区别事物好坏、多少、利弊等的科学方法，可以纵比——现在与过去比，也可以是横比——甲与乙比。使用比较的方法，必须注意比较的两者要有可比性。

典型事例能增强文章的具体性、生动性。在表述观点和概况的同时，选用典型事例，有画龙点睛的作用。但必须注意"点""面"结合。

群众语言能增加活泼性、生动性。选用群众语言要与表达主题有关，要与人物的身份相符。

【例文】

关于上海市青少年学生文化生活现状的调查报告

青少年学生的文化生活林林总总，不胜枚举。本次调查针对与大、中学生课外生活最为密切，也是对其精神面貌影响最大的阅读书报、收看影视和参与各类文化娱乐活动这三项内容，突出重点，以期获得事半功倍的效果。调查范围包括上海市卢湾区4所高级中学和1所大学。调查样本通过分层整群抽样获得。共发问卷2030份，实际回收2000份，其中有效问卷1827份，有效率为90%。问卷的原始数据，用Spss 6.0数据库进行录入，再用该系统进行统计。之后，笔者又与部分大学生进行小型座谈，并对一些高中生做个别访谈，以印证调查结果的可信度。

1．阅读

表1　平均每天阅读时间

	0.5小时以内	0.5～1小时	1～2小时	2～3小时	4小时	未选	合计
频数	443	922	654	84	20	4	2127
占比(%)	24.2	50.5	19.4	4.6	1.1	0.2	100

表2　阅读的主要目的

	提高成绩应付考试	拓宽知识面	提高文化修养	纯为消遣	未选	合计
频数	110	855	565	291	6	1827
占比（%）	6.0	46.8	30.9	15.9	0.3	99.9

表3　最爱看的书刊类型

	纯文学	通俗文学	生活知识	科技类	历史知识	政治类	经济类	其他	未选
频数	214	645	96	366	150	25	23	303	5
占比（%）	11.7	35.3	5.3	20.0	8.2	1.4	1.3	16.6	0.2

2．影视

尽管青少年学生课业负担很重，家长也并不支持，但仍有51.3%的同学每天都看电视，有20.6%的同学经常看录像片或VCD。他们喜欢看的节目类型见下表。

表4　最爱看的电视栏目

	新闻	世界博览	体育	文艺	动物世界	国产影视片	外国影视片	其他
频数	278	243	627	294	203	419	606	198
占比（%）	9.7	8.4	21.8	10.2	7.0	14.5	21.0	6.9

表5　最爱看的影片类型

	恐怖片	侦探片	武侠片	爱情片	伦理片	科幻片	国外凶杀暴力片
频数	198	568	308	187	83	415	42
占比（%）	10.8	31.1	16.9	10.2	4.6	22.7	2.3

3．其他

调查表明，学生主要的兴趣爱好居前6位的分别是：音乐25.5%、体育24.6%、文学11.5%、科技10%、旅游9.4%、绘画7.3%，其他还涉及书法、舞蹈、服装、收藏、烹饪、园艺、装饰、摄影等，且分布比较均衡。许多学生表示，平时对很多活动都感兴趣，但因调查要求选择自己“最主要的”兴趣爱好，故只能“忍痛割爱”，由此反映出当代青少年兴趣的广泛。在对音乐的喜爱程度上，又可细分为如下几种情况。

表 6　最爱听的音乐类型

	中国民族音乐	西洋古典音乐	外国交响乐	中国流行音乐	外国摇滚乐	不喜欢音乐
频数	89	220	139	1271	46	60
占比（%）	4.9	12.0	7.6	69.6	2.5	3.3

表 7　最喜欢的音乐风格

	轻松活泼	热情奔放	狂热刺激	优美抒情	未选
频数	525	305	124	862	11
占比（%）	28.7	16.7	6.8	47.2	0.6

调查还显示，热衷电子游戏的学生为数众多。目的在于娱乐消遣的占79.3%，为欣赏其画面和音乐的占8.4%，为寻求刺激和增长知识的分别占4.9%和3.6%。

综合上述调查结果，不难发现：处于加速现代化建设步伐正迈向21世纪进程中的上海，青少年学生的文化生活发生着广泛而深刻的变化。社会各方都应对青少年课余生活加以关心和重视。要从加强社会主义精神文明的高度，增强校园文化功能，提高青少年文化生活的质量，为青少年健康成长创造良好的文化环境。

【思考与练习】

1．计划写作有何注意事项？

2．总结与计划的区别主要表现在哪些地方？

3．总结写作需注意什么问题？

4．简述述职报告的内容及结构。

5．调查报告的类型有哪些？

6．试评改下面计划的开头部分。

××汽车队八月份行政工作计划

认真贯彻省交通厅党委扩大会议和安全电话会议精神，以及省汽车公司第三季度重点工作安排，在本月内，除认真贯彻外，还必须以提高质量，保证安全为中心，进行比、学、赶、帮等形式的竞赛活动；掀起一个大搞标准化作业，大练基本功的高潮。把人员培训工作在现有基础上提高一步，要求达到生产技术过硬职工总人数的70%，在技术上出现一个新水平，以此实际行动为迎接冬季运输业务做准备。为完成上述任务，要注意以下几点工作。

7. 竞赛科决定在10月17～28日举办秋季田径运动会。

你是竞赛科的干事，请写出：

(1) 活动计划（以3～4人小组为单位拟写，推选执笔人）；

(2) 向学院领导申请经费的请示；

(3) 向各分院、系发出通知；

你是学生，请你：

(1) 运动会期间，向广播台和院报分别发出新闻稿；

(2) 运动会结束后，以班为单位总结。

第三章　日用文书

第一节　读书笔记

人的一生都离不开读书学习。在当今社会，“终身学习”这一概念已深入人心。我们经常可以看到这样的报道：三十多岁的妈妈开始上小学，已退休的干部工人走进了高考的考场，六十多岁的老教授坚持不懈考取博士，八十多岁的老太太在拿到大学文凭后流下了喜悦的泪花，这一切都为人们所称道。

书籍是人类进步的阶梯。一个有理想、有追求的人，他的一生一定会与读书为伴。如果多读一些好书，就会多一份精神支柱，少一份迷惘与盲从。

喜欢读书，也要善于读书。善于读书很重要的一点就是要做好读书笔记。俗话说，“好记性不如烂笔头”“眼过千遍，不如手过十遍”。

一、写好读书笔记的作用

1. 帮助理解掌握知识；
2. 帮助人们牢固记忆；
3. 锻炼、培养思维能力；
4. 积累材料、提高表达能力；
5. 产生新思考，研究新问题。

二、阅读的方法

写好读书笔记，首先要学会阅读，这里介绍阅读十法：

（一）通读

即从头至尾读完。运用通读之法，能了解所读之书的全部内容，掌握中心、要点，明确疑点、难点，以便决定是否值得精读或研读。对于在校的大学生，特别要重视通读所规定必学的教材。这对于系统地掌握专业基础知识，提高听课效率，是大有益处的。大学阶段的学习强调独立性，与中小学根本不同。如果把学习阶段比做走路的话，小学阶段是老师扶着走，初中阶段是老师牵着走，高中阶段是老师领着走，大学阶段则是老师在地图上指引路标，靠自己去走。愈到高年级，课程上讲授的时间愈少，要求独立钻研的内容愈多。

（二）精读

就是逐字逐句地读，正确理解读书的内容，弄通、弄懂最基本的知识，真正掌握其精髓及其内在联系。精读的特点有三个方面：

“精”，就是精细。读时，要真正弄懂每一字、一句、一段、一节、一章的含义，精心领会，深刻感悟，逐一消化。

“通”，就是融会贯通，由此及彼，闻一知十，举一反三，触类旁通。

“少”，就是指所读书的内容由“厚”到“薄”。当我们对书的内容真正有了透彻的了解，抓住了全书的重点，掌握了全书的精神实质后，就会感到书本变薄了，愈懂得透彻，就有薄的感觉。精读看起来吃力、费劲、费时，但真正读通了，不仅临考不慌，从容作答，而且终生受益。

（三）复读

就是读过了再读。“温故而知新”，“读书百遍，其义自见”。

读书，第一遍可先看个大概，第二遍、第三遍逐步加深体会。以后，再读就逐步加深理解。

（四）抄读

就是边读书边抄录读者认为有价值的内容，或是难点、重点、疑点之处。“不动笔墨不读书”，凡是懂得读书重要性的人，想真正做学问的人，总离不开这条路，都非常重视抄读积累资料，增长知识。

抄读有很多种方式，主要有分类摘抄、重点抄录、专题抄录和顺序抄录等。

（五）熟读

也就是读书要读得纯熟，能大致背下来。“熟读唐诗三百首，不会吟诗也会吟”，背的东西多了，就熟能生巧，发现新观点、创造新理论、写出高质量的文章。

一般而言，一个人背的内容愈多，记忆的内容愈多，其联想就愈广阔，思维就愈敏锐，考虑问题亦愈全面些。从这点说，熟读的知识愈多，综合能力愈强。

（六）疑读

对所读书中内容的真伪、立论的正误等产生疑问、发现问题，称之为疑读。

朱熹曾言：“读书，始读，未知有疑；其次，则渐渐有疑；中则节节有疑。过了这番后，疑渐渐释，以至融会贯通，都无可疑，方始是学。”陆九渊也曾说过：“为学患无疑，疑则有进。”可见，疑读不仅能激发对科学、真理的热情和执著的追求，而且能提高阅读者的认识能力、思维能力、写作能力、科研能力。

（七）研读

研读就是为研究所读之书或研究与所读之书有关问题而读，这是读书中较高层次的读法。研读的常见方法有两种：一是评读法，二是比较法。

评读法，就是对所读之书的优劣、好坏、真伪进行评论。一般要经过通读—精读—揣摩品味—选题—评论的过程。在这个过程中，找出特色进行重点评论，抓住要害给予批评、全面剖析，针对问题深入阐发。

比较读法，就是把同一学科不同版本的书籍，或不同历史时期的同类的书籍，或中外不同作者撰写的同类书籍对照阅读，比较它们的异同，从中找出规律性的问题。

（八）展读

展读就是追踪所读之书中提到的其他书籍和文献资料，是在精读的基础上进行阅读的一种方法，又为研读打下厚实的基础。朱熹认为读书时：“须是正看背看，左看右看。”所言即是这种读书方法。

（九）浏览

浏览是指大略地看，对书籍或期刊等文献资料有个大致的了解和初步的认识。具体来说，浏览只是对书名、目录、标题等内容有个大致轮廓的认识。这种阅读方法不仅便于读者初步判断一本书或文章是否值得一读，而且可以扩大知识面，更重要的是能获取最新的知识信息，启发思维。

（十）跳读

就是越过一段文字而直接阅读下面的内容。读者在运用这种读书方法的时候，要有一个前提，就是读者应具备广博的知识和深厚的专业理论功底。运用跳读法，不仅可以节省不少时间和精力，而且也能更多地了解其他版本中的新内容。

三、读书笔记的种类

（一）圈划笔记

所谓圈划笔记，即在书上最重要的字词、语句、段落处，或文章中有关要旨、要领处，或有疑问处、有赞扬处、有错误处、有引文处，或有共鸣处、难以理解处，或例证旁边、数字旁边等，作上圈圈、点点，或划上直线、曲线等。这里有一个需要注意的问题是，读书过程所使用的符号要始终如一，以便日后查找方便，温故知新，深入钻研，否则就会引起混乱。

（二）评点笔记

评点笔记就是在书本的空白处，写上评注、提示、体会、质疑、说明等。评点笔记相对于圈划笔记而言，对于增强记忆更为有效可靠。鲁迅在《书苑折枝》开头中就写到："余颇懒，常卧阅杂书，或意有所会，虑其遗忘，亦慵于抄写，但偶夹一纸条以识之。流光电逝，情随事变，检书偶逢昔日所留纸条，辄自诧置此何意，且悼心境变化之速，有如是也。长夏索居，欲得消遣，则录其尚能省记者，略加案语，以贻同好云。"

（三）摘录笔记

摘录笔记就是把原文中重要的句子、段落、数据等准确无误地抄录下来，包括标点符号。摘录时候一定要注明出处，出处具体应包括作者、书名、版本、页码等，同时要写上分类题目，以便日后引用、核实和查找。做摘录笔记时，最好是分类排列，便于日后整理，构成研究有关问题的系统材料。

（四）摘要笔记

摘要笔记就是按照原文的顺序，将各章、各节、各段的要点摘录下来；如果一个段落很长的话，读者用自己的话进行概括也属于此类，还可以附上感想和体会。无论哪种方式，切记要能正确反映原文的基本观点和思想内容，一定要防止出现掐头去尾、断章取义的现象。在摘录一些很重要文章时，还应同时记下该篇文章的时代背景及其作用、意义。

有的读者在做摘要笔记时，还习惯于加上启始语，如“据文章介绍”“文章开始就强调”“文章中间谈到”“文章结尾指出”等。

（五）提纲笔记

提纲笔记就是分析、综合一本书或一篇文章的内容要点，提纲挈领地列出来。写提纲笔记，便于掌握全书的内容和逻辑结构，便于研究作者的思想脉络和写作方法。提纲笔记可以按照原文的章节、段落层次把主要内容扼要地记下来，也可以采用原文的语句和自己的语句相结合方式来写。需要注意的是，编写提纲时要注意各种体裁的不同特点，言简意赅，反映文章主要的内容，能引起人们的回忆和联想。

（六）心得笔记

心得笔记就是读者在读书过程中，把自己的认识、感想、体会、收获、启发、顿悟和灵感，或是自己对文章的意见记录下来。

心得笔记主要包括读后感、札记、随笔这三种方式。其中以读后感运用最为广泛。

读后感，也就是阅读一篇文章或一部著作后，把自己的感想、体会、受到的启迪、引发的联想写成文章。“读”是“感”的基础，“感”是“读”的触发和结果，二者相辅相成，以“感”为主。

1．读后感的写作要求

（1）要仔细、认真地阅读原作。一定要吃透原文的精神实质，切实把握原文的主旨和思想。

（2）密切联系生活现实。

（3）“感”要正确、深刻、独到、新鲜、具体化、形象化。

2．读后感的写作方法

读后感的写作，并无固定的方法。这里介绍几种较为常用的方法，具体如下：

（1）概述原文的内容主旨，联系生活实际，讲明事理。

（2）以原作塑造的典型烛照现实生活。

（3）借着原文的某一点作由头，生发开去，讲清自己的看法。

（4）摘录原文重点加以评点，组成拼贴画式的读后感。

【例文：读书笔记之读后感】

我爱好阅读文学作品，不久前我在一位朋友的家里看到一本新出版的《母亲的心》，精美的封面和金色的书名立刻吸引了我，于是，我不管那位朋友是否正在阅读，硬是把这本书借了回去。捧读这本书，起初我还想逐字逐句地推敲，但不知不觉中，我就被书中描述的清冽峻美的俄罗斯风光所吸引，更为一颗无私无畏、果敢坚强的母亲的心所折服。就这样，我陶醉着、感叹着进入了一种会意忘文的阅读境界。这也许就是所说的大象无形，大音稀声吧！这个形被译者通情达意的词藻融入了俄罗斯社会生活的万千气象中；这个声被译者用轻灵洒脱的文字弹奏进世界无产阶级革命的进行曲中。

我不知道可以用什么样的语言来赞美这本书，觉得自己的赞美难以表过这本书内容之美好、意义之深远于万一。所以，只得就此打住，请读者们自己去体会吧！希望有更多的读者来欣赏这本书，得到更多的收获。

为了使这本书锦上添花，成为精品中的精品，我想指出书中还存在若干处编辑、排印的失误，例如在译者序言第 2 页第 8 行“丧夫”误为“丧失”；在“永远”这一章的 154 页第 9 行“严重的考验”应为“严峻的考验”；有几个地方“坐”“座”不分；等等。虽然这些仅是微不足道的疏忽，但让喜欢咬文嚼字的读者看到，多少会觉得美中不足的遗憾，希望再版时都能订正。

第二节　讲 演 稿

一、讲演稿概述

（一）概念

讲演稿是在各种集会会议上发表意见阐明事理或进行演说的文稿。

广义的讲演稿包括讲话、演讲、致辞等书面形式，狭义的讲演稿则淡化事务性、强化、艺术性。

讲演稿从形式上分，主要有讲话式、演说式和即兴式；从功能上分，则有竞聘性、说服性、鼓动性、知识性等多种功能。

（二）特点

1. 现实性。讲演是针对实际领域里的现实问题进行判断和评价，直接向听众陈述自己的见解和主张，以感召和鼓动听众的社会交际活动。要求撰稿人针对特定交际领域和时空环境中的某一中心话题，注重从实际出发，贴近社会现实，说实话讲实事吐真情，表达真知灼见；选材反映生活的真实，主旨来自现实的需要，见解有助于人们的社会实践。

2. 艺术性。讲演家李燕杰认为，讲演应具有相声般的幽默、小说般的形象、戏剧般的冲突、诗歌般的激情。具体体现在讲演稿的写作上，则要求讲究张弛有度、高潮迭起的结构美感，情理交融、声情并茂的语言美感，以增强讲演感召魅力。

3. 鼓动性。鼓动性乃讲演成功的显著特征。诗人贺拉斯指出："只有一条路可以打动人们的心，就是向他们显示你自己首先已经被打动了。"只有胸藏锦绣，才能口吐华章；只有涌动挚热的感情力量，饱蘸浓郁的思想激情，方能与听众的心灵碰撞共鸣；只有精心准备深蕴情感的观点和材料，方能产生撼人心弦、刻骨铭心的巨大感情力量。

二、讲演稿的写作

主要着眼于标题、称谓、开场白、正文、结束语这几个部分，掌握讲演稿的基本写法。

（一）标题

标题是一篇讲演稿的眼睛和灵魂，事关讲演的成败。常见讲演稿的标题主要有比喻式、象征式、仿拟式、诘问式、对比式等。拟定标题一般应注意三点要求：

1. 鲜明性。标题切忌宽泛落俗，而应显豁鲜亮，明确具体，足以概括讲演内容，鲜明地表现讲演意图。

2. 新奇性。司空见惯，老生常谈的讲题，令人一听就倒胃口。好的讲演标题应以深刻见奇，以新颖取胜，一旦出台亮相，便别开生面，如同磁石，引人洞观奇思妙想，令人感到指向鲜明而又美不胜收。

3. 适合性。一是适合听众兴趣，所谓到什么山唱什么歌，贴近听众的心灵，表现听众的心声，方能求得认同，赢得听众；二是适合自身的水准，切合自己的体验，言由心生，得心应口，方能说得深，讲得透；三是适合时代需要，表现真知灼见，现实独到见地，方能振聋发聩，令人耳目一新。

（二）称谓

称谓得当，能迅速拉近同听众的心灵距离，给听众一个好印象，并吸引听众的注意力。针对学生讲演中常用老师们同学们的称谓俗套，我们不妨别开生面，用未来的工程师、会计师及厂长经理们这种新鲜的称谓，更好地吸引听众的注意。

称谓的选择可从两方面入手：一是根据讲演场合及听众的职业身份年龄；二是尽量传达出讲演者对听众的敬意、爱意。

（三）开场白

讲演开局是讲演者与听众之间的第一座桥梁。精心设计好开场白，无疑是使讲演旗开得胜的第一步。出色的讲演者总是能以精彩的导语、新奇的形式，先声夺人；一开始就控制全场，博得听众的信任和好感，打开讲演的局面。其要求有四：一是定好基调，创造气氛；二是提纲挈领，导入正题；三是新颖别致，吸引听众；四是言简意赅，意境深远。

好的开场白并无固定格式，往往取决于讲演的内容、主旨、听众的需求，及讲演者本人的经验和风格。但引人入胜，言简意赅是其基本原则。其方式主要有：

1. 论述式。主要是运用议论说明等表达方式，或开宗明义，说明缘由，加强针对性；或借用警句，设问起笔，加强启迪性。其特点干脆利落，精警凝练，主旨鲜明。

2. 描述式。主要运用叙述，引发思考；或描述故事，耐人寻味；或展示特定画面、道具，醒人耳目，出奇制胜。

3. 抒情式。主要运用抒情议论等表达方式，或直诉衷肠，或排比宣泄，或借用诗句，或夹叙夹议，饱蘸激情，情理交融，给人强烈的震撼力和感染力。

（四）正文

正文写作，要求主题突出，条理清晰，形成高潮。讲演成功的关键在于：巧妙挖掘讲演材料的内涵，拓展题旨，升华事理，构筑高潮，使讲演内容由表及里、由点到面、由此及彼，显示思想认识的深度和感情升华的高度，将听众的思维引向峰回路转、柳暗花明的全新境界。

（五）结束语

精彩的结束语不仅是水到渠成的自然收束，而且更应是画龙点睛的情理升华。其要求有四：

一是卒章显志，深化题旨；二是首尾呼应，收束全篇；三是激情喷涌，催人奋发；四是情理隽永，耐人寻味。其主要方式有：

1. 总结式。以精炼概括的语言，抓住重点，简明扼要地总结全篇中心，使主旨鲜明突出，给人深刻印象。

2. 共勉式。以诚挚热烈的态度，展望未来，提出期望，表明努力方向，激励众人前行。其态度恳切，提法具体，方向明确，能与听众的情感同振共鸣，增强讲演的感召力。

3. 警言式。借助名言警句，画龙点睛，升华题旨，可将讲演掀向新高潮，展示奇妙的意境，给人深刻的启迪。

【例文】

科学的颂歌

爱因斯坦

我亲爱的朋友们：

我十分高兴看到我面前的你们——选择了科学作为职业，精力充沛的青年人队伍。

我将反复唱一首赞美歌，赞美在应用科学上我们已经取得的伟大成果，赞美你们即将带来的更大的进步。事实上，你们是在应用科学时代，也是在这样一个应用科学的国度。

如果说我现在不合时节地说话，那是错误的！恰像有人认为不开化的印地安人经济不丰富、生活不愉快一样，但我不这么想。事实上，开明国家的孩子是那样地喜欢“印地安人”游戏，这具有深刻的意味。

伟大的应用科学又使我们减少劳动，使生活变得安乐舒适，但为什么现在它带给我们的幸福这么少呢？简单的答案就是：因为我们仍然没有把科学置于合理的应用之中。

战争年代，科学为我们可能中毒和相互伤害服务，和平时期，它使我们的生活变得匆忙和不稳定。代替大规模从脑力消耗的劳动中解脱我们，它使人们成为机器的奴隶——人们的大部分时间给用在了漫长单调的令人厌恶的工作上，且还要继续担心自己的可怜的口粮。

你们可能觉得我这个老头儿唱的歌不中听，可是我这么说具有一个良好的目的——为了指出科学的重要和前途。

为使你们的工作能够赐福于人类，仅仅懂得应用科学本身是不够的！对人类本身及其命运的关心必然是培养出努力学习各种技术的兴趣；对尚未解决的巨大劳动起源和商品分配的问题的关心——为了我们思想意识的建立，将会给整个人类带来幸福而不是灾难。在你们的图表和方程式中千万不要忘记这一点。

（附注：这是著名科学家爱因斯坦在美国加利福尼亚工学院对 1938 级学生的演说）

第三节　申请书与倡议书

一、申请书

（一）概述

申请书，是个人或集体向组织表达愿望，向有关部门领导提出请求时使用的一种专用文书。

随着社会的发展，申请书这一文体的运用越来越广泛、普遍，是个人与个人、个人与领导、下级与上级之间互相询问、沟通的一种手段。个人的如入党、入团、转学、调动、出国探亲或留学等，企业、事业单位向上级机关要求调拨经费、增加设备、添派专家等，均可用申请书的形式向上级提出，平行机关之间互有请求办理事情时，也可以使用申请书。可以促进个人与组织、下级与上级以及各个机关团体之间的相互了解，协调相互之间的关系，可以促进申请事项的办理，是社会生活中不可缺少的重要文体。

申请书必须围绕所请求的事项，说明理由，介绍情况，表达愿望，一般是一事一书，内容单纯，目的明确。

（二）申请书的写法

申请书有较为固定的结构模式，一般由以下几个部分组成：

1．标题

申请书都必须写上标题，标题写在文中上方居中的位置。一般直接写“申请书”，有时根据申请的事项和目的，标明具体的名称和“申请书”等字样，如“入党申请书”“转学申请书”等。

2．正文

（1）称谓。在标题下空一两行顶格写出接受申请书的组织、机关、团体、单位的名称或有关负责人的姓名，如“××局”“××同志”等。

（2）正文。这是申请书的主要部分。

申请的事项。这是书写申请书的目的。如果不首先写清楚所申请的事情，申请就失去了目标，使得接受申请书的人抓不住要领和本质，感到不知所云。所以，这一部分要开门见山、清楚明白地提出申请的意愿或事项，在全文起到提纲挈领的作用。

申请的理由。这是全文的重点所在，是申请书的接受者研究答复和批准申请的根据之所在，必须着力写好。由于各类申请书的目的不一，应根据具体情况灵活掌握，提出让人信服的理由，或摆明实际情况，或列出各种主观客观条件等。应注意的是，理由要充分肯定，不能含糊；抓住要点，突出主要理由；条理分明，内容较多时最好分段写，这样既保证了内容的单一性和完整性，又条分缕析，使阅读容易把握要领。

（3）结尾。申请书可以有结尾，也可以没有结尾，视申请的内容而定。结尾可写表示致敬或要求的话。

3．落款

正文右下方写申请人或申请单位的名称，在名称下面一行写提出申请的年月日。

（三）申请书的写作要求

1．应一文一事，申请事项明确具体。

2．陈述理由简单、清楚，且理由充分。

3．实事求是，庄重严肃。

【例文】

中国共产党入党申请书

敬爱的党组织：

我志愿加入中国共产党，愿意为共产主义事业奋斗终身。

我衷心地热爱党，她是中国工人阶级的先锋队，同时是中国人民和中华民族的先锋队，是中国特色社会主义事业的领导核心，代表中国先进生产力的发展要求，代表中国先进文化的前进方向，代表中国最广大人民的根本利益。中国共产党以马克思列宁主义、毛泽东思想、邓小平理论和“三个代表”重要思想作为自己的行动指南，是用先进理论武装起来的党，是全心全意为人民服务的党，是有能力领导全国人民进一步走向繁荣富强的党。她通过制定正确的路线方针政策，为实现国家和人民的根本利益而不懈奋斗。

从学生年代开始，一串闪光的名字——江姐、刘胡兰、雷锋、焦裕禄、孔繁森……给了我很大的启迪和教育。我发现她们以及身边许多深受我尊敬的人都有一个共同的名字——共产党员；我发现在最危急的关头总能听到一句话——共产党员跟我上。这确立了我要成为她们中的一员的决心。我把能参加这样伟大的党作为最大的光荣和自豪。

参加工作后，在组织和领导的关心和教育下，我对党有了进一步的认识。党是由工人阶级中的先进分子组成的，是工人阶级及广大劳动群众利益的忠实代表。党自成立以来，始终把代表各族人民的利益作为自己的重要责任。在党的路线、方针和政策上，集中反映和体现了全国各族人民群众的根本利益；在工作作风和工作方法上坚持走群众路线，并将群众路线作为党的根本工作路线；在党员的行动上，要求广大党员坚持人民利益高于一切，个人利益服从人民利益。

我决心用自己的实际行动接受党对我的考验，我郑重地向党提出申请：我志愿加入中国共产党，拥护党的纲领，遵守党的章程，履行党员义务，执行党的决定，严守党的纪律，保守党的秘密，对党忠诚，积极工作，为共产主义奋斗终身，随时准备为党和人民牺牲一切，永不叛党。

今后我会更加努力地工作，认真学习马克思列宁主义、毛泽东思想、邓小平理论和“三个代表”重要思想，学习党的路线、方针、政策及决议，学习党的基本知识，学习科学、文化和业务知识，努力提高为人民服务的本领。坚持党和人民的利益高于一切，个人利益服从党和人民的利益，吃苦在前，享受在后，克己奉公，多做贡献。自觉遵守党的纪律和国家法律，严格保守党和国家的秘密，执行党的决定，服从组织分配，积极完成党的任务。维护党的团结和统一，对党忠诚老实，言行一致，坚决反对一切派别组织和小集团活动，反对阳奉阴违的两面派行为和一切阴谋诡计。切实开展批评和自我批评，勇于揭露和纠正工作中的缺点、错误，坚决同消极腐败现象作斗争。密切联系群众，向群众宣传党的主张，遇事同群众商量，及时向党反映群众的意见和要求，维护群众的正当利益。发扬社会主义新风尚，提倡共产主义道德，为了保护国家和人民的利益，在一切困难和危险的时刻挺身而出，英勇斗争，不怕牺牲。反对分裂祖国，维护祖国统一，不做侮辱祖国的事，不出卖自己的国家，不搞封建迷信的活动，自觉与一切邪教活动作斗争。只要党和人民需要，我会奉献我的一切！

我深知按党的要求，自己的差距还很大，还有许多缺点和不足，如处理问题不够成熟、政治理论水平不高等。希望党组织从严要求，以使我更快进步。我将用党员的标准严格要求自己，自觉地接受党员和群众的帮助与监督，努力克服自己的缺点，弥补不足，争取早日在思想上，进而在组织上入党。

请党组织在实践中考验我！

此致

敬礼！

申请人×××

×年×月×日

二、倡议书

（一）概述

“倡”的含义为“带头发动、提倡”，“议”的含义为“商议、提议、建议”。带头发动、提议的行为就是提倡，将它按一定的格式形成文字，就是倡议书。发起倡议的可以是个人，也可以是群众团体；可以是某一部门、某一单位发起，也可以是某一会议之后发出。不管是个人，还是群众团体，或者是部门单位，只要认为某一事情或某项活动有必要发起倡议的，都可以用其他传媒形式公布，以引起公众的响应，变成公众的自觉行动，从而推动社会物质文明和精神文明的建设。

倡议书是公之于众的，它们写的内容应该是公众普遍关注或亟待解决的问题，这样才能引起公众的关心，并且变成公众的自觉行为。行文时，内容要充分，要求要得当，措施要切实可行，最好还能带有激情，这样文章有感染力、号召力，才能动员更多的公众来参与。

（二）倡议书的写法

1．标题

标题的形式大致有四种，常见的是只写“倡议书”，有的可以根据倡议的内容，标明具体的名称，如“××倡议书”，也可是主标题为“倡议书”，另加副标题。

2．称呼

称呼，是指接受倡议的对象。与一般书信写法相同，顶格书写。可以写有关的人，也可以写有关组织、部门，如“××同学们”“××朋友们”等等。如果倡议范围特别大，可以不写称呼。

3．正文

正文主要表述两个内容。一是倡议的理由，或者是所倡议活动的作用、好处等；二是倡议事项。正文一般包括两个部分：

(1) 倡议书的开头。即写倡议的根据、原因和目的。表明这一倡议是在什么情况什么形势下发出的，要开展什么样的活动、提出什么建议、达到什么结果等。倡议书的目的是为了把自己的意见变为公众的自觉行动，所以行文时要开宗明义，明确交代意图，要动之以情，晓之以理，以引起公众的共鸣，增加共同行动的可能性。

(2) 倡议书的主体。即写明倡议的具体内容和要求做到的具体事项。这是总体要求的具体化，要写得明确具体周全，以便接受倡议的人能准确把握倡议本质，联系实际情况，考虑和采取响应倡议、开展活动的措施与步骤。这一部分，应分条列出，提出各自具体要求。注意安排得当，详略有致。

4．结语

此部分表达倡议者的决心和希望，或者是建议或信念。要写得精炼，富有号召性和鼓动性，给人以奋发向上、积极进取的力量。

5．落款

如果标题中未点明单位名称，正文结尾右下方应写上单位名称和发出倡议的日期，如果标题中已点明单位名称，此处只写日期即可，需写全年月日。

(三) 写作注意事项

1．有的放矢。倡议书不是个人之间的书信，而是面对广大公众提出的建议。必须具有很强的针对性。写倡议书之前，应认真研究形势，充分了解情况，所倡议的内容要为接受对象普遍关注，能达到共识，统一广大公众的行动。

2．实事求是。写倡议书时，要从实际出发，对倡议的具体事项、达到的目标等，应切实可行，可以经接受倡议者的努力达到。这样才能调动大家的积极性，达到预期效果。

3．简短精炼。倡议书篇幅应简短、语言应简练，文简意丰。

【例文】

听从祖国召唤，到祖国最需要的地方建功立业

——校学生会致广大同学的倡议书

又是一个春暖花开的季节，又是一个阳光明媚的四月。在祖国各项建设事业兴旺发达、蒸蒸日上，西部大开发事业不断向前迈进的今天，校学生会向广大毕业生同学发出倡议：让我们积极响应党和国家号召，满怀报效祖国、服务人民的青春壮志，积极投身到“大学生志愿服务西部”的行动中，到祖国和人民最需要的地方去放飞梦想、建功立业！

在过去的几年里，数万名青年志愿者深入群众，深入基层，勤勉敬业，甘于奉献，到西部贫困县的乡镇从事教育、卫生、农技、扶贫以及青年中心的建设和管理等方面的工作，为西部人民送去了祖国的问候，送去了青年学子的深情厚意，送去了智慧的星火，送去了知识的种子，成为了西部地区经济社会持续、快速、健康发展的重要力量。他们用实际行动和感人的事迹告诉我们：选择西部，到西部去，是多么止确的选择。

2005年大学生志愿服务西部计划已经全面启动。校学生会号召广大同学牢记胡锦涛总书记勤于学习、善于创造、甘于奉献的嘱托，高扬爱国主义、理想主义旗帜，弘扬“奉献、友爱、互助、进步”的志愿精神，将满腔的爱国热情转化为刻苦学习、努力实践的巨大的动力，齐心协力、求真务实、开拓创新，共同推进大学生志愿服务西部计划深入持续发展。大力宣传、动员、引领广大同学积极投身到西部大开发的历史伟业中！让“到西部去”的口号再次响彻青青校园，奏响当代青年学生胸怀祖国，服务人民的时代最强音。

人生道路最难得的是发展机遇。同学们，选择西部，服务西

部，正是我们走出校园，书写灿烂人生不可多得的良机。在志愿服务西部的工作中，我们的心灵必将得到荡涤；在同人民紧密结合，为祖国奉献青春的实践中，我们的生命必将得到升华。我们将因为这个选择，西部的明天更加美好；因为这个选择，我们的青春更加壮丽！

××学院学生会

×年×月×日

第四节　实习报告

一、实习报告的概述

（一）实习报告的概念

实习报告是学生通过实习、运用在校所学得的基本知识和理论以及专业培养的综合素质能力去解决实际问题或对某理论与现象进行初步探讨的过程及心得而写出的一种文章体式。它是各类学校毕业生必须完成的一次重要的独立性作业，是学生知识、能力的综合反映，历来为学校所重视，有的学校将它同毕业论文等同对待。

实习报告的写作，能培养学生进行科学研究的能力，能促进学生在就业前实现知识到能力的初步转换，实现学生综合素质的全面结合与提高，所以它同平时学习期间的作业、考试是大有区别的。平时的作业、考查和考试，乃是学生处于被动状态接受知识的传授和能力的训练，而实习则是学生主动应用所学知识去解决、处理、研究实际问题。因此，在这个基础上写成的实习报告，从选题、搜集资料、整理分析、确立论点、选定题材、拟写提纲到执笔写作和修改定稿，虽然离不开教师的指导，但却基本上是学生自己独立地、能动地完成的。一篇好的实习报告，是学生理论与实践相结合的结晶，也是学生能力与素质的综合体现。

（二）实习报告的分类

实习报告是一个大类，其中还包括许多类别，一般常见的有实习总结报告、实习调查报告、实习工作研究等。由于文体的不同，它们的写作特点自然各有区别，具体写作时要视具体特点和要求进行撰写。

不过，实习报告也有一个共同的特点，即结合实习内容和单位的实际，用所学的基础理论和基本知识去指导实践，在实践中深化、完善某一方面的理论和认识，甚至可以突破某种理论模式，经过自己研究，探索出某个问题的新现象与规律，以此来锻炼自己的能力，提高自己的理论水平。

二、实习报告的写作准备

（一）材料与选题的关系

材料的搜集和论题的选择关系十分密切。材料是确定选题方向的基础。只有接触了一定数量的理论材料和实践材料，我们才能够对某一科学研究领域形成初步印象，某一课题、论题才有可能进入我们的思维活动中来。没有接触一定数量的材料，我们是无法认识到课题的存在的，材料是形成初步判断的依据。选题过程离不开对课题本身的初步判断，这一判断包括课题的价值、意义、研究程度等等。只有掌握了大量理论与实践的材料，我们才可能形成一定的理论思想基础，并在这一理论思想基础上对研究的范围作出选择，材料是产生基本理论观点的前提。在选题过程中，我们常常会产生形成一个基本理论观点，尽管这一理论观点还需要通过研究过程来检验和确定，但是，在选题的过程中，如果不能产生或形成一个基本的理论观点，即使掌握了大量翔实的数据和可靠的材料，因缺乏一个基本的理论观点来统摄这些数据和材料，文章的撰写工作也无法顺利展开。

（二）选题

选题，是写作实习报告的重要一步。“题好文一半”，有人说“论文的题目选得恰当，等于完成论文的一半工作”。这话虽有些夸张，但它包含一定的道理，同样地适用于我们的实习报告。所以选题不仅要与社会的需要相符，而且还要考虑自身条件的适应性。除此之外，就实习报告的选题而言，我们还应该注意以下几点：

1．选题的范围不宜太大

实习报告的写作过程有时间限定，行文字数有一定要求（一般3000~5000字），有时也依指导老师的要求而定。选题范围大，资料很难搜集得全面，展开讨论时缺乏足够的依据。选题范围过大，涉及的专业理论问题也相对较多，很难在短时间内逐一解决。另外，选题范围过大，在有限的字数内很难作深入透彻的研究，容易导致泛泛而谈。事实上，选题的大小不完全能决定文章的价值，尤其是实习报告，选择范围较小的论题展开深入细致的研究，既有利于理论思想方法的训练，又有利于从容地熟悉科学研究的每一个具体环节，对我们今后处理实际问题，是有很大帮助的。

2．选题的难度不易太大

实习报告的写作，一般不宜选择理论难度较大的课题论题。实习报告的撰写者还处于思想方法的学习阶段，缺乏深刻思考理论问题的能力，难以采用专深的技术操作手段处理难度高的课题。同时，难度高的课题往往涉及到诸多相关理论学科，撰写者也很难深入涉足相关学科领域。太难的选题往往使得研究工作无法展开，只能始终围绕选题做其他基础工作，无休止地处理外围障碍，而且常常出现外围工作的处理也不能获得良好进展的情况。“难”和“易”是相对的，所谓“易”，我们指的是站在所学理论课程和自身专业理论把握的立场上考虑选题。

3．选题的内容不易太虚

实习报告的选题应当尽量考虑到社会经济工作实践。已有的理论观点本身就建立在客观实践的基础上，是客观实践活动的抽象化表述。理论总是在和实践的不断碰撞中获得自身的完善与发展。初涉科学研究工作领域，比较而且也是非常必要的方式是深入社会实践，从实际工作中发现问题，并给予理论思考。只有这样才能具备良好的科学研究作风，达到实习报告立足于培养能力、注重训练的目的。

4. 选题要和指导教师配合

实习报告应在指导教师的细致指导下完成。学生选题时要了解指导教师。指导教师往往有自己的专业理论方向，适应指导教师的理论方向才可能得到完善、具体的指导。因此选题时要和指导教师进行较多的接触，相互了解，汇报自己的想法并充分尊重指导教师的意见。

三、实习报告的写作过程

（一）整理资料

整理资料要经历三个具体过程。第一，将搜集到的资料与自己的选题相对照，决定资料的存留，同时进一步限定选题。在材料收集的过程中，我们获取了大量科学研究发展方向上的资料，选题基本确定之后应该结合选题的具体范围，对资料进行整理。不重要的、重复的资料悉心收存，妥善保管。找出与选题相关的资料进行比较，并依据资料掌握的程度，对选题作出进一步的修正和限定。第二，将资料分类。按照资料的内容，将资料分成不同部分，在分类时，注意考察资料之间的相互逻辑关系，考虑彼此的内在联系。资料的分类过程事实上也是实习报告的构思过程。在分类过程中，论题会变得逐渐明显，一些主要观点也逐步萌生，这时应记录下自己的想法，并将其夹杂在不同类别的资料中间，作为统率资料的主干。第三，鉴别资料。鉴别资料包括鉴别真伪，即在同类资料的相互比较中确定资料的可依赖程度，必要时应进一步查证；鉴别资料的使用价值。相同相近的资料，有些只能说明一般性问题，有些则有很强的代表性和说服力，通过鉴别确定论文必需的资料。

资料的整理过程也是认真阅读、分析资料的过程，在阅读分析中形成基本观点和文章的构架。自觉有效地对资料进行整理，会给实习报告的写作带来很大的便利。

（二）拟写提纲

提纲是对实习报告思路的描述，也是实习报告构思和设计过程的物化形态。提纲标明实现报告的甚本框架和组织结构，显示出毕业论文的逻辑性与条理性，使各部分内容联结成为有机的整体。拟写提纲的方法是由大到小，由粗到细，逐层思考。首先写出基本观点，在基本观点的统率下考虑展开层次，列出若干分论点并继续逐一列出分论点的展开层次，一直到接触材料为止。

1．标题。标题是实习报告的标识。经济实习报告标题的写作方法大致有以下几种：出示基本观点、表明研究范围、折射文章内容。一般说来，实习报告的标题应该做到透视文种，即通过标题反映出文章的体式。通常采用的方法是附加一些限定说明的词语，如“论”“试论”“……的评价与探讨”“……的实证分析”“……的研究”等等。

2．绪论。绪论又叫引论，是实习报告的开头部分，应统领全文。主要写研究这一课题的理由、意义；明确提出自己的观点，提出主要问题；说明论证的方法。长论文还要对本论要旨加以介绍，或者提示所论述问题的结论。内容要十分简要。

3．本论。本论是展开论题、展示论文作者研究成果的重要部分，也是实习报告的主题部分。

归纳本论展开论题的论证方法，有两种形式：层进式——提出论点后，一层一层地开展论证；并列式——并列地从几个方面论证论点的方法；混合式——即将层进式与并列式两种论证方法结合起来运用的形式。

4．结论。为文章的收尾部分。一般要写出论证得到的结论。结论必须是绪论中提出的又经过本论部分充分论证自然得出的结果。还可写对课题研究的前景展望及研究中需要进一步探讨的问题。最后，一般要对研究过程中给予帮助的单位和个人表示诚挚谢意。

（三）修改定稿

修改定稿是各种文章写作的最后阶段，也是最艰辛的工作，往往要修改多次才能定稿，我们的实习报告的写作，更要如此，假如允许，不妨写成初稿的一段时间后，待头脑冷静时再加以修改定稿。

文章修改的内容主要是推敲论点是否正确、准确、严密（将错误的改正确，将不准确的改准确，将疏漏处改严密等）；思考正文材料安排得是否妥帖，论证是否充分、严谨（将不当的材料作适当的增删与位置的调整，并将对不充分严谨处着力改好）；审视全文结构安排是否完整、有序（考虑开头和结尾的呼应及段落层次过渡、照应是否合理，作全文的文气贯通的润饰工作）。通过修改使全文重点突出、条理清晰、内在逻辑严密无间。此外还要对论文语言仔细推敲加工，尽力使之准确、鲜明、生动，为论文增色添彩。

【例文】

编写实习报告——地质类

地质实习报告是对实习中见到的各种地质现象加以综合、分析和概括，用简练流畅的文字表达出来。写实习报告是对实习内容的系统化、巩固和提高的过程，是写地质报告的入门尝试，是进行地质思维的训练。报告要求以野外收集的地质素材为依据，报告要有鲜明的主题、确切的依据、严密的逻辑性，报告要简明扼要、图文并茂，报告必须是通过自己的组织加工写出来的，切勿照抄书本。

报告章节如下：

第一章　绪言。介绍实习地区的交通位置和自然地理状况（附交通位置图）、实习的任务、目的、要求、人员的组成及实习时间等。

第二章　构造。概述实习地区在大一级构造中的位置和总的构造特征，分别叙述实习区的褶皱和断裂。褶皱：褶皱名称（如玉皇山向斜)，组成褶皱核部地层时代及两翼地层时代、产状、褶皱轴向、褶皱横剖面及纵剖面特征。

第三章　地质发展阶段简述。根据地层的顺序、岩性特征、接触关系、构造运动情况、岩浆活动过程等说明本区地质历史上有哪些阶段，每阶段有哪些事件和特征。

第四章　其他方面，包括外动力地质现象。

后记，说明实习后的体会、感想、意见和要求。

报告中文字要工整，图件要美观。报告应有封面、题目、写作人专业、班级、姓名、写作日期等。并进行装订。

第五节　毕业论文

一、毕业论文概述

毕业论文指高等院校学生在毕业前独立撰写的带有学术性、总结性的文章。毕业论文有学士毕业论文、硕士毕业论文和博士毕业论文。本文所阐述的是大学本科生的毕业论文。

《中华人民共和国学位条例》指出：高等院校毕业生的课程学习和毕业论文的成绩，表明确已较好地掌握本门学科的基础理论专门知识和基本技能，并且有从事科学研究工作或担负专门技术工作的初步能力就可以授予学士学位。一般说来，合格的大学毕业论文就是学士学位论文。

毕业论文的撰写有利于巩固所学知识，培养自己的创新能力，提高自身的学术水平。学生在教师指导下，调动大学所学的全部知识，经过独立思考，深入探讨，潜心研究，拟制成文。作为一名合格的大学本科毕业生，必须独立完成一篇毕业论文，它是大学阶段学习成果的结晶，也是大学阶段学习成果的综合检阅。

二、毕业论文写作准备

（一）选题

选题即选择研究的课题，确定研究的对象和范围。选题是论文形成的重要前提，也是关键的环节。因为课题一经选定，就决定了研究方向和目标，选准一个好的研究课题，对论文写作至关重要。爱因斯坦说："提出问题，往往比解决问题更重要。"

选题的总原则是有利于论题的完成，具体说来有下列 4 条：

1．与所学课程相关

大学专业课程内容，都可以作为选题范围。学生回顾所学专业课程哪一门学得最好，获益最多，哪位授课老师的学术造诣你最欣赏，估计该老师能给你指点迷津，你就可以选择这一门课程的内容，这样就便于深入探讨，也便于请教老师。

2．与兴趣爱好一致

毕业论文的选题，自己有兴趣，就可以保证在规定的时间内，较顺利完成，这是不言而喻的。因为有兴趣，就会乐此不疲，孜孜以求；如果不感兴趣的选题，硬作文章，就会索然无味，势必事倍功半。

3．要考虑自身的专长

专长即与众不同之处。古文基础好的同学或者是外语基础扎实的同学，不妨将所学专业知识与历史或外国相联系进行考虑。如学金融的可以探讨古代的货币政策与当代货币政策的异同，或者探究外国货币政策与我国货币政策的差异。

4．要题小文大

本科生在大三时应该做过学年论文，这是做毕业论文之前的操练，还说不上有经验。毕业论文选题小了容易操作，可由易入难，由浅入深。贪大求全，就不宜把握，往往铺得开，收不拢，更谈不上深刻。宁愿题目小一些，阐述得深刻一些，这样论文就有分量，若能写出自己独到的见解则更好。

（二）广泛搜集资料

北京大学已故知名学者王李说过："你别看写出来的文章有一万字，几千字，收集的资料却有几十万字，这叫充分占有材料，材料越多越好，材料不够就写不好文章，只能放弃，等待采够了再写。"

有了充分的材料，还要进行整理，有一个去粗取精、去伪存真、由此及彼、由表及里的过程，进行层层筛选，沙里淘金，用百般挑剔的眼光进行选择。

（三）确定论文主题

主题与选题不同。选题是确立论文写作的大方向，主题则是作者所要阐明的观点。主题的产生是作者在广泛阅读材料的基础上，经过比较、分析、概括、提炼而逐渐形成的，是深入思考的结晶。王力先生在《谈谈写论文》中反复强调，搞研究工作最忌的就是先有结论，然后找例证，这是很有害的。又说"凡是先立结论，然后去找例证，往往都靠不住，因为你往往是主观的，找一些为你所用的例证，不为你所用的就不要，那自然就错误了"。所以他提倡我们搞科研，要先用归纳，再用演绎，不能反过来，一反过来就坏了。写作论文就是搞科研，不能例外。这是确立论文主题的方法。

论文的主题就是论文的总论点。一篇论文只能有一个总论点，总论点下面要设几个分论点，有时分论点下面还设小论点。分论点、小论点是为充分论证总论点服务的。本科生毕业论文一般要 8000 字以上，如果只有总论点，没有分论点或小论点，文章无法展开，深度也不够。

（四）编写写作提纲

写作提纲的拟写对疏通思路、构思布局、形成结构具有重要作用，它是论文写作的总体设计方案。提纲的拟制是用文字和序码将整个思路固定下来，使论证结构视觉化。提纲的产生是作者思考成熟的标志。

提纲分简单提纲和详细提纲两种。毕业生应先拟简单提纲，交指导老师审阅，提出修改意见，修改之后才能写详细提纲，详细提纲是论文的雏形。提纲拟制的意义在于使思路清晰，轮廓分明，保证论文写作的顺利进行。

（五）起草完成初稿

作者在执笔起草时。对所搜集的材料已经熟记于心，此时最好集中精力，依照提纲思路一气呵成，迅速完稿。如果找不到突破口，难以开头，可以先写本论，结论，再回过头来写绪论。这样，不至于因为开头踌躇，阻碍了起草工作。

起草时要准确描述科研成果。论点的表述、论据的选择、图表的制作、数字的引用等等必须准确无误，这样论文才有科学价值实践意义。否则，别人对你的整篇论文都会持怀疑态度。

另外，要严密论证总论点。总论点是论文的支柱，只有经过严密的滴水不漏的论证，观点才能站立起来，支撑全文。这就需要作者充分运用逻辑思维，有理有据，层层深入地进行阐述，使读者认同接受，直至引用。

最后用语要恰当。毕业论文要表述比较复杂的理论问题，专业性比较强，作者应该善于运用深入浅出的语言进行阐述，增强文章的说服力。

（六）修改定稿

大学生毕业论文初稿拟就之后应该交给指导教师审阅，指导老师提出修改意见，按意见修改，这种修改往往反复几次才能最后定稿誊清。此时论文才算最后完成。

三、毕业论文答辩

毕业论文的答辩要视各校的具体要求而定。答辩小组可以对论文中主要观点材料等提出质询，也可以对论文中不清楚、不确切、不完善之处，在答辩会上逐一提出，让文章的作者稍作准备后作出回答，以便进一步了解作者是如何理论联系实际，提炼主题的以及处理课题的实际能力。

（一）答辩的准备

1. 自己为什么要选择这个课题？研究这个课题有什么科学价值和现实意义？

2. 这个课题过去和现在有哪些人做过何种研究？取得过什么样的成果？有哪些问题还没有得到解决？自己有何新看法？

3. 自己文章的基本观点和根据是什么？

4. 重要引文的出处及版本。

5. 文章还有哪些问题该涉及或该解决而自己力所不及的。

（二）答辩程序

1. 答辩者作简短说明。

2. 主持答辩教师提出问题。

3. 答辩者作答辩准备。

4. 回答主持者所提出的问题。

5. 主持答辩负责人小结。

（三）答辩时应注意的事项

1. 要镇定、莫紧张。只要自己准备得充分，相信自己的能力素质。

2. 注意力要高度集中，认真听取答辩小组的提问。

3. 对答辩小组的提问，要大胆而审慎地回答，有把握的要据理进行答辩，没有把握的不可随意附会。

4. 对主持答辩教师提出的问题不理解时可以请求解释，暂时不能回答的，应如实表明，不要节外生枝，牵涉其他无关内容。

5. 以流畅、肯定的语气回答问题，既谦虚还有自信心。

6. 尊重主持答辩教师，答辩结束后应表示谢意并有礼貌地退场。

【例文】

从奥运报道看网络媒体与传统媒体的优势互补与整合趋势

作　　者：××
学　　校：××学院
年　　级：2001级
学　　号：XW2001045
专　　业：体育新闻专业
指导老师：××

内容摘要：对于2004年中国媒体奥运大战来说，一支新力量的加盟不得不令人瞩目，那就是网络媒体。从某种意义来说，各媒体在奥运场外的较量也是一种形式的“奥运”。此次奥运新闻大战是新旧媒体准备充分的一次交锋，一次它们未来生存形态的预演。在这个没有硝烟的战场上，各媒体的竞争虽然激烈，传统媒体与互联网泾渭分明的界限也在逐渐消失，交汇点是二者都是信息的提供者。中国的传播生态正发生深刻变化，网络媒体与传统媒体间的整合已是大势所趋。本文试图通过对中国奥运报道的分析来透视传统媒体与网络媒体优势互补合作与整合的大趋势。

关键词：体育新闻　网络媒介　传统媒介　优势互补　整合趋势

前言：对于2004年中国媒体奥运大战来说，一支新力量的加盟不得不令人瞩目，那就是网络媒体。从某种意义来说，各媒体在奥运场外的较量也是一种形式的“奥运”。无论报纸、电视等传统媒体还是网络媒体这类现代媒体，对于奥运报道都是可谓不遗余力。二者的竞争，会随着互联网向新闻传媒的全面渗透，变得越来越激烈。此次奥运新闻大战是新旧媒体准备充分的一次交锋，一次它们未来生存形态的预演。本文试图通过对中国奥运报道的分析来透视传统媒体与网络媒体优势互补合作与整合的大趋势。主要包括的内容有网络媒体与传统媒体优势互补与整合的动因；二者在奥运报道中体现出来的各自的生存特点以及二者优势互补与整合的形式。

一、网络媒体与传统媒体优势互补与整合的动因

网络技术的发展，使网络媒体与传统媒体的联合成为可能，当新旧媒体未形成根本的利益冲突时，并且需要互相利用各自的优点时，这种优势互补整合的可能性便变成了现实。其实，网络的出现只是拓展了传统媒体未曾拓展的领域，如同电视的出现促使了大众文化的繁荣一样。网络具有全球性、传输速度快、自由度高等特点，而传统媒体则存在着版面或时间资源有限、地域约束等劣势。在网络媒体加入传媒后，麦克鲁汉的地球村的概念正在一步步地变成现实。

（一）社会整体需要的驱使

媒体不仅仅是发布信息的，还担负着宣传的任务。因为网络媒体可以迅速、信息量大、交互式进行，而传统媒体则能够提供足够的信息源，需要形成互补。对一些重大事件和政策，应该集中力量报道，使信息传播和宣传效应达到最大化，体现出媒体的社会价值。奥林匹克运动会是全人类的体育盛会，是全球传媒的焦点。理所当然是中国媒体报道的重点，同时也是向全世界介绍中国的好机会。既要让国内人民很好地观赏体育盛会，又要向全世界展示中国的良好形象，绝非一两种媒体所能做到的。因此需要媒体的优势互补合作。1999 年 2 月 26 日，江泽民总书记在全国对外宣传工作会议上的讲话中强调，信息传播业正面临着一场深刻的革命，以数字压缩技术和卫星通讯技术为主要标志的信息技术的发展，互联网的应用，使信息达到的范围、传播的速度与效果都有明显的增大和提高。世界各国争相运用现代化信息技术加强和改进对外传播手段。我们必须适应这一趋势，加强信息传播手段的更新和改造，积极掌握和运用现代传播手段。传统媒体与网络的优势互补与整合是顺应这一潮流的。

（二）网络媒体与传统媒体的自身需要

1．网络媒体

在奥运报道这种需要大投入、集体作战的大战役中，网络媒体的优势不是很明显。优势互补合作对网络媒体来说只有好处。首先在人才上，网络媒体不具有传统媒体所具备的大量的体育记者。在经费上，网络媒体不可能把大量的财力投放在单一的选题上。这对大多数网站来讲是两道难以逾越的“深沟”。在今天的重大新闻的采访和报道成本越来越高的情况下，网络媒体中，只有那些雄厚资本的商业网站，或是传统媒体与网站联手行动才能支付这笔开销。一般的网站是没有这个资本的，更没有专业人才去完成这类重大的采访报道。

2．互联网赋予传统媒体新的生命

广播：广播媒体之所以被称为弱势媒体，一是因为它的声音稍纵易逝，不易保留；二是广播只闻其声，不见文字、图像，给人理解、查阅、重复检索和阅读带来了困难。而现在有了互联网，情况就发生了变化。有了互联网，广播不再“稍纵易逝”，不再单一靠声音传播。广播借助互联网非但能够与其他媒体竞争，而且还有一定的优势，即在线收听。雅典奥运报道，再次证明，充分利用国际互联网的先进技术是广播媒体发展和参与竞争的唯一出路。

通讯社：通讯社的工作特点是数量大、滚动报道，只是苦于所服务的文字媒体版面小。每天出版一次而未能充分显示通讯社的特点和优势，而互联网异军突起，恰好吻合通讯社的特点和长处，给通讯社提供了用武之地，网络的崛起对于通讯社而言，是机遇多于挑战。

3．新旧媒体长期共存法则

许多人认为，新兴的多媒体以其数字式技术的优势，可以集现有的广播、电视、报纸、书籍、杂志、电影等各种大众传播媒体的功能于一身，因此，将完全取代现有的各种大众媒体。但是这种情况至少在近一代人的时间内难以成为事实。据上海复旦大学新闻学院研究生班2000年5月做的“上海市受众的现状及发展趋势”表明，上网的人中觉得每天获得的信息量不满足的占

35.4%。这表明，存在着信息供应的一段真空。整个信息市场是一个大的媒介生态系统。各种媒体是共生共食的。我们较多地注意到在一定市场范围内，媒介为获取更多的市场份额展开的竞争关系。但是，事实上不同媒体的相互依存关系也是存在的。人们曾经担心电视的出现会促使报纸的消亡，但事实是，电视的出现使得报纸转向深度报道发展，二者生存得还不错。人是媒体的最终消费者，有时是媒体的“供养者”，它决定了媒介的规模与形态。对于媒介消费者来说，他们一般宁愿用多种媒介来发挥其各自的功能为自己服务，而不愿意用一种媒介来代替、发挥多种媒介的不同功能。

在这次奥运报道中，传统媒体与网络媒体展示了各自的生存特点。

二、网络媒体的优胜法则：更高、更快、更强

新技术、新媒体要在传统媒介世界中站稳脚跟并进而取代旧媒体，就必须在同旧媒体的竞争中取得完全的优胜。

2000年7月12日下午，中国奥委会在北京人民大会堂举行新闻发布会宣布授予新浪网“27届奥运会中国体育代表官方网站唯一互联网合作伙伴”称号。新浪网在8月23日早上，以其特有的强势和权威性正式推出“新华奥运”专题网站。据国际奥林匹克委员会统计，奥运会期间全世界有12000个以奥林匹克为主题的网站。2000年奥运会给中国网站提供了难得的锻炼机会。同时，网络媒体的报道手段与模式，也给传统媒体带来了冲击与影响。利用网络报道大型体育赛事，优势是显而易见的。

（一）资源优势，内容丰富

报道大型的体育比赛，要能满足受众对体育比赛方方面面的需求，达到足够的广度和深度，需要高频率、高强度的报道。传统媒体资源有限主要表现在新闻载体资源上——有限的版面、有限的播出时间。而网络的容量几乎海量，几乎人们能想到的内容都可以不受限制地放到网上去。有“中国新闻界最大数据库”之称的新华社综合数据库，为新华网提供全方位的资料支持。包括

近400万汉字和一千多张珍贵图片的新华社奥运资料库在新华网与海内外网民见面，以便网民在观赏雅典奥运大赛同时"回味往事"。网络的资源优势还表现为可延展性。采用链接方式，便可在不占用自己资源的情况下，拓展、丰富读者的阅读空间。可以说网络媒体所拥有的是综合的资源优势。

（二）时效优势

网络在时效上的优势，恰好也可以适应体育比赛的特点——瞬息万变。网络在适时更新信息方面，比传统媒体方便得多。它不会因时间的原因赶不上已出的报纸，亦无需打乱已有节目顺序，也不会由于添加字幕而干扰正常节目。受众几乎可以通过上网以第一时间了解奥运赛况。中央电视台网站的奥运新闻中有快讯、金牌快讯等4种之多，虽然有些消息不可避免地出现重复，但保证了网民最快了解最新战况。而新华网的"新华奥运"专题网站和《人民日报》的"中国奥运网"上，则以滚动字幕的形式适时播报最新的奥运快讯。网络媒体的技术优势在此次奥运报道中得到了淋漓尽致的发挥。

（三）互动优势与高度的参与感

网络的优势还体现在它能够更好地让受众成为体育报道中的一个有机组成部分，而不只是接受者。对于体育迷来说，对体育的热爱，不仅仅表现为对比赛的狂热，那种参与感或拥有感是最重要的。但在传统媒体上参与是有限的。网络却不一样，通过BBS、聊天室等，人们可以自由发表意见。新华网的"我说奥运"栏目使网民在新华论坛上任意"指点雅典、激扬奥运"，人民网还在论坛中对话题进行引导。8月14日，在杜丽夺得一枚金牌后的第七天，她就应邀做客中国体育在线、新浪网联合主办的奥运嘉宾聊天室与广大体育迷与网友交流比赛的经历。网络媒体作为网络在线反映网民意愿的一种形式，更是网络吸引读者的重要手段。对敏感、重点问题的网络调查几乎分布在各个奥运网站上。网上调查普遍成功的运用，既实现了网络与读者交流的愿望，又为读者提供了有价值的信息。

（四）全面服务

奥运报道精彩纷呈，网民在选择时容易“迷失方向”，各大网站在起首页以文字滚动方式做赛程预告，提醒网民关注焦点赛事。人民网独出心裁开辟了一个“伊妹传情”栏目。网友可以在那里为中国队打气加油，他们的“奥运2004电子贺卡集”为网友准备了丰富的贺卡。一些网站还开设了为奥运健儿送鲜花贺卡、传递奥运礼品的业务，网络通全球、天涯手拉手的绝活儿也有网站风风火火地做了起来。

对于网络媒体的上述种种优势，套用“更高、更快、更强”和“重在参与”这些体育口号，是非常贴切的。但在这次奥运报道中也暴露了网络媒体的几个不足之处。

三、网络媒体的两大不足

（一）缺乏深刻性

在人们的印象中，网上发布的新闻以及观点和评论，常具有广泛性但缺乏深刻性，多数网络媒体，满足与扮演信息发布平台的角色。或许是由于网络新闻太芜杂、网络言论太散漫之故，即便是有一些具有力度、具有深刻性的文章也易被湮没。另外，或许一些严肃的评论家还没有在网上发表见解的习惯，使网上的新闻评论显得很单薄。

（二）缺乏权威感

媒体权威性的衡量标准，是受众对你所发布新闻、发表观点的采信和认同程度。采信度、认同感高，权威性就高；反之，权威性就低。从媒体发展的轨迹来看，通常是老媒体高于新媒体，一般认为报纸的权威性最高。因此，网络媒体在这方面确实存在先天不足，特别是网络媒体上信息和信息垃圾相伴而生、泥沙俱下的状况，更无时无刻不在影响其权威性。同时，就单个网络媒体而言，权威性的高低有无与其所依托的背景或母体相关。而现实情况是，许多正发布新闻的网站在严格意义上并无发布新闻的资质，这样，所谓权威性根本就是无本之木。没有严谨性，就难以保证真实性，没有真实性、深刻性，也就难有权威性。

然而商业网站的致命弱点是没有新闻采访权。到目前为止，无论是传统媒体属下的网站还是商业网站，都没有得到新闻出版署的采访许可。这也是记者在采访中，许多传统媒体就奥运新闻大战，对网站不以为然的重要原因。

四、传统媒体的优势

从以往的媒介发展史中，我们可以看到，传统媒体在同新兴媒体的竞争中，即使处于极为不利的地位，也不会轻易退出历史舞台。对于网络媒体来说，要挤进现成的媒介市场甚至取代传统媒体，也绝不是一帆风顺、一蹴而就的事情，相反要经过相当的时期才能决出胜负。在这场网络媒体与传统媒体的新闻赛跑中，网络媒体显示出了强大的竞争力。新华网带着欣慰的心情连续几次加固服务器，新浪网在奥运开幕5天就向外宣布其奥运专题网站“访问量连创新高，访问人数接连巨幅攀升”。然而，奥运新闻战也是一场耐力赛，抢跑一步的网络媒体不等于赢得胜利。

传统媒体具有信息供应者的独家优势，专业化的新闻队伍、长期形成的品牌、广阔的信息渠道、丰富的经验，都不是网络媒体在短期内可以造就的。只有当网络媒体在同传统媒体的长期激烈竞争中赢得全面的优势和认可后，传统媒体才会不得不退出历史舞台。在这一长期共存时期内，传统媒体的强盛不会遏止新媒体的崛起。同样，第四媒体也不能取代前辈的位置。因此传统媒体与网络媒体之间的合作是必然的。传统媒体在同网络媒体的竞争中，不断改变自己的媒介形式、运作方式和服务方式，不断地吸取网络媒体的某些优势，形成了与网络媒体长期共存的局面。

（一）强大的人力物力资源

中央电视台以110人的报道队伍奔赴雅典，后方直接参加报道的人员达300人。这是央视的历史上规模最大的一次奥运报道活动。而新华社奥运报道的一大创新之外，就是有计划、有指挥地组织新华社遍布国内与国外各地的一百六十多个分社采访奥运配合报道，形成了从单点报道到立体报道的转化。

（二）发挥传统媒体的特长

在这场激烈的新闻媒体竞争中，不仅存在着传统媒体与网络媒体的竞争，还存在着传统媒体之间的竞争。充分发挥各自的媒体特点是竞争的最好手段。各传统媒体都在国内组织了强有力的班子与之配合，纷纷采用先进的设备，新闻策划也各具优势和创新。报纸的最引人注目者之一是图片。虽然网上能找到大量的图片下载，但人们往往无法将其高质量地打印出来。而对无法上网的人来说，一张好照片更是宝贵。在奥运报道中，各报竞相追求视觉冲击力，在图片的运用中取得了突破性的尝试。在网络媒体视、音频技术不完善的情况下，对广播、电视来说，直播仍是其最大的魅力。除声音、画面质量的优势外，广播电视直播带来的氛围是网络所不能替代的。在奥运期间，央视把体育频道包装成奥运频道。中央人民广播电台则以全天 10 次的正点新闻滚动播出，多点现场直播和微型直播相结合。

（三）丰富的经验

传统媒体不仅在人力物力上远远胜于网络媒体，其报道大型体育盛会积累的丰富经验也不容忽视。电视直播奥运会使得奥运会真正成为全球全人类的体育盛会。“没有电视直播就没有现代的奥林匹克运动会”这句话一点也不过分。而新兴的第四媒体虽然不是第一次参与报道奥运，但对大型体育报道丰富的经验，不是网络媒体在短期内可以造就的。

（四）集团规模，协调作战

雅典奥运会是中国体育报业总社组建之后，第二次联合下属 25 家体育报刊共同参加报道的大赛。整个报社变成了奥运报道的大兵团。新华社历来强调编辑部指挥、协调、配合功能的重要性。奥运期间，由总编室牵头，体育部、摄影部、《体育快报》（含《奥运快报》）参编部、《新华每日电讯》等各编辑部门出人，组成一个“后方奥运报道临时编辑部”信息互通资源。

五、奥运报道中传统媒体与网络媒体优势互补的形式

（一）时间上的相互配合，把最新战报呈现给受众

传统媒体与网络媒体时间上的相互配合包括两方面的内容。一方面是在奥运报道中二者学会打时间差。中国网民有一定的上网时间模式。例如，根据 CCNIC 2004 年 1 月的调查结果，用户一天中首次上网时间以上午 8 点和 9 点最多，也就是人们上班之前一般都还没上网。因此报纸、广播、电视可以加强早间报道。晚上吃饭时间也是人们一般不看报纸、不上网的时段，电视可以把这个时段加以充分利用。这方面做得较好的是香港的大报团。在香港，报纸依然是多数香港人了解新闻的主渠道，但就信息量、时效、便捷而言，网络则占绝对优势。因比赛多在上班时间进行，上网成为不少人跟踪赛事的最佳选择。因此，香港报团一面开辟奥运专版，传达重要信息；一面设立奥运网站，对奥运做全方位扫描，做到优势互补，让读者各取所需。

另一方面时间上的配合是追赶时效，传统媒体与网络媒体相互配合尽量做到把最新战况最快地传递给受众。在这方面取得突破的是“人民日报网站”。《人民日报》将所有稿件统一发给“人民日报网站”，24 小时滚动发布新闻，以先网络、后报纸的战略，使“人民日报网站”成为最快、最全面的奥运新闻荟萃之地。《人民日报》这一举措无疑是传统媒体与网络媒体优势互补合作的一大里程碑。

（二）内容上的互相补缺

自从新媒体出现以后，这类内容上的优势互补的势头便表现出来，这是一种比较普遍的优势互补形式。首先表现为对新知识的介绍，按照麦克鲁汉的理论，媒介即信息，一种新技术的出现自然带来了社会的新变化，于是报刊、广播、电视介绍比较多的是网络上的各种新技术，如聊天的 OICQ、电子杂志订阅。

其次是直接摘编内容。网络媒体主要是转载传统媒体的新闻，不必详细论述。值得一提的是奥运报道没有停留在不断刷新动态消息的浅层次，而是进一步通过背景资料、专家评论、外电

报道、人物介绍、历史回顾等构筑出全景式奥运报道。10月8日，新华网以“32面璀璨夺目的金牌52位叱咤风云的健儿”为题推出奥运金牌得主专稿，图片文字相得益彰，并通过链接提供选手们的详细个人资料。

同时报刊、广播、电视也利用网络媒体的内容。比如《中国青年报》就开辟了一个专栏，叫“网谈奥运”，主要摘自网易、新浪等网站的BBS上网友的言论，围绕比赛进行精彩评述，不再是体育记者独占版面了。《足球》专门有一版是来自网上的文章。因为上网不仅是一种信息传播的手段，而且还是一种时尚。一些新潮的报纸往往希望依靠网站的内容来吸引住青年人的视线。

网络媒体与传统媒体在内容上相互配合，还表现在新闻事件、栏目合作上。报刊等传统媒体和网络媒体对某一事件的共同策划，然后予以配合报道，能够呼应，使新闻和媒体影响深远。全国有线电视联播网前方摄制组将选题机会通过网站交给了网友，让大家在网上投票选择感兴趣的题材，节目组根据投票结果决定每天的拍摄主题，这是传统媒体利用网络实现与受众之间良性互动的有益尝试。

（三）媒体之间的联动

目前内地对所有没有传统媒体背景的网站在新闻上有所限制，只能转载传统媒体的新闻报道，不能自设采访队。国务院办公室网络新闻管理局负责人王庆存表示，如果要放宽限制，要等到市场情况成熟。正因为如此，网络媒体与传统媒体寻求积极配合，它们并非只是冤家对头，在很多方面也是合作伙伴，或者说双方希望利用各自的优势致力创造一种“双赢”的局面。

在这次奥运报道中，传统媒体与网络媒体的联动有两种。一是传统媒体与传统媒体网站的联动，一是传统媒体与商业网站之间的联动。在奥运期间，中国国际广播电台突破以往单一发放广播稿的面貌，改为文字、图片、声音三种发稿方式，以满足广播、报纸、网站的需求。为此前方记者的装备也大为改观。一个广播媒体已开始向报纸、网络等多种媒体进军。中国体育报业总社更是大打报纸、期刊、网络多媒体立体战。总社成立后曾加大网络建设，所属的25家报刊的全部资料都存入数据库，中国奥运代表团的每一个成员的详细资料也都入库，可以随时调阅，为新闻报道提供了独特有利条件。

商业网站与传统媒体之间的联动不仅仅是内容上的互相补缺，还表现在广告上。为了赢得网民的注意力和青睐，它们各出奇招，纷纷借助传统媒体提升自身品牌形象。网站广告迅速充斥着各种传统媒体，空气里都可以闻到网络的味道。早在奥运开幕前搜狐奥运专题网站就已在《人民日报》等传统媒体上大做广告。

网络媒体与传统媒体必须实现优势互补，报刊广电等传统媒体面对的是一部分受众，而网络面对的是另一部分受众。人是能够操纵技术的，以实现最优化的资源配置。二者优势互补合作趋势使网络媒体获得“源动力”，使传统媒体踏上“高速路”，而二者合作将产生更大的社会和经济效益。不过，受多方面因素所限，中国网络媒体和传统媒体的合作目前尚处于低层面，一时还难以甚至无法进入产业结合的高层面。网络媒体与传统媒体的共存发展还有长长的路要走，奥运报道战场上二者的优势互补与整合只是一次小型的演习。

参考资料（略）

【思考与练习】

1．阅读一部文学作品，写出读后感。

2．演讲稿的写作有何特点？

3．写作一份入党申请书。

4．如何写作实习论文？

第四章　经济文书

第一节　合　　同

一、概念及作用

合同是双方或多方当事人为了实现各自的目的，按照法律规定，经过平等协商而签订的确定彼此之间的权利义务的书面协议。

合同的种类繁多，这是由我国社会主义市场经济法律关系的复杂性所决定的。1993 年 3 月 15 日第九届全国人民代表大会第二次会议通过的新的《中华人民共和国合同法》分则中规定十五种有名合同，即买卖合同，建设工程合同，承揽合同，运输合同，供用电、水、气、热力合同，仓储合同，融资租赁合同，借款合同，居住合同。此外，随着经济的不断发展，社会经济法律关系的日趋复杂，又涌现出一些新的合同类型，如联营合同、承包合同、劳动合同、技术咨询合同等，但无论合同种类如何繁多，呈现的法律关系如何复杂，任何合同都具有如下共同的特征：

（一）合同是一种具有法律行为的文书。这种法律行为最突出的表现是具有制约力。产生了一定的权利义务关系，立约的一方如违约不履行合同中规定的义务，就要承担由此而引起的法律责任。

（二）合同是双方法律行为的表现，是当事人意思表示的一致，而非单方面的法律行为。签订合同，当事人只有取得一致的内在意思和外在表示，为达到一定目的，通过双方的法律行为，才能产生合同法律关系。否则双方的利益就难以实现，即使实现了也容易导致纠纷。由此，在签订合同时，就必须充分注意到这一点。

（三）订立合同的双方当事人在合同关系中具有平等地位，双方都享有各自一定的权利，承担一定的义务，该权利义务是相互作用的。

（四）合同的内容须是合法的行为。合同确认的权利义务，须是双方当事人依法可以行使的权利和承担的义务，否则，即使双方自愿，也不能视为有效。如违反国家政策规定，擅自套购国家市场上禁止流通物而签订的合同，为避税而规避法律双方恶意串通而签订的合同，都是对法律的违反，上述合同从签订之日起就是无效合同。

合同具有规范人们行为，用法律手段维护社会主义市场经济秩序有序发展，提高经济效益，制裁违约，保护当事人的合法利益的重要作用。合同对于当事人权利义务的形成范围及责任承担也具有证据效力。

二、格式、内容及写作方法

合同文书的结构形式一般可分为表格式和条款式两种。条款式的合同文书一般结构包括首部（也称约首）、正文、尾部（也称约尾）的三段式。表格式的合同文书实际上也有首部、正文、尾部三段之分，只不过是把正文部分的内容以表格的形式加以体现。

（一）首部

首部一般包括以下依次排列的内容：

1. 合同名称。应在合同文书的第一行居中排列。合同名称往往明确了合同涉及的民事、经济活动的内容，明确了双方权利义务所涉及的范围，往往也表明了该合同属何种相关的合同法律、法规的调整。

2. 合同编号。单位之间、单位与个人之间签订合同，大多写有合同编号，以便于加强合同管理（包括合同文书的分类分档保管，分类由各职能部门履行合同等）。合同编号的方法，法律、法规没有统一的规定，均由各单位根据本单位的合同管理制度的需要制定编号办法。

3．双方（或多方）当事人概况。包括单位全称、地址，当事人为个人的则写明姓名、工作单位或住址，涉外合同还须注明当事人的国籍。

（二）正文

这是合同的核心部分，用列出的条款或表格写明合同的具体内容。合同正文一般来说需要写明如下两方面内容：

1．写明双方或多方签订本合同的缘由或目的。这是合同的起句开头部分，要求用十分简练的语言交待出为何事或出于何种目的签定本合同，也可先引用有关经济法规，再引出签约的缘由，如“根据《中华人民共和国经济合同法》及有关规定，为明确出租方与承租方的权利义务关系，经双方协商一致，签订本合同”。开头部分，要求文字简明扼要，只需将订立合同的依据和目的一笔写明即可，起到引入正文的作用，不要文字拖沓，写得冗长累赘，以免喧宾夺主，影响正文内容的表现。

2．合同条款。合同条款即协商的具体内容，是合同的主体部分。条款式合同应按先后次序写明双方或多方所商定的有关事项即双方共同做什么事情，如何去做，做到什么程度，何时完成，违约了怎么办，从中体现出各方在履行中所应承担的义务和应享有的权利。表格式合同则需按照表格中所列项目协商填写。

无论条款式还是表格式，一般来说，都要反映出以下一些要点，即合同须具备的九要素：

(1) 标的。即签约要达到的目的，如交付实物、交付货币、提供劳动、保管财产、完成工作项目等。合同的类别不同，标的物所体现的形式也就各不相同，如买卖合同的标的物是某种产品，房屋租赁合同的标的物是不动产（房屋），建筑合同的标的物是某项勘察、设计建筑安装工作，借贷合同的标的是货币，科技协作合同的标的是某项科研成果等。

(2) 数量。标的数量是确定合同履行的重要条件之一，某些合同的签订必须明确标的数额，如买卖合同中发货的件数、每件的金额、总计的金额、运费支出的金额，借贷合同中贷款的数额及利息的标准，建筑工程施工合同中工程造价、预算数额等都必须在合同中规定具体而明确，绝不能笼统含糊，否则，极易因此而引发纠纷。

（3）质量。合同标的物的质量是合同的重要内容之一，也是履约的重要依据。质量标准规格如不具体写清，履约时则容易发生纠纷，一旦提起诉讼后，也容易造成有理说不清，因而必须规定得明确、具体。如工业产品的质量，必须具体订出何年何月的国家或部颁标准，并在合同中明确写出标准的编号。如果是协商标准，必须另附协议书或提交样品。

（4）价款或者报酬。这是指取得对方产品或物品，接受对方劳务所支付的代价。凡国家规定有价格的产品（包括国家定价、浮动价），应遵守国家的价格：国家款规定价格的，可由当事人双方自愿协商议定。

（5）履行的期限、地点和方式。履行的期限，是指当事人完成合同规定的义务的时间范围，逾期即属违约；履行的地点，是指当事人完成合同规定的义务的地理位置，合同履行的地点对于诉讼提起确认管辖权具有重要作用；履行的方式是指当事人完成合同规定的义务的方法，如货物是自提还是送货上门或是代办托运，付款方式是现金支付还是托收承付或是支票转账。这些内容写清对于完成合同任务以及对双方当事人进行制约都有重要作用。

（6）违约责任。违约责任是指当事人因过错而不履行或者不完全履行合同时应当承受的法律制裁措施。如支付违约金、支付赔偿金、价格制裁、定金制裁、解除合同、信贷制裁、给付逾期保管费等，违约责任对于维护合同的法律严肃性，敦促当事人按合同履约具有重要保证作用。

（三）尾部

合同文书的尾部主要包括如下内容：

注明合同的文本数量及其效力（涉外合同则应注明中外文文本具有同等效力），注明合同的保管、存放及抄送机构等。

注明合同的有效期限。

注明合同是否要经过公证、鉴证或见证方才有效。如双方认为不需经过公证、鉴证或见证的，就无需注明这一条款。

署名。各方当事人的单位全称或个人姓名、地址或住址，还应写明电话、电传、邮编、开户银行及账号，单位还应写明法定代表人（或负责人）或合同经办人姓名，并签名盖章，单位要加盖公章。

注明签订合同的日期、地点。

注明合同附件（要一一列出附件的名称及页数），并写清合同附件的效力，一般均写明“本合同附件是合同不可分割的组成部分”等字样。如附件不具有合同同等效力，而仅作为某一特殊用途效力的则应写明。

三、注意事项

合法。订立合同，首先必须遵守国家的法律，符合国家政策要求。合法主要表现在以下几点：一是主体资格合法。即签合同的法人必须是在工商管理机关登记注册的企业法人，有合法的营业执照，有独立支配和依法经营管理财产的权利和偿还债务的义务，能以自己的名义在法院起诉和应诉，不具备法人资格的部门（如工厂供销科、生产队的村民组、学校的××系、有限责任公司的分公司）均不能以法人名义签合同，否则即属主体违法，属无效合同。二是合同内容合法。即指合同中约定的条款内容必须是法律允许实施的内容，当事人双方规避法律恶意串通之行为的约定，或签订不允许在国家市场流通的物品如毒品、金银、军火、淫秽刊物、录像带等的买卖合同，不仅合同不能成立，还要受到法律制裁。三是经营范围合法。这主要指合同中的标的，必须符合其营业执照中规定的经营范围，换言之，是说必须在法律限定的经营范围内从事经济活动，不得超越，否则亦属违法。

平等。合同必须贯彻平等互利、协商一致、等价有偿的原则，任何一方不得将自己的意志强加给对方。合同中的主体是平等的主体，权利义务完全对等，即或是上下级单位之间签订的合同也是如此，一方享有多大权利，就应尽多大义务，对方亦然。绝不能在合同中颐指气使，用发布命令式的语言要求对方多尽义务，少享权利，而自己却多享权利，少尽义务，这类合同叫“霸王合同”“显失公平合同”。

完善。完善是指条款内容的完善。一份合同不仅整体的条款内容要完善，而且每一款的内容也要尽量周密严谨，避免发生漏洞而出现问题。如标的物不仅要写明数量、质量，而且要写明计量单位、质量的技术要求和标准；价款和酬金要写明计算标准、结算方式和程序，如需运输，还应有运费承担、运价标准和途中损失的约定及包装的标准。

规范。即合同的书写须合乎格式规定，合同有它特定的写作格式和必备的条款内容，制作时须按照其规定的要求去写。如合同名称，签约双方名称，签约的缘由及目的，主要条款，尾部的签字盖章，均应符合法定的标准，绝不能标新立异，另创一套，这样有损于合同的规范性及严肃性。

语言精确、简洁。合同的语言要求精确、清楚、肯定、简洁，并能准确表达当事人的意思。合同是契约性文件，最忌讳内容笼统，语言含混不清，模棱两可。合同写作实践中出现的诸如“质量达到要求”“价格合理”都是不明确的语言，到底达到什么样的要求，合理又合到什么程度，均无可操作性。又如“争取年内交货”“尽量按时结清货款”此类语言也模棱两可，笼统含糊；此外，还有诸如“见据则止”“见货出款”，也令人费解不够通俗，都是对合同语言的违反。

【例文】

劳动合同

甲方（用工单位）：　　　　住址：

乙方：　　　　　　　　　　身份证号：

甲方因生产经营需要，经考核，录用乙方×××（姓名）为

×××（工种名称）工人，遵照国家有关劳动法律法规，经双方协商，签订本合同。

第一条　甲方录用乙方从事×××（工种名称）。

第二条　劳动合同期限从××年×月×日起至××年×月×日时止。其中试用期限为××个月，至××年×月×日止。

第三条　甲方的基本权利和义务是：

一、根据生产经营的需要和本单位的规章制度及本合同的各项条款对乙方进行管理。

二、保护乙方的合法权益，按规定付给乙方工资、奖金、津贴以及保险福利和其他政策性补贴。

三、做好乙方上岗前的培训工作并提供符合国家安全标准的劳动作业卫生条件。

四、依照国家有关规定对乙方进行奖惩。

第四条　乙方的基本权利和义务是：

一、享受×××待遇（写明待遇的内容）。

二、遵守国家法律法规和甲方的规章制度。

三、完成甲方分配的生产任务和经济指标。

第五条　工资待遇（要明确具体）。

第六条　工作时间（每周不超过多少小时）。

第七条　劳动保险及福利待遇。

第八条　劳动合同的变更和解除（要写明变更和解除的条件。如双方可以规定，合同生效后，甲乙双方无正当理由不得提前解除合同。任何一方解除合同，须提前××天通知对方，方能解除合同，并办理有关手续）。

第九条　本合同一式三份，甲乙双方各执一份，报鉴证机关存留一份。本合同自双方签字之日起生效。

甲方：×××（签章）　　　×年×月×日

乙方：×××（签章）　　　×年×月×日

第二节　广　　告

一、广告概述

（一）概念

广告宣传是通过一定媒介和载体向公众进行的一种信息传播活动。狭义广告专指以赢利为目的的商业广告，是由广告商通过媒体向公众传播企业、产品或服务信息，以实现其商业目的的信息传播活动。

（二）分类

广告的种类很多，以内容划分，可分为商业广告和非商业广告，商业广告又可分为经营性广告（包括商品广告、贸易广告、服务广告）和企业广告（包括企业形象广告、公关广告、招聘广告）；以传播媒介划分，可分为报纸广告、杂志广告、电视广告、广播广告、包装广告、橱窗广告、车船广告、牌匾广告和邮寄广告等等。

（三）广告文的阅读

身处商品信息社会，广告触目皆是。优秀的广告是一种生活化、信息化和视听化的图文载体，其中上乘的广告文值得我们阅读欣赏；但对那些拙劣的广告文，我们应凭借自己的语文知识和水平，看出其中的虚假和庸俗，以纯洁祖国的语言文字，维护商业文化的健康发展。

二、广告的写作格式

从广告文的构成内容来看，主要包括标题、正文和结尾三部分。有的广告中还有口号。

（一）标题

标题是广告文的点睛之笔，是广告文案策划和制作人员重点推敲的精心之作。无论是单一标题还是复合标题，无论是直接标题还是间接标题，都要求构思新颖，语言生动、简练、贴切。人们读广告，映入眼帘的首先是标题，能做到醒目、传神，且耐人寻味，在品牌和标题之间能激发联想，这样的标题写作才是成功的。如“车到山前必有路，有路必有丰田车”这类广告标题，人们一看就明白其诉求重点。另如“不打不相识”（某打字机广告）这样的间接标题，用俗语入题，富有情趣，能诱导公众去阅读正文，理解题意。

复合标题是相对单一标题而言的，它把直接标题和间接标题组合起来，更能引起广告阅读者的联想和想象。读复合标题，有点像读新闻主标题、副标题的感觉，如“阿里山瓜子——一磕就开心”。前后联读，其意自明，连品牌也牢记在心。特别是“一磕就开心”这五字妙语，既说明瓜壳脆，容易磕开，尝到香香的瓜子仁，又描写了喜欢磕阿里山瓜子的心情；动词“磕”也颇有特点，其形象、贴切是其他动词如“吃”和“咬”等所无法替代的。

（二）正文

1．主要内容

作为广告的主题部分，正文一般要写清以下三方面内容：

首先，扼要解释说明标题提出的问题。如某鞋油的广告标题是“卓别林的爱”，如果正文里没有解释卓别林爱用“某某鞋油”，读者就不易理解，会影响广告效果。

其次，要提供商品信息的具体细节，包括商品名称、款式、规格、性能、功效、特点、质量、用途和价格等。

其三，要激发人们的购买欲望，可用鼓动性语言，如“少数人已经拥有，多数人正在追求”这类打动人心的话，就采用了感染公众的语言策略。同时要注意广告语言的真实性，诸如“誉满全球”“包医百病，疗效百分之百”等之类的大话、假话，在广告语言中应杜绝出现。

2．行文形式

广告正文可长可短，其写法形式多样，不拘一格。常见的行文形式有：

（1）陈述式。用准确、简洁、朴实的语言，突出介绍商品和某项服务的主要特点，给人以真实感。

（2）问答式。运用一问一答（自问自答或顾客问、商家答）的通俗形式讲清商务、商品特点。如“亿唐网站”对其电子邮件功能作广告宣传时先问：“今天你有否 etang?”然后写道：“8 兆、21 兆、50 兆……有完没完？亿唐电子信箱，不限空间。”

（3）证明式。借用商品或企业荣获的各种证书、奖章来证明产品质量上乘、企业服务一流，从而赢得消费者信赖。如“国家金质奖”“ISO9002 国际认证”等。

（4）诗歌式。利用诗歌句式整齐、语言优美、合辙压韵、凝炼集中、易懂易记的特点来写广告文。

3．结尾

广告的结尾是指正文之后对正文作必要的补充说明文字，内容包括广告单位名称、地址、电话及传真号码、邮编、电子信箱、银行账号等。

有的广告还有口号，这是广告者从长远促销考虑，在广告中反复使用的特定宣传用语，长期使用、反复宣传，就会给消费者留下深刻的印象。常见的广告口号有赞扬式、号召式、情感式、综合式等。如“天上彩虹，人间长虹”“要想身体好，请饮健力宝”“当太阳升起的时候，我们的爱天长地久”“青岛双星鞋，伴君走天涯”。

三、广告写作要求

1．内容要真实、准确。

2．要注意思想性。

3．要明确重点，突出品牌。

4．要抓住顾客的消费心理。

5．讲究语言技巧。

【例文】

1. 铺天盖地，天光灯具。——天光灯具广告

2. 迪尔牌高档旅游鞋——伴君一路顺风。——迪尔旅游鞋广告

3. 腾云驾雾，乐在其中。——英国其乐牌鞋广告

4. 停电24小时！依旧冷若冰霜……——上海航天电冰箱广告

5. 工作重担从此轻而易举。——王安电脑广告

6. 踏上轻骑，马到成功。——××摩托车广告

7. 车到山前必有路，有路必有丰田车。——日本丰田汽车公司在中国的销售广告

8. 韵出高山流水，调追白雪阳春。——××乐器店广告

第三节　市场调查

一、市场调查报告的含义和特点

市场是商品买卖的场所。市场调查，就是收集、记录、整理和分析市场对商品的需求状况以及与此有关的资料。将市场调查得到的资料进行分析整理、筛选加工之后形成的文书，就是市场调查报告。

市场调查报告是一种专题调查报告，它除具备调查报告尊重事实、反映问题、总结经验、揭示本质和规律的特点之外，还有如下的自身特点：

（一）鲜明的针对性。撰写市场调查报告的根本目的，是为了摸清市场行情，指导产、供、销。

（二）特定的时间性。市场变化很快，市场调查报告必须快速地反映市场变化，及时为企业决策提供参考意见。对于企业来说，时间就是金钱。能够及时通过市场调查报告了解国内外技术

经济情报，了解市场价格、需求和同类产品的竞争能力，才能不失时机地在一定范围内调整生产和经营，防止盲目生产、无效劳动，提高企业经济效益。

（三）较强的实用性。市场调查报告，可在相当的程度上反映市场现状及趋势，这对于研制、生产和供应适销对路的产品，实用价值是非常明显的、直接的。它的读者虽然不多，但是它提出的建议一经采纳，立刻会产生经济效益。

（四）依赖调查性。市场调查报告离不开市场调查。问卷是市场调查中常用的方法。目前的市场调查多为侧重对消费者的调查，对消费者的调查又多采用问卷形式。对经营状况、条件的调查根据具体情况也有采取问卷方式的。作市场问卷调查，必须预先制作好问卷调查表。调查表要体现作者恳切的请求和奖励措施，同时，要写清通讯地址及领奖方式。

二、市场调查报告的类型

市场调查的范围很广泛，凡是直接或间接影响市场经营销售的情报、信息，都是市场调查报告的内容。按调查内容，可以将市场调查报告划分成以下三类：

（一）市场需求调查报告。这类市场调查报告主要是调查市场对本企业产品需求量和影响需求量的因素，调查需紧紧抓住购买力、购买动机和潜在需求三方面进行。

（二）竞争对手的调查报告。这类报告主要调查竞争对手的总体情况、竞争能力及新产品的发展动向等。

（三）经营政策调查报告。这类报告主要调查本企业的产品、价格、广告和推销政策、销售和技术服务政策等的效应，通过调查了解企业的销售能力是否适应消费者需要，企业的销售策略是否合理，以便及时发现问题，及时改正。

三、市场调查报告的结构和写法

（一）标题。市场调查报告的标题没有严格的格式。一般带有“调查”二字，并指出调查的对象或内容、范围，如“××小区消费水平情况调查”等。

（二）正文。市场调查报告的正文，分概要、主体和结尾三部分。

1．概要。概要部分主要为调查的缘起、目的、对象、范围、内容、方法和时间地点等有关调查活动本身的说明。概要部分对提供决策用的市场调查报告是较有意义的，决策部门可据此更准确地把握调查的结果，如对调查方法的了解可以帮助决策者判断调查结果的可信程度。

2．主体。主体部分是市场调查报告的主要内容，多由情况、分析和建议三部分组成。情况部分应作归纳，分类分问题叙述调查得来的材料，有时可加图表说明，必要时还应对市场背景资料，如地理、气候、政治经济文化社会的变化趋势和政策、法律法规等作出说明。分析部分表述的是市场调查报告撰写人对调查得来的材料的看法，介绍撰写人对情况的分析归纳，以及从调查中发现的问题、得出的结论等。情况部分和分析部分也可糅在一起写，边介绍情况边进行分析，这种有事实、有数据、有分析的写法，较有说服力。建议部分依据调查材料及其分析研究，提出解决问题的方法或应采取的措施、对策等。

3．结尾。市场调查报告的结尾没有特定的格式，一般是概括全文的观点，写出总结式的意见，或说明调查中存在的问题及与主要情况倾向等不同的情况，预测可能遇到的风险和提出相应对策等。有的写完分析和建议则自然收尾，不另加结尾。供决策参考的调查报告，还应在结尾处署上撰写人姓名、部门和报告完成日期，以示负责。如是受委托为他人撰写，还应将委托方、调查方分别写清楚。

四、市场调查报告写作的注意事项

（一）要实事求是。坚持实事求是地进行市场调查，是写好市场调查报告的可靠保证，因此，写作者一定要亲自参加调查。

报告中引用的调查资料要翔实可靠，对于重要的数据要反复核实、测算，做到确凿无误。同时，选材时要客观、全面，不能只选对自己观点有利、支持自己看法的材料，如有对自己观点不利、与自己观点相左的材料，也应附带提及，说明清楚，或加以分析，或录以备考，尽可能避免片面性，以免领导或委托方据以决策时导致失误。

（二）注意观点和材料的统一。撰写市场调查报告不能满足于材料的堆积和数字的罗列，必须既有材料，又有观点，观点统帅材料，材料说明观点，切忌观点和材料脱节，更要防止二者相抵触。作者要在反映情况的基础上提出有见地、有说服力的分析意见和相应的建议。

（三）要突出重点。市场调查的内容较广泛，涉及的问题也较多，在整理和撰写时，要根据主旨的需要来剪裁取舍材料。一份市场调查报告，要突出重点，一般以回答一两个重要问题为宜，切忌面面俱到。如果调查涉及的内容过多，可以分专题写几份报告。这样，每份报告都能突出自己的重点。

（四）正确把握文体性质和表达方式。市场调查报告是一种兼有说明文、记叙文、议论文特点而又不同于它们的一种应用文体，应偏重于选用比较全面、系统、完整的事实、数据叙述说明问题，并且运用议论的表达方式提出措施建议。市场调查报告的语言要准确、简练、朴实。文中也可运用小标题，各小标题应简洁、醒目。

（五）要讲究时效。市场调查所得情况要及时地反映和传递。依据过时的信息，不可能作出准确的预测和科学的决策，甚至会产生负效应。文中要写明调查时间。

【例文】

关于当代青年消费问题的调查报告

中国青少年研究中心联合北京、上海、广州、山东、辽宁、黑龙江6个省市青少年研究所和广西自治区团校，最近在全国9

个省、市、自治区对青年人的消费观念、消费现状与趋势、消费结构进行了大规模调查。

一、青年消费观念变化

如今青年人的消费观念正发生变化，以往视“粗茶淡饭”“勤俭持家”为美德的观念淡化了。许多青年注重：“吃要讲营养，穿要讲式样，玩要讲多样，用要讲高档”。因此，在调查中问及青年对这个“四讲”问题怎样评价？来自青年的反馈是：认为“符合现代生活方式”的占42.5%，认为“不合中国国情”的占21.3%，认为“助长好逸恶劳”的占7.2%，认为“容易引入高消费误区”的占23.9%，回答“说不清”的占5.1%。这表明当今相当多青年的消费观念已经发生变化，有42.5%的人向往“四讲”的生活方式，但对“四讲”的生活方式持怀疑和否定态度的人数也多达52.4%。

二、消费现状与趋势

（一）饮食日益注重营养。在“你对饮食最注重的是什么？”一问中，青年人回答“讲究营养”的人数占40.4%，为“方便省事”的占25.3%，“吃饱就行”的占23.4%。

（二）穿着注重“方便舒适”和“体现个性”。在青年人回答“你对服饰穿着最注重的是什么？”一问中，“方便舒适”占46.6%，“体现个性”占30.5%，“款式新颖”占16.5%，“讲究名牌时髦”占6.4%。

（三）住宅舒适被列为改善生活的主要目标。在对“你认为生活改善的主要目标是什么？”一问的回答中，多达55.9%的青年把“住宅舒适”列为改善生活的主要目标，其次才是“旅游”，占21.9%，“家用电器齐全”占16.1%。

在被调查的青年人中，约有1/3的人想买房，但当前许多人却买不到房，有的则认为房价过高。

（四）沿海地区青年人买大件消费品趋向高档化。据一些大城市及沿海经济发达地区调查，青年高档消费的指向产品，依需求人数比例高低排列的顺序是：立体声音响（46.8%）、空调

(40.5%)、彩色电视（39.7%)、摩托车（37.6%)、电冰箱(31.5%)。

据调查分析，电脑、打字机和小汽车很可能在本世纪末、下世纪初列入新“三大件”，广东、上海、北京青年人需求彩电已被排在第五六位，排在第三位的是电脑、打字机或摩托车，而广西、山东、吉林、黑龙江等地区彩电仍居“三大件”之首。广东、上海、北京青年今天的消费指向将是其他地区青年明天的消费趋向。

三、消费结构失衡

在调查中发现，现在青年人的消费结构有两个失衡之处：一是物质消费增长很快，精神消费则严重滞后；二是在精神消费中重娱乐消遣，轻读书学习。

据对9省、市、自治区的调查，青年中“基本不买书报”的人占被调查人数的12.6%，“偶尔买点”的人数占26.4%，把“购买书报列为每月固定支出项目”的却只有9.9%；家中基本没有藏书（存书在50册以下）的青年多达34%，而拥有100册以上的人仅占28%。这种情况令人忧虑。消费结构失衡，不利于青年一代健康成长。因此，结合加强爱国主义教育，鼓励和引导青年多读书、读好书，应当受到社会各界的关注。

（原载黄志坚：《市场报》，1994－11－09）

【思考与练习】

1．订合同的原则是什么？

2．广告的创意手法有哪些？

3．如何制作市场调查报告？

第五章　传播文体

第一节　新闻写作概述

一、真实性

真实性，最简单的定义是：新闻报道必须反映客观事物的原貌。真实性是新闻的基本属性，也是整个新闻报道的原则。新闻写作对真实性的要求是什么？可以分为浅与深两个层面。

（一）浅层面重在要求新闻报道的具体事实必须真实准确

具体地讲，包括：

1. 新闻报道的内容必须确有其事。

2. 构成新闻的基本要素必须准确无误。所谓基本要素是指时间、地点、人物、事件、结果、原因。这是弄清楚一个事实的起码条件。

3. 新闻中引用的各种资料必须准确无误，包括数字、史料等。

4. 新闻所反映事实的环境、过程、细节、人物的语言、动作必须真实。

5. 新闻中涉及人物的思想认识和心理活动，必须是当事人所述。新闻写作绝对不能虚构情节、合理想象、添枝加叶。

（二）深层面重在要求新闻报道的整体概括与分析要符合客观实际

新闻报道除了报道某一具体事实以外，相当多的时候还要对涉及某一事实的大量相关事实进行整体综合、概括与分析。这种概括与分析要符合客观实际，做到现象真实与本质真实辩证统一。

二、新闻写作的基本方法

任何文章的写作，所遇到的基本的矛盾都是如何处理材料与观点的矛盾。新闻写作也不例外，它要处理的是新闻事实与记者所要表达的观点之间的矛盾。解决这个矛盾的基本方法就是用事实说话。

什么叫用事实说话？有两种不同的表述。一种说法是：通过客观的叙述新闻事实及其背景来体现观点、发表意见。另一种说法是：记者把思想观点藏在精心选择的某些事实里，让受众通过事实自己领悟其中的道理。

新闻报道与“说话”（即观点，意见）是无法完全分开的。新闻报道是记者的主观认识客观世界的结果，不可避免的包含记者的主观意识和倾向性。百分百的客观是不存在的。通过事实发表无形的意见，这正是新闻报道特殊的价值和独特的作用。新闻写作的基本方法被形容为“记者的舌头是缩在后面的”。

新闻写作最基本的内容是事实：新闻写作最基本的内素材是事实：新闻协作最基本的手段就是如何运用事实。

三、新闻写作的基本要求

新闻写作是一种受限制的写作。新闻报道是一种大众传播产品。它的接受者是读者、观众或者听众。它的市场在受众。受众的需求、阅读习惯、审美需求等都制约着新闻写作。同时，新闻写作还会受到版面、栏目的限制。因此，新闻写作有一些区别于其他写作的特殊要求。

（一）时效性：新鲜、快速、简短

有人把新闻称为“易碎品”。有些新闻迟发一步就可能成为没有价值的旧闻。各种媒体的竞争，实质上是对新闻时效性的竞争。例如，1963 年，美国总统肯尼迪在达拉斯被暗杀的那天，合众国际社记者史密斯和美联社记者贝尔都在现场随行采访，且搭乘在总统车队中同一辆新闻车上。当暗杀的子弹炸响的时候，史密斯首先抓住车内唯一的一部电话，不停地向本部口授事件经过。在汽车开往医院的途中，尽管他被贝尔打得鼻青脸肿，却始终没有放弃电话，因此他成了肯尼迪被暗杀这一消息的第一发布人。他在当天晚上写就的一篇目击记《历史就在我们眼前爆炸了》，获得1964年普利策新闻奖。

新闻写作中如何体现时效性呢？

1．新鲜

新闻事实发生的时间与把它传播出去的时间两者之差越小越好，越小越新鲜。在写作中要学会把最新鲜、最精彩的信息或内容“拎”出来。

2．快速

记者要提高写作效率，争取快速发稿。新闻是易碎品，美国记者赖斯顿说，最没有生命的事物莫过于几小时以前发生的新闻。在1984年洛杉矶奥运会上，7月29日上午11时10分，我国射击选手许海峰夺得了此届奥运会的第一块金牌。新华社记者立即发出了如下报道：

新华社洛杉矶1984年7月29日电（记者高殿民）中国在奥运会历史上“零的记录”的局面在今天11时10分（北京时间30日凌晨2时10分）被中国射击选手许海峰突破。许海峰以566环的成绩获得男子自选手枪冠军，夺得了奥运会的第一块金牌。

中国体育代表团副团长陈先在许海峰获得金牌后对新华社记者发表谈话说，这对中国运动员是极大的鼓舞。这是中国在奥运会历史上得到的第一枚金牌，实现了“零”的突破，在中国体育史上具有深远的意义。他表示感谢运动员和教练作出的艰苦努力。

许海峰今年27岁，是安徽省供销社的职员。他获得金牌后对新华社记者说，这还不是他最好的成绩，只不过是正常发挥技术。他最好的成绩是583环。他表示要不骄不躁，继续努力，争取今后取得更大成绩。

新华社的这篇报道，比美联社早发出20分钟，是全世界最早报道奥运会第一块金牌为许海峰夺得的消息。这是新闻界一块无形的金牌。

3．简短

篇幅短了，在有限的版面和时间里，可以多发新闻报道，传递更多的信息；篇幅简短对提高时效性也有重大的意义。将新闻写短并不容易，要求记者具有观察事物和分析事物的概括能力与判断能力。例如，

（合众社北京22日电）新华社星期五宣布：中国大陆首对以人工受孕方法培育的婴儿已出生，而且健康良好。

这两名男女婴都出生在湖南省。女婴1月16日在常德县诞生，体重6.8磅；男婴4月8日在省会长沙出生，体重7.5磅。

这则新闻按照五个W的要求只用了两个小段落就写出了中国首次人工受孕获得成功的情况，可说是干净利落，简明扼要。

（二）可读性

可读性是指要把新闻报道写得让读者愿意读、喜欢读、读得下去。落实到新闻写作的行文中，可读性主要体现在要使整个新闻传播的过程做到通畅，没有障碍，便于同读者快速交流。

可读性的含义包括：

1．具体。新闻报道要多用形象的可感性事实说话，新闻报道的选题角度要具体，新闻报道的叙述以及清洁、细节也要具体。

2．生动。新闻报道要写得富有感染力。在绝大多数新闻事件中，人是最活跃的因素，因此新闻写作抓住“人”，就会使得稿件生动、活泼。多用动词是使语言生动的成功经验。请看：

轻舒双臂，向上高举，只见吕伟轻轻一蹬，就向空中飞去。有一瞬间，她那修长美妙的身体犹如被空气托住了，衬着蓝天白云，酷似敦煌壁画中凌空翔舞的“飞天”。

这是1982年好新闻作品《“飞天”凌空》那篇短通讯中的一段。在这短短70个字中，作者对吕伟起跳的一刹那写了四个动作，就像电视屏幕一样，使得读者如同亲眼所见一般。

3．通俗。新闻报道要写得深入浅出、明白如话。英国报业之父笛福在谈到他的写作原则时说，假设对500个不同职业的群众讲话，要使每一个人都听得懂。新闻写作不能打官腔、说空话、套话，要用浅显的文字来讲述、表达或说明新闻报道的内容。一些“行话”，在新闻写作时，要进行解释与说明。对于新闻稿件中的数字，要进行解读。

（三）针对性

针对性要求记者了解传播对象、明确传播目的。就报道内容而言，加强针对性，可以从以下几个方面入手：

1．加大信息量。用尽可能少的符号传递尽可能多的新闻信息。例如：

本报讯　29.39米！昨日零时，武汉关水位创下今年最高、历史第二高水位后，开始缓缓回落——今年长江第四次洪峰裹挟着足以毁灭整座城市的力量，从超出城区地面高度5米的武汉“头顶”流过。

这是一段消息的导语。总计70个字包含着诸多的信息：洪峰通过：水位回落；水位的高度；这是今年最高，历史第二高的水位；它是长江今年的第四次洪峰；洪峰的力量足以毁灭整座城市；洪峰水位高过城区平均地面5米。

2．加大知识含量。新闻要满足读者的求新欲和求知欲。获得知识是受众的客观需要。

3. 挖掘思想深度。思想性，也可称为指导性，是新闻传媒的重要功能。新闻报道的指导性与文件、报告不同。它是一种隐性协调。

四、常见新闻体裁

新闻体裁主要分新闻报道与新闻评论两大类。常见的新闻报道体裁，有以下几种类型：

（一）消息

1. 动态新闻

动态新闻以迅速简洁地报道新近发生的事件，反映事物发展过程中的新动态为基本特征。它的内容集中单一，一般一事一报，简明扼要，时效性强。

2. 综合新闻

指的是对同类事物或一事物的多侧面的归纳综合报道。主要用以反映新动向、新成就、新问题等。

（二）通讯

通讯大体上可分四类。

1. 一般纪实性通讯。就其内容而言又可分为人物通讯、事件通讯、工作通讯与风貌通讯。

2. 新闻故事。以故事的形式反映新人新事。要求一定的新闻性，讲究情趣与细节。

3. 访问记。就某一重要新闻事件或受众关注的问题访问有关人士，然后以谈话纪实的方式加以报道。

4. 散文体通讯。包括“采访札记”“记者来信”等，形式多变，别具一格。

（三）新闻特写

新闻特写是一种“再现”新闻事件、人物或场景的形象化报道。它强调视觉印象，以描绘为主要手法，往往截取事件发展进程中的某个片段或画面，给人以特写镜头般的印象。

五、新闻的角度与主题

（一）新闻的角度

新闻角度的定义：记者发现事实、挖掘事实、表现事实的着眼点或入手处。新闻角度选得准，新闻价值倍增。选得不准，就会削弱新闻价值。请看下面一篇报道：

叶乔波坐轮椅回到北京

本报北京3月17日讯（记者孙小青）　背着冰刀出征，坐着轮椅凯旋。不久前在第十七届冬奥会上带伤拼搏，勇夺铜牌，从而演出悲壮告别赛的我国选手叶乔波，今天上午从德国回到北京。

在长达近20年的运动生涯中，叶乔波先后23次获得世界冠军。今天，当她坐着轮椅出现在首都机场候机厅时，动情地说："没想到我冰上生涯的最后一次旅行竟这样结束。"在机场迎接她的许多人包括一些中年男子汉都流下了热泪。

冬奥会结束后，叶乔波在国家体委的关怀下，于3月8日在德国因策尔进行了膝关节大手术。亲自为她主刀的德国名医挪亚和沙拉夫边做手术边摇头，惊叹不已地说："这么严重的伤势还能参加比赛并夺得奖牌，真是不可思议。"

据亲眼目睹手术过程的教练萧汉章介绍，叶乔波的左腿膝关节里"简直乱了套"，医生为她清除了7块碎骨片，修补了断裂的半月板和内外侧副韧带，对错位的髌骨进行了牵引复位。

尽管如此，叶乔波仍对自己的拼搏生涯无怨无悔。她说："我认为我的奋斗是值得的，我为祖国做出了应有的贡献。就算今后我真的瘫痪了，可乔波仍然会顶天立地地站着。"

（《解放军报》1994－3－17）

《解放军报》没有简单地报道"叶乔波载誉归来"，而是选择了一个特殊的角度：背着冰刀出征，坐着轮椅凯旋。从“悲壮”这个角度切入，突出了“获奖与伤残”的强烈反差，更准确地表达了运动员感人的精神境界。

在新闻报道中常见以下几种角度：领导角度与群众角度、工作角度与生活角度、表扬角度与批评角度、正面角度与侧面角度、宏观角度与微观角度等。

新闻报道要根据受众需要寻找最佳角度。什么是最佳角度？一是能突出新闻的个性特征；二是能体现事物的本质；三是有活泼的内容；四是有新颖巧妙的形式。

1957年，当我国著名的女子跳高选手郑凤荣飞跃1.77米的高度、刷新世界纪录时，美联社发出的一条新闻，他是站在这样的角度来安排导语的：

一位20岁的中国姑娘，在北京以有力的一跳警告了世界田径界：6亿中国人民不会是永远落后的运动员。

这则导语没有着眼于郑凤荣本人如何，而是强调“一位中国姑娘”向世界田径界提出“警告”，这就把新闻的思想提高了一层。

（二）新闻主题

新闻主题就是一篇报道的主旨。新闻材料的取舍，新闻结构的安排，新闻语言的表达，都是受新闻主题制约的，都是为表现新闻主题服务的。新闻主题具有以下特征：

1. 新闻主题是客观性与观念性的辩证统一。

2. 新闻主题基于事实，高于事实。

3. 新闻主题具有“丰富性”，同一新闻事实，可以从不同角度提炼出多种新闻主题。

在选择和确定新闻主题时需注意：

1. 审时度势，根据手中掌握材料的特点，以及最能实事求是反映实际情况的角度确定新闻主题。

2. 新闻主题的选择因人因事因时而异，但总的原则是不落俗套，独辟蹊径者为上。

选择新闻主题要兼顾读者的阅读心理，要选择读者最关心的、与读者最有利害关系或能引起读者共鸣的内容作为报道的主题。

六、新闻的笔法与语言

（一）新闻跳笔

所谓笔法，西方叫叙述学，我们指的是运笔的技巧，行文叙述的方法。新闻写作所使用的笔法是多种多样的。一般的文字写作，尤其是文学写作中的基本笔法，比如叙述、描写、议论、抒情等，在新闻报道中同样作为基本笔法被广泛地使用。还有一些写作技巧，如排比、倒叙、插叙、伏笔、悬念、拟人、比喻、夹叙夹议等，在新闻写作中也是不可少的。

那么新闻写作有没有属于自己的笔法？先看一篇消息：

中国乒乓球“人梯”依然坚固

新华社北京（1996年）6月11日电（记者王俊璞　景如丹）参加亚特兰大奥运会的中国乒乓球选手，正踩着陪练员搭起的“人梯”，攀向冠军领奖台。

中国乒协执行副主席李富荣说，乒乓球“人梯”出现在26届世乒赛之前，一茬又一茬陪练队员，几十年来送一代又一代尖子选手夺得世界冠军。这一“人梯”经受着商品大潮的冲击，现在依然十分坚固。

记者在北京和正定都曾看到，中国女队的4名男选手陪主力队员训练时，拼命拉弧圈球，任汗水湿透衣衫。据统计，每位陪练半天至少“拉”7筐球，每筐200个。

主教练陆元盛介绍，他们是来自河北队的王志军、陕西队的邓勤、八一队的刘国栋和今年才进队的辽宁队选手杨杰峰。

这几名队员仅是“人梯”的一部分。备战奥运会，男、女队非参赛选手都可能担任陪练；而备战世乒赛时，河北、北京、广西等队的队员都是招之即来。

商品经济大潮涌起以后，许多乒乓球运动员跨出国门，有些人的收入比在役的世界冠军高出数十倍。这给中国队造成巨大的冲击，但队里作为重要训练内容的陪练并未因此中断。

据了解，昔日的陪练员要放弃已定型的打法，模仿国外名手；现在的陪练员一般仅在一段时间里模仿对手，帮主力队员完成训练计划，只有女队的男陪练完全牺牲了自己。因为，女子打球的力量、速度与男子有差距，陪练时间长了，再参加男子比赛很难适应。

不同的国度，人们的价值观往往差异很大。西方有人曾经视陪练为“不道德”，中国队却视陪练为集体主义和爱国主义的表现，称陪练者为“无名英雄”。

女队的男陪练并未因做出牺牲而心理失衡。六年前进队的王志军说：“一茬运动员能当世界冠军的只有几个。能为有希望当世界冠军的人做一点贡献，也是难得的机会，我们很珍惜。”男老队员张雷也表示，为了国旗在亚特兰大升起，他“愿再次作人梯”。

陪练员也可得到回报：主力选手分出的奖金和被安排出国执教。但他们看中的并非金钱。当过多年陪练的黄飙说：“钱虽然有诱惑力，但这个集体的吸引力更大。”中国队前年请正在日本执教的黄飙当“管家”，他放弃了高薪，拒绝了另一家俱乐部的邀请，毅然踏上归程。

李富荣认为，中国乒乓球队几十年长盛不衰，集体主义和爱国主义是重要的经验。

在阅读中你会感觉它每一段讲一件事，节奏明快，干净利落。这篇消息的每段之间，内容跨度很大，第二段李富荣在讲话，第三段跨到男陪练在拉弧圈球的现场，第五段介绍“人梯”的组成，第六段又跨到商品大潮运动员出国，第八段跨得更远，写到了不同国度人们的价值观。文字的空间距离很大，给了读者一个广阔的视野。

这些表面上彼此好像没有很大联系的段落，实际上有一个内在的逻辑，它通过事实的排列、组合，让读者对中国的乒乓球陪练制度得出结论：集体主义和英雄主义是中国乒乓球队长盛不衰的主要原因。

这种感觉来源于新闻报道特有的文风，也就是说来源于新闻的笔法——“跳笔”。这种笔法有两个主要特点：

一是文体结构上是多段体。

二是它主张“跳”，在句子与句子之间，段落由于段落之间可以有甚至必须有较大的跳跃，不必讲究前后衔接，起承转合。

如何运用新闻跳笔呢？

1．短段落，多分段。

2．断裂行文，段落之间不按照时间顺序，或者事实的原始过程从头排列，不面面俱到，不平铺直叙，不必顾及程序、顺序或者层层推理的逻辑，而是打破时间与空间的限制，只着力突出读者感兴趣的新闻事实。

3．加大句与句之间的跨度。通过变换新闻事实的主体，变换现场与背景或者报道与评论相互交错实现“跨越”。例如《文汇报》1999 年一条体育新闻的导语：

尘封了 18 年之久的女子 100 米蝶泳世界纪录昨日终于作古。曾五夺奥运会冠军、今年 26 岁的美国名将汤普森在悉尼举行的泛太平洋游泳锦标赛上，以 57 秒 88 的优异成绩，打破了她的同胞玛丽·马尔于 1981 年 8 月 6 日创下的 57 秒 93 的该项目世界纪录。

在这段文字中，新闻事实的“主体”发生了变化，实现了跳跃。

（二）新闻的语言

通过新闻媒介，向受众报道新近发生的事实，传播具有新闻价值的信息时所使用的文字语言就是新闻语言。

新闻语言具有以下特征：

1．准确、简洁、鲜明、生动

准确是新闻语言的核心。新闻语言要准确，注意这样几个问题：

（1）注意词义差别。

（2）推敲词语的感情色彩。

新闻语言要简洁，注意剔除可有可无的词句，宁用短句不用长句，宁用简单句不用复合句。

2．新闻语言要有时代感，有时代气息

新闻的语言既要规范，又要有时代气息。现在媒体上几乎每天都有新词汇出现，词汇翻新很快。作为新闻工作者，既要保持对新鲜事物的敏感，也要保持对语言的敏感，反映它的细微变化。当然，这并不意味着盲目追求时髦。

3．白描是新闻语言的主要特征

“白描”原指中国绘画中的一种传统技法。借用到新闻写作上来，是指文字描写的具体方法，即不尚修饰，不用或少用形容渲染，以质朴的文笔，力避浮华、做作，简练而直接地勾勒出事物的特征。

新闻写作要多用动词，少用形容词；多使用细节描写，少用概括叙述；多用大白话。

第二节　消息的写作

一、消息的种类

（一）事件性消息

报道事件是消息的基本使命。事件性消息是消息的“正宗”。消息也是报道事件的首选体裁。消息制作和传播的过程具有短、平、快的特点，为它报道事件，尤其是突发事件创造了条件。

在写作事件性消息时要注意：

1. 事实要交待得一清二楚。新闻要素“五个W”缺一不可。事情的来龙去脉交待得要具体，不可产生歧义。

2. 采写事件性消息，不应忽视人的要素。新闻报道应以人的命运为焦点，关注事件结果对人可能产生的影响，反映人在事件中的活动、心态，丰富事件性新闻的内涵。例如：

本报讯　9日晚10时40分左右，由武昌开往湛江的461次列车行经湖南省衡阳北站茶山坳站南二三公里时，列车突然脱轨，七节车厢出轨。截至发稿时已有8人死亡，18人受重伤。伤员已被送往衡阳市各家医院救护治疗。

导语直接提示了人的伤亡情况。事件报道中关注人，是所有新闻媒体的共识。

事件性消息大多一事一报，一篇消息只写一件事，比其他消息更注重时效性。

（二）非事件性消息

非事件性消息报道的是社会问题、社会现象，或者某些可供参考的信息、方法。它们与事件不同，往往没有明确的行为主体，没有事件所具备的明晰的时间和空间界限，缺少具体发生、发展过程。

非事件性消息包含不同的类型。以传递实用性信息、传递实用方法为主的服务性消息，预测未来事件的预测性消息，综合反映某些新的社会现象、社会问题的综合性消息，以介绍经验为主的经验性消息，以及人物消息，都属于非事件性消息。例如：

哪四个队将进入世界杯足球赛决赛圈

在分组赛中迭爆冷门、连挫强队的丹麦足球队今天却在一个大冷门中成了失败者。在另一场比赛中，欧洲强队英格兰队以三比零轻取南美乌拉圭队，在八强之中也占了一席。

至此，进入四分之一决赛的八支球队已经产生，按比赛顺序排定为：巴西队和法国队；联邦德国队和墨西哥队；西班牙队和比利时队以及阿根廷队和英格兰队。

争夺前八名的八场比赛，远比分组预赛的大部分比赛来得精彩，双方队员场上斗技斗勇，教练场下比智比谋。巴西队、阿根廷队和墨西哥队实力在对手之上，以“技”取胜；英格兰队身体高壮，以“勇”取胜；法国队和联邦德国队实力不如对手，却能扬己之长克敌之短，可谓以“谋”取胜；而西班牙队和比利时队则以“智”取胜。

苏联队和丹麦队的失利大大出乎人们的意料。这两个队在分组赛中，无坚不摧的攻击力使球迷看得如痴如醉，但他们锋芒太露，既损耗了自己的体力，又暴露了攻强于守的弱点，最后是自己竖起了“靶子”，被别人所打中。

那么，哪四个队能再过一关？

最难预测的是法国队和巴西队的恶战，无论哪一个队能涉险过关，那么它离冠军宝座只有一步之遥了。法国队在淘汰意大利队的一役中显得极为成熟：中场的强大和普拉蒂尼的任意球不必多说，就是过去并不突出的后卫线也令人耳目一新，队员的盯人防守和相互补位到了完美的地步；前锋前卫浑然一体，犹如六把尖刀插向对手的致命处。巴西队在对波兰队一役中唤回了失落已久的“艺术足球”。前锋队员单兵作战能力很强，后防之稳固也非上届杯赛时所能比拟，迄今一球未失。这两队极有可能打成平局，随后罚点球碰运气来决出胜负。硬要作出预测，胜票将握在法国队手中。

联邦德国队整体实力强于墨西哥队，但在气候环境、竞技状态、临战士气这三方面却不如东道主。联邦德国队小胜墨西哥队是正常的结果。但也难免有“强龙”输给“地头蛇”之虞。

西班牙队取胜比利时队把握比较大。它胜丹麦队进五球失一球，而比利时队虽然上一仗力克苏联队，但有两球有越位之嫌，自己也被对手三破大门。

英格兰队看来不是阿根廷队的对手，其长传冲吊常常劳而无

功，短传配合更是“班门弄斧”，阿根廷队再晋一级希望极大。（新华社北京1986年6月19日电　记者许基仁　曲北林）

二、消息的写作

（一）消息的标题

新闻标题就是新闻的题目，它是新闻内容的形象概括。消息的标题和其他文章的标题、特别是文艺作品的标题相比有很大不同。文艺作品的标题往往比较含蓄，比如鲁迅《看镜有感》、朱自清《背影》等；消息的标题要求“一语破的”，点明新闻精髓所在，令读者“一目了然”。

1．多行的新闻标题一般由主标题和辅题组成。主标题，也有人称为“正题”。它是标题中最主要的部分，所以字号用得最大，居于最显著的地位。它一般用来点明消息中最主要的事实和观点。辅题又包括引题和副题两部分。引题在主标题之上而字号较小，因而又被形象地称为“肩题”或“眉题”，它主要是从一个侧面对主题进行引导、说明、烘托或渲染。副题是置于主标题之后的次要标题，字号最小，它主要起补充、注释的作用。

2．单行题必须实标，也就是必须以叙事为主，点明必要的新闻要素，使人一见此标题，就知道这篇消息报道的是什么事情。例如：

中国女排17年后重夺世界冠军
英格兰队0:0战平尼日利亚队

3．二行题。一般有“引题+主标题”和“主标题+副题”两种。不论采取何种类型，其中一个必须实标，另一个可以实标，也可以虚标。虚标即内容较为抽象含蓄，或者以说理为主，着重说明某个原则、道理、愿望等。例如，

天空有可能出现两个太阳（主标题）

不过这是三十亿年以后的事（副题）

明镜周刊专访米卢（眉题）
“我们总不可能进入决赛”（主标题）

4. 三行题，是引题+主标题+副题的系列标题。其中一个必须实标，其余的可以虚标。但是副题一般是实际的。引题以虚标居多。主标题可虚可实。

知否？知否？应是贱“肥”贵“瘦”（引题，虚标）
爱吃瘦肉者，请您多付钱（主标题，实标）
本省十几个县市调整猪肉各品种之间的差价（副题，实标）

新闻标题应当传神、具体确切和简练生动。

（二）消息头

消息的外在标志是电头或“本报讯”，有人总称其为“消息头”。

电头，是表明电讯稿发出的单位、地点和时间的，加括号或用显著字体标出，置于稿件开头。新闻通讯社主要以电报、电传、电话等方式发稿，故通讯社总是以“××社×地×月×日电”作为消息头。

消息头的作用在于：

1. 表明新闻稿件的发出单位，借以显示消息的“身份”；

2. 有了消息头，可以承担发表新闻作品的责任，接受社会监督；

3. 消息头注明发稿的地点、时间，可以说明新闻的来源、时效，借以传达某种信息。

当然，有无消息头并非消息的绝对标志。有些消息，例如某些描写性的消息，也不一定都加消息头。

（三）新闻导语

新闻导语是消息体裁所特有的。它是消息开头用来提示新闻要点与精华、发挥导读作用的段落。导语可以是一句或一段话，也可以是多段的。但一定是放在消息的开头。例如：

新华社哥德堡（1995 年）8 月 7 日电（记者杨明　马小林）爱德华兹大笑，爱德华兹大叫，爱德华兹兴奋得乱喊乱跳。

这位大器晚成的英国选手今天在第五届世界田径锦标赛男子三级跳远决赛中，以 18 米 29 的辉煌腾越创造了一项属于 21 世纪的纪录。

这篇消息的导语有两段，第一段是运动员的兴奋状态，第二段才说明原由。

1．导语的作用。

首先，导语必须开门见山，尽快地报告新闻事实，传递最新信息，使人一眼就能抓住新闻的要害。在信息泛滥的今天，这一功能显得尤为重要。例如：

美联社雅典（1996 年）10 月 27 日电 希腊总统 25 日扬言，如果雅典申办 2004 年奥运会失败，希腊将永不申办奥运会。

这段导语虽然简短，但事件交代得十分清楚。

其次，导语是吸引读者的关键。导语精彩，内容与形式俱佳，可以引导读者耐心地、甚至兴味盎然地读下去。例如：

德新社伦敦（2000 年）12 月 31 日电 今天公布的令人震惊的新统计数据显示，烟民每吸一支烟就减寿 11 分钟。

显然，读完这样的导语，读者一定会引起注意。

2. 导语写作的原则

将最具有新闻价值、最有吸引力的事实写进导语。大体上有三类材料在首选之列：

(1) 最新鲜的材料

在时间上它们刚刚发生、新近出现，或者虽然不是新近发生，却是迄今为止人们尚未知晓的。

(2) 最重要、最具有影响力的材料

开始构思导语之前，先将有关材料分解成若干独立的部分，比较、掂量一下。哪部分材料最有资格充当导语。

(3) 最有趣、最富有戏剧性和人情味的材料

有故事、有人情味的材料更能引起读者的阅读兴趣。例如：

美联社盐湖城（1998年）6月14日电 在盐湖城犹他爵士队主场，看迈克尔·乔丹如何投中最后两球，从而以一分优势为公牛队夺取本赛季NBA总冠军，你不得不相信，天才就是天才！

在筛选材料的基础上，新闻导语应当炼字炼句，力求简短且优美动人。

3. 新闻导语的三大基本类型

(1) 概述型导语

以概括的、直接陈述的方式写导语是概述型导语。这是用得最多、也比较容易掌握的一类导语。它的优点是：事实、信息的传递最为简洁明了。例如：

《人民日报》1986年9月14日讯　9月14日凌晨，北京时间3时51分，在捷克斯洛伐克首都布拉格举行的第十届世界女子排球锦标赛结束。中国女子排球队奋战四局，以3:1战胜了号称"加勒比旋风"的古巴女排，连续第五次夺得世界冠军。4局的比分是15:6，15:7，10:15，15:9。

(2) 亦描亦述、描述兼有的导语，是描述型导语。它的特点是，消息开头即出现画面、出现镜头，具有可视可感的效果。受题材限制，描述型导语不如概述型导语使用得普遍，但它的长处是显而易见的。这类导语有趣、能以形象的火苗感染读者。例如：

拉斯维加斯（美联社）四轮比赛过后，泰森坐在浴室的长凳上，既不恐慌，也没有绝望。他没有说吃掉伦洛克斯·刘易斯的孩子或任何人。

他只是坐在那里聊天聊了半个小时，也不管浴室喷头还在淌水。他从拳击手胡根说到喜剧明星兰尼·布鲁斯。

这段导语描述了比赛后一个出人意料的温和的泰森，给人深刻的印象。

(3) 评述型导语

夹叙夹议、有评有述的导语，称为评述型导语。评论可以由记者直接进行，也可通过引述别人的话间接进行。例如：

路透社北京11月2日电　邓小平副主席今天说，中国没有叫台湾投降，而是希望它接受在平等基础上就中国和平统一的问题进行谈判。

（四）消息的主体与结尾

消息导语之后的部分成为主体，也有人称之为主干、正文。主体必须紧扣导语做文章。

1．消息的主体

(1) 主体的任务

①解释和深化导语。就是说，对于导语中所涉及的内容，进一步提供细节和有关材料，使读者对于新闻事件有更清楚而具体的了解。

②补充新的事实。新闻导语一般只涉及最新鲜、最重要的事实，在部分要素导语中往往只突出新闻六要素中的某一二个要素。新闻主体要补充导语中未涉及到的新闻内容，以便读者对于报道的主题和事件的来龙去脉有更深刻的理解。

(2) 新闻主体的常见结构方式

①倒金字塔结构

主体本身按材料的重要程度由大至小依次展开。

②纵向结构

主体按事件发展的先后顺序安排结构，称为纵向结构。

③横向结构

这种结构方式的特点是，不受事物发展时间顺序的限制，围绕一个主题，将同一时空范围的情况有序地组织起来，反映面的变化。

④点面结构

以点带面，点面结合，也是主体部分安排结构的一种常见方式。

2．消息的结尾

消息的结尾方法有其特殊性。它的特点是以事实结尾，亦即事实讲到哪儿，消息就在哪里结尾，无需另加结尾。当然，这并不是说消息的结尾不受重视，好的结尾可以使主题更鲜明，文章更有余味。

几种巧妙的结尾方式。

(1) 用典型材料结尾

(2) 首尾关照，巧妙呼应

有些消息，由于题材本身的特点，例如某些带趣味性的事实、非事件性的事实，写得较为从容，允许采用悬念式的导语，可以将谜底留待结尾处揭开，就会造成很强的戏剧化的首尾呼应效果。

(3) 稍加议论，画龙点睛

消息用议论结尾是允许的，原则是议由事出，议论要少而精。

【例文】

第二十八届奥运会圆满闭幕
奥运：从雅典走向北京

本报雅典8月30日电 记者江正茂报道：圣火缓缓熄灭，长夜漫漫无眠。首次荣归故里的第二十八届奥运会，在见证了百年奥运的繁荣与世界体坛新格局的诞生后，于29日晚在奥林匹克运动的发源地雅典闭幕。百年奥运告别故乡，带着光荣与梦想奔向北京。

雅典奥运会是奥林匹克大家庭最大规模的一次团圆。在过去的16天里，202个国家和地区的1.05万名运动员，参加了28个大项301个小项的比赛。他们以更快、更高、更强的奥林匹克精神挑战极限、攀越新高，在田径、游泳、自行车、举重和射箭等赛场，创造了二十多项新的世界纪录。

中国体育健儿不负祖国和人民的重托，取得了运动成绩和精神文明双丰收，以32枚金牌、17枚银牌、14枚铜牌的优异成绩，高居奥运会金牌榜第二位，实现了历史性突破，开辟了中国体育的新纪元。

在闭幕式上，国际奥委会主席罗格对雅典奥运会给予了高度评价。希腊为举办奥运会投入70多亿欧元，保障了奥运会顺利进行，并在节俭办奥运方面进行了有益探索。雅典奥运会也是“9·11”恐怖袭击事件后举办的第一届夏季奥运会，仅在安保方面的投入就达到12亿欧元。希腊政府以大量卓有成效的工作确保了奥运会的安全与圆满。

在雅典奥运会闭幕式上，北京市市长、北京奥组委执行主席王岐山以下届奥运会举办城市市长的身份，从国际奥委会主席罗格手中接过了奥运会会旗。

王岐山说：“我这次是按照国际奥委会的规定来接旗的，接旗仪式标志着奥运会正式进入到北京周期。在雅典奥运会上，中国体育健儿的出色表现，给我们接旗增加了力量，增添了信心。

北京获得2008年奥运会的举办权很不容易，实现了中华民族的梦想。我作为下一届奥运会举办国、举办城市的代表来接旗，感到肩上的担子沉甸甸的。”

王岐山说，从29日接旗仪式后，奥运会的担子就该中国扛了。要办好奥运会，除了北京的努力外，还要有中央和地方以及全国人民的支持。所以，“我觉得担子沉甸甸的，今后应当加倍努力工作，在2008年举办一届成功的奥运会”。

来自中国的近200名演员，在闭幕式上还表演了题为《从奥林匹亚到万里长城》的文艺节目，热情欢迎世界各国的体育健儿2008年到北京。

相约北京，相聚北京，2008，我们将欢聚在长城脚下，黄河之滨，让全世界都沉醉在橄榄枝和平的芳香之中。

（五）新闻背景

交待新闻背景，是消息写作中一个不可忽视的环节。消息往往是一事一报，如果不交待必要的新闻背景，只孤立地反映事实，有时很难说明问题。

一般消息写作中所说的新闻背景，是指新闻事实以外，对新闻事实或新闻事实的某一部分进行解释、补充、烘托的材料。

新闻背景在阐明新闻事实、传递信息、揭示新闻主题等方面发挥着重要作用。请看下面一则新闻：

温布尔登网球赛再度提高奖金

法新社伦敦（1995年）6月22日电　下周，桑普拉斯将在这里打响其实现温布尔登网球赛男单三连冠的战斗；而此项比赛的总奖金额也将首次突破600万英镑。

这位即将从有128名选手参加的最后抽签中脱颖而出的男子冠军将得到一张36.5万英镑的支票。女子冠军将席卷32.8万英镑。在天平的另一端，每一位在女子第一轮预赛中吃了败仗的选手也将获得715英镑奖金和120英镑生活补贴。在这项一年一度的大赛中，将有 40 万名观众走进赛场观看比赛。

同首届温布尔登网球赛相比，这真是天壤之别。首届比赛于 1877 年在位于伦敦西南郊、古老的沃普尔路体育场举行。

当时，只有大约 200 名观众观看 22 名选手角逐男子冠军，而只有 30 人享受着坐座位的奢侈待遇。每一位选手都必须缴纳一畿尼（英国当时的货币名称，合现币 1.05 英镑）参赛费。准备了 180 只网球。第一位冠军、英国人戈尔获得了 12 畿尼的奖金。他还被《大地》杂志社老板们赠予一尊价值 25 畿尼的银制挑战杯，而亚军则获得了 7 畿尼奖金。

很显然，在这则新闻中，背景材料对于理解新闻事实以及增强文章的知识性以及趣味性起到了重大的作用。

新闻背景材料在新闻稿里，大体上有三大类：

1. 衬托对比性材料

一篇新闻的特点与意义，常常寓于当前情况与过去情况、此一事物与彼一事物的比较之中，记者们常常借此来增加新闻报道的可读性。例如第 35 届世界乒乓球锦标赛在平壤举行，合众国际社记者在报道美国队与朝鲜队的一场对打时，故意插进了这样的背景材料：

25 年前，美国和北朝鲜在现在的大同江畔巨大的平壤体育馆矗立的地方互相射击与投弹。

星期四晚上，两国再次正面对抗，这次使用的武器是乒乓球拍，互相打给对方的是赛璐珞球，战场是第 35 届乒乓球赛场地。

2. 注释说明性材料

注释说明性材料往往用来点明新闻事实产生的原因、条件和环境，通过横向或纵向的联系，把事情的来龙去脉、因果关系交代清楚，有助于读者的了解。

3. 分析解释性材料

有一些新闻报道所涉及的问题错综复杂，非一般读者所能通晓，需要进行分析解释，特别是宣传和报道党和政府的一些新的方针政策的时候。

新闻背景材料可以依据需要添加在导语、主体或结尾部分，但到注意材料必须围绕主题、真实可靠，在使用时不要喧宾夺主。

【思考与练习】

1．使用以下素材，试写风格不同的新闻导语：

一艘巴拿马油轮发生漏油事故。此事发生在南卡罗林纳的查斯顿海岸。有50万吨加仑原油已经流入大西洋。据悉船上还有50万加仑原油。

2．请分析一下在报道一场体育比赛时一般需要准备哪些背景材料。

第三节　通讯的写作

一、通讯的基本特征

通讯是一种详细、生动的新闻报道体裁。它是我国新闻报道中的常见文体。从文体特征来看，通讯有以下特点：

1．通讯所报道的事实详细、完整、富于情节。

2．通讯的感染力非常强。

3．通讯的文体比较自由。它没有固定的结构方式，在表现形式上给予作者很大的创作空间。

【例文】

汉城决赛的最后四十秒

——男子4×100米决赛画外音

体育报记者　刘　蔚

1986年10月5日，汉城时间14点20分（北京时间13点20分）。汉城奥林匹克体育场。

发令台上裁判员枪指蓝天，起跑器前选手们面地而蹲——相持半月之久的亚运会金牌大战就要在这之后的40秒见分晓。

4日晚上，南朝鲜同中国队以92比92金牌数持平。当地报界哗然："韩国成为亚洲第一体育大国""中国万里长城被摧毁"。

此时，中国女子4×100米接力已取胜，南朝鲜有把握用足球金牌来抵消它，使金牌总数保持平局。对中国队来说，出路只有一条——男子4×100米接力夺得第一，拿到取胜的唯一王牌。

枪声战栗着在体育场上空炸开，最后争夺开始了。

中国队打头阵的是苏州小伙子蔡建明。

我是中国最后一炮的头一发炮弹，我要是卡壳了，后边哥们儿就没戏了，尽管我在200米预赛、复赛均处于前5名，但我还是决定放弃决赛，力保接力。

蔡建明在第一个弯道上已追上前边的对手，进入第一接力区。这时，后面的选手也蜂拥而至，两拨选手挤作一团。

忽然一个人冲出人丛，狂奔而去，他就是中国队第二棒，北京选手李丰。

头天晚上做了一夜噩梦，总担心自己有伤的大腿不争气，来汉城前，我妈妈（我国著名短跑名将姜玉民）说："好好比，拿块金牌回来。"我憋足了劲儿，这可不光是还我妈的愿，这是还祖国人民的愿啊！

李丰身后，南朝鲜选手张在根（200米冠军）正拼命追赶，企图打乱中国队阵脚。

南朝鲜给他们的田径选手打了"强心剂"：拿一个冠军7.5万美元，并享有终身月薪600美元。

这时李丰一马当先，风驰电掣，狂奔在最前面。

我一进场就相信我们赢定了。我只管玩命跑，只要别失手把棒甩到观众席上就行！

李丰以两米的优势完成了他的使命，接棒的是广东名将余壮辉。

这次南朝鲜想吃掉我们，所以把我们安排在第六跑道，日本第五跑道，他们自己第四跑道，形成我们前边跑，他们后面追的局面。显然，这种安排有利于他们追不上我们时，让日本队干掉我们。

沿着跑道线，余壮辉像飞逝的流星，划向最后的直道，领先3米多。

我们是破釜沉舟，日本队没有这种压力，但我们不能当“舞台上的运动员”，平常比赛挺能“表演”，强手一来，动真家伙就腿软。

就在胜利的曙光依稀可见时，中国队第四棒选手启动稍早，不得不减速等棒，交接成功时，还差两三步就跑出接力区了，此刻，日本选手将差距缩小到只亏一步。

这时，由十几名中国田径运动员、教练员组成的啦啦队，竟然在和满场南朝鲜观众的“对抗”中占了上风——中国队——加油——加油——郑晨。

我是浙江金华人。“金华火腿”长盛不衰，只是我的腿今年却不争气，从8月30日右腿拉伤到参加亚运会比赛，我最长只跑过30米，来汉城前大夫才把我的腿治得听了使唤。

离终点还有30米，郑晨放松了两步，穷追不舍的日本选手不破弘树伺机要上，他在百米比赛中赢了郑晨，日本队指望他拼掉中国队。

我的右腿抽筋了。这会儿是关键时刻，只要能动，我就拼到底。

郑晨奋力向前，率先冲向终点，25米，20米，15米……还差最后5米，郑晨挥起手来，胜利在握！

这一瞬间，多少人泪眼朦胧，喉头哽咽，多少人手舞足蹈，紧紧拥抱……中国选手以39秒17的新亚洲纪录，换得了最后一块宝贵的金牌。

94块金牌的分量是一样的，但祖国人民不会忘记第94块金牌是怎样得到的。

——这难忘的39秒17。

这篇通讯用了蒙太奇的手法，将激烈的赛场、相关的背景和运动员的内心想法拼接在一起，将这国人难忘的“最后 40 秒”在历史上做了定格。

4. 通讯多用详述的描写手法表现事实。

5. 与消息相比，通讯的时效性要差一些。

二、通讯的主题与结构

通讯的主题是指通讯要表现的中心思想，是通讯作者经过对现实社会的观察、体验、分析、研究，通过对通讯素材的提炼和组织，所表达的对客观世界的一种认识或一种思想观念。

通讯对于主题的要求有：

1. 符合客观事物的本质特征

2. 深刻

主题的深刻表现在它能揭示事物的本质，反映事物的内在规律性。

通讯结构的表现形式，是指通讯这种文体的基本框架和段落格式。通讯的结构基本归纳为以下几种：

1. 纵式结构——按照新闻事实发生、发展的时间顺序组合和编排事实材料的一种结构形式。

这种结构形式适用于报道有中心时间、中心故事、中心人物的事实。

2. 横式结构——按照新闻事实的内在性质的区别与联系，以多侧面拼接的形式来安排新闻素材。

这种结构形式适用于报道那些场面宏大，但没有中心事件的新闻事实。

3. 递进式结构

递进式结构往往从现象入手，层层挖掘现象的原因，以及原因背后的根源。

三、人物通讯

人物通讯就是以通讯的形式报道具有新闻价值的人物，反映其行为、事迹和生活，再现其精神境界、人生轨迹和生存状态，从而达到教育启迪，或监督批判、警示社会的目的的通讯。

人物通讯的报道对象可以分为：

1．先进模范人物。

2．新闻人物——在新闻事件中涌现出的值得关注的人物。

3．批评或揭露性报道中的反面人物。

人物通讯在采写的时候要注意：

1．选择新闻人物要贴近时代、贴近社会生活；

2．凸显新闻人物的内心世界，展示其思想发展的过程；

3．通过讲述和再现人的行为，表现人的个性；

4．在社会生活的矛盾中表现人物。

四、事件通讯

所谓事件通讯，就是详细报道社会上发生的新闻事件的通讯。这种通讯重在记述和再现新闻事件发生、发展的相对完整的过程，显示事件的内在逻辑和社会意义。

事件通讯的报道内容可以分为：

1．突发性事件，比如政治冲突、犯罪案件、重大责任事故、自然灾害等。

2．在社会上产生较大影响的预知事件，比如重要会议、重大比赛、重要的审判等。

3．反映社会风貌的小故事。

怎样写好事件通讯？

1．搜集生动的写作素材

2．清晰展示事件的来龙去脉、主要情节和转折点

3．提炼恰当的新闻主题

4．注意捕捉戏剧性的情节

5．写好事件中的人物

【例文】

9·24，我们一起升国旗

刘海涛　马明洁

9·24，一个平平常常的黎明。

9·24，一个与众不同的黎明。

凌晨 2:36，人们从电视从广播里，听到萨翁吐出那个亿万人期待的名字。

那个亿万人期待的名字不是北京。

4:30 分，记者来到长安街。

长安街汇往天安门广场的人流中，有背着大包小包远道而来的游客，也有骑着自行车的北京人；有霓虹灯光里步履蹒跚的老人，也有双手被父母牵引着的儿童；有三三五五肩并肩的一群，也有急匆匆的单行者。

这些同是来观看升旗的人们，有的已经知道了来自蒙特卡洛的消息，有的也许还在期待着蒙特卡洛的消息。

在人民大会堂北侧，记者看到一位自称刚从澳大利亚回国的女士。“我一知道结果就出来了。当时说不出心里是什么滋味，真的，我睡不着，心里堵得难受。我突然有一股强烈的冲动，只想到广场看一次升国旗，听一听国歌。”她说，“作为老北京，我最清楚北京是什么样子，我也见过悉尼。尽管明白北京未必是幸运者，可当这一切真正成为现实的时候，我才知道自已无法接受。”

一位身穿单衣、背着行李的小伙子话未出口，看了眼记者的证件，便哽咽了。他告诉记者，他才下火车不久，本来是要转车去东北的。可他听说了北京没有成功的消息，立刻就哭了。“我从来就没有想过北京会输，有老半天，心里都空空落落的。我不想就这样走（离开北京），我得去看看升旗，哪怕到广场站站也行。”

一位操着老北京口音的年轻人说："我把电视抱到院儿里看的，一听没戏，我蹬车子就奔天安门。我不看升旗，只想找个人聊聊，不聊不行，我能憋死。您想想，下回，不还得等四年吗？"

5:30分，晨曦微露。

越来越多的人们从四面八方向那高高的旗杆下汇聚。广场静悄悄的，人们默默地等待那个庄严时刻的到来。

在金水桥前的铁栅栏边，站着三个9月初才考入北京化工学院的大学生。

晨光中，他们脸上的倦意依稀可辨。为了赶上这个不同寻常的黎明，他们在广场守候了整整一夜。三个多小时前，他们从广场布置花坛的工人师傅带的收音机里得到消息。他们每人手里提着一袋面包，那是前一天晚上为驱赶后半夜的秋寒而准备的。可谁都没吃。

5:50，东方的天空现出一抹云霞。

一声声汽笛自广场东南北京站方向传来。

人民大会堂的身后响起军人嘹亮的歌声和口号声，那是守卫祖国心脏的武警战士在操练。

人们在东南西三面围住旗杆基座，注视着被云霞唤醒的天安门。

6:02，那个熟悉的方队从天安门城楼中走出来，咔，咔，咔，迈过金水桥，穿过长安街。

雄壮的《义勇军进行曲》回旋在天安门广场的上空。五星红旗冉冉升起，在晨风中徐徐展开。

人群中突然有一个女声随着旋律唱起来。记者扭头看去，认出来了，那是我们的同行，一位中央级报纸的记者。她的眼里噙满了泪水。

好运北京，把太阳揽进怀中。

（《中国青年报》1993-9-25）

第四节 新闻特写

什么是特写?

特写是以描写为主要手段，截取新闻事实中某个最能反映其特点或本质的“片断”“剖面”或者细节，作形象化的再现与放大的一种新闻体裁。

特写，在一定程度上借鉴了摄影或者电影中特写镜头的表现方法，因此它在文体结构上表现出一种文字镜头的美。与其他新闻文体相比，特写一定来自于现场，作者一定要在现场采访，才能写特写。因此它的现场感非常强。

特写的取材灵活，几乎各种类型、各种内容的新闻事实都可以写成特写。它的文体结构与表现方式灵活，没有一定的写规定。

特写简单地可以分为人物特写和场景特写两大类。

1. 人物特写

人物特写要求绘声绘色地再现人物的某种行动、行为或者性格。

【例文】

梦碎雅典

新华社记者 杨 明 马小林

奥蒂又输了，这次依然输给了“坏运气”。

这位37岁的牙买加老将具备夺取世界女子百米冠军的实力已达17年之久，但好运却从未降临到她头上。当奥蒂今晚含着泪花走出第六届世界田径锦标赛赛场时，她追求了一生的梦想化作了一场噩梦。

奥蒂已经赢得过20多枚世界大赛百米的银牌和铜牌，参加过5次世界锦标赛、四届奥运会，但还从来没有赢得过一次百米冠军。可以说，没有任何一个田径选手付出得比奥蒂更多；没有任何一个女子田径选手能在37岁“高龄”依然在世界赛场上奔跑；也没有任何一个世界名将比奥蒂遭遇到更多的莫名其妙的不幸。

这次大赛前，她以10秒96的成绩排名今年世界第三。美国的奥运会冠军德弗斯和世界冠军托伦斯因故没能参加比赛，这次“天赏之赐”给了奥蒂一次绝好、也是最后一次竞争世界“短跑女皇”的机会。

经过三轮出色的表现，奥蒂终于站到了决赛起跑线前，观众送给她的激励掌声超过了所有其他的选手。她太珍惜这次机会了，这将是她人生最关键的一次搏击，就像剑手要毕其全部功力于一击。

奥蒂蹲下了，全场静默着。发号员举起手臂。反常的两声枪响预示着有人抢跑。所有人跑出后都停下来。惟独奥蒂没有听出是犯规的枪声。这对于比赛经验最丰富的她来说，真是不可思议。

起跑通常不好的奥蒂这次“启动”完美之极。她像旋风般掠过跑道，人们惊呆了。夜色中，孤独的奥蒂如黑色的闪电射向终点，转瞬之间，她已经跑过了80米。

在全场的惊呼声中奥蒂停了下来，她意识到发生了“可怕”的事情。此时，全场再次静默得反常。在这片静默之中，奥蒂转身，面无表情地朝起点慢慢地一步一步地走着……

奥蒂，为什么总是不幸的奥蒂。人们想起了在1993年的世界锦标赛百米决赛中，奥蒂和美国的德弗斯同时撞线，成绩虽然都为10秒82，但金牌莫名其妙地判给了对手。站在银牌领奖台上，奥蒂的那双泪眼给世界留下了难忘的印象。

历史居然惊人地再一次重演。1996年奥运会百米决赛上，奥蒂又一次在同样的情形下输给了德弗斯，又一次成为无可奈何的“伴娘”，让世界唏嘘不已。

去年底，奥蒂曾决定退役。捧着一大堆银牌和铜牌，心怀不甘的她宣布改当时装设计师。当时，世界上所有的体育爱好者都将深深的敬意，献给这位不是世界百米冠军的“女皇”。

现在，奥蒂那两条修长的腿沉重地走着，分明是一步一个坎坷、一步一个艰辛，那条跑道浓缩了她20多年运动生涯和一个未能如愿的梦。数万观众以静默表示着他们深深的同情。

出乎所有人的意料，奥蒂没有沮丧，没有发脾气。她的脸上是坚毅的表情。

起点前，奥蒂再一次蹲下，再一次使出毕生的气力去拼搏，结局是大家可以预料的（仅获第七名）。

奥蒂以永不向厄运低头的勇气证明了什么是奥林匹克精神。她的世界百米冠军梦虽然没有实现，但在世人心中，奥蒂何尝不是英雄？

这是一篇关于世界女子百米短跑名将奥蒂的人物特写。它的选材角度奇佳，摄取的是在第六届世界田径锦标赛决赛中奥蒂失败的那个瞬间。通过饱含激情的文字，特别是栩栩如生的现场气氛的刻画，以及丰富的背影材料的烘托，奥蒂这位永不服输的悲剧英雄在读者心中矗立起来。

2．场景特写

通过截取一个或一些关键性或者典型性的场景反映新闻事件的特写。取材范围包括重大新闻或突发性事件。此外，一些日常生活中的小镜头也可作为取材点。

采写好特写，需注意以下几个环节：

（1）抓准“镜头”

记者要仔细观察，寻找有特色、有价值的“镜头”，按下“快门”。

（2）要有精彩的细节描写。

（3）抓住新闻事实的高潮来写。

（4）要做到情景交融。

【欣赏】

万米红霞

杨　明

〔**新华社南京5月7日电**〕　身穿红衣、红裤的王军霞依然没有抖开神秘的面纱。这位被誉为“东方神鹿”的姑娘不动声色地站在跑道上。

全国田径奥运会选拔赛即将开始，看台上的观众寥寥无几，连敏感的记者多数都没有光顾今天上午的赛场。预赛通常只是选手们进入决赛的热身，谁也没指望王军霞会跑出什么惊天动地的成绩。

然而，这个判断使众多人后悔不迭。

枪响，人动。一切都在悄悄地进行。但是，记者突然发现一个消瘦的姑娘简直是在用一种“自杀”的速度飞奔。

王军霞，正是前天在5000米决赛中创造今年世界最好成绩的王军霞！

不到3000米，王军霞已经把最后一名选手“扣”了一圈。她把所有的选手远远地甩下，用每圈平均73秒的速度精确而潇洒地跃进。

“王军霞疯了吗?”法新社的记者操着生硬的中国话问，“她为什么在预赛中跑得这么快?”

记者无言以对。是的，照这样跑，虽然不会打破世界纪录，但绝对能创造今年世界最好的成绩。

王军霞，实力莫测的王军霞。

七运会后因种种风波而训练受到影响的王军霞，虽然在去年世界田径锦标赛选拔赛上，跑出31分23秒24世界第五的成绩，但未能参加歌德堡世界大赛。

憋着一股劲的王军霞去年冬训至今训练得极为系统和刻苦。她在南京体院采取了封闭式训练，连新闻界赛前也不知她到底具备什么样的实力。

跑道上，王军霞已经超过最后选手两圈。跑过8000米时为25分1秒。

场边，记者群中又是一阵骚动。法新社记者翻开今年最好的成绩表，上面标明：31分22秒08，是西班牙名将朱·瓦克罗4月6日创造的。

再翻开去年世界排名表，第一名的成绩为31分04秒99，是葡萄牙名将里贝罗所创。这一成绩使她在世界锦标赛上赢得金牌。

场上，王军霞鲜红的身影在跑道上拉出一道光霞。她通过9000米的时间是28分09秒。

“加油，加油，”连外国记者都在高喊。明显地，一个震惊世界的新成绩即将诞生。王军霞越跑越快，最后一圈只用了64秒。成绩牌上赫然显示着：31分01秒76！不但超过今年世界最好成绩20多秒，也比去年的世界冠军成绩快出3秒多。

“不可思议，不可思议！”法新社记者摇着头惊呆了。

“不太好，不太好，”王军霞也摇着头，平静得像什么也没发生一样。

“超越世界冠军和去年的世界第一是今天预赛的目标。明天的决赛自然另有计划”，王军霞的教练毛德镇神秘地说。

王军霞尽没尽力？她到底具备什么样的水平？赛后，人们依然揭不开她神秘的面纱。但是，人们已经看到了她在跑道上展现的万米红霞。

【思考与练习】

1．分析一下新闻报道与文学创作的区别。

2．假设你是一位报社记者，接到一条线索，内容是某居民小区发生一起火灾，设想一下可以从哪些角度进行报道。

3．从不同的媒体上寻找关于同一新闻事件的相关报道，对比一下新闻主题的特点。

4．阅读穆青的新闻通讯名篇，分析其特色。

第六章　就业文书

第一节　求 职 信

一、求职信概述

（一）求职信的概念

求职信是个人为谋求工作而写给求职单位负责人，以便对方接受的书信。随着市场经济的发展，就业竞争日趋激烈。人才也同商品一样，需要推销竞争，否则难以得到社会的承认。求职信就是适应人才竞争需求而出现的一种新的文体。

（二）求职信的特点

1．针对性

求职必须有的放矢，写信之前，求职者要先决定自己的求职方向，要分析自己的优势及弱点，然后选择目标企业及职位，针对用人单位的需求，确定求职信的内容。一份合格的求职信应该是目标清晰明确，所有内容都有利于求职职位。即针对实际情况而写，针对读信人的心理写，针对求职目标写。所以，求职者应对用人单位、对所求取的职位以及个人条件均有所了解，针对自己的实际能力和对方需求，投其所好，“知己知彼，百战不殆”。

2．自荐性

求职者是否真正具有用人单位所需要的才能，且这种才能是否被对方单位所了解和认可，是求职成功与否的关键。但是，由于求职者和用人单位一般未曾谋面，求职信的作用就非同小可，求职者要善于自荐，要恰如其分地表现自己，推销自己，用自己的成绩、特长、优势、个性吸引对方，并通过各种具有说服力的实际材料证明自己的实力和能力，突出过人之处，这样才能在众多的竞争对手中脱颖而出，吸引用人单位的注意。

3．简明性

求职信应主次分明，详略适宜，应善于在有限的篇幅内传达出最大量的有用信息。在介绍说明个人基本情况时，必须简明扼要，而对最重要的部分：工作经历、实习经历和实习单位的评价等要写得适当详细些，以便对方有切实了解和客观评价。

4．谦诚性

求职者在求职过程中，应充满自信地推销自己，给自己争取机会让用人单位了解自己并接受自己，但是，必须注意态度的谦和和用语的诚恳，特别是在阐述时，给人的成绩、优势、特长时，应给人谦逊、平和、礼貌、诚恳的感觉，而非夸夸其谈，以免给人以言过其实、骄傲自大的感觉，反而陷自己于被动。

二、求职信写作格式

求职信的内容大致包括求职的原因、目标、条件三大项，求职原因即求职者为什么选择该用人单位，求职目标即求职者求取的职位，求职条件即求职者自身的总体素质的介绍。求职信没有固定的写作格式，其写法要根据具体内容和写作目的来决定，一般分为称呼、开头、正文、结尾、附件、落款等几部分。

（一）称呼

这是对收信人的称谓，应根据收信人的身份、地位，选择恰当的称谓。一般可以称“××厂长”“××经理”；写给人事部门的，可称“××科长”“××同志”；写给私营企业、外资企业的，则可称“××先生”“××小姐”等等，切忌直呼其名。求职信不同于一般的私人书信，它带有私事公办的意味，故称呼时应严谨、庄重，避免使用“亲爱的”“我最尊敬的”或其他亲昵的字眼。

（二）开头

这部分主要包括问候语和阐明写求职信的目的两个方面的内容。一般信件中，开头都会有问候语，这是文明礼貌的体现，写在称呼的下一行，空两格，独立成段。一般写上“您好”即可，也可以不写。由于求职信带有公事意味，如过多写问候语，反倒给人一种做作之感。

开头部分主要是阐明写求职信的目的，可以在问候语的下一行空两格写起，也可直接在问候语后面开门见山地说明自己的求职目标，一定要能使阅读信件的人有兴趣看下去。

（二）正文

这是求职信写作的重点。求职者首先简明地介绍自己的年龄、文化程度与求职目标有关的简历、学历之后，应着重表现自己的主要成绩和优势，介绍自己所学的专业、特长等，尤其是突出对求取职位有价值的成绩，同时也应该实事求是地指出自己的不足之处。然后，应表明胜任所求取工作的自信。

（四）结尾

主要是强调求职者的愿望、要求，求职者要在正文部分的最后自然地过渡到自己的愿望和要求。比如："我很希望到贵厂得到一个施展才华的机会"或"我热情地等候您的佳音"等语句。最后，在结尾处要有致敬语。一般写上"此致　敬礼"即可。

（五）附件

这是附在信末，对求职者起着证明或者介绍作用的有关材料。如各门专业课程成绩登记表。附件不宜过多，选择最能证明求职者才能的资料复印件。

（六）落款

署名时可写上"申请人：×××"或者"求职者：×××"，或直接写上名字，应注意把名字写全。日期，写在署名的下一行，要注意写全年月日，不能漏写。最后，还应特别注意写清楚个人联系地址、电话。

三、求职信的写作要求

求职信不仅可以反映一个人的语言水平，更是求职者性格、素质、能力等的综合体现，所以求职信的写作水平如何对求职者至关重要。

（一）简明扼要

现在撰写求职信普遍出现这样一种现象：“博士生一张纸，硕士生几页纸，本科生一叠纸，中专生一摞纸”——文凭越低，求职信越厚。求职信生怕求职信越薄，不够分量，引不起招聘者的重视。其实，求职信的阅读者是求职单位的领导或部门负责人，公事繁忙，求职者众多，那些冗长空洞的求职信，效果往往适得其反。所以，求职信应以语言简练、重点突出为好，要达到最大程度的简明，使对方能充分了解求职者的意图和情况。当然，简明扼要并非草草了事。

（二）措词得体

有的求职者由于迫切希望得到所求取的职位，错误地认为求职信写得越奢华越夸饰越好：知识无所不懂，技能无所不通，极尽夸饰，任意拔高。其实，脱离自身能力的虚夸，往往适得其反。求职信一定要实事求是，真实可靠，因为用人单位很容易通过各种方式获知求职者的真实情况。许多单位都将诚信视为第一重要的品质，一旦发现求职者弄虚作假，即使其才华再出众也不会被录用。另一方面，求职者撰写求职信也应避免过于谦虚：行文拘谨，胆小怕事，缺乏自信，以致用人单位对其胜任工作的能力表示怀疑，导致求职者最终与成功失之交臂。所以，求职信应当实事求是，掌握好分寸，措辞一定要讲究，既要坦率、真诚，又要充满自信。

（三）突出要点

有的求职者，尤其是刚刚走出校门的求职者，由于缺乏社会经验，写求职信眉毛胡子一把抓，无关紧要的写一大堆，把真正的要点遗漏了，其实捡了芝麻丢了西瓜。一份求职信通常要写明基本情况、学历、资历、特长、求职意向、应聘要求、联系方式等，这些要点一定要重视、详写。一旦遗漏了，就会给求职者带来不必要的麻烦和损失。

（四）主次分明

有的求职者为了突出自己一专多能的素质，在写求职信时，主次不分，轻重无别，甚至把业余爱好浓墨重彩，喧宾夺主，使对方看后不着边际，分不清你的特长和优势到底是什么。比如说，有的大学生在校期间读双学位，求职时为表明自己的知识面和优势，都写得很详细，反而让对方搞不清楚哪是第一学位哪是第二学位，哪个专业学得更好一些。所以，写求职信一定要重点突出，主次分明，以便人尽其才。

（五）书写清晰

求职信要注意视觉上的美观和便于阅读，一份书写清晰、格式正确的求职信首先会给人良好的第一印象。应适当运用编辑技巧，如使用粗体字、斜体字、下划线、段落缩进等，以突出要点。求职信写完后，一定要调整格式，使之符合行文规范，并反复检查，避免涂改和错别字；最好征求朋友或家人的意见，反复修改后再定稿打印。

【例文】

尊敬的领导：

您好！

我是××大学××系的一名学生，即将面临毕业。

××大学是我国××人才的重点培养基地，具有悠久的历史和优良的传统，并且素以治学严谨、育人有方而著称；××大学××系则是全国××学科基地之一。在这样的学习环境下，无论是在知识能力，还是在个人素质修养方面，我都受益匪浅。

四年来，在师友的严格教益及个人的努力下，我具备了扎实的专业基础知识，系统地掌握了××、××等有关理论；熟悉涉外工作常用礼仪；具备较好的英语听、说、读、写、译等能力；能熟练操作计算机办公软件。同时，我利用课余时间广泛地涉猎了大量书籍，不但充实了自己，也培养了自己多方面的技能。更重要的是，严谨的学风和端正的学习态度塑造了我朴实、稳重、创新的性格特点。

此外，我还积极地参加各种社会活动，抓住每一个机会，锻炼自己。大学四年，我深深地感受到，与优秀学生共事，使我在竞争中获益；向实际困难挑战，让我在挫折中成长。祖辈们教我勤奋、尽责、善良、正直；××大学培养了我实事求是、开拓进取的作风。我热爱贵单位所从事的事业，殷切地期望能够在您的领导下，为这一光荣的事业添砖加瓦，并且在实践中不断学习、进步。

收笔之际，郑重地提一个小小的要求：无论您是否选择我，尊敬的领导，希望您能够接受我诚恳的谢意！

祝愿贵单位事业蒸蒸日上！

×××

×年×月×日

第二节　应聘书

一、应聘书概述

（一）应聘书的概念

应聘书与求职信一样，都是向用人单位自荐谋求职位的书信。不同之处在于，应聘书是在获知用人单位公开招聘职位的情况下主动应聘求职的一种文书。无论到何处谋职，应聘前，都应当对所要应聘的单位有大致的了解，并写出应聘书。

（二）应聘书的特点

1．内容的针对性

应聘书是应聘人针对招聘文书的内容而写的书信。应聘的职位一般是很具体的，要求也更具体，因此，它必须按照招聘启事或广告中提出的要求、标准、条件等来制作，在陈述过程中内容涉及的范围应比求职信的范围小，有明确的目标，主要需要针对所求职位的特点讲明自己这方面的专长，否则就可能无的放矢。

2．态度的庄重性

应聘书具有一定的主动性，同时也有一定的被动性，是在用人单位主动选择的前提下进行应聘。因此，必须让招聘方从文书中感到应聘者持郑重其事的态度，这种态度应从应聘书的内容、语言、书写等方面表现出来。

3．材料的充实性

应聘人为了满足招聘书的要求、条件，常常要提供若干相关材料，如毕业证书或学历证明，技术等级、职称、职务证书或证明材料，待业、下岗等证明材料。这些材料应齐备、充实。并且，附件应以用人单位的职位需求为准，不必象求职信那样倾其所有。

二、应聘书的格式及写法

（一）标题

标题通常居中书写，表明文种，如“应聘书”。

（二）称呼

首行顶格写招聘单位名称和单位有关负责人的职务，以示尊重和礼貌，如“××公司××经理”。

（三）正文

开头部分，应写明获知招聘信息的途径，可表达对该单位和领导的仰慕之情，同时也表明自己的应聘愿望。

主体部分，先作自我介绍，谈自己的学历、工作经历、志向、兴趣、性格、成绩、经验等，然后提出应聘条件及待遇要求。

结束部分，常以“如能录用，敬请函告或电话约见”“敬候回音”等语作结，最后再按照一般书信的格式写上必要的祝颂语，如“此致　敬礼”等。

（四）落款

写上姓名，并标明年月日。

（五）附件

为了节省应聘书的篇幅，使其内容更集中重点更突出，一般应聘书都有附件。附件一般包括证件副本、荐函副本、简历表、成绩表等。

【例文】

××公司：

从×月×日××报纸的招聘广告上，得知你们正在招聘公司业务部经理。我认为，我的情况非常适合这个职位，我希望我在面试的时候，能够亲自向你们表明我能为公司做出怎样的贡献。

我于××××年×月毕业于××大学××专业，取得××学位。毕业后一直在××单位担任××工作，于××××年×月取得××职称。有关个人业绩、证件等材料随函附上。

请公司考虑我的求职，并将面试时间通知我。

此致

敬礼！

×××

×年七月八日

第三节　个人履历书

一、个人履历书概述

（一）个人履历书的概念

个人履历书是介绍个人的资格、职务、经历的文书。

（二）个人履历书的特点

1．简洁性

简洁性是指个人履历书语言简练，重点突出，陈述有利的信息。相应的教育背景、工作经历以及技术水平，是应聘者在新的职位上取得成功的关键。应聘者应抓住这些关键条件，撰写履历书，以打动招聘者并赢得面试机会。不要陈述其他无关信息，以免影响应聘效果。

2．准确性

准确性是指个人履历书的用语准确，符合招聘者的愿望和要求。招聘者希望看到应聘者对事业采取的是认真负责的态度，寻找的是一个适合某一特定职位的人。因此，履历书的撰写，必须讲究分寸，注意语言的精当、思维的缜密。

3．庄重性

庄重性是指个人履历书用语朴实、庄重，外观形式规范、大方，能显示出求职者的认真与慎重。敷衍了事，用语不得体，书写与用纸随意，就会给人留下不良印象。

二、个人履历书的基本内容

（一）个人基本情况

个人基本情况包括姓名、性别、年龄、籍贯、通讯地址及联系电话等。

（二）工作经验

作为应届毕业生，大都没有正式的工作经验，但可提供在校或在外打工的经验、社团经历等。表述时要紧扣与应征工作相关的经验，这些经验能引起招聘单位的重视。

（三）专长

无论是学有所长，还是个人兴趣所发展出来的专长，只要与工作相关都应在履历表上列出，以便招聘单位了解应聘者的专长与应聘工作的要求是否相符，或个人专长是否有助于工作的推动。

（四）外语能力

在国际化的趋势下，外语能力已成为一项必要的工作条件，尤其是有意进入跨国公司工作的人，具备良好的外语能力更是不可或缺的。

（五）专业水平

凡参加过社会实践，具备了某些技能，并得到了相应的等级证书应重点说明，一方面让招聘单位了解个人具备适应作的某些能力，同时也可给人以勤学上进的好印象。

（六）希望待遇

如果对应聘职务的待遇做过调查，对自己的能力有信心，不妨写下希望得到的待遇，当然，一般应以招聘单位规定的标准为宜。

三、个人履历书的基本写法

个人履历书通常由开头、主体和结尾三部分组成。

（一）开头

主要介绍个人基本情况。应该考虑的因素有：姓名、性别、年龄、学历、籍贯、所学专业、特长、兴趣爱好等。具体撰写时，要根据求职目标，结合自己的实际情况，有所选择。

（二）主体

主要陈述个人的求职资格和所具备的能力。要阐述清楚自己的专业，包括自己所学的专业和业余所学的专业及特长；具体所学的课程；自己所受教育的阶段等。还要说明与求职目标相关的工作经历和能力，说明的语气要坚定有力。

（三）结尾

结尾多是提供证明自己工作经历和能力的证明材料。如学历证明、学术论文、获奖证书、专业技术资格证书、专家教授推荐信等。这些材料可以列在附页上；如有必要，可以附加证明人一项。但需要说明的是：在证明栏中要说明证明人的姓名、职务、工作单位与联系方式。若同时对许多单位写个人履历书，而难于提供许多对方熟悉且有说服力的证明人时，也可以在履历书结尾处注明：“一经需要，即提供证明人”等。

四、个人履历书的写作注意事项

个人履历书写作过程中，应注意避免出现以下几种情况：

（一）长篇大论

个人履历书的篇幅过长，内容不精炼，表达不切题意，往往会影响求职或应聘效果。

（二）过于简单

个人履历书太短或过于粗略，求职者的资历和能力就难以得到完整而充分的展示，从而影响招聘单位对你的了解。

（三）条理不清

个人履历书的布局不合理，结构层次混乱，条理不清，就会使阅读和理解困难。

（四）弄虚作假

个人履历书的内容必须真实，如果是由其他人捏造或者夸张出来的。一旦让人发现，结果会适得其反。

【例文】

（一）

个人简历

姓名	×××	性别	×	出生年月	××	
籍贯	××	民族	×	政治面貌	中共党员	
学历	本科	学制	四年	培养方式	国家统招	
专业	农学	外语	英语	所属院系	××	
身高	175cm	体重	64kg	身体状况	健康	
联系方式	学校地址：××　邮编：××　电话：××					
	家庭地址：××　邮编：××　电话：××					
思想道德素质	坚持四项基本原则、爱党爱国、作风正派。勤奋刻苦，诚实守信；吃苦耐劳，踏实稳重。乐于助人，为人友善；积极上进，乐观大方；爱岗敬业，有大局意识，具较强团队精神					

续表

社会实践工作	★大一，任班文体委员，院系体育部干部 ★大二，担任班团支部书记 ★大二，担任××大学××会长 ★大二，担任2000年暑期“智力支乡”社会实践活动小分队队长，并被评为校级“优秀小分队” ★大三，担任学生辅导员 ★大三，在××大学××学院实习半年
评优受奖情况	★1999～2000年获二等专业奖学金 ★2000年被评为校级“社会实践活动”先进个人 ★2000～2002年获二等专业奖学金
个性爱好特长	★热爱运动、乐观开朗，热情干练、愈挫愈奋，有较强的适应能力 ★善于沟通、诚恳待人，具有较强的交际能力；善于协调，组织能力强 ★勤于实践，勇于创新，具有较强的动手操作能力
语言能力	普通话流利；英语具基本读写能力
计算机能力	熟练Windows、Word、Office2000等办公软件及网络基本操作
其他能力	篮球项目中华人民共和国国家三级裁判
专业学习情况	专业基础扎实，成绩优良。并广泛涉猎与本专业相关的理论和知识，具较强的生产实践能力
主修选修自学课程	

（二）

自我评价：×××年的秘书工作经验，踏实、细心；为人处事能力强。

职业目标：寻找一个团结合作的团队，寻找文秘方面的职位。我将充分发挥×××年工作中所积累下的丰富知识和技能，我的勤奋与努力会令你刮目相看。

个人信息：

姓名：×××　　　性别：×××　　　年龄：×××岁

E－mail：×××××××××××　　　联系电话：××××××××

地址：×××　　　邮编：××××××

工作经验：

×××年×××月——现在

×××××××××××公司　　　行政部秘书

职责：处理行政部门各项日常工作和事务；文件的收、发；资料档案的管理；公司各项规章制度、通知的草拟，协助领导监督执行情况；各类办公设备的管理和使用。

离职原因：向往一个更有凝聚力，更能发挥自身潜力的团队。

×××年×××月——×××年×××月

×××××××××公司　　　总经理秘书

职责：处理办公室日常的各项工作和事务；公司各类文件的收、发，档案等资料的管理；协调各兄弟公司的工作，协调各部门之间的合作与沟通；员工出勤情况的管理及档案的管理；协助公司完成招聘工作及员工在职培训期间的准备工作；负责经理的日常会议安排，并熟练记录会议记要。

教育背景：

×××年×××月——×××年×××月

×××大学　　　工商管理　　　专科

×××年×××月——×××年×××月

×××学校　　　计算机应用　　　职高

职业特长和技能：熟悉办公室工作流程，具有较强的独立处理事务的能力；易于与人沟通，有很强的团队合作精神；熟练操作电脑，灵活运用各类办公软件，有较强的文字处理能力；全国计算机等级考试二级，全国速记等级考试五级；英语熟练，有全国四级等级证书。

【思考与练习】

1．试述求职函写作的注意事项及原因。

2．合理虚构自己毕业时的个人学业、持证数量及能力素质情况，向某企业写一求职函。

附录

标点符号

一、标点符号的作用和种类

标点符号是书面语言的有机组成部分，是书面语言不可缺少的辅助工具。它帮助人们确切地表达思想感情和理解书面语言。

下面的三个句子用词相同，由于用了不同的标点，句子结构上的不同和意思上的不同就清楚地表示出来了。

①爸爸、妈妈上班去了。

②爸爸，妈妈上班去了。

③爸爸：妈妈上班去了。(剧本中的台词)

标点符号分为点号和标号两类，点号主要表示语句中的各种停顿，有的兼表语气，标号标明词语或句子的性质和作用。点号表示语气的如：

①黄山的风景美不美？(疑问语气)

②黄山的风景是很美。(陈述语气)

③黄山的风景多美啊！(感叹语气)

上面用三种标点符号表示三种语气。

标号的作用，如“鲁迅的《故乡》”，不同于“鲁迅的故乡”，也不同于《鲁迅的故乡》。

常见的标点符号有十六种，列表如下：

点号及其位置

名　称	句末点号			句中点号		
	句号	问号	叹号	逗号	顿号	冒号
形状位置	。	？	！	，	、	：

句号还有另一种形式，即一个小圆点（.），一般在科技文献中使用。点号的位置指在方格中所占的地位。

标号及其位置

名称	破折号	括号	省略号	书名号	引号		连接号	间隔号	着重号	专名号
位置	——	()	……	《》	“”		—	·	.	____
备注	占两格		占两格		在右上角	在左上角	占一格	标字间	标字下	标字下

问号和叹号是点号，也兼属标号：就它表示问句、感叹句末尾的停顿而言，是点号；就它表示疑问、感叹的性质而言，是标号。有的标号，如破折号、省略号、间隔号，也兼有表示停顿的作用。

二、标点符号的用法

（一）句号

1．表示陈述句末尾的停顿。例如：

①春天的百花送来了浓香。

②必须进一步造成尊重知识、尊重人才的社会环境，继续改善知识分子的工作和生活条件，努力做到人尽其才，才尽其用。

2．祈使句句末常用叹号，但如果语气舒缓，不读急降调，而接近平调，也可以用句号。例如：

请您再说一遍。

3．文章中该有句号而不用，或者不该用而用了，都会使句子结构层次不清，表述不明。例如：

①花生秧子是生猪的好饲料，种花生为发展养猪事业提供了有利条件，这几年由于花生种得多，全村养猪数量达到1400多头，猪多肥多，又促进了粮食产量的提高。

②只有把那种坏的、不好的偏向去掉，正风才能建立起来。才能造成又有集中又有民主，又有纪律又有自由，又有统一意

志，又有个人心情舒畅、生动活泼那样一种政治局面。

③监察工作的意义当然不在于仅仅将权力的拥有者限制住。更重要的应该是努力创造一种使权力与金钱无法进行交易的社会机制。

例①六个分句应改为三个句子。开头两个分句是一个意思：种花生为养猪提供了条件；三、四两个分句是另一个意思：种花生促进了养猪；五、六两个逗号应改为句号。例②和例③中，句子中间的句号都应改为逗号。例③是条件关系复句，用“只有……才能……才能”关联。

（二）问号

1. 表示疑问句末尾的停顿。例如：

①什么？鲁大海？他！我的儿子？

②无数革命先烈为了人民的利益牺牲了他们的生命，使我们每个活着的人想起他们就心里难过，难道我们还有什么个人利益不能牺牲，还有什么错误不能抛弃吗？

2. 选择问句中间的停顿用逗号，句末用问号。例如：

①通宝，你是卖茧子呢，还是自家做丝？

用“好不好、行不行”等提问格式表示的较委婉的祈使语气，也可用问号。例如：

②你听听群众的意见好不好？

3. 下面句子虽然有疑问代词或疑问格式，但是整个句子不是疑问语气，句末不能用问号。例如：

①鲁迅先生为什么写《自嘲》这首诗？是值得谈一谈的问题。

②能否更上一层楼？主要是看我们努力的程度怎么样？

③他完全知道这件事应该不应该谈？

（三）叹号

1. 表示感叹句末尾的停顿。感叹句语气强烈的祈使句、反问句，末尾要用叹号。例如：

①这是多么平静的一个原野！（感叹句）

②世界上哪有不包括矛盾的事物！（反问句）

③起立！（祈使句）

2．主语、状语等成分倒置的感叹句，以及呼语在感叹句句末，叹号不能在句中，必须放在句末。例如：

①多美啊，黄山的风景！（主谓倒装）

②歌唱吧，为迎接这辉煌的胜利！（状中倒装）

③再见，妈妈！

3．有人喜欢连着用两三个叹号。其实表达强烈的感情主要应该依靠句子里的词语，不宜靠叠用叹号，所以一般不宜叠用。

（四）逗号

表示句子中间的一般性停顿

1．用在主语和谓语之间

例如：

①一位到广州旅游的美籍华人，被广州交通运输职工医院的青年外科医生治好了多年的疾患。

②梦，就是理想。

③龙须沟啊，不是坏地方！

④出来吧，你们！

例①主语比较长，例②是为了强调主语，例③主语后有语气词和停顿，例④主语和谓语倒置，这几个例子中间都必须停顿，所以用了逗号。

2．用在比较复杂的宾语之前

例如：

①应当清醒地看到，当前在各个方面我们都还存在不少需要花很大力气才能解决的问题。

②我的日本朋友告诉我，樱花一共有300多种，最多的是山樱、吉野樱和八重樱。

3．用在句首状语之后

例如：

突然，门被风吹开了。

4．用在联合短语之间

例如：

①科技的发展，经济的振兴，乃至整个社会的进步，都取决于劳动者素质的提高，大量合格人才的培养。

②她兴趣很广，什么唱歌呀，跳舞哇，打球啊，她都喜欢。

5．用在独立语的前面或后面，或前后都用

例如：

①这个孩子的嘴多巧，你听。

②妈，你看人家的信了吧？

③在列宁诞生后的第二年，即1871年，出现英勇的巴黎公社起义。

6．用在倒装的句子成分之间

例如：

①房后河边上有许多好看的石子儿，红的，黄的，粉的。

②许多外国朋友来到桂林浏览，从伦敦，从纽约，从巴黎，从世界各地。

7．用在分句之间

例如：

我不晕船，我爱海，我更喜欢看见海的咆哮。

句中可以用逗号表示停顿的地方虽然多，但也不是任何句中的停顿都可以用逗号。下列句中的逗号用得不妥当：

①团长把桌子的蜡烛，移到正注视着用地图的师长面前去。

②这些谬论都已经被我国各项建设事业的胜利，驳斥得体无完肤。

③我们必须鼓励，青年工人利用一切现有的条件提高自己的技术水平。

例①②，作介词“把”“被”组成词语短语作状语，这个状语和中心语联系紧密，一般不用逗号点断。例③，动词“鼓励”与兼语“青年工人”之间并无停顿，也就不应该用逗号点断。

（五）顿号

1. 表示句中较短的并列词语间的停顿。例如：

①牛身上到处都是宝，肉可吃，奶可喝，肝、脾、骨、鼻可做药。

②必须抓紧粮食、棉花、油料，化肥，煤炭的生产。

例②并列的词之间有的用顿号，有的用逗号。这主要是为了分清结构层次，即在不同类的事物之间，起分组作用。

2. 要注意的是用了连词“和”的地方，就不能再用点号了。下面是错用的例子：

①孩子们给在地里劳动的父母送开水、红薯和煎饼。

3. 并非所有的并列词语之间都需要用顿号，如“省市领导”“城乡交流”“五六十人”，这几个例子中就不必用顿号。如果没有停顿，就不该用顿号，在可停可不停的地方，也以不用为宜。几乎并列词语各用了引号，其间即使有停顿，引号之间以省去顿号为宜，如：疑问词“谁”“什么”“怎么”。

4. 顿号还经常用在次序语之后。如“一、……二、……”“甲、……乙、……”。次序语用了括号，就不用顿号，那种“（1）、……（2）、……”的用法是不对的。

（六）分号

1. 主要表示复句中并列分句之间的停顿，有分清分句层次的作用。复句中用逗号不能很清楚地表示层次的地方就用分号。几个分句并列，分句内部已用了逗号，分句间就用分号。例如：

①到日本去的人，未到之时，首先会想起樱花；到了之后，首先要谈到樱花。

②在海边，他写浪花，写礁石；在山顶，他写新松，写老藤；在田野，他写春花，写秋月；这真可谓“远山近水皆有情”。

③启明星把黑暗送走，却从不与朝霞争辉；红梅花把寒冬送去，却不与百花争春。

④他身材很高大；青白脸色，皱纹间夹些伤痕；一部乱蓬蓬的花白的胡子。

⑤我国年满18周岁的公民，不分民族、种族、性别、职业、家庭出身、宗教信仰、教育程度、财产状况都有选举权和被选举权；但是依照法律被剥夺政治权利的人除外。

2．该用分号而不用，或不该用而用，都会使复句的层次关系不清楚。例如：

①他到处收集有关资料，对收集到的资料进行认真的分析；不拘泥于前人的说法，终于有了新的发现。

②春天，他们播种。秋天，他们收获。

例①不应把句子分为两组，分号应改为逗号。例②“播种”后用了句号，切断了本来关系密切的并列关系，应改为分号。

（七）冒号

表示提示性话语后或总括语前的停顿。

1．用在书信、发言稿的开头的称呼语后面，提示下面要讲话。用在“某某说”后面，提示下面是某某的话。

2．用在总提语之后，让读者注意下文将要分项来说。例如：

任弼时同志一生有三怕：一怕工作少，二怕麻烦人，三怕用钱多。

3．用在总括语之前。例如：

行动，要靠思想来指导；思想，要靠行动来证明：思想和行动是紧密相联的。

4．用在较复杂的宾语之前。例如：

在螳螂世界里，有一种奇特的现象是：“结婚”就意味着雄螳螂走向自己的坟墓。

5．用在需要解释的词语或分句之后。例如：

①三七：中药名，即田三七。

②原来鲁镇是僻静地方，还有些古风：不上一更，大家便都关门睡觉。

冒号还可以用来隔开作者和书名（或篇名），如“鲁迅：《一件小事》”，当然也可不用冒号，如“巴金《家》”。

使用冒号要注意要点：第一，没有比较大的停顿不要用冒号。第二，冒号一般管到句终。下面句子中的冒号用错了：

①周工程召集各车间的主任开会，讨论：如何完成本月生产任务的问题。

②当学术委员会宣布：张一同志获得博士学位时，大厅里响起了热烈的掌声。

③参加国庆献礼的优秀影片：《风暴》《青春之歌》《林则徐》等，也将在各大城市放映。

（八）引号

1．表示文中直接引用的话。例如：

①张老教导他的学生说："一定要采取实事求是的态度，'知之为知之，不知为不知'，不要强不知以为知。"

②来水看见艾艾脸上泪浸浸的，便说："你哭啦？"

③姜亚芬换好衣服，站在门边叫她：

"文婷，走啊！"

"你先走吧！"陆文婷站住不动说。

"我等你。今天是我最后一次到医院来了。"

例③是对话，对话的内容也属引语。不是所有直接引用的话都用引号，例如剧本中对话分段书写时说话人与所说的话之间冒号或空一格就不必再用引号。例如：

④记者：您想在您身后留下什么样的名誉？

朱德：一个合格的老兵足矣。

⑤周朴园　你是新来的下人？

鲁侍萍　不是的，我找我的女儿来的。

2．引用分为直接引用和间接引用两种。直接引用对所引用的原话，不能作任何改动，如例①②③；间接引用，即所谓"转述"，可以在文字上有所变动，就不用引号。引用成语、谚语等，用不用引号都可以，以不用为常。

3．重要的或有特定含义的词语，也可以用引号。例如：

⑥1919年的"五四"运动，第一次以彻底的不妥协的精神，亮出了"科学"和"民主"的旗帜。

⑦为了寻找侵略的根据，艾奇逊重复地说了一大堆“友谊”，加上一大堆“原则”。

4．引号一般用双引号。引文之内又有引文，就用单引号，如例①，倘单引号之内又有引文，那又要再用双引号。文竖排时所用的是竖引号，它的前引号是﹁，后引号是﹂。

5．如果引文连着有好几段，每一段开头应该用一个前引号，只有最后一段的末尾才用一个后引号。

6．后引号和句号连用的时候，如果引文是完整地照录人家的话，引文末尾的点号在后引号之前，如例①的句号。如果是作为引用者文句的一部分，点号就放在后引号之后，如例⑦的逗号、句号。

（九）括号

1．表示文中注释性的话。例如：

①这里选的一段是写杨志替北京大名府（现在河北省大名县东）留守梁世杰（蔡京的女婿）押送生辰纲往东京，在途中被晁盖、吴用等夺取的经过。

②他又要所有的草灰（我们这里煮饭是烧稻草的，那灰可以做沙地的肥料），待我们启程的时候，他用船来载去。

只注释句中一部分词语的叫句内括号，如例①和②。注释全句的叫句外括号。句内注释紧挨着被注释的词语，它的末尾不用句末点号；句外注释则放在句子之后，句外括号内如有句末点号则须保留。下例用了句外括号。

③全国各民族大团结万岁！（长时间的鼓掌）

④所谓夏录胥即是夏完淳了。（《完淳全集》注引作夏灵省，恐误。）

2．括号还用在次序语的外面，如（一）（二）（三），（甲）（乙）（丙）。这时它和顿号的作用相同，后头不能再用顿号。

3．括号内还有括号时，最外一层先用圆括号“()”，以后可依次用方括号“[]”、尖括号“〈〉”、六角括号“〔〕”、方头括号“【】”。

（十）破折号

表示文中解释说明的语句。例如：

①我国古代的三大发明——火药、印刷术、指南针对世界是历史发展有伟大贡献。

②像梦一样，我踏上了前往联邦德国的族途，到了海涅故乡——莱茵河畔的杜塞尔多夫。

例①②的破折号表示解释说明的话语，和括号不同，是经连着正文念的。

③我看你的性情好像没有大变——鲁贵像是个很不老实的人。

④必须巩固和发展已初步形成的“经济特区——沿海开放城市——沿海经济开放区——内地”这样一个逐步推进的开放格局。

⑤“团结——批评——团结”，是解决人民内部矛盾的正确方针。

⑥鲁大海：……你叫警察打了矿上许多工人，你还——

⑦“嘟——”火车进了站。

例③的破折号表示意思的转换。例④、例⑤的破折号表示意思递进或跃进，从一个意思递进或跳跃到另一个意思。例⑥的破折号表示中断。例⑦的破折号表示声音的延长。

破折号还可以用在文章的副标题之前。实际上也是一种注释性用法。例如：

光辉的知识分子形象

——谌容和她的《人到中年》

以上各例都属单用一个破折号，如果解释说明的话插在句子中间就可以在前面和后面各用一个，这叫双用。双用时作用相当于括号，但在朗读时破折号内的内容要读出来，因为它是正文的一部分；而括号内的文字不是正文，只是注释，一般不必念出来。例如：

①灯光，不管是哪个人家的灯光，都可以给行人——甚至像

我这样的一个异乡人——指路。

②细细的秋雨——大约是今年的最后一场了吧——在窗外静静地飘洒着。

（十一）省略号

1．表示文中省略了的话。例如：

①鲁迅说："但在社会里，仓颉也不止一个，有的在刀柄上刻一点图画，有的在门户上画一些画，心心相印，口口相传，文字就多起来……"

②过年的时候，我们各地的花样一向可多啦：贴春联、挂年画、舞狮子、玩龙灯、跑旱船、放花炮……人人穿上整洁的衣服，头面一新。

③孔乙己低声说道，"跌断，跌，跌……"他的眼色，很像恳求掌柜，不要再提。

例①表示引文略去的部分；例②省略号表示未列举的部分；例③省略的是重复的词语。

2．省略号还表示沉默，语言中断，断断续续，欲言又止等。例如：

①何为：不行！梅伯母的身体已经经不起路上的颠簸了！

欧阳平：……（表示沉默）

②穿长袍的问："这一位是……"

"我的兄弟。"戴礼帽的回答。（表中断）

③他颤动着嘴唇低低地说："你……怎么……又来了？……不要……为我……耽误工作！"（表断断续续）

3．破折号也可以表示语言的中断，区别是：破折号表示语言戛然而止，省略号则表示馀声未尽。

省略号的前面用句号，表示上文是个完整的句子。早期白话文在省略号后面也有用点号的，现在一般不用。

文中的"等""等等"表示省略。用了"等""等等"又用省略号就是重复。

不要滥用省略号。应该让读者知道的，不能省略；不必让读者知道的，不说就行了，不必用省略号。

省略号应占两个字的位置，一共六个圆点。有时省略的是一整段或几段文字，就用十二个圆点，单独成行，不顶格。

（十二）着重号

表示要求读者特别注意的词、句。例如：

①我夏秋两季看守庄稼。

②这个定律是两千多年以前希腊学者阿基米德发现的，所以叫做阿基米德定律。

着重号用在需要强调、需要重读的词句下边，一个字一个实心圆点。

（十三）连接号

表示把意义密切相关的词语连为一个整体。时间、地点、数目等的起止，人或事物的某种联系，都可以用连接号连接起来。连接号比破折号短，占一个字的位置。例如：

①孙中山（1866—1925），名文，字逸仙。

②“北京—广州”特别快车就要开车了。

③第四届中日围棋擂台赛（聂卫平—羽根泰正）。

（十四）间隔号

表示间隔或分界。用在月份和姓、书名和篇名、词牌（曲牌）和词题等的中间。例如：

①刘和珍在“三·一八”惨案中被杀害，时年22岁。

②查理斯·狄更斯（1812～1870年），英国著名小说家。

③《沁园春·雪》写于1936年2月。

④《鸿门宴》节选自《史记·项羽本纪》。

（十五）书名号

表示书籍、篇章、报刊、剧作、歌曲等名称。例如：

《鲁迅全集》（书名）　　《文学评论》（刊物名）

《故乡》（篇章名）　　《茶馆》（剧作名）

《东方红》（歌曲名）

书名内还有书名时，外层用双书名号，内层用单书名号。例如：

《论<李有才板话>》

书名号过去曾用波浪线或双引号表示。例如：

林海雪原　　　“青春之歌”

现在一般不这样用了。

（十六）专名号

表示人名、地名、国名、山名、河流名、机关团体名等，标在字的下边，一般只用在古籍或某些文史著作里面。为了和专名号配合，这类著作里的书名号可以用波浪线。例如：

①司马相如者，汉蜀郡成都人也，字长卿。

②屈原放逐，乃赋离骚，左丘失明，厥有国语。

中国历史朝代简表

朝代(国号)		起迄年代	第一代帝王姓名	庙号	国都所在地	名号年号	干支	备注
夏		约公元前 21 – 约公元前 16 世纪	启		安邑(今山西夏县西北)	王公名号		
商		约公元前 16 世纪 – 约公元前 1066	汤		亳(今河南商丘北)、殷(今河南发阳)	王公名号		[1]
周	西周	约前 1066 – 前 771	姬发	(武王)	镐京(今西安西南)	王公名号		[2]
	东周	前 770 – 前 256	姬宜臼	平王	洛邑(今洛阳)	王公名号	辛未	
	(春秋)	前 770 – 前 476				王公名号		[3]
	(战国)	前 475 – 前 221				王公名号		[4]
	秦	前 221 – 前 206	嬴政	始皇	咸阳(今陕西咸阳东北)	王公名号	庚辰	[5]
汉	西汉	前 206 – 公元 23	刘邦	高祖	长安(今西安)	年号纪年	乙未	[6]
	东汉	25 – 220	刘秀	光武	洛阳	建武	乙酉	[7]
三国	魏	220 – 265	曹丕	文帝	洛阳	黄初	庚子	
	蜀	221 – 263	刘备	昭烈	成都	章武	辛丑	
	吴	222 – 280	孙权	大帝	建业(今南京)	黄武	壬寅	
西晋		265 – 316	司马炎	武帝	洛阳	泰始	乙酉	

续表

朝代(国号)			起迄年代	第一代帝王姓名	庙号	国都所在地	名号年号	干支	备注
东晋十六国	东晋		317－420	司马睿	元帝	建康(今南京)	建武	丁丑	
	十六国		304－439〔汉(前赵)、成(成汉)、前凉、后赵、前燕、前秦、后燕、后秦、西秦、后凉、南凉、北凉、南燕、西凉、北燕、夏。〕						[8]
南北朝	南朝	宋	420－479	刘裕	武帝	建康(今南京)	永初	庚申	
		齐	479－502	萧道成	高帝	建康(今南京)	建元	己未	
		梁	502－557	萧衍	武帝	建康(今南京)	天临	壬午	
		陈	557－589	陈霸先	武帝	建康(今南京)	永定	丁丑	
	北朝	北魏	386－534	拓跋	道武帝	平城(今大同),493 年迁都洛阳	登国	丙戌	
		东魏	534－550	元善见	孝静帝	邺(今河北临漳县南近漳河)	天平	甲寅	
		北齐	550－577	高洋	文宣帝	邺(今河北临漳县南近漳河)	天保	庚午	
		西魏	535－557	元宝炬	文帝	长安(今西安)	大统	乙卯	
		北周	557－581	宇文觉	孝闵帝	长安(今西安)	/	丁丑	
隋			581－618	杨坚	文帝	大兴(今西安)	开皇	辛丑	[10]
唐			618－907	李渊	高祖	长安(今西安)	武德	戊寅	

续表

朝代(国号)		起迄年代	第一代帝王姓名	庙号	国都所在地	名号年号	干支	备注
五代十国	后梁	907－923	朱温	太祖	汴(今开封)	开平	丁卯	[11]
	后唐	923－936	李存勖	庄宗	洛阳	同光	癸未	
	后晋	936－946	石敬瑭	高祖	汴(今开封)	天福	丙申	
	后汉	947－950	刘知远	高祖	汴(今开封)	天福	丁未	
	后周	951－960	郭　威	太祖	汴(今开封)	广顺	辛亥	
	十国	902－979	〔吴、南唐、吴越、楚、闽、南汉、前蜀、后蜀、荆南(南平)、北汉〕					[12]
宋	北宋	960－1127	赵匡胤	太祖	开封	建隆	庚申	[13]
	南宋	1127－1279	赵　构	高宗	临安(今杭州)	建炎	丁未	
辽		916－1125	耶律阿保机	太祖	上京(今辽宁巴林右旗附近)	神册	丙子	
西夏		1032－1227	李元昊	景宗	兴庆府(今银川)	显道	壬申	
金		1115－1234	完颜阿骨打	太祖	中都(今北京)	收国	乙未	
元		1271－1368	忽必烈	世祖	大都(今北京)	至元	辛未	
明		1368－1644	朱元璋	太祖	应天(今南京)1421年迁北京出	洪武	戊申	[14]

续表

朝代(国号)	起迄年代	第一代帝王姓名	庙号	国都所在地	名号年号	干支	备注
清	1644－1911	福　临	世祖	北京	顺治	甲申	
中华民国	1912－1949	1912 年孙中山选为大总统,定都南京;袁世凯窃国,移都北京; 1927 年蒋介石上台,以南京为首都,抗战时迁都重庆,称陪都,抗战胜利迁回南京。					

注:[1]自汤 14 代孙盘庚迁都到殷,商朝也称殷朝。

[2]其中共和行政元年,约当公元前 841 年,庚申,中国开始有纪年。

[3]从周平王元年(前 770)辛未,至周敬王四十四年(前 476)乙丑,为春秋时期。

[4]从周元王姬仁(前 475)丙寅至秦灭齐统一全国(前 221)庚辰,为战国时期。

[5]秦子婴元年(前 207)甲午。

[6]西汉刘彻开始年号纪年"建元"元年(前 140)辛丑。西汉纪年包括王莽建立的新王朝(公元 9 年～23 年)。

[7]东汉章帝刘炟元和二年始用干支纪年乙酉;一说新朝王莽首先采用。

[8](成)李雄建兴元年
(汉)刘渊元熙元年(304)甲子—北凉永和 7 年(439)己卯。

[9]建都南京的六朝,除孙吴和东晋以外,还有宋、齐、梁、陈,为时均很短暂。

[10]杨坚原为北周之随国公,废周帝为"随",忌讳"走之",改为"隋"。

[11]907 年在开封称帝建国,909 年迁都洛阳。

[12]前蜀王建天复 7 年、吴杨渥天祐 4 年、吴越钱镠天佑 4 年都是后梁开平元年(907)—南平高保融显德 7 年(960)。

[13]赵匡胤在后周时封宋州节度使,所以国号宋。

[14]朱元璋原为农民起义领袖小明王(韩山童之子韩林儿)部下,封吴国公,明教有明王出世的传说,所以称明朝。